中国仲裁文库

建设工程案例精读

北京仲裁委员会／北京国际仲裁中心 编

商务印书馆
创于1897 The Commercial Press

2019年·北京

图书在版编目（CIP）数据

建设工程案例精读 / 北京仲裁委员会，北京国际仲裁中心编. — 北京：商务印书馆，2019
（中国仲裁文库）
ISBN 978-7-100-17078-9

Ⅰ. ①建… Ⅱ. ①北… ②北… Ⅲ. ①建筑工程—经济纠纷—仲裁—案例—中国 Ⅳ. ① D922.297.5

中国版本图书馆 CIP 数据核字（2019）第 024943 号

中国仲裁文库
建设工程案例精读
北京仲裁委员会/北京国际仲裁中心 编

商 务 印 书 馆 出 版
（北京王府井大街36号 邮政编码100710）
商 务 印 书 馆 发 行
北 京 冠 中 印 刷 厂 印 刷
ISBN 978 - 7 - 100 - 17078 - 9

2019年4月第1版 开本710×1000 1/16
2019年4月北京第1次印刷 印张$41^3/_4$
定价：115.00元

总　序

随着我国市场经济体制的逐渐深化和完善，市场主体多元化的趋势日益明显。多元化的经济主体、多层次的经济关系、多角度的经济交往，势必对争议解决方式提出多元化的要求，以满足不同主体在不同经济交易环境中对公平、效率在不同层次上的需求。商事仲裁作为国际通行的、由具有丰富行业经验的专家组成的仲裁庭根据双方当事人达成的仲裁协议对其纠纷作出裁判的争议解决方式，正以其对现代市场经济所展现出的突出适应性以及国际范围内的承认与执行效力，不断吸引越来越多的国内外商事主体将其作为处理争议的重要途径。此外，随着当前国际交往愈发频繁、国际竞争愈发激烈，商事仲裁作为富有国际竞争力的高端法律服务业，正不遗余力地在改善国家投资环境、提升国家法治竞争力等方面发挥日益重要的作用。事实上，许多仲裁机构已经成为世界知名城市乃至国家交易秩序繁荣稳定的标志性名片。

北京仲裁委员会（又名北京国际仲裁中心，BAC/BIAC，以下简称北仲），作为《中华人民共和国仲裁法》颁布后首批成立的仲裁机构之一，设立于1995年9月28日，是独立、公正、高效地解决平等主体的自然人、法人和其他组织之间发生的合同纠纷和其他财产权益纠纷的常设仲裁机构。经过二十年的不断开拓与探索，北仲迅速成长为国内领先、国际上享有广泛声誉的知名仲裁机构，并已逐渐成为推动中国乃至世界多元化争议解决发展的重要力量。委员会委员均为我国法律、经贸、金融等领域知名专家，著名民法学家、中国社会科学院学部委员梁慧星教授为现任委员会主任。北仲的仲裁员来源广泛，其中在册仲裁员主要来自于与中国有密切投资及商贸往来的国家和地区，并且在国际商事案件中，当事人还可以选择名册外的各国各地区的人士担任仲裁员，全方位满足了当事人进行国际商事仲裁的需求。在中国，北仲年案件受理量和标的额均位列前茅，近五年来年均案件受理量约2000件，案件类型涵盖了买卖、租赁、借贷、委托、房地产、建设工程、投资金融、技术转让、特许经营、知识产权、信息网络等诸多领域，案件当事人涉及二十余个国家和港澳台地区及中国大陆全部省市地区。

北仲长期关注并重视多元化争议解决机制研究成果的积累与共享。为进一步适应国内外商事仲裁事业发展的需求，为当事人提供更加完善的争议解决服务，北仲不断探索多元化争议解决机制，并以“将北仲发展成为以仲裁为主，兼具调解、工程评审等多种争议解决方式的世界知名ADR核心机构；将北仲发展成为中国争议解决理论研究、仲裁制度创新、争议解决人才培养的基地；将北仲发展成为宣传仲裁制度、展示中国仲裁水准的窗口”为愿景，不断加大对理论与实务研究的投入力度，取得了丰硕成果。目前，北仲自身打造的包括《中国商事争议解决年度观察》、《北京仲裁》、北仲科研基金、北仲文库及北仲译丛等在内的多元化争议解决机制理论与实务特色研究品牌也已颇具规模。

作为最有市场竞争力的、国际通行的争议解决方式，商事仲裁之重要性不言而喻。但仲裁并非是简单的事实陈述与证据罗列，现代商事仲裁作为越来越精细化、专业化的法律技术，需要当事人或其代理人在充分掌握法律规则的基础上运用多元化仲裁技术进行个案操作：1. 法律运用，即掌握案件中所应适用的冲突法、实体法、程序法乃至仲裁规则；2. 仲裁技巧，即熟练掌握商事仲裁流程中每一环节的具体操作，运用现代商事仲裁技巧应对诉争。对于贯穿整个仲裁过程的上述两个基本要素而言，法律适用与应对策略往往最能全面地体现在最终的裁决文书之中：通过仲裁庭在裁决书中对事实认定、法律适用、争点归纳及分析等方面的论述，充分展现每一则案例中所蕴含的仲裁法律技巧。高质量的仲裁裁决书不仅是仲裁活动的集中体现，更是展示仲裁员专业素养和写作能力的智慧结晶，是每位仲裁员处理仲裁案件孜孜以求的终极目标，亦是仲裁机构公正形象和良好声誉的直接表现。但与此同时，商事仲裁之保密性特征要求案件文书不得对外公布，进而使得案外人对于仲裁技术之掌握变得尤为困难。

正基于此，适逢成立二十周年，北仲希冀通过仲裁专家对优秀裁决书的深度分享，促使业界就基本的仲裁理念与思维形成共识。

优秀裁决书案例精读不仅仅是仲裁文书写作方法与技巧的重要体现——结构良好、论证严谨、分析透彻、内容精练、可执行性强的裁决书，在认定事实、适用法律和分析论理等各环节无不充满了法学智慧和美学韵味；

优秀裁决书案例精读也是业界人士深度交流和对话的重要平台——精心推敲学识渊博、声誉卓著的仲裁员在处理案件争议过程中慎重考究解决问题的各种路径以及裁决结果的法理分析，尤其是各个专业领域裁决案例中所体现出仲裁庭说理的过程、裁断者对于法律的解读与适用以及行业惯例的遵循，不仅能够深度体会仲裁的专业性特点，而且也能从优秀的裁决样本中进一步揣摩仲裁庭以及仲裁机构对类型案件的裁判思路，从而提高当事人对仲裁结果的可预期性；

优秀裁决书案例精读还是展示仲裁机构实力、文化和底蕴的重要方式——精挑细选具有代表性的案件裁决，一方面让读者更直观了解仲裁作为纠纷解决方式的公正、灵活和高效等优点，从而提升仲裁裁决的公信力和仲裁机构的影响力，另一方面也能全方位地体现仲裁员及案件承办人员的整体业务素质和职业道德，以高质量的办案水平彰显机构所特有的仲裁文化和内涵；

优秀裁决书案例精读更是弘扬和发展商事仲裁文化的重要途径——仲裁文化以独立公正、推崇效益、意思自治为基本理念，植根于民间。裁决书作为仲裁法律文化的具象，其理念和精神或隐或显地存于白纸黑字间，是了解和研习仲裁文化的生动教材。通过对真实案件处理结果的呈现，不同的读者可以从中感知仲裁所独具的逻辑、思维、理念之魅力。

北仲在长期仲裁实践经验积累的基础上，秉持形式、表述和内容三个指标要求，从案件大数据中精心筛选了各专业领域极具代表性的优秀仲裁裁决书，对相关案件信息进行保密技术处理后，组织邀请相应领域顶级专家对每一则典型案例从理论与实务二元维度上对裁决书进行较为详细的专业评析，进而形成“裁决＋评析”的模式，汇编成册，试图打造中国仲裁精品文库丛书，最终形成一系列兼具实证基础和理论研究价值的中国商事仲裁案例精读。通过该种模式的裁决书展示，不仅可以让读者感受实务与理论相结合的魅力，同时也能使仲裁技巧为读者所了解，以期对社会——尤其是当事人，律师、学者等法律人士——研究、熟悉并运用裁决规律有所裨益。

北京仲裁委员会／北京国际仲裁中心

2016 年 1 月 31 日

序　言

建设工程作为涉及为人类生活、生产提供物质技术基础的各类建筑物和工程设施，具有长期性、规模性、综合性、复杂性等特点。囿于前述特征，建设工程实务中往往纠纷丛生，所及法律关系可谓错综复杂。司法机关对于建设工程案件的处理，也常因纠纷所及规则繁杂、内容专业、涉及民生等因素而备受考验。仲裁基于其专业性、保密性、快捷性、意思自治性、国际可执行性等特点，成为建设工程纠纷绝佳的争议解决方式。

北京仲裁委员会/北京国际仲裁中心（以下简称北仲）自成立伊始，便深耕建设工程领域，至今处理该类案件近六千件、涉及金额近六百亿元，当事人遍及全国各地。北仲以专业勤勉的仲裁员队伍为基石，注重裁决的法律和社会效果的统一，在国内外广受认可。在北仲数量庞大的裁决案例中，本书编辑部经数年甄选、汇编、打磨，呈现此案例精读集，旨在为读者了解建设工程仲裁实务提供契机、为企业强化建设工程风险防范提供借鉴。

本书所选裁决以规范、专业为标准，注重广度与深度结合，兼具代表性和研读性，力求使读者在了解争议全貌的同时就相关事项有所启发。为便于读者查阅和检索，本书根据“合同主体及争议管辖”“合同效力及工程结算”“款项支付及违约责任”“工程质量及工期认定”等常见争议事项对所涉案例进行分类，并就每份仲裁裁决进行“裁判要旨”的概括。在原汁原味呈现裁决内容的基础之上，本书编辑部还邀请建设工程领域专业人士就裁决内容进行解读及评析，触及案例焦点、难点和热点，为读者进一步了解、研究相关实务和理论问题提供思路和启示。

尤其值得一提的是，仲裁作为具有“保密性”的争议解决方式，其对于案外人极具神秘色彩，本书的面世有如“打开一扇窗”，让社会各界真切感知建设工程仲裁的魅力，颇具历史意义。更值一提的是，参与本书所选案例裁决拟写、裁决评析的相关人员，兼具法律学识及工程背景，身份包括权威学者、职业律师、企业法务、退休法官等，其对于相关实务及理论问题的理解和判断可谓专业全面、视角多元。无论是对于争议解决人士增进执业技能，还是建设工程从业人员防范合同风险，抑或是行业之外读者了解仲裁实务，研读本书都将有所裨益。

本书的付梓，离不开每一位参与其中的行业专家和工作人员的辛勤付出，而每一位参与人员都是为广大读者奉上专业、深度、系统的裁决赏析而共同努力。广大读者对于本书的支持、肯定，抑或批评、指正，都将是促使编辑团队一如既往、不断进步的源泉。我们诚挚欢迎读者朋友们就本书提出宝贵意见！

最后，编辑部谨对参与及关注《中国仲裁文库·建设工程案例精读》的各位专家及广大读者致以由衷感谢！

《中国仲裁文库·建设工程案例精读》编辑部

2018 年 4 月 10 日

目　　录

中国建设工程争议法律制度概要

合同主体及争议管辖

合同效力及工程结算

款项支付及违约责任

工程质量及工期认定

中国建设工程争议法律制度概要

建设工程是社会生存活动之基础，故有“得广厦千万，天下寒士俱欢颜”的期盼；同时，建设工程又是时代发展的标签和记忆，正如果戈里先生所言，“建筑是世界的年鉴，当歌曲和传说已经缄默，它依旧还在诉说”，从石器时代的建筑到如今的“中国尊”，皆为明证；此外，建设工程更是技术与艺术的结合，故黑格尔说，“就存在或出现的次第来讲，建筑是一门最早的艺术。”

与建设工程有关的生产经营活动，称之为工程建设活动，其特点有：

一则，工程项目生产过程涉及生产要素众多，管理要素亦为之交错复杂，此为特点之首，且直接导致了工程和法律关系的复杂性。通常工程建设项目，均由多种原材料设备、加工工艺等集合附加而成，相关主体众多。以星级酒店项目为例，仅材料设备供应商即可多达上万家单位，采购合同众多，合同的履行相互影响巨大。

其二，工程建设项目的时间因子影响显著，为工程建设活动的另一特点。达到依法必须进行招标项目标准的工程通常需要数年时间才能成品，期间极易受到建设周期内市场经济波动、政策法规变化、客观气候条件等多方面影响，导致合同当事人遭遇无法预见之风险，并致合同履行陷入僵局，引发争议。

其三，建筑物的质量和安全，是工程建设项目的社会公共利益属性。研究与工程建设项目关联的社会公共利益，最重要的特征为工程质量和安全。我国的法律制度安排体现为一定的工程建设强制性标准和特别法律规定，也包括对项目交易秩序的规范要求，此亦为建设工程合同与其他合同的典型区别，即使是承揽合同亦有不同。结合合同目的，对仲裁员裁决工程案件思路的形成将产生一定的影响。

其四，市场交易的微利现状与承揽合同和建设工程合同的定位，决定了工程建设活动的现实价值特征，即微利。与其他经济活动相比，传统工程建设的经济利益回报相形见绌，该特征对于衡量工程合同对价产生的法律效应等裁判理念具有积极意义。

工程建设项目的管理是复杂的，也是困难的，亦为全球工程项目管理的通识；另外，因基础条件对工程建设项目的影响各不相同，工程争议经常事出多因，包括变更、延期、欠款、停产、涨价和合同解除等方面。研究我国的建设工程争议法律制度，需要了解我国独特的工程建设法律体系。*

一、建设工程法律体系渊源

随着我国市场经济和工程建设行业的快速发展，工程法律体系在发展中日趋成熟。按照我国部门法的分类，建设工程法律体系可归于经济法的分支，主要具有以下特点①：

第一，建设工程法律体系具有典型的经济法特征。

经济法是国家从整体经济发展的角度，对具有社会公共性和公益性的经济活动进行适度影响、管理和调控的法律规范的总称。尽管市场经济主要依靠市场机制自我调整，但出于对建设工程百年大计及质量安全等社会公共利益的要求，建设工程法律体系的建立更多地反映了社会公共利益的角度。

第二，工程建设强制性规定与契约自由的相互作用。

一般的民商事活动，契约自由原则赋予了当事人意思自治的自由空间，且贯穿设立、变更和解除的全过程法律活动，没有禁止的均纳入自由行为范畴；但在建设工程领域，有关行政机关基于依法授权的行政监督活动相比其他民事活动在一定程度上影响着当事人

---

* 本书为仲裁裁决的案例汇编，故作者多站在仲裁裁判者的角度对文中重点进行论述。但所涉及的相关法律原则，大量参考了法院的一般实践，可以视为处理建设工程案件的一般原则。——作者注

① 谭敬慧：《建设工程疑难问题与法律实务》，法律出版社2016年版，第18页。

的行为规范。另外，由于建设活动涉及的行政主管机关较多，相应行政管理的程序和手段也较复杂，一定程度上制约了当事人的契约自由。

第三，工程建设行政监督主体繁多。

正因建设工程的商事利益与社会公共利益紧密相关，故按照国务院授权，工程建设项目的监管主体通常包括组织性管理机构和行业性管理机构，如国家发改委、住建部、交通部、审计部门等，上述国务院机构均通过授权对建设工程实施各自权限内的监督和管理。

第四，工程建设法律适用的多元性。

从近年来的工程建设发展历程看，法律体系呈现多元化发展态势，涉及投融资、城市更新建设、保障房建设、PPP基础设施、海绵城市、智慧城市等方面，相应涉及的法律法规也越来越多，较多项目出现了法律交叉适用问题，如招标采购领域的《招标投标法》《政府采购法》与《合同法》《价格法》的适用等。

我国的建设工程法律体系，包括《建筑法》《招标投标法》《城乡规划法》《城市房地产管理法》《民法通则》及《合同法》等法律；《招标投标法实施条例》《建设工程质量管理条例》《建设工程安全生产管理条例》《对外承包工程管理条例》等行政法规；部门规章则不胜枚举，如《建筑工程施工许可管理办法》《房屋建筑和市政基础设施工程施工招标投标管理办法》《建筑业企业资质管理规定》等，涵盖各个行业的建设项目。如此众多的法律规范，法律规范适用难免出现相互牵制和冲突的情形。

工程法律规范在维护市场竞争秩序和保证工程质量及安全利益，保护国家利益和社会公共利益及当事人各方正当权益方面有着重要的意义。但就目前我国建设市场管理机制和国外相比，市场机制和社会行业组织的作用还可以进一步提升，借鉴国外众多建设标准主要由协会或标准组织制定的做法。

第五，工程建设合同中的国际惯例适用。

随着国家“一带一路”倡议的推行，中国的建设施工企业越来越多地参与到国际投资和工程建设领域；到目前为止，国际常用的工程建设合同文本及争议解决方式也大量被吸收。

从争议解决的角度看，近几年来建设工程项目的争议解决有更多的当事人选择了仲裁方式，标准文本和各类示范文本也充分吸取了国外先进的合同理念，集中体现在争议评审制度、调解制度、仲裁制度等方面。如国家九部委联合发布的《标准设计施工招标文件》、住建部的《建设工程施工合同（示范文本）》，以及中国招标投标协会发布的《政府和社会资本项目（PPP）合作协议》都引进了相当多的国际通用争议解决方式，为中国企业全面参与“一带一路”投资建设做好了争议解决制度上的准备。

二、建设工程争议的种类和特点

（一）工程争议的类型

建设工程争议，简称工程争议，类型多样，按照不同的分类标准，争议种类也不同，具体有：

按照工程争议的法律性质划分，工程争议分为民事争议和行政争议。工程民事争议主要包括合同争议和侵权争议，工程行政争议则通常因行政决定、行政许可、行政处罚、行政奖励和行政裁决而产生。

按照工程合同类型划分，工程争议包括建设工程施工合同争议、建设工程设计合同争议、建设工程勘察合同争议、建设工程监理合同争议等。

按照请求类型划分，工程争议包括确认之诉和给付之诉，其具体表现形式多种多样，如结算价款争议、质量争议、工期争议、停窝工争议、合同效力争议、合同解除争议、优先受偿权争议等。

按照工程合同的当事人不同划分，工程争议包括发包人与承包人之间的总承包施工合同争议、总承包人与分包人之间的分包合同争议、承包人与供应商之间材料设备供应采购（买卖）合同争议、承包人与劳务分包之间劳务分包争议、发包人与保证人和承包人之间的保函争议等。

（二）工程争议的特殊性

工程争议的高发性与其生产要素众多、法律关系交错和管理难度大等因素有关。一旦资金困窘，工程争议也随之而发。频发的建设工程争议，具有以下特点[①]：

1. 涉案合同标的大。通常情况下，建设工程涉案合同标的额较大，尽管有时仲裁请求标的额不大，但是审理的事实和证据等方面往往涉及全部合同标的、合同履行与对价清算。

2. 涉案法律关系复杂。随着工程项目开发建设模式的变化，现今之工程建设施工活动，并不仅涉及传统的施工合同，还会关系到项目合法性、用地合法性、招标合法性、发承包合法性等开发事项，并进而牵涉与土地、房产、投资、项目公司代表、保函、质量责任等有关之法律制度，导致项目法律关系错综复杂。另外，与涉案合同有关的当事人也扩大到开发商、融资方、担保人、承包人、供应商、实际施工人等多个主体，且各自合同地位不同，承担责任也不同，如城市综合开发建设模式带来的大体量综合建设项目、PPP 模式发展带来的投融资与建设运营一体化项目、工程总承包 / 交钥匙项目的积极推进等方面。

① 谭敬慧：《建设工程疑难问题与法律实务》，法律出版社 2016 年版，第 19 页。

3. 案件审理周期长。因工程建设项目争议涉及因素较多，法律关系复杂，导致审理周期长，具体体现在参与案件当事人更多、专业问题更多、鉴定事项更多、时间周期更长、请求更加结构化等方面，有的仲裁案件本请求和反请求累计十多项。同时，工程争议往往涉及行业建设标准和工艺工法，需要专业鉴定机构对造价和质量等专门性事项予以评价，实际也延长了案件的处理周期。

4. 案件专业性强。工程争议涉及的问题具有较强专业性，如质量缺陷与修复问题、工期问题、索赔问题、价款结算问题、情势变更问题、显失公平问题、保修义务问题等，并产生了诸多工程专业术语，如工程量清单计价、价格清单、发包人要求、签约合同价、支付证书、最终结清等。故工程争议处理存在将工程事实转化为法律事实，将工程术语转化为法律术语的过程；准确理解工程项目的实际状况与当事人的诉求，进而解决工程争议，对于审理工程案件的仲裁员或法官，都存在将专业和法律融合的问题。

5. 案件涉及实体公正与契约自由的衡平。作为工程争议领域经久的话题，如默示条款的适用、优先受偿权的起算时间、低于成本中标合同的认定、挂靠转包合同的质量责任、指定分包的合法性、施工合同中情势变更原则的适用等方面，依据仲裁的纵深审理特点，对于前述事项可以更多地体现裁判的公正性。

（三）工程争议的请求标的

根据《中华人民共和国民事诉讼法》第 119 条之规定，“起诉必须符合下列条件：（一）原告是与本案有直接利害关系的公民、法人和其他组织；（二）有明确的被告；（三）有具体的诉讼请求和事实、理由；（四）属于人民法院受理民事诉讼的范围和受诉人民法院管辖。”

根据《中华人民共和国仲裁法》第 21 条之规定，“当事人申请仲裁应当符合下列条件：（一）有仲裁协议；（二）有具体的仲裁请求和事实、理由；（三）属于仲裁委员会的受理范围。”可见，无论是诉讼还是仲裁，法律上请求的要求均为“具体”，但“具体”的判断标准在法律或司法解释中并未作出明确规定或解释。* 笔者认为，仲裁请求是否“具体”，应根据请求的种类而判断。

研究仲裁案件的标的可以参考诉讼标的说，一般可分为给付和确认两类；因仲裁机构并不强制规定案由类型，仲裁标的的确定在实务操作中非常灵活，围绕给付和确认的具体表现越来越多，故非类型化要求之下，仲裁请求的多样化和结构化值得鼓励和发展。下面从几个方面略加分析：

1. 法律关系的确认

仲裁的确认请求理论源于民事诉讼的“确认之诉”。“确认之诉在于解决某种法律关系的不明确状态，凡是因法律关系不明确导致纠纷发生的，纠纷主体可以请求法院对法律关系的现实状态进行确认。”①

根据民事诉讼“确认之诉”的相关理论，确认当事人之间存在或不存在某种法律关系是仲裁请求中确认请求的主要标的。仲裁确认之诉的客体，既可以是财产关系，如请求确认存在合同关系，也可以是某项与财产有关的权利。请求确认的法律关系必须为现在存在的法律关系，而不得为过去存在的法律关系或将来可能发生的法律关系。②

---

* 为了便于表述，下文统一以“仲裁请求”为例。——作者注

① 江伟主编：《民事诉讼法典专家修改建议稿及立法理由》，法律出版社 2008 年版，第 217 页。

② 李浩：《民事诉讼法学》，法律出版社 2011 年版，第 142 页。

2. 权利的确认

除法律关系的确认标的外，权利亦为确认之诉的另一主要标的。“确认之诉，也叫宣告之诉，是通过请求法院对一定的权利或法律关系的存否以判决确认的诉讼类型。”[①] 但确认之诉中需要确认的权利须为实体权利。[②] 前述观点明确提出确认之请求可以表现为权利或法律关系，未见可以为事实之确认的表述。

3. 事实的确认

除法律关系与权利之外，某些特定事实是否可以成为确认之诉的标的是一个有争议的问题。一般认为，此类特定事实主要是指针对文书真伪提起的确认之诉，如德国[③]、日本[④]的法律也有类似的规定。张卫平老师有观点认为，法律关系基础事实是否存在也可以请求法院进行确认。[⑤]

我国在立法时也曾有将文书真伪的确认列入确认之诉范围的探

---

① 沈明达：《比较民事诉讼法初论（上）》，中信出版社 1991 年版，第 222 页。

② 闫庆霞：《当事人民事诉讼主张研究》，法律出版社 2013 年版，第 92 页。

确认之诉，是指一方当事人（原告）请求法院通过判决确认其与对方当事人之间争议的特定民事权利或者法律关系存在或者不存在的诉。确认之诉中的权利主张（诉讼请求）须针对实体权利关系或法律关系，原告不能提出对事实进行确认的请求，也是提起确认之诉的规则之一。作为例外的是确认文书真伪之诉。

③《德国民事诉讼法》第 256 条规定，（1）确定法律关系成立或不成立的诉讼，承认证书的诉讼，或确定证书真伪的诉讼，只在法律关系的成立与否、证书的真伪由法院裁判并即时确定、对于原告有法律上的利益时，原告方可提起。

④《日本民事诉讼法》第 134 条［确认文书真伪之诉］规定，确认之诉，也可以为确认证明法律关系的文书制作真伪而提起。

⑤ 杨建华原著、郑杰夫增订：《民事诉讼法要论》，北京大学出版社 2013 年版，第 190 页。

原告主张特定之私法上法律关系或证书真伪或为法律关系基础事实存否，请求法院为确认之判决，为确认之诉。

讨，但尚未形成生效的法律规定。[①] 但是，根据《最高人民法院关于修改〈民事案件案由规定〉的决定》，确认之诉的标的已包含当事人对特定法律事实存在的争议，如确认证券发行失败之诉、确认不侵害专利权纠纷、确认不侵害商标权纠纷、确认不侵害著作权纠纷等，此类纠纷案件属于消极确认之诉。[②]

尽管如许专家认为确认请求得基于法律关系和权利抑或是利益的确认，但从工程建设项目纠纷形态多样化和仲裁法的基本原则出发，笔者认为，仲裁法对于仲裁请求的定位，仅限于“具体”，且构成“争议”的形式；在仲裁协议有效要件之前提下，以开放的视野考虑仲裁请求事项的范围，更具有积极意义。

三、建设工程争议解决方式和理念

（一）工程争议解决的方式

常见的建设工程争议解决方式包括协商、调解、争议评审、仲裁和诉讼，这些方式在国家近期发布的各类标准文本和示范合同文本中均得到了体现。除仲裁和诉讼外，在此对调解和争议评审机制予以说明。

---

① “《中华人民共和国民事诉讼法》修改建议稿及释义”，载于张卫平主编：《民事程序法研究（第七辑）》，厦门大学出版社 2011 年版。

第二百六十二条［确认之诉］确认法律关系的诉讼、确认文书真伪的诉讼，只有在判决能够消除因为该法律关系的争议或者该文书真伪的争议给原告造成的不安定状态时，原告才能提起，但原告能够通过提起其他类型的诉讼达到这种效果时除外。

［修改建议］本条对确认之诉做了规定。确认之诉是指原告要求法院确认其主张的法律关系存在或不存在的请求。按照本条规定，确认之诉共有两种类型：确认特定法律关系的确认之诉和确认特定证书是否真实的确认之诉。其中确认特定法律关系的确认之诉，不仅包括确认特定法律关系是否存在的确认之诉，还包括确认作为特定法律关系存在基础事实的确认之诉。

② 邵明：《现代民事诉讼基础理论》，法律出版社 2011 年版，第 173 页。

1. 调解

调解是指双方或多方当事人就争议事项，在人民法院、仲裁庭、人民调解委员会或有关第三方的主持下，各方自愿进行协商，通过沟通疏导，促成各方达成和解的一种争议解决方式。为推动多元化争议解决机制的发展，我国司法体系对调解解决争议机制越来越重视。2016 年 6 月 28 日，最高人民法院发布了《最高人民法院关于人民法院进一步深化多元化争议解决机制改革的意见》（法发〔2016〕14 号），该意见指出："推动多元化争议解决机制的国际化发展，充分尊重中外当事人法律文化的多元性，支持其自愿选择调解、仲裁等非诉讼方式解决争议，进一步加强我国与其他国家和地区司法机构、仲裁机构、调解组织的交流和合作，提升我国争议解决机制的国际竞争力和公信力。发挥各种争议解决方式的优势，不断满足中外当事人争议解决的多元需求，为国家'一带一路'等重大战略的实施提供司法服务与保障。"

调解具有如下特点：第一，调解以争议各方自愿为前提；第二，调解应坚持合法性原则；第三，调解具有高效性及解决争议的彻底性。

北京仲裁委员会于 2011 年 8 月成立调解中心，该中心为北京仲裁委员会设立的、提供高端商事调解服务的非营利组织，旨在鼓励采用调解方式解决高端商事争议，避免争议扩大化。工程争议适用调解的空间非常大，亦是诉因事项众多之由。

2. 争议评审

争议评审机制最大的优势在于全过程控制、专家裁判机制和评审规则的自由灵活性。北京仲裁委员会作为国内建设工程领域较大规模和极富影响力的工程仲裁机构，于 2009 年 3 月在国内首次正式颁布了《北京仲裁委员会建设工程争议评审规则》，开始推行争议评审机制，并取得了良好的效果。目前共有 77 名评审专家，均具有很强的行业影响力、专业技能和崇高的职业操守。另外，争议评审机制也是国际工程中常见的争议解决方式。

3. 仲裁与调解的结合

根据众多仲裁机构的仲裁规则，我国仲裁案件推进过程中，均体现了仲裁与调解相结合的特点。该特点与国际通用的仲裁理念有所不同，作为我国仲裁中调解的独特方式，正日渐被国际社会认知并加以研究和推广。仲裁中调解秉承了当事人自愿和不影响仲裁审理的原则，更多地考虑了纠纷处理的历史文化及定分止争的价值理念，能够令当事人握手言和，冰释前嫌；在避免仲裁员被不当影响的前提下，一定的仲裁中调解机制也是纠纷处理高效且和谐的方式。同时，考虑到全世界不同地区的文化特点，《北京仲裁委员会仲裁规则》规定，在国际仲裁程序中使用仲裁中调解时，调解不成，当事人可以另行选定仲裁员，赋予了仲裁中调解更大的灵活性和适应性。

（二）工程争议处理的价值理念①

工程争议的解决不能如售货机一般，输入硬币、输出裁决，究其原因在于，工程争议的解决从来就不是冰冷事实与严苛法律的简单对应。事实上，任何一份裁决的作出都蕴含着仲裁员内心深处的价值观，这种价值判断影响着仲裁员对案件的法律适用，更会导致不同的仲裁结果。诚然，不同的仲裁员基于不同的工作背景、教育背景和研究背景，会对案件的裁决有不同的看法和观点，但正是这种交锋让仲裁更加符合商业社会自治、多元的特性，同时更加接近商事纠纷追求公平合理、高效专业的目标。

本书所纳入的诸多工程仲裁案例中，可以看到专业的工程案件仲裁员如何熟练运用法律、行业惯例和知识辨法析理，更让我们体

① 谭敬慧：《建设工程疑难问题与法律实务》，法律出版社2016年版，第20页。

会到工程行业争议解决背后所趋同的一些基本价值理念。

1.“法与理”的价值理念

作为有几千年讼情文化的中国，处理复杂的工程仲裁案件，无法离开“以法喻人、以理服人”。与法官相比，仲裁员并非全部出身法律专业，抑或为某行业或领域的专业人士，这种对裁判者基本条件的要求反映出裁决的作出可以不拘泥于严苛的法律条文，而可以基于行业惯例、裁判者的从业经验、纠纷产生的环境等影响交易活动的因素灵活考量，或者可以理解为“法与理”相结合的裁判理念。

毋庸置疑，法律是仲裁案件裁判的基础，抛开法律，纯粹依据仲裁员的个人价值判断作出裁判或会产生实质正义的裁判结果，但当事人对纠纷解决的结果无法预期，亦会导致仲裁裁决的恣意。因此需要在依法裁判的底线之上，合乎实际地酌量其合理性。此“理”可以理解为真理，或真理性的认识，或普遍认同和遵守的道理；在法律没有规定的场合，“理”亦可成为裁判工程案件的重要考量因素。

2. 坚持工程质量合格为裁决支付工程款前提的裁判理念

关于工程质量合格的给付条件，尽管《合同法》和《建筑法》并未明确将此作为前提条件予以规制，但是最高法院司法解释和若干裁判案件的思路彰显了该裁判原则。此原则亦为工程仲裁裁决作出的价值理念之一。以质量是否合格作为认定付款条件是否成就的判断标准，不仅是当事人履行合同义务的要求，更是工程质量关乎公众利益、公众安危的因素所定。

3. 重视社会公共利益的保护

从前述建设工程法律体系的特点可以了解到，建设工程法律更强调社会公共利益，因此在建设工程法律纠纷的处理中，应当关注项目的社会公共利益及纳入公共管理视角，如对于应当招标未招标问题、串通投标问题、投标让利问题、合同实质性变化等问题的处理。其中建设工程中常见的备案合同与实际履行合同之间的适用问题，历来是争论的焦点。尽管按照民法的基本原理，多数当事人均主张实际履行合同为双方真实意思表示，但基于对建设市场公共秩序的管理，对质量安全和解决社会矛盾冲突等公共利益的维护，兼顾社会各方的商业利益，最高院2004年司法解释的规定兼顾了招标活动备案："当事人就同一建设工程另行订立的建设工程施工合同与经过备案的中标合同实质性内容不一致的，应当以备案的中标合同作为结算工程价款的根据。"从这个角度看，司法解释全面考虑了招标的公开性、备案的公示性、工程项目过程监管性及工程合同缔约背景等因素，在商事利益分配和公共性之间进行了一定衡量。

笔者认为，无论是保护公共竞争秩序，还是确保项目监管，抑或是公示性的需要，对于商事交易合同的实际履行情况均应该给予充分的考量。备案施工合同是否作为结算依据，需要考虑的因素包括以下方面：第一，工程项目本身的特点与承包方式的复杂性，如港珠澳大桥项目作为全球范围内高标准项目与承包方式的复杂性；第二，当事人订立合同时对合同基础条件的可预见和可认识程度；第三，施工合同履行过程中是否存在加入履行因素，如重大的市场变化、法律变化和项目变更与调整等；第四，合同双方当事人履行能力要求，如招标条件要求和实际中标人能力状况；第五，合同实际履行中根本履约情况，如合同中间结算申报与确定、工程价款的实际给付、工程是否完全竣工使用等；第六，工程竣工后是否订立工程结算协议，抑或结算协议是否已经实际履行等。总之，应当视项目的实际情况与争议事项甄别，而非僵化地按照备案合同或者实际履行合同裁判。

4. 合理衡平各方利益的价值理念

亚里士多德曾经说过，"仲裁人要以衡平法为依据，法官要以法律为准绳。”虽然千年前的仲裁与现今之仲裁制度不同，但其体现的评价理念有类似渊源和可借鉴之处。纠纷的产生往往源于利益的受损或利益分配不公，纠纷最终亦应通过利益受损弥补或不平衡的利益关系被衡平而根本解决。因“一裁终局”的特点，故正确衡平各方请求，使当事人真正接受裁决、信服裁决尤为重要。衡平各方利益的价值理念主要体现在：其一，在考虑责任的承担时，充分考虑工程责任的有限性、工程行业的微利性、工程各主体利益之间的牵连性等因素；其二，依法合理适用情势变更原则，不过分苛责工程合同主体的预见能力，促进合同目的的实现。

另外，需要注意的是工程项目交易习惯的使用与采信，如质量义务、计价方式、付款周期、变更索赔计算、保函出具、保修责任、通知义务等，该等问题在工程项目的通用合同文本、工程量清单计价规范、工程项目管理规范等规范和标准中均有规定，实践中须进一步熟悉相关内容方可驾驭争议和解决争议。

5. 坚持诚实信用原则的裁判理念

诚实信用，在市场经济活动中尤其重要，是市场经济社会的道德规则和法律原则基础。工程争议案件处理中的诚信理念表现在：其一，当工程合同的约定或法律的规定有两个以上的解释时，应当然抛弃违背诚信原则的解释；其二，当法律出现漏洞和空白的时候，可藉诚实信用原则补充法律漏洞；其三，避免违背诚信的当事人从失信行为中获利。

仲裁实践中，出现承包人主张己方串通投标而请求仲裁庭确认合同无效，进而免除其违约责任承担的；出现发包人主张招标时不满足法定条件而招标无效，免除承担违约责任的，此时，机械适用法律，似乎都可得出中标无效、合同无效、合同违约责任不能适用的结果。但任何人不应从其过错行为中获益，否则，既破坏了交易秩序，也破坏了法律秩序。

6. 坚持定分止争的裁判理念

管子云，“法者所以兴功惧暴也，律者所以定分止争也。”意在说明法律的价值在于确定名分和止息纷争，而法律这一价值的体现离不开争议解决方式的实践，仲裁即为其中之一。工程仲裁亦需要考量对权利义务秩序的调整和恢复，真正做到案结事了。

7. 重视工程案件中的专家证人

随着工程技术和工程管理工具的高速发展，对于工程建设项目纠纷的处理，不可避免地产生了相关问题的技术性难度，比如在认定混凝土强度的缺陷因素、裂缝出现的原因、观感工程质量差异与施工行为之间的因果关系、工期延误的时间计算等方面。前述事实的查明并非法律事实的查明，而是工程质量缺陷的内在机理判断，也包括工程造价问题。此时并非一定要引入共同选定的第三方或者由仲裁庭指定的第三方专家或专业机构评价专门问题，而是也可以推动由当事人一方选择专家作为证人或辅助证人参与庭审，继而在交叉询问的基础上促进案件的快速推进。当然，如此势必对仲裁庭裁判形成衡量与判断的技术压力，但总体上节约了审理周期，并不浪费技术资源，并且为我国工程建设的技术性问题在纠纷解决中的价值起到了大大提升的作用，从而彰显裁判技术和工程技术的完美结合。

8. 开放看待仲裁案件的受理范围

鉴于工程建设项目的全过程管理中，通常会遇到较多的争议与冲突，从合同订立即开始了漫长的协商与博弈之路，如招标无效、投标无效、中标无效，再如开工令迟延、违法开工、擅自变更、单方停工、单方解除，直至未经验收擅自使用、迟延结算等，故如当事人信任争议解决机构，基于“因合同订立和履行产生的全部纠纷均可提交某仲裁委员会仲裁”这样的仲裁协议，完全有可能将项目实施中的更多形式的纠纷提交仲裁机构予以裁判。前述纠纷可能是一个客观事实的认定，也可能是法律关系的确定，还可能是权利义务的认定，笔者认为只要不违反仲裁法中可仲裁事项的规定，可以采用更加开放的理念。

我国的建设工程法律纠纷产生于飞速发展的社会经济活动中，并以现实之中国法制体系和社会大众法律素养为基础，如何调动纠纷解决机制中最积极的因素，促进纠纷解决，发挥其价值，有效解决当今工程建设各方之社会矛盾冲突，是工程争议处理需要面对的挑战。

四、建设工程争议仲裁的现状和特点

（一）关于工程争议仲裁的基本认识

建设工程争议仲裁，以下简称工程仲裁，是将与建设工程相关的纠纷和争议交由约定的仲裁机构，并由仲裁庭予以审理解决的制度和方式。近年来，仲裁因其程序快捷、费用经济、保密、专业等特点备受民商事主体的青睐。

工程仲裁作为其中一类典型的仲裁活动，令人欣喜地表达了以下方面。

1.“一裁终局”满足迫切需求

“迟来的正义即非正义”（Justice delayer is justice denied），广为人知的法谚揭示了纠纷解决快捷性之重要程度。几乎所有纠纷，至少有一方对判决或裁决结果的尽快作出是充满期待的，工程争议解决尤为突出。以工程款纠纷为例，该类纠纷一般争议金额较大，工程款的及时支付影响到企业正常经营，甚至关乎企业的生死存亡，故主张工程价款一方往往希望尽快获得结果，进入执行程序。与诉讼相比，尽管“一裁终局”制度难以根本破解工程案件审理周期相对较长的问题，但却能为当事人避免消耗二审和重审时间，赢得更多的商业未来。

2. 仲裁请求体现自愿

仲裁案件中的仲裁请求，可以在一定程度上理解为仲裁标的。仲裁请求是当事人之间不能达成一致，由申请人提请仲裁裁判的法律关系性质或实体权利或一定事实之确认的主张。仲裁请求是仲裁庭审理的对象，它限定了仲裁庭审理裁判案件的范围，亦为仲裁庭判断管辖权和管辖范围的重要基础。

诉讼请求可分为确认之诉、给付之诉、形成之诉，诉讼请求因法官对诉的利益、诉的可执行性、诉与案件争议关联程度的判断而被接受或拒绝。但在仲裁案件中，仲裁请求的受理与否更多基于当事人约定的仲裁事项、仲裁请求与案件关联程度、能否充分满足当事人纠纷解决的需求和能否根本性解决争议。在达成仲裁协议的基础上，减少对仲裁请求的限制，能够最大化体现仲裁的自愿性。

仲裁请求受理方面的尊重意思自治及灵活简便性，能够方便合同当事人，集中解决工程争议，减少社会新增不安因素，是为仲裁追求的价值目标之一。

3. 仲裁员的专业性提供了技术保障

如前所述，纠纷解决的高效性至为重要，但是，仲裁的公正性是当事人追求的基本价值目标，亦为仲裁这种民间性质的纠纷解决机制赖以生存和发展的基础。故而选择仲裁的同时，也有人因仲裁“一锤定音”、难以纠错而对仲裁心生畏惧。

然则，关于裁决公正性实现的基础问题，事实上，公正的实现需要仲裁制度、仲裁员的职业能力和职业操守、仲裁程序的正当性和当事人在仲裁中的参与程度等多方面因素的相互作用。其中，仲裁员选择的恰当性和仲裁员自身的专业素养是工程仲裁案件裁决公正性的保障和前提。而高水平的仲裁机构能够从各方面遴选擅长工程争议处理的技术专家、管理专家、学者、法官和律师等专业人才组成先进的仲裁员队伍，并通过科学、专业、审慎的态度和方法对每一个工程案件搭配专业互补、结构合理的仲裁庭，确保仲裁庭在工程仲裁案件中发挥更高的专业水平、提升工程仲裁案件的裁判能力，此亦为工程仲裁能够充分体现争议解决专业性优势的特点。

（二）工程仲裁裁决的特殊性

如前所述，工程争议在陷入分歧白热化之前，一般均已经过了较长时间的酝酿和缠绕，协商无果，诉至仲裁或法院。仲裁案件的审理有诸多灵活机制，相比诉讼，更加轻松易行。

1. 工程案件仲裁员的选择

通常工程案件的处理均涉及工程施工的组织、工期的延长、造价的管理等方面，而处理专门性技术性问题，民事诉讼法提供了鉴定的通道，但是毕竟需要更多的时间和费用代价。而在仲裁机制里，仲裁员的选择是值得称道的仲裁灵活机制之一。相比法院审理的组庭，工程案件可以选择熟悉施工管理、熟悉工程造价和成本控制、熟悉工程合同管理等方面的仲裁员参与案件审理，故曰仲裁员的选择可令当事人增强对案件获得公正裁决的信心。同时通过公开自由的选择机制，增强裁判技术性和行业交易习惯对合理性的影响，也提升了裁判的公信力。

2. 工程案件代理人数机制

法院开庭审理过程中，对于案件代理人的数量要求严格按照诉讼法的规定执行，通常为两人。而仲裁机构对于代理人的限制则因机构而异，如北京仲裁委员会对于仲裁案件代理人的数量是不予限制的，给当事人和律师代理人共同参与庭审的机会。同时仲裁庭也有机会充分查明事实，尤其是对于工程案件，当事人通常都希望有陈述和表达的机会，且从事施工的人员的确比较多，管理事实繁杂，因此不限制代理人数非常便利，也有利于仲裁目的的实现。

3. 工程案件仲裁请求的变更

仲裁庭在是否接受仲裁请求变更时，与诉讼相比较，并非强制比照一审辩论终结前的标准拒绝仲裁请求变更，而是可以综合考虑参与庭审各方的正当权利义务，尤其是从定分止争的角度考虑是否同意在庭审的中期或后期变更仲裁请求，如此对于解决工程建设项目中当事人的争议是比较高效的。

4. 工程仲裁案件中的合并审理

合并审理，是指在满足一定条件的前提下，仲裁庭将两个或两个以上的仲裁案件进行合并审理，从而达到高效解决纠纷和便利当事人的目的。

北京仲裁委员会 2015 年 4 月 1 日正式施行的新版《北京仲裁委员会仲裁规则》第 28 条规定："（一）仲裁庭在满足以下各项条件时可以将两个或两个以上的仲裁案件合并审理：1. 仲裁标的为同一种类或者有关联；2. 经一方当事人申请并征得其他当事人同意；3. 仲裁庭组成均相同。（二）仲裁庭可以根据情况决定合并审理的具体程序。"仲裁庭可以通过询问当事人的意见、核实不同案件的主体及案件进展等具体情况，确定是否需要合并审理，体现了仲裁的灵活性。

工程案件的合并审理，通常可能表现为已确认进度款支付案件、竣工结算支付案件、质量请求案件、工期索赔请求、违约金请求案件等方面。当然，合并审理还是需要分别进行裁判的，且裁判的时间未必具有统一性。

5. 工程仲裁案件中的部分裁决

针对当事人的部分请求事项作出的裁决就是部分裁决，亦即仲裁庭认为必要或者当事人申请经仲裁庭同意时，仲裁庭可以在最终裁决作出前，就当事人的某些请求事项作出部分裁决。[①] 对于仲裁庭是否作出部分裁决，笔者认为应考虑如下因素：

（1）是否已经查明部分事实并可以依据已查明的事实对部分仲裁请求作出裁决；

（2）是否查明案件剩余部分事实还需要花费大量的时间；

（3）是否查实全部事实后再针对全部请求进行裁决会导致当事人利益由于时间的拖延产生较大损害，或者导致对一方当事人明显的不公平；

（4）其他有关因素。

因部分裁决为仲裁庭针对当事人部分请求作出的裁决，故部分裁决与最终裁决具有同等的法律效力，如当事人不履行，对方当事人可请求法院强制执行部分裁决。正因如此，仲裁庭在作出部分裁决时，将比较慎重地衡量，且需要在判断待查明事实及后续审理不对部分裁决的结果产生影响的情况下，方可作出部分裁决，例如不影响双方实际权利义务的确认请求等。而当反请求与本请求之间形成给付主张的抵销关系或更多因果关系或利益关系判断的，部分裁决的作出有一定的风险，应当视具体案件而论。

6. 工程仲裁案件中的中间裁决

中间裁决机制也是分段解决当事人纠纷的重要手段，对于整个案件的审理和推进，以及促进商事活动的正常进行，起到了积极的作用。中间裁决主要针对案件争议的程序问题或实体问题。一般而言，中间裁决要解决或明确的程序问题或实体问题往往在案件审理中具有关键的作用，或者决定着整个案件的走向，或者决定着当事人请求或抗辩的基础。例如关于合同效力问题的争议，合同有效还

---

① 《北京仲裁委员会仲裁规则》第 49 条第（一）项规定。

是无效对于当事人的后续主张影响巨大，此时为了避免当事人在对合同效力认识不同的情况下阐述各自意见，导致案件审理陷入僵局，同时也避免直到最终裁决才对这个问题发表意见对当事人造成突袭，仲裁庭便会考虑作出中间裁决。《北京仲裁委员会仲裁规则》第49条第（二）项对中间裁决的运用作出了规定。

国际上很多仲裁机构将中间裁决作为应对紧急情况的临时措施，如国际商会（ICC）《仲裁规则（2012）》第28条、美国仲裁协会（AAA）《仲裁规则（2013）》第37条、伦敦国际仲裁院（LCIA）《仲裁规则（2014）》第25条、新加坡国际仲裁中心（SIAC）《仲裁规则（2016）》第30条和斯德哥尔摩商会仲裁院（SCC）《仲裁规则（2017）》第37条的规定。北京仲裁委员会2015年的仲裁规则也作了类似的有关临时措施的规定。①

建设工程仲裁案件审理过程中，为避免案件审理陷入长期等待，尤其对于未完工程，存在一定之急需改变法律关系，抑或法律关系之存续情形的，可以考虑采用中间裁决的方法，如管辖的确定、合同效力的认定、交付竣工图纸的认定、合同解除的认定等；此时之中间裁决的作出，对于涉案工程及时再发包，或复工、竣工、交付、出售等商事活动将起到积极的作用，也能够促进商事交易的发展，最终促进案件纠纷的解决。

此外，关于仲裁程序的灵活性体现还有很多，如仲裁庭可以通过询问当事人的意见、核实不同案件的主体及案件进展等具体情况，就管辖权、合同效力、合同解除等争议作出中间裁决，亦为仲裁程序灵活性的体现。

① 《北京仲裁委员会仲裁规则》第62条第（一）项。

五、建设工程争议中常见的仲裁协议问题

近年来，随着有关仲裁的推广和对仲裁认识的深入，当事人采用仲裁方式解决工程项目争议的越来越多，围绕仲裁协议和仲裁条款的效力也产生了较多纠纷。在此，从仲裁协议约定的样态出发，结合实践，对涉及仲裁协议效力的常见问题分析如下。

（一）备案合同与实际履行合同中的仲裁协议效力

建设工程施工合同领域，备案合同和实际履行合同并存之现象较为常见，关乎仲裁条款的，即涉及两份合同存在争议解决条款约定冲突的情形，如何适用实际履行合同与备案合同约定仲裁条款，以及相应之效力甄别成为了施工合同纠纷争议的首发焦点。

《合同法》第57条规定，合同无效、被撤销或者终止的，不影响合同中独立存在的有关解决争议方法条款的效力。《仲裁法》第19条第1款明确规定，仲裁协议独立存在，合同的变更、解除、终止或者无效，不影响仲裁协议的效力。由此可见，合同无效并不影响仲裁条款的效力。

司法实践中，如一方当事人主张实际履行合同违反《招标投标法》的强制性规定而无效，如何认定备案合同中的争议解决条款约定效力问题，最高院对此争议问题的判例并不一致。

（2014）民一终字第249号案中，华厦公司（承包人）与中银公司（发包人）签订了《建设工程施工合同》，双方当事人约定，在履行过程中发生争议，协商不成的可向有管辖权的法院起诉。双方在签订合同后，又签订了《中银城市广场工程2009年复工协议书》，该协议第10条约定："履行本协议如发生争议由双方协商解决；若协商不成，由呼和浩特市仲裁委员会仲裁。"之后双方就工程价款结算发生争议，承包人认为本案事实及法律关系均基于《建设工程施工合同》，且该合同已经建设行政主管部门备案，认为备案合同争议

解决条款优先于实际履行合同；而在备案施工合同中并没有订立仲裁条款，故复工协议中约定的仲裁条款无效。最高院经审查后认为，《中银城市广场工程 2009 年复工协议书》中双方又约定“履行本协议如发生争议由双方协商解决；若协商不成，由呼和浩特市仲裁委员会仲裁”，该约定应视为双方对争议解决方式的变更，应为有效。该案例的终审结论支持了在后订立合同中争议解决条款的优先适用，尽管司法解释规定了按照备案合同进行结算的原则。

但是另案的认定也值得研究。在（2014）民一终字第 00067 号案中，中国对外建设有限公司（以下简称建设公司）与华创德隆房产开发有限公司（以下简称华创公司）经过招投标程序签订了《建设工程施工合同》，且该施工合同在鞍山市工程建设招标投标管理站进行了备案。该合同专用条款第 24 条约定，双方发生争议提交鞍山仲裁委员会仲裁。双方当事人在同一天签订了未经备案的合同，而该合同约定争议解决方式为向工程所在地人民法院提请诉讼。后双方发生争议，建设公司向辽宁省高级人民法院提起诉讼。辽宁省高级人民法院受理后，华创公司提出管辖权异议，认为双方《建设工程施工合同》约定，双方发生争议提交鞍山仲裁委员会仲裁，依据《中华人民共和国民事诉讼法》第 124 条第（二）项之规定，建设公司无权就本案向人民法院起诉，人民法院亦不应审理此案。最高院认为，根据《中华人民共和国招标投标法》第 46 条关于“招标人和中标人应当自中标通知书发出之日起三十日内，按照招标文件和中标人的投标文件订立书面合同。招标人和中标人不得再行订立背离合同实质性内容的其他协议”的规定，有关工程范围、价款、质量、管辖争议条款等均是合同的实质性内容，在备案合同与未经备案合同约定的管辖条款不一致时，应当以备案合同确定案件的管辖问题。

尽管前述两个案件最终均被认定由仲裁机构管辖审理，但是最高院在辽宁案件中裁判的理由是认为备案合同与未经备案合同约定管辖不一致时，应当以备案合同为准确定管辖。

笔者赞成最高院在前一个案件的观点，即无论是备案合同还是实际履行合同，抑或为补充协议，如签订时间在后的合同中约定的仲裁条款符合仲裁法规定之有效仲裁条款约定，即得成立仲裁主管之效力，即使合同无效亦是如此。当然，对于后一个裁判认定，实际上与前一个案件有两点不同，一是签订时间未披露先后顺序；二是除了备案以外，存在实质性内容变化的问题。在争议解决条款适用的问题上，加入干扰因素比较多的施工合同纠纷，仍值得进一步研究。

（二）承包合同与补充协议中的仲裁条款一致性

当事人若在承包合同中约定了仲裁条款而在补充协议中未进行约定，承包合同的仲裁条款效力是否及于补充协议事项；反之，若承包合同未约定仲裁条款，而当事人在补充协议中约定了仲裁条款，该仲裁条款效力是否及于承包合同范围，这也是在建设工程领域容易发生争议的问题。

关于第一个问题，判断的关键在于承包合同与补充协议是否具有可分性。“如果主合同与补充协议之间是相互独立且可分，那么，在没有特别约定的情况下，对于两个完全独立且可分的合同或协议，其争议解决方式应按合同或补充协议约定处理。如果补充协议是对主合同内容的补充，必须依附于主合同，而不能独立于主合同存在，那么，主合同所约定的争议解决条款也适用于补充协议。”①

相反情形下，仍需要判断补充协议中仲裁条款的适用范围是仅限于补充协议约定的事项还是包括承包合同的范围。若补充协议中

---

① 最高人民法院执行裁定书，（2015）执申字第33号。

的仲裁条款明确约定适用于承包合同，则视为双方就承包合同的争议解决方式进行了补充约定；否则，双方仅可就补充协议约定事项引起的争议通过仲裁程序解决。

值得注意的是，如前文所述，根据我国合同法及仲裁法的规定，无论是承包合同还是补充协议，其效力并不影响任何一份合同中所包含之仲裁条款的效力。换言之，仲裁条款的适用范围也不因承包合同或补充协议的无效而受到影响。

（三）联合体承包项目的仲裁条款效力

联合体承包项目，中标合同中仲裁条款是否及于全部联合体成员，任一联合体成员是否可依据中标合同中仲裁条款提起仲裁，这一问题亦值得关注。

实践中存在联合体成员一方直接单独提起仲裁，要求发包人作为被申请人支付其工程款的情形。但发包人却以承包合同为全体联合体作为一个投标人签订之合同、并未单独与之订立承包合同，没有单独的相互的仲裁条款为由，认为该联合体成员并非适格的仲裁申请人；且虽然该联合体成员承担了部分工程，但此亦为联合体内部成员之间职责分工，该联合体成员并不因此成为中标合同的一方当事人，无权依据中标合同的仲裁条款向仲裁委提出仲裁，也无权直接向发包人主张工程款。

笔者认为，《中华人民共和国招标投标法》第31条规定，联合体各方应当签订共同投标协议，明确约定各方拟承担的工作和责任，并将共同投标协议连同投标文件一并提交招标人。联合体中标的，联合体各方应当共同与招标人签订合同，就中标项目向招标人承担连带责任。因此，联合体投标并中标的，联合体成员各方必须共同与发包人签订中标合同，而联合体成员在中标合同签字盖章应视为认可仲裁条款。作为签字盖章的联合体成员一方有权将与本合同有关的争议提交到仲裁机构，基于联合体一方订立承包合同时与发包人共同表达了对仲裁条款的意思一致，其提请仲裁的权利应当具备，类似于“诉权”的权利是存在的。至于提交实体请求是否得仲裁支持，是否具备单独请求的实体权利，则应根据授权和承包合同具体约定予以裁判认定。

（四）部分合同事项的仲裁条款

因建设工程承包合同包含事项众多，如工期、质量、安全、造价等，合同当事人如仅就承包合同部分事项引起之争议约定提交仲裁机构解决，则该仲裁条款的效力当然不及于承包合同约定的其他事项。仲裁条款尽管具有独立性，但是其效力的体现与承包合同的内容具有紧密的关联性。

值得注意的是，当承包合同的部分争议事项由当事人约定通过仲裁解决，但是双方在承包合同中却约定其全面结算采用诉讼方式时，则存在仲裁与诉讼的界面风险，尤其是部分事项结算中的仲裁条款达成时间较晚的，分案裁判的结果存在一定的冲突风险。另外，即使不发生前述冲突，工程案件的部分诉争事项通常都是互相牵连的，除非边界比较清晰，如关于变更价款、工期延误索赔等争议事项。

针对该类工程建设项目纠纷案件管辖问题，笔者认为可以有三种方法缔结工程合同的仲裁协议：

第一，约定与本合同履行有关之争议均提交某仲裁委员会仲裁；

第二，约定与本合同有关之争议均提交某仲裁委员会解决；

第三，约定与本项目有关之争议均提交某仲裁委员会解决。

如当事人希望所有与项目有关争议事项一揽子采用仲裁方式处理，即应将争议解决事项扩大到与项目有关的争议，相应仲裁机构受理案件的范围将会更宽广。

（五）实际施工人与发包人之间是否受发包人与承包人之间仲裁协议约束

此类主管争议与最高院2004年颁布的司法解释有关，即《最高人民法院关于审理建设工程施工合同纠纷案件适用法律问题的解释》第26条第2款规定，“实际施工人以发包人为被告主张权利的，人民法院可以追加转包人或者违法分包人为本案当事人，发包人在欠付工程价款范围内对实际施工人承担责任。”该规定突破了合同相对性，旨在保护实际施工人的合法权益，但是对于实际施工人与发包人之间的争议是否受发包人与承包人之间仲裁协议的约束，应经提交仲裁机构解决。实践中就该问题，最高院也存在不同裁判，尚无定论。

最高院在（2014）民申字第1575号案中认为，根据《最高人民法院关于审理建设工程施工合同纠纷案件适用法律问题的解释》第26条第2款规定，实际施工人在一定条件下可以向与其没有合同关系的发包人主张权利。该规定是在一定时期及背景下为解决拖欠农民工工资问题而进行的一种特殊制度安排，其不等同于代位权诉讼，不具有代位请求的性质。同时，该条款规定发包人只在欠付工程价款范围内对实际施工人承担责任，目的是防止无端加重发包人的责任；明确发包人仅在欠付承包人的工程价款数额内承担责任，这不是对实际施工人权利范围的界定，更不是对实际施工人程序性诉讼权利的限制。实际施工人向发包人主张权利，不能简单地理解为是对承包人权利的承继，亦不应受承包人与发包人之间仲裁条款的约束。

最高院（2015）民一终字第170号案中，最高院认为，熊道海作为实际施工人，向发包人森科盐化公司和承包人建安建设公司主张支付工程款的权利，涉及熊道海与建安建设公司、建安建设公司与森科盐化公司之间的工程款结算问题。但是，承包人建安建设公司与发包人森科盐化公司签订的《建设工程施工合同》已经明确约定了仲裁条款，故双方之间的工程款结算和支付等争议，应提交由双方约定的仲裁委员会仲裁解决，不属于人民法院主管范围。

在国家政策层面，《中共中央关于全面推进依法治国若干重大问题的决定》提出要健全包括仲裁在内的多元化纠纷解决机制，人民法院应当和仲裁机构有机衔接，而不应该越过管辖权力的边界。《最高人民法院关于全面深化人民法院改革的意见——人民法院第四个五年改革纲要（2014—2018）》提出要引导当事人选择适当的纠纷解决方式。《最高人民法院关于建立健全诉讼与非诉讼相衔接的矛盾纠纷解决机制的若干意见》（法发〔2009〕45 号）提出要促进非诉讼纠纷解决机制的发展，尊重和体现仲裁制度的特有规律，最大程度地发挥仲裁制度在纠纷解决方面的作用。《最高人民法院关于人民法院进一步深化多元化纠纷解决机制改革的意见》（法发〔2016〕14 号）提出要尊重商事仲裁规律和仲裁规则。《最高人民法院关于人民法院全面深化司法改革情况的报告》要求鼓励和引导当事人优先选择包括仲裁在内的非诉讼方式解决纠纷。《最高人民法院关于仲裁司法审查案件报核问题的有关规定》（法释〔2017〕21 号）和《最高人民法院关于审理仲裁司法审查案件若干问题的规定》（法释〔2017〕22 号）对于人民法院认定仲裁协议无效规定了极为严苛的审查和报核制度，强化了仲裁协议和仲裁裁决的法律拘束力。

根据上述规定可知，中国政府和最高院均明确表明充分尊重当事人的仲裁选择权、扩大仲裁争议解决机制的适用，故对于已经约定通过仲裁方式解决纠纷的案件，应以保护当事人申请仲裁的权利不受侵害为目标，确保已经达成的仲裁协议的效力。

六、建设工程争议中的鉴定

（一）工程争议鉴定的种类和特点

最高人民法院 2001 年 11 月 16 日发布的《人民法院司法鉴定工作暂行规定》，将司法鉴定界定为："在诉讼过程中为查明案件事实，人民法院依据职权，或者应当事人及其他诉讼参与人的申请，指派或委托具有专门知识的人，对专门性问题进行检验、鉴别和评定的活动。"由于建设工程争议具有专业性、复杂性的特点，因此通过委托专业人员或机构进行鉴定，既有利于查明案件事实，也有利于公平公正地维护双方利益。

结合实践，建设工程争议中较为常见的鉴定种类包括工程造价鉴定、工期鉴定、工程质量鉴定和索赔费用鉴定。

前述建设工程争议鉴定主要包含以下特点：

1. 鉴定资料众多。无论何种鉴定，鉴定对象都是与工程有关的全部工程事实，而由于建筑工程生产周期长、过程复杂，因此鉴定涉及的工程资料量大且内容多。

2. 鉴定影响因素复杂。这是由建筑工程本身的复杂性和个体性所决定的，如设计、施工、材料、自然条件等不一，导致工程因个别特点而差异很大，变相导致鉴定人在工程鉴定中对一些问题的判断异常复杂和困难。

3. 鉴定过程专业性强。如建筑工程质量鉴定多数在工程处于完成阶段或使用阶段开展，这时往往隐蔽工程也已全部或部分完工。如主体结构发生裂缝，产生的原因就是多方面的，撇开外部影响，如冲击、震动、人为破坏等，其工程内因就有材料质量问题、材料配比问题、施工工艺问题等，而鉴定过程中查看到的现场通常不是原始状态，鉴于工程建设项目的隐蔽性强，对于隐蔽性工程可能存在破坏性取样，需要鉴定机构具备专业分析能力和丰富的鉴定经验。

4. 鉴定结果关系重大。工程经过鉴定程序后，鉴定结果经常成为仲裁机构或法院裁判的重要依据，因此鉴定结果显得尤为重要，可能作为重要证据成为司法公正的前提和基础。建设工程争议一旦进入司法鉴定程序，其影响很大，轻则影响工程造价结算的准确性，重则将导致企业倒闭或成为追究相关人员责任的依据。

（二）鉴定和鉴定意见的法律性质

如前文所述，仲裁过程中的鉴定是仲裁机构委托具有专门知识的人，对专门性问题进行检验、鉴别和评定的活动。而鉴定人仅是在某方面具有专业知识能力的法人，并非具有法定权力的行政机关，因此鉴定人开展鉴定活动仅是履行一般委托义务的民事活动。

关于鉴定意见的法律性质，笔者认为对鉴定意见性质的认定可以结合《民事诉讼法》和仲裁规则进行分析。

首先，根据《民事诉讼法》第 63 条关于证据类型的规定①，鉴定意见所列其中，因此，从该角度来讲，鉴定意见应仅仅属于证据材料的一种。

其次，《民事诉讼法》规定，证据必须查证属实，才能作为认定事实的根据。同时，新版《北京仲裁委员会仲裁规则》第 34 条规定，当事人有权对鉴定意见发表意见；仲裁庭认为必要或者根据当事人的请求，可以通知鉴定人参加开庭；当事人经仲裁庭许可，可以就鉴定意见的有关事项向鉴定人提问。第 37 条证据的认定规定："（一）证据由仲裁庭认定；鉴定意见，由仲裁庭决定是否采纳。"从前述规定可以看出，鉴定意见并不具有预定的、天然的法律效力，不能当然地被作为最终定案依据；对于该证据的采信，需要经过双方当事

---

①《民事诉讼法》第 63 条　证据包括：（一）当事人的陈述；（二）书证；（三）物证；（四）视听资料；（五）电子数据；（六）证人证言；（七）鉴定意见；（八）勘验笔录。证据必须查证属实，才能作为认定事实的根据。

人的质证。因此，鉴定意见仅为专业人士的意见，能否构成法律意义上的证据，以及具有多大的证明力，尚须进行双方质证及法律上的审查判断，而这种审查判断权在仲裁案件中则归于仲裁庭。

需要注意的是，鉴定意见作为一类具有建议评价性质的证据，其评价性意见亦将受到鉴定人知识水平、鉴定设备、鉴定方法、鉴定者工作责任心和鉴定时间，甚至功利性等诸多主客观因素的制约，并不一定能客观、公正地反映案件事实本身。仲裁实践中切忌过度依赖鉴定意见，应对鉴定意见的合法性、科学性和合理性进行实质审查，对于存在明显错误的鉴定结论应当予以纠正，避免“以鉴代审”。

（三）与鉴定相关的焦点问题

仲裁过程中，建设工程争议的鉴定主体包括鉴定人、仲裁机构和仲裁当事人，其中最主要的为鉴定人和当事人。鉴定人为接受仲裁机构委托对涉案工程造价、质量、工期等进行鉴定的专业机构。国家住房和城乡建设部发布了国家标准《建设工程造价鉴定规范》（GB/T51262-2017），对建设工程造价鉴定进行了详细规范。与鉴定相关的焦点问题比较多，这里研究比较重要的两个，即鉴定程序的启动和鉴定举证责任分配。

1. 鉴定程序的启动

鉴定的启动，关系到纠纷的实体审理，也涉及程序的正义和效率，尤其对于专业技术问题比较多的工程争议而言。北京仲裁委员会在其2015年施行的《仲裁规则》第34条规定，当事人申请鉴定且仲裁庭同意，或当事人虽未申请鉴定但仲裁庭认为需要鉴定的，可以通知当事人在仲裁庭规定的期限内共同选定鉴定人。由此可见，鉴定程序的启动可以是当事人主动申请，也可以是仲裁庭认为必要即依职权启动，但无论由谁发起，决定权在仲裁庭，故即使当事人申请，未经仲裁庭同意，则鉴定程序也无法启动。

需要注意的是，当事人提出鉴定申请的同时，应当完成初步举证：其一是初步证明待鉴事项客观存在或待鉴事项外观存在；其二是初步证明该事项为专业问题，有必要启动鉴定程序。如当事人申请工程质量缺陷鉴定的，申请方应当举证证明案涉工程确实存在质量缺陷，只是该等质量缺陷需要经过专业技术判断；此时启动鉴定程序对于当事人双方的程序权利保护是合理和高效的，否则容易使案件陷入程序拖延。

2. 鉴定举证责任分配

鉴定过程中的举证责任分配涉及鉴定机构和仲裁庭对举证责任的认识问题。同时笔者认为对鉴定机构的鉴定权与裁判权应当予以分辨，不能以鉴代审，不能为了专业判断而将鉴定活动变为发现真相的活动，尤其是鉴定意见指向的鉴别是事实问题的时候。

因此，鉴定机构通知涉案当事人提供鉴定基础资料的，不能跨越当事人举证责任分配的边界，更不能在鉴定程序中擅自转移举证责任；鉴定的过程不能演变为代替裁判者去主动发现客观真实，还是应还权于仲裁庭去释明举证责任。

七、总结

建设工程争议的发展与中国法律制度的发展紧密相关，工程仲裁制度亦是如此。

评价工程仲裁的实践成就，标准有二：其一是目的标准，表现为个别性，即各方实现争议解决的目的与程度，包括当事人、仲裁员和仲裁机构三方；其二是社会标准，即实现定分止争的效果。以前述标准回首，工程仲裁对工程争议的解决不能脱离工程行业交易活动的基本业态，追求乌托邦式的正义。

故对于工程仲裁来讲，纵有千般好，亦应不断发展。至于第三人制度缺失、仲裁前保全困难、权利救济等现实问题，随着仲裁实践的不断丰富、仲裁制度的不断探索和发展，可以运用智慧和先进的方法逐步完善解决。进一步来说，在工程诉讼适用专属管辖的背景下，工程仲裁的发展更应大有作为。

（撰稿人：谭敬慧）

合同主体及争议管辖

1. 仅在合同上加盖公章的相关方能否成为合同主体

裁决要旨 仅在合同上加盖公章，但在该合同中并不享有权利、承担义务的相关方，不是合同主体。

关键词 适格主体 加盖公章

申 请 人：A 建筑设计事务所

被申请人：B 房地产开发有限公司

一 案情

2004 年 12 月，申请人与被申请人签订《建设工程设计合同》（以下简称本案合同）。主要内容为：被申请人委托申请人承担位于甲大街的教堂附属用房改建工程设计工作，设计内容包括方案和施工图设计；合同暂估设计规模为 2800 平方米，估算总投资 700 万元（指人民币，下同），按照 5% 的设计费费率，估算设计费为 35 万元，并约定实际设计费按初步设计概算（施工图设计概算）核定，多退少补；设计费的支付方式为：提交各阶段设计文件的同时支付各阶段设计费，在提交最后一部分施工图的同时结清全部设计费，不留尾款。

申请人在《仲裁申请书》中称，本案合同签订后，申请人如实履行，按时完成了设计任务，并根据被申请人的要求进行了设计变更，建筑面积由原定2800平方米增至4581.8平方米，工程设计概算为14962033.62元，对此，被申请人也予以认可，并上报文物局批准。依据本案合同约定，最终设计费应调整为748100元。申请人于2005年8月向被申请人提交了全部设计资料。被申请人先后分两次向申请人支付了设计费21万元（现金），申请人多次要求被申请人履行合同付款义务，2006年7月以来又专门委托律师与被申请人交涉，但被申请人以该工程项目与合作方C协会发生争议为由迟迟不结算支付。为此，申请人依据本案合同中的仲裁条款向本会提出仲裁申请，请求仲裁庭裁决被申请人：

1. 立即向申请人支付拖欠的设计费500000元；

2. 赔偿申请人因本案支付的律师费10000元；

3. 承担本案全部仲裁费用。

为支持其仲裁请求，申请人提供了本案合同，政府相关部门的批复文件、设计图纸和概算书等证据材料。

被申请人答辩称，其确与申请人就教堂附属用房改建工程设计签订了本案合同，但同时提出四点抗辩意见：第一，本案合同是被申请人和C协会共同委托，设计方案都要有C协会的盖章，方能向相关政府部门报批，为了能陈述案情事实，请求仲裁庭追加C协会为本案的共同被申请人。第二，被申请人至今没有收到申请人提交的方案设计和施工图设计图纸，也未对设计方案提出变更，从未认可申请人的设计方案。第三，被申请人支付申请人的设计费不是21万元，而是41万元，已经远远超过合同约定的35万元。第四，被申请人从未对申请人主张的设计规模变更和设计费增加进行过确认，申请人提出的仲裁请求没有依据。

为此，被申请人认为，申请人的仲裁请求不应得到支持。被申请人还同时表示，作为被申请人股东一方的D公司与C协会就本案合同项下工程的开发问题发生争议，法院于2006年7月15日受理此案，故请求仲裁庭中止本仲裁案的审理。

为支持其抗辩意见，被申请人提供了付款凭证、民事起诉状和人民法院的受理文书、通知函等证据材料。

二　仲裁庭意见

仲裁庭基于申请人仲裁请求及其针对请求所述主张，以及被申请人针对申请人主张提出的主要抗辩理由，阐述仲裁庭意见如下：

（一）关于本案合同的效力和当事人主体问题

经过庭审调查，双方当事人均未对本案合同效力提出异议。仲裁庭认为，本案合同系双方当事人真实意思表示，且不违反法律或行政法规的强制性规定，故本案合同合法有效，对双方当事人均有约束力。

关于本案当事人主体问题。被申请人抗辩认为，本案合同项下的设计任务由被申请人和C协会共同发包，在本案合同履行过程中一直是C协会在具体与申请人接触，并且，设计方案等向政府部门的报批也是由C协会直接具体操作的，应追加C协会为被申请人。申请人对此表示异议，认为只有本案双方当事人为合同主体，包括C协会在内的其他都是案外第三方。仲裁庭注意到，在合同签字盖章位置的上部加盖了C协会的公章，但合同内容中不同位置发包人处均清晰标明是本案的被申请人。仲裁庭认为：

一方面，本案合同项下设计的对象是宗教房产，其所有权主体为C协会。按照我国当前的宗教政策和宗教房产管理的要求，C协会作为相关事务管理的单位，有权利参与其所属房产的改建，监督、指导改建设计方案的提出要符合宗教房产使用的功能要求，但其只是一个协作方，仲裁庭无法仅就本案合同上加盖的一个公章而认定C协会是合同的一方当事人。

另一方面，被申请人没有任何证据证明C协会在被申请人不知晓的情况下直接与申请人接触，并直接办理相关报批手续。同时，被申请人在庭审陈述中表示，就设计方案的修改问题，其一直在与申请人保持沟通。并且，C协会下属的E公司作为本案被申请人的一方股东，其参与本案合同履行过程中的具体工作，也是符合情理的。仲裁庭难以判定被申请人没有实际参与本案合同履行而不知晓案情事实的客观存在。

另外，被申请人抗辩提出的，目前其股东之间因开发权问题产生的争议，使得其是否具有本案合同项下设计所指向的工程项目的开发权成为不确定，因而难以作为本案合同的一方当事人履行相关义务，既没有法律依据，也没有合同依据。被申请人股东之间因开发权问题的争议与本案合同当事人之间的争议是相互独立的两个法律关系，被申请人是否具有该工程的开发权不影响其作为本案合同一方当事人应该承担的合同义务和责任，其开发权争议问题的法院判决结果也不能作为本案裁决的前置条件。

综上，仲裁庭不支持被申请人关于追加C协会为本案申请人的抗辩，仲裁庭确认，本案合同为双方当事人的两方合同，且合法有效，对双方当事人具有法律约束力，双方当事人是本案适格的主体。

（二）关于申请人履行设计义务情况

申请人称，其已按照本案合同的约定履行了设计义务，并经文物局等相关部门批准。申请人提供了文物局“关于附属用房建筑设计方案的复函”（以下简称“文物局设计方案复函”）、规划委员会“关于教堂附属楼翻建项目规划意见的复函”(以下简称“规委规划意见”)和文物局“文物建筑修缮许可证”(以下简称“修缮许可证”)、设计图纸等证据材料支持其主张。被申请人抗辩称，申请人将设计文件直接交给了C协会，从未向被申请人提交过最终的设计文件，被申请人也没有认可申请人最终完成的设计文件，同时，被申请人对申请人提交的上述政府相关批复文件不持异议。被申请人还表示，政府有些批复文件是给C协会而不是给被申请人的。

按照政府投资管理的相关规定以及政府相关部门行政许可审批事项应该具备的条件和应该提交的申报材料要求，仲裁庭认为，一方面，申请人提供的相关政府主管部门的批复文件表明，申请人编制的设计方案阶段和施工图阶段的设计文件已经达到了相关政策和技术规范要求；另一方面，尽管有些政府部门的批复文件是批给C协会而不是被申请人的，但都是针对申请人完成的设计文件下达的批复，不能就此否认申请人已经完成的工作。仲裁庭经过审理还了解到，在申请人开展设计的过程中，始终在与被申请人就设计方案进行沟通和协商，被申请人没有提交证据使仲裁庭判定申请人直接将设计文件交给了C协会。再者，本案合同项下工程为文物保护项目，政府对这类项目的翻建有严格的规定，被申请人提出的设计方案修改的要求必须符合政府对文物保护的要求。仲裁庭认为，本案合同项下工程作为文物保护类项目，不能单依据被申请人的意见来判断申请人是否履行了合同义务。同时，仲裁庭注意到，申请人提供的最终设计图纸不齐全，缺给排水、电气（强电、弱电）、暖通等专业的设计图纸，消防专业图纸也不全，只有消防电气和监控、报警图纸，缺消防喷淋等方面消防水方面的设计图纸。申请人称，这些专业都在本案合同项下的设计范围内，因为这些专业的功能没有最终确定，所有还没有设计出图。仲裁庭还注意到，在申请人单方面编制的概算书（申请人证据五——仲裁庭注）的编制说明中也清楚地载明“因没有水电图纸，电气工程先暂估300元/m^2……；水暖工程暂估400元/m^2……”；“消防系统图纸不完善，暂估220元/m^2……”。此材料也表明申请人在水、电、消防等方面的设计不完全。综合上述分析，仲裁庭认为，申请人基本履行了本案合同项下的工程设计义务，但存在瑕疵，部分专业的图纸设计不全。

（三）关于规模调整和设计概算

申请人主张，本案合同暂估的建筑面积为2800平方米，最终完成设计文件后，建筑面积调整为4581.8平方米，被申请人对此建筑面积的调整提出异议。仲裁庭注意到，文物局下达的“修缮许可证”和规划委员会出具的“规委规划意见”批准的本案合同项下工程的建设规模均为4581.8平方米。因此，仲裁庭认可本案合同项下工程最终的设计建筑面积为4581.8平方米。

申请人主张的最终设计概算为14962033.62元。仲裁庭注意到，被申请人提供几份证据材料中都载有设计概算的数额，一是设计概算书为14962033.62元，为申请人单方面编制，被申请人明确表示无法确认；二是文物局的“修缮许可证”，标明工程概算为1100万元；三是“建筑修缮及装修施工合同”（申请人证据十一——仲裁庭注），合同价款为1100万元，但同时注明此合同价款范围“只涉及土建及外立面层”，被申请人不认可此证据。鉴于被申请人的质证意见，仲裁庭认为，文物局的“修缮许可证”是仲裁庭判断本案合同项下工程设计概算的主要依据。申请人称此“修缮许可证”载明的工程概算1100万元仅为土建和外立面部分的概算，不包括设备、安装等专业部分，但该“修缮许可证”没有注明此工程概算所包括的工程范围，申请人没有证据使仲裁庭相信其上述主张。再者，如前述仲裁庭意见，申请人在给排水、电气、暖通、消防等专业设计不完全，仲裁庭认为，对申请人没有做或没有完全做的部分不能收取设计费，应予扣除，方为申请人所完成工程设计部分的概算。按照申请人单方面编制的概算书，扣除电气部分、水暖部分的概算额，消防部分扣除一半，再按照规定计取不可预见费，仲裁庭计算申请人所完成工程设计部分的概算金额应为 1106.5 万元，与“修缮许可证”上载明的 1100 万元基本吻合，相互印证。为此，仲裁庭认定，申请人完成的设计部分的概算金额为 1100 万元，可作为申请人主张设计费的依据。

（四）关于设计费

申请人主张，根据本案合同的约定，以设计概算额 14962033.62 元为基数，按照 5% 的取费比例，被申请人应支付的设计费为 748100 元。被申请人对此计算方法不予认可，认为设计费为合同约定的 35 万元，并认为 5% 的取费比例过高。同时，被申请人认为，已经支付的设计费为 41 万元，而不是申请人主张的 21 万元，申请人对被申请人已付设计费数额为 41 万元表示认可。仲裁庭认为，申请人主张的按照最终设计的建设面积和设计概算调整结果对设计费进行相应调整，符合本案合同的约定。仲裁庭还认为，按照公平合理的原则，设计费调整应以申请人实际完成部分的概算额作为设计费计算的依据；如前述仲裁庭意见，仲裁庭认定的申请人完成的设计部分的概算金额为 1100 万元。另外，申请人主张的 5% 的设计费取费标准符合本案合同约定，也符合政府相关部门颁布的设计收费标准，具有法律和合同依据，仲裁庭不支持被申请人关于该取费比例过高的抗辩意见。因此，仲裁庭认定，申请人完成的本案合同项下工程设计的设计费应为 1100×5% ＝ 55 万元，扣除被申请人已经支付的 41 万元，被申请人尚应向申请人支付设计费 14 万元。

（五）关于律师费

申请人请求被申请人给付律师费 10000 元。依据《中华人民共和国合同法》第 107 条，当事人一方不履行合同义务或者履行合同义务不符合约定的，应当承担继续履行、采取补救措施或者赔偿损失等违约责任。如前述仲裁庭意见，在申请人已基本履行了本案合同约定的主要义务的情况下，被申请人未按照本案合同的约定分阶段及时支付设计费，存在违约行为，应当赔偿申请人因此而产生的损失。申请人支付律师费用，聘请律师提起仲裁，是被申请人的违约行为造成的损失，根据仲裁规则第 42 条第 3 款的规定，被申请人应当赔偿申请人因此支付的律师费用。因此，仲裁庭支持申请人要求被申请人给付律师费 10000 元的仲裁请求。

（六）关于仲裁费

按照上述仲裁庭意见，以及本案审理的具体情况，鉴于申请人的仲裁请求未能得到全部支持，本案仲裁费由申请人承担 50%，被申请人承担 50%。

三　裁决

仲裁庭依据所认定的争议事实，以及本案合同相关约定及相应法律规定，遵循公平合理维护当事人正当权益的原则，裁决如下：

（一）被申请人给付申请人设计费 140000 元；

（二）被申请人给付申请人因本案支付的律师费 10000 元；

（三）本案仲裁费 24650 元（已由申请人全额预缴），由申请人承担 50%，即 12325 元；由被申请人承担 50%，即 12325 元。被申请人应向申请人支付申请人代其垫付的仲裁费 12325 元。

上述被申请人向申请人支付的款项共计 162325 元，被申请人应自本裁决书送达之日起 10 日内支付完毕。逾期支付，按照《中华人民共和国民事诉讼法》第 232 条的规定办理。

评 析

本案合同属于建设工程合同中的设计合同纠纷，同时涉及所有权和开发权（发包权）的适当分离，又因为本案合同项下的建设工程系宗教性质房产，由此导致本案合同在主体、履行等方面的争议特点颇为与众不同。以下就围绕当事人主体、当事人履约方面，对本案仲裁庭的裁决观点作一剖析，从而了解此类工程案件的特点。

一、关于当事人的主体问题

被申请人抗辩认为，本案合同项下建设工程的房屋所有权人为 C 协会，C 协会和被申请人应该系共同发包方，在本案合同实际履行过程中一直也是 C 协会与申请人具体接触，且设计方案等向政府部门的报批也是由 C 协会直接具体操作的，故应追加 C 协会为被申请人。根据证据显示，在本案合同签字盖章位置的上部加盖了 C 协会的公章。

仲裁庭作出裁决认定，只有合同当事人才能成为本案主体，本案合同内容中不同位置的发包人处均清晰标明是被申请人，被申请人才是本案合同当事人。这就涉及如何看待 C 协会在本案合同上盖章现象及本案合同履行过程的深度参与行为的性质？

一方面，合同内容明确了发包人是被申请人，并未将 C 协会作为合同的一方主体明确在合同中。如果各方从一开始就有 C 协会直接作为发包人的意思，完全可以在签订合同时加以明确；另外，从 C 协会盖章的位置来看，特意避开了签字盖章处，而选择上部盖章，也可以推断出当时 C 协会不想以一方当事人身份出现在合同中的意图。但正如我们所知，C 协会是本案合同项下所涉的宗教房产之所有权人，按照我国现行的宗教政策和宗教房产管理的要求，C 协会一方面委托一家专业公司去具体发包工程可能是一种现实考虑，也不能视为不可以，专业公司完全可以自己的名义去签订工程合同，而同时 C 协会作为所有权人，对其所属房产的改建给予相当的重视、关注甚至协助又是合情合理的，包括其关注本案合同的签订，监督、指导改建设计方案的提出以确保符合宗教房产使用的功能要求，并具体操作设计方案的报批手续等。关键在于 C 协会与申请人、被申请人在本案合同签署到履行的整个过程中是何种关系？C 协会仅仅是利益相关方和协助方？还是与被申请人一样直接承担合同权利义务的主体？

不能简单依据其在本案合同上加盖的一个公章而认定 C 协会是合同的一方当事人。

而且，根据仲裁庭的审查核实，C 协会并未在被申请人不知晓的情况下直接与申请人接触，仍然是协助被申请人方去办理相关报批手续，就设计方案的修改等合同履行的主要问题，也是被申请人一直在与申请人保持沟通和推进，所以仲裁庭更加确信了 C 协会并非合同主体。基于合同相对性原则，申请人向被申请人主张权利是正确的，也符合当初各方所设定的合同关系构架，而被申请人试图将 C 协会加入仲裁，是一种突破相对性、希望上家介入而减轻自身责任的方式，当然未能获得仲裁庭的认可。

此外，被申请人的另一抗辩观点是，目前其股东之间因本案合同项下的工程开发权问题产生争议，使得其是否具有涉案工程项目的开发权成为不确定，因而难以作为本案合同的一方当事人履行相关义务。被申请人这一观点的似是而非之处在于：被申请人股东之间因开发权问题的争议与本案合同项下的争议是相互独立的两个法律关系，被申请人是否具有该工程的开发权并非其能否作为本案合同的发包方的前提条件，也不影响其作为本案合同一方当事人应该承担的合同义务和责任。

因此，被申请人关于应当追加C协会为本案当事人的主张没有得到仲裁庭支持，是符合此类工程案件通常判断的，因为在实践中，一些工程相关方可能会以见证人或外部监督者的身份在合同上盖章，但是合同中并无规定任何有关的权利义务，一般是不宜认定为工程合同的主体的。

二、关于申请人的履约举证争议

本案中，被申请人抗辩称，申请人系将设计文件直接交给了C协会，而从未向被申请人提交过最终的设计文件，被申请人也没有认可申请人最终完成的设计文件。政府有些批复文件也是给C协会而不是给被申请人的。而申请人确实未能提供其向被申请人直接提交有关工程设计文件等证据。

但本案无争议的事实是：关于涉案改建工程设计方案、图纸等已报送有关行政审批管理部门，文物局出具了“关于附属用房建筑设计方案的复函”，规划委员会出具了“关于教堂附属楼翻建项目规划意见的复函”，文物局颁发了“文物建筑修缮许可证”。

通过分析，仲裁庭认定，首先可以确定上述规划委员会、文物局的复函及施工许可证等批复文件，足以证明申请人编制的设计方案阶段和施工图阶段的设计文件已经达到了相关政策和技术规范要求，也就是说完成了合同欲达到的工作成果。而其争议的焦点在于设计文件或者说合同工作成果是否必须直接交付到被申请人手中才能视为申请人履约。通常情况下，我们可能会得出这样的结论，合同义务当然应该向合同的相对方履行，但也有例外，本案就属于后一种情况。本案合同项下工程为宗教房产、文物保护项目，政府对这类项目的改建、翻建有严格的规定，有关工程设计方案必须符合政府对宗教用房管理及文物保护的要求。因此，本案合同实际履行过程中，由C协会向有关行政管理部门报送有关工程设计方案，有关政府批文或复函系直接批复予C协会等现象，符合现行行业管理实践，由C协会直接操作方案报批事宜实属必然。在这样的背景下，即便申请人系将有关设计文件等材料直接交给了C协会，亦属于正常的履约行为，也不违背被申请人的合同意图或目的，不能因此质疑或否认申请人的履约行为。如果拘泥于要求申请人必须举证证明其已将设计文件直接提交给被申请人，则对申请人过于苛求了，亦不符合本案履约的实际情况。

三、关于履约具体内容的争议

申请人和被申请人对涉案项目的最终建筑面积及设计概算存在争议，申请人主张涉案项目完成设计文件后的最终建筑面积已调整为4581.8平方米、最终设计概算为1496.2万元，被申请人均不予认可。这属于一个更加专业性的问题，仲裁庭在本案中实际上是结合了行业经验和知识，通过证据分析达到了认定相关事实的目的。

本案裁决中，仲裁庭指出，在被申请人对申请人单方面编制的文件不予认可的情况下，有关行政审批管理部门的批文可以作为认定相关事实的依据，因为本案属于宗教性房产修缮工程，必须要经过国家有关行政机关的批复，批复中必然包含对工程建设规模和概算的内容，而本案合同的目的就是为了达到完成这部分内容的设计以报行政机关审批通过，以便开展下一步的工程施工，所以仲裁庭按照行政批文上记载的内容认定最终建筑面积和设计概算是符合建设工程的实际情况的，在证据上也是更加权威和站得住脚的。所以，仲裁庭意见写到，本案文物局下达的“文物建筑修缮许可证”和规划委员会出具的“关于教堂附属楼翻建项目规划意见的复函”批准的本案合同项下工程的建设规模均为4581.8平方米，文物局的“文物建筑修缮许可证”另载明涉案工程概算为1100万元，据此可以认定本案合同项下工程最终的设计建筑面积为4581.8平方米、工程设计概算为1100万元。除此之外，仲裁庭也根据经验法则和商业逻辑加以了确证，也就是本案被申请人此前实际支付的设计费已达到了41万元，远超本案合同约定的35万元，与前边的证据相印证，亦可以证实本案工程建筑面积及设计概算调整的事实。故本案中仲裁庭按照最终设计的建设面积和设计概算调整结果对设计费进行相应调整并作出相应裁判，是符合合同约定及履约事实的。

（评析人：官以德）

2. 建设方直接管理营业执照被吊销的分包方并由其代行总包职责对分包主体认定的影响

裁决要旨 吊销营业执照只是剥夺经营资格，但当事人的诉讼（仲裁）主体资格仍然存在；合同履行中建设方直接管理分包方并由分包方代行总包职责并不意味着原合同主体变更，合同解释仍须根据合同措辞、相关条款、合同目的、交易习惯、诚实信用原则等综合判断。

关键词 营业执照吊销 分包代行总包职责

申 请 人：A 建筑装饰工程有限公司

被申请人：B 建设工程有限公司

一 案情

申请人申请仲裁称：被申请人于 2004 年 4 月与 C 房地产开发有限公司（发包方，以下简称 C 公司）签订《建设工程施工合同》一份，约定发包方将其开发的位于北京市 D 住宅 E11–E88 号楼的土建、电气、给排水、采暖工程总承包给被申请人施工。同年 7 月 22 日，被申请人作为发包方，申请人作为分包方，双方签订《专业分包施工合同》（以下简称《分包合同》）一份，约定：1. 申请人分包 E 区 81 栋别墅的木结构安装、屋面、给排水、采暖安装、电气安装、弱电埋管、室内初装与外装的供货和安装及现有基础结构上的施工图范围内的全部工作，达到初装成品房标准。2.分包形式为包工包料。3.结算方式：分包合同总闭口价为3420万元（指人民币，下同），技术变更、洽商不作结算调整，申请人不能以自己预算漏项、计算错误等而增加造价或追加工程款……

在实际施工过程中，按总包方和被申请人的要求，申请人的分包内容有增有减，整个工程于2005年9月30日即已竣工验收合格，现房屋已售出，业主都已入住。但被申请人一直不与申请人进行工程结算，经申请人计算，被申请人拖欠申请人工程款已达9175654元，维修期满后加上应返还的质保金合计已达11013399元。申请人认为，被申请人作为工程的总承包方长时间拖欠工程款致使申请人无法开展经营活动，故向本会提起仲裁，申请人最终确认的仲裁请求如下：

1.被申请人立即支付工程欠款11013399元；

2.被申请人赔偿申请人自2005年12月1日起至全部给付之日止按日万分之二点一计算的利息损失（暂计算至提起仲裁之日，利息损失为993801元）；

3.被申请人承担本案仲裁费用。

被申请人在答辩书中称：

2004年1月、4月，被申请人与C公司先后签订了两份《建设工程施工合同》，约定C公司将其开发的位于北京市D住宅E区88套的土建、电气、给排水、采暖等工程总承包给被申请人施工，被申请人为该项工程的总承包人。合同约定：E1–E10号住宅楼合同工期为2004年1月29日至2004年5月18日，E11–E88住宅楼合同工期为2004年4月15日至2004年9月14日。

同年7月22日，被申请人与申请人签订了本案《分包合同》，分包范围为E区81栋别墅的木结构安装、屋面、给排水、采暖安装、电气安装、弱电埋管、室内初装与外装的供货和安装及现有基础结构的施工图纸范围内的全部工作（含地下室承重墙、水电安装），达到初装成品房标准（初装成品房标准：屋面、外装完工，室内封石膏板，电气及面板、上下水管线按图安装到位）。合同工期为2004年6月26日至2004年11月15日共140日历天。

《分包合同》约定的虽是闭口价，但结算方式中约定闭口价仅是指技术方面的变更、洽商不作结算调整，且是以申请人完成分包范围的工程为前提。申请人未按《分包合同》约定履行自己的义务，逾期交工，且工程质量存在严重问题，并不及时履行维修的义务。被申请人与申请人在工程量的确认、工程质量问题的责任承担、对逾期交工的责任认定方面尚存在争议，无法进行最终结算。因此，请求仲裁庭驳回申请人的仲裁请求。

申请人在其提交的书面代理意见中称：

1. 对于合同为包死价，发生增、减价款事宜，我们认为：

（1）包死价是在合同约定工作范围的基础上产生的，增项主要是发生了《分包合同》中约定的施工范围之外的施工项目，并不是约定的施工图范围内的工程技术变更和洽商，且都已经建设方书面确认，故工程价款理应予以增加。

（2）减项是由于施工中，部分施工内容的材料还是由申请人提供，劳务由被申请人和建设单位另外分包的单位提供，其劳务费理应予以扣减。

2. 被申请人以“项目内容相当一部分是由另一国的F公司完成的”为理由，所以拒绝办理结算或支付欠款，依据是联系单的落款为“F公司”，我们认为：

（1）至于来往工作联系单，是由于建设单位希望借外籍公司的名义，提高项目的洋气程度以利于销售，所以才会这样，此举并未影响工程由谁施工的实质。被申请人从开始就参与此事，从未提出异议，更没有因为申请人用此落款而遭受损失，不应该以此作为不确认增项结算和拒付合同约定的工程余款的理由。

（2）申请人提供的被申请人在施工结束后给申请人出具的委托书，以及800万元的工程款发票和代扣的税金、管理费的收据，都充分证明被申请人已经认可，合同约定的项目全部是由申请人完成的，与F公司无关。

（3）被申请人庭审中已经确认，其作为总包方已就工程款问题向建设方提起仲裁申请，所依据的就是其与申请人签订的《分包合同》，足见被申请人也确认合同约定的施工项目全部是由申请人完成的，与F公司无关。

（4）众所周知，施工项目结算的依据是合同和合同内容的完成情况，申请人与被申请人签订合同，申请人分包的工程已经过验收合格。本工程事实已经很清楚，被申请人理应按照合同约定支付申请人合同款至95%，并根据合同约定支付保修金。

（5）庭审中被申请人已经确认，F公司只是和被申请人有买卖合同关系，签订的是供货合同，与本案是不同的法律关系，不能混淆。

（6）提请首席仲裁员和仲裁员注意：被申请人时至今日，首次以这种借口来拒签增项结算、拒付工程款，让申请人感到其动机和用心就是还想继续拖欠。

3. 申请人所施工的项目，于2005年9月前已经通过验收，并无任何质量问题。整个E区别墅工程也于2005年9月30日通过竣工验收并交付使用，故按约定被申请人应该支付申请人合同价款至95%，不应再以质量事宜为借口蓄意拖欠。

4. 关于李明为被申请人员工事宜，我们认为：

（1）申请人提供了绝大部分为李明签名的来往文件的签收单，被申请人向仲裁庭提交的证据中的工程联系单，大部分都是李明签收的，足以说明其签收文件是能够代表被申请人的。

（2）申请人自进场后，被申请人多次召集相关会议，申请人补充提供会议纪要，证明李明就是被申请人的员工。

5. 对于被申请人庭上提出将本案和被申请人与建设单位 C 公司的仲裁案合并审理的请求，我方认为：

（1）申请人与被申请人的工程款纠纷，事实已经很清楚，申请人按照约定完成了施工内容，被申请人理应最晚于 2005 年 11 月付清余款，被申请人将工程款拖欠至今已经让申请人利益受损，再合并审理只能是继续拖延时间，申请人的损失会进一步加大。

（2）申请人所承揽的实际工程内容，占被申请人和建设单位总包工程的比例极小，若被申请人在和建设单位的仲裁案中，施工内容涉及申请人，申请人可以协助被申请人提供证据。

6.《鉴定报告》对未完成的工程量鉴定部分计算项目有错误，并遗漏了申请人代购材料费的计算等，是不公正的。

被申请人在其提交的书面代理意见中称：

1. 申请人向被申请人主张的工程款和质保金没有法律和事实依据。

《分包合同》约定工程款的结算和支付是以申请人完成全部承包范围的工程量并经竣工验收为前提的。现申请人没有证据证明工程已经验收，且其提供的与发包方 C 公司签订的维修协议也足以证明施工主体为两个，现申请人单方主张工程款的结算也存在障碍。而且保修金在保修协议中也明确约定应是签约的主体开发商（C 公司）返还质保金，故向被申请人主张也找错了主体。

2. 申请人因逾期交工且承包范围工程存在严重的质量问题，应当向被申请人承担赔偿责任。

3. 申请人主张的工程欠款数额没有事实依据，因申请人承包范围的工程存在两个施工主体，一个是申请人，另一个是F公司，在F公司不到场的情况下，无法区分两个施工主体的工程量，客观上不具备结算的条件。因此，该项主张应予驳回。

4. 被申请人已不是争议工程的总包方。申请人、被申请人和开发商（C公司）于2004年8月16日的会议纪要及对2004年8月16日会议纪要的补充中已经明确我方不再担任工程总包，由申请人行使总包权利，申请人的总包配合费由C公司直接支付，申请人提供水、电等相关配合工作并负责协调各分包的进度。而且申请人还提出表达自己一方在6月份有分包计划，由此可见，经三方协商，我方已经不再是工程总包。我方撤出了现场后，工程后来的进展我方也不清楚。申请人事实上也未再把我方作为工程总包。《分包合同》中的义务也未向我方履行，并未向我方交付工程，而是直接与C公司签订了质量保修合同。在未依据《分包合同》向我方履行交付工程的义务的前提下，又依据《分包合同》向我方主张工程欠款，完全没有事实和法律依据。

5. 申请人已被吊销营业执照，在其清算组未成立的情况下继续审理明显违反法律规定。

6. 鉴定依据不符合法律规定，各份报告中所列的增项部分均与本案无关，不应将案外人完成的工程量计入到申请人名下。

综上所述，不论从三方约定还是从事实上来讲，我方都已经不再是争议工程的总包，申请人向我方主张工程款，是找错了主体。申请人的仲裁请求应当予以驳回。

二 仲裁庭意见

（一）关于申请人的主体问题

仲裁庭注意到，在本案审理过程中，被申请人向仲裁庭提交了落款日期为 2007 年 12 月 14 日 G 市工商行政管理局出具的（2007）第 290200711242 号《行政处罚决定书》，决定书上对申请人的决定处罚是“吊销营业执照”，并写有：（当事人的债权债务依法由有限责任公司的股东、股份有限公司的董事和股东大会确定的人员组成清算组负责清算）当事人及时办理注销登记。

仲裁庭亦注意到，申请人在本案审理中向仲裁庭提交了落款日期为 2007 年 7 月 31 日的 [2007] 第 040012 号通知书，通知书的全文如下：

A 建筑装饰工程有限公司：

经查，你（单位）已经于 2006 年 5 月 17 日在本局办理清算组备案，限你（单位）在 9 月 20 日前来办理注销登记，逾期不来办理的，依法吊销执照。如你（单位）申请继续存在的，可以申请撤销清算组备案，恢复到确立状态，恢复应提交材料：申请书、股东会决议，报本局注册大厅。

仲裁庭同时还注意到，本案在 2009 年 1 月 8 日开庭审理时，申请人曾对被申请人提供的（2007）第 290200711242 号《行政处罚决定书》发表了如下意见：该证据无法证明被申请人的证明目的，工商局已经询问过我方是否恢复营业资格，我方已经申请恢复了，但是工商局和工商所意见不一致，导致现在出现了一点问题，我方正在与工商局进行交涉。根据现行的相关法律规定，虽然营业执照被吊销，但是我方还是具有仲裁的主体资格，而且我方仲裁也是为了清理债权债务。除了经营活动之外，原合同中的维修和保修义务还可以履行，而且我方在北京有常驻队伍进行维修。

据上，仲裁庭认为，申请人曾被行政管理部门吊销过营业执照，不论现在是否恢复正常经营，但吊销企业的营业执照，是工商行政管理机构对营业不规范经营的一种行政处罚措施，只是暂停了其经营资格，但并不影响其诉权的行使。因此，申请人作为本案申请人是适格的。

（二）被申请人是否是本案合格的主体

仲裁庭经审理查明：

1. 2004 年 7 月 22 日，申请人作为乙方、被申请人作为甲方签订了 E 区别墅（81 栋）专业分包施工合同，合同中约定了工程进度、合同价款、承包内容、结算方式、付款方式、工程质量及验收标准、违约责任、合同终止等条款。合同签订后，双方履行了合同约定的权利和义务。

2. 2004 年 8 月 16 日有 C 公司、申请人和被申请人三方参加的就 C 公司与被申请人交接事宜召开的会议，当日并作了会议纪要，会议纪要有关内容如下：

……

王刚（代表被申请人——仲裁庭注）：集团调整 E 区、F1、F2 由三九公司来进行施工管理。……

刘辉（代表 C 公司——仲裁庭注）：……移交后 E 区现场总包方为 A 公司，C 公司会全力配合你们的工作提供施工条件，同时要求你方也要充分负起总包的责任，协调各分包之间关系（包括甲方分包项）共同完成 E 区各项工程指标。

李超（代表 C 公司——仲裁庭注）：三九公司负责 E 区工程管理，

具体资料的完善还需 B（即被申请人——仲裁庭注）来做。

王刚：E 区施工资料完成由 B 负责，调整后 A 相当于 B 项目二部，行使总包权利。

A（即申请人——仲裁庭注）：在 6 月份我方有一个分包计划

……

A：钢支架、基础工程、设计院与施工方产生分歧等费用问题谁来承担？

刘辉：现场困扰的问题较多，E 区所有项目指标在总包身上担着，希望 A 公司尽快完成总包的角色转变，充分担负起总包责任，遇到细节问题与 C 公司工程部密切配合，沟通解决。

3. 2004 年 12 月 10 日，申请人、被申请人和 C 公司三方作了“对 2004 年 8 月 16 日会议纪要的补充”，全文如下：

经 C 公司、B 及 A 公司三方协商，对关于 E 区的 2004 年 8 月 16 日三方会议纪要补充如下：

为缩小管理半径，提高工作效率，由 C 公司直接对工程进行管理，B 公司负责对工程资料签认及工程监督。

（1）C 公司分包的总包配合费（按分包合同额的 2% 不含设备费）直接支付 A 公司，在结算时一次付清，A 公司提供水、电等相关配合工作，并负责协调各分包的进度。

（2）A 公司进度、质量、技术等工程管理资料同时报 B 公司及 C 公司。

（3）工程款由 C 公司支付 B 公司，B 公司再支付 A 公司。

（4）A 公司要及时提供发票给 B 公司。

4. 2004 年 10 月 9 日有申请人、被申请人、监理、C 公司签署了 E 区工程交接会议记录，记录上写有：

赵华（代表申请人——仲裁庭注）：

A作为总包的问题，目前没有书面确定，我方与C也没有任何协议……以上问题得不到解决，我方认为现在办理交接手续无实际意义。……

5. 2006年7月28日，被申请人出具了以被申请人作为委托方，申请人作为受托方的委托书，委托书的全文如下：

E区（81栋）木结构别墅工程，由A建筑装饰工程有限公司专业施工，详细内容见2004年7月22日B建设工程有限公司与A建筑装饰工程有限公司签订的《专业分包施工合同》（合同金额3420万元）。

有关以上合同工作内容的结算事宜，委托方同意A建筑装饰工程有限公司孙刚同贵司接洽办理，双方对北京C房地产有限公司与A建筑装饰工程有限公司双方核对的结算结果予以认可。

6. 被申请人以应支付本案申请人工程款为由作为总包方向C公司提起仲裁，本会于2007年4月24日予以受理。

上列事实有双方当事人提交的下列证据证实：

1.《专业分包施工合同》；

2. 2004年8月16日的会议纪要；

3. 2004年12月10日会议纪要的补充；

4. 2004年10月9日工程交接会议记录；

5. 委托书。

双方当事人对上列证据的真实性均不持异议。因此，仲裁庭予以确认。

被申请人认为，其已不是本案合格的主体，根据会议纪要申请人已代替了其总包地位，由C公司直接管理，故申请人向其主张结算工程款并支付工程欠款缺乏事实根据。对此，仲裁庭不能苟同，其理由如下：

首先，根据双方签订的分包合同，申请人与被申请人的总包与分包的合同关系以及双方之间存在合法有效的合同关系应予认定。

其次，被申请人已支付了部分工程款，申请人也向其开具了部分发票。

再次，根据会议纪要，虽然有申请人为总包方配合C公司完成E区的各项工程指标的内容，但申请人和被申请人的合同分包关系是否已终止履行，与C公司是发包与承包关系，还是C公司受让了被申请人在分包合同中的权利与义务，都未有文字说明，也未有签订相关协议，而且会议纪要的补充中明确写有被申请人仍应向申请人支付工程款的内容。

另外，在工程交付进行结算时，被申请人又向申请人出具了委托书，委托申请人与三九公司对《专业分包施工合同》项下的工程进行核对和结算，并对结果予以认可。

据上，仲裁庭认为，虽然，C公司对工程实施了直接的管理，在施工后期让申请人作为总包管理E区工程，但并不意味着申请人和被申请人的合同关系已不存在，也不意味着申请人和C公司建立了分包施工合同关系。因此，本案合同项下的当事人仍然是申请人和被申请人，被申请人作为本案的主体是适格的。

（三）另一国的F公司签字确认的工程联系单是否是本案审理的范围

仲裁庭注意到，本案审理的合同依据是2004年7月22日申请人作为乙方、被申请人作为甲方签订的《分包合同》，合同的主体只有两个，即申请人为该合同的承包方，被申请人为总包方。

仲裁庭亦注意到，庭审中和书面的代理意见中被申请人承认曾与F公司签订过木材供应协议，而与本案申请人签订的是工程施工协议。

仲裁庭同时亦注意到，双方当事人在提供的证据（工程联系单）中，关于施工内容的来往联系有 F 公司签发的确认单。

综上，仲裁庭认为，本案合同的主体只能是本案签约的双方，本案审理的依据亦只能是《分包合同》中双方的权利与义务关系和施工过程中双方协商与本案所涉工程有联系的增加的施工内容。关于证据中曾出现有 F 公司的工程签认单，对此，仲裁庭认为，第一，申请人未能提供有效证据证明其有权代 F 行使权利；第二，F 签字的工程联系单都不是本案分包施工合同项下的项目。因此，F 在工程施工过程中的所有签认单证不应包括在本案的审理范围中。

（四）关于工程造价

在审理中已查明本案所涉合同虽约定的是闭口价，技术方面的变更、洽商不作调整，但在合同的履行中，原合同约定施工范围内的项目，申请人和 C 公司又将其分包了出去，实际申请人施工的内容比原来合同约定的内容已有了减少。另外，在施工中又增加了部分合同约定外的项目，据此仲裁庭为了准确把握本案所涉工程造价，妥善处理纠纷，仲裁庭根据双方当事人的意见以及《仲裁规则》的相关规定委托鉴定单位对该工程的造价予以鉴定。双方对本案所涉工程造价存有较大分歧，仲裁庭委托鉴定单位对本案所涉合同鉴定的范围是：依据本案合同所约定的申请人分包的范围核定其已完成的工程量和未完成的工程量及增加的工程量，并对未完成的工程量和增加的工程量进行造价鉴定。鉴定单位于 2008 年 11 月 28 日作出了《鉴定报告》，仲裁庭将《鉴定报告》送交双方当事人并要求双方就该报告提出各自的意见。双方收到报告后均提出了异议，鉴定单位根据双方的异议于 2008 年 12 月 25 日作出了《复议报告》，仲裁庭将《复议报告》送达给了双方当事人。经开庭质证，双方当事人又针对《复议报告》提出了不同意见，尤其是对鉴定单位依据的证据资料始终不能达成一致，被申请人又未提供施工图纸，故仲裁庭提出由鉴定单位到北京市城建档案馆对申请人提交的施工图与竣工图蓝图进行核对。经核对，申请人提交的施工图纸与档案馆存档的竣工图蓝图部分一致，存档的竣工图增加了手写的变更内容。故从档案馆取回了有手写变更部分的图纸及本工程的洽商变更复印件，鉴定单位根据双方提交的资料及双方的意见，结合在档案馆核对的本工程的竣工资料于 2009 年 3 月 5 日又出具了《补充复议报告》。由于该报告是在调取核对档案馆资料的基础后又作出的，仲裁庭将此报告交双方当事人后并再次开庭质证。申请人主要对 F 公司与本案工程有联系所签认的单证要求仲裁庭应予确认，其主要理由是申请人根据 C 公司的要求，凡申请人施工过程中的一切手续均应以 F 公司的名义签署，这样对其出售房屋是有利的。被申请人认为本案合同没有增项，不能将 C 公司的指令计算在被申请人身上。根据双方的意见，鉴定单位于 2009 年 4 月 1 日又出具了《对鉴定结论的补充说明》及《工程造价鉴定报告有效性的说明》。

仲裁庭认为，2009 年 3 月 5 日鉴定单位出具的《补充复议报告》是鉴定单位前前后后经过数月查阅有关资料，认真听取双方的意见和争议，进行复核、认定后作出的。因此，仲裁庭对鉴定单位关于本案工程造价所作出未完工程量为 3801471.86 元和已完工程量为 30398528.14 元的结论理应采纳。另外，仲裁庭注意到鉴定结论中，关于合同外增加工程量的部分计 1970377.39 元，由于被申请人首先不认可 C 公司和 F 公司的签认单，其次对申请人提交的 2004 年 12 月 10 日的会议纪要真实性亦不予认可，再次是申请人提供的联系单洽商变更文件虽有各方的签认，工程量也有签认但均为复印件，因此被申请人亦不予认可。故鉴定单位将此部分列为仲裁庭认定的部分。对此，仲裁庭作如下分析：

1. 关于 2004 年 12 月 10 日的会议纪要，庭审时申请人已当庭出示了原件，被申请人在 2007 年 12 月 11 日的庭审中，对申请人出示的该份证据的真实性曾表示没有异议，该会议纪要中第 4 条有如下文字表述 ：“关于变更洽商增加工作量事宜，甲方将及时确认，结算时一并考虑”，会议纪要中有 B 建设工程总公司员工于 2004 年 12 月 24 日的签字。对此，仲裁庭认为，一是申请人要求被申请人支付合同外增加施工项目的工程款是有根据的 ；二是被申请人在鉴定报告作出后又对上述纪要的真实性不予认可，但未能提出充分的理由和有效证据，因此，该证据仲裁庭予以确认 ；三是被申请人提出该纪要前面没有甲方，故后面内容记录的甲方不能认定为被申请人的辩解不能成立，主要是该纪要是基于申请人和被申请人的合同关系所作出，因此，合同上的甲方即被申请人。另外，根据会议纪要中确定的原则，C 公司只是代替被申请人对工程直接管理，甲方指的即便是 C 公司，但 C 公司的一切行为亦应视为代表被申请人。因此，该纪要中的甲方实际上指的就是被申请人。

2. 被申请人认为关于 C 公司和 F 公司的签认单，不能计算在该鉴定报告中，即不应是被申请人应履行的义务。对此，仲裁庭作如下分析 ：

首先，关于 F 公司签认的联系单，根据上述仲裁庭意见（三）中的论述，因其不是本案合同的一方，而是本案被申请人工程木结构别墅骨架设计、供货、技术服务单位，双方并单独订有合同。因此，其所签认的文件无法视为是申请人履行本案合同项下的权利与义务和增加的工程量。

其次，本案申请人和被申请人及开发商即发包方 C 公司均没有指令或授权 F 公司代申请人签署文件的权利。因此，申请人关于根据被申请人的请求，以 F 公司的名义在文件上签字的辩解仲裁庭不予支持。关于F公司与C公司、被申请人之间的工程款纠纷（包括签认的联系单）可另寻途径解决，仲裁庭对此部分不予认定。

再次，关于C公司的签认文件，仲裁庭认为，根据2004年8月16日的会议纪要及补充纪要，被申请人作为总包方已将其在施工现场的管理权交与了C公司，C公司代其行使了工地的管理义务，这是纪要中三方已确认且已生效并已实际履行的事实。因此，C公司的指令和签认文件被申请人应予确认。

3. 关于合同外增加的施工量涉及的签认文件均是复印件，被申请人不予认可的问题，仲裁庭对此作如下分析：

第一，关于复印件的问题，申请人在庭审中多次强调，其原件在与C公司核对结算工程款过程中已全部交给了C公司，对此，被申请人并未发表反驳意见。

第二，鉴定单位在鉴定过程中依据的认证及联系单不仅有文件签认，工程量表亦有签认。

第三，鉴定单位在核定本案合同项下未完成的工程部分（即减项），也是依据签认的复印件文件，被申请人对此部分已予以认可。

第四，申请人提供的签认文件的复印件均有监理、被申请人或C公司的签字。

第五，申请人提出的增加项目，被申请人认为根本不存在但未提供证据证明或者是其他单位施工的。

第六，该部分合同外的增项，均与本案施工合同有紧密联系，应属本案审理的范围且纪要中也有一并结算的意思表示。

综上，结合本案的实际，此部分增项款，仲裁庭予以认定。

《补充复议报告》工程造价鉴定汇总表中“增加的工程量”中“地下室隔墙土建部分”木结构材料费97842.06元、“土建签证部分”木结构材料费70135.30元为F公司的合同范围，应当予以扣除；

关于“土建工作联系单部分”1098009.44元，其中仅有E55供材料193166元为申请人签认，其他部分均由F签认。因此，关于申请人增加项目的工程款，金额应为：1970377.39-97842.06-70135.30-（1098009.44-193166）＝897556.59元。

另外，鉴定单位所列的待定工程量和待定减项工程量，因证据不足，仲裁庭不予认定。

综上，本案《分包合同》项下的工程款为30398528.14元；本案合同外增项工程款为897556.59元。

（五）关于工程欠款

仲裁庭认为，根据上述仲裁庭意见（四）中的论述和认定，被申请人尚欠申请人的工程款，应为本案合同项下的工程款30398528.14元加上合同外增项款897556.59元，计31296084.73元。再减去双方均认可的被申请人向申请人已支付的工程款25736800元，为5559284.73元。

（六）关于尚欠工程款利息问题

仲裁庭注意到，本案《分包合同》第3.2条有如下约定：

（1）合同签订后10天内预付总价的20%作为预付款；

（2）以20栋房屋为验收单位，完工经验收或具备交付甲方进行下一工序施工的条件后10天内支付该批20栋房屋按建筑面积1710元/m^2造价的55%；

（3）81栋房屋全部竣工验收合格后，10天内支付合同价的10%；

（4）竣工后两个月内办理竣工结算并支付合同价的10%；

（5）质保款为工程金额的5%，竣工验收合格满一年后10日内支付3%，满两年后10日内付余款2%。

仲裁庭亦注意到本案《分包合同》对被申请人迟延给付工程款

没有约定违约责任，也没有约定保修责任。

仲裁庭同时亦注意到，申请人提交的分项验收资料移交表最早的日期为2005年5月24日，最晚的日期为2005年7月8日，没有四方的验收记录。

另外，1.被申请人提交的其与C公司签订的施工协议书中约定：（1）质量标准为合格，承包人应在工程竣工验收之前与发包人签订质量保修协议。（2）发包人收到承包人递交的竣工结算报告及结算资料后28天内进行核实，给予确认或者提出修改意见。

2.申请人在仲裁庭审理本案时多次主张工程已于2005年5月30日移交了被申请人，2005年9月30日整个E区别墅工程已通过验收，且业主早已入住。对此，被申请人虽对申请人施工的项目提出了没有进行验收和交接，但对E区于2005年9月30日工程已全部通过验收和业主已实际入住未予反驳。

综上，仲裁庭认为，本案《分包合同》项下的分包工程虽然有验收资料的移交日期，但没有分项工程的验收记录，也没有工程完工后的交接记录，故难以确定实际的竣工日期。根据《中华人民共和国合同法》和最高人民法院有关司法解释的相关精神，仲裁庭认为，首先申请人提出欠付工程款的利息自2005年12月1日起算并无不妥。其次，支付利息的工程欠款扣除5%的质保金两年后支付计算亦符合行业惯例。再者，逾期付款应按中国人民银行同期贷款利率计算利息较为公平，故支付利息应分三段计算，具体为：

1.2005年12月1日至2006年10月10日，被申请人应支付利息计算的基数为3994480.49元（工程欠款5559284.73元减去5%的质保金1564804.24元），利率为中国人民银行同期贷款利率；

2.2006年10月11日至2007年10月10日，被申请人应支付利息计算的基数为4933363.03元（3994480.49元加上3%的质保金

938882.54元)，利率为中国人民银行同期贷款利率；

3. 2007年10月11日至实际付清之日止，被申请人应支付利息计算的基数为5559284.73元，利率为中国人民银行同期贷款利率。

据上，申请人关于逾期付款按日万分之二点一计算利息的主张仲裁庭不予支持。

(七)本案仲裁费、鉴定费

根据本案审理的结果，本案仲裁费由申请人承担40%，被申请人承担60%。

鉴定费由申请人和被申请人各承担50%。

三 裁决

仲裁庭依据审理情况，作出如下裁决：

(一)被申请人向申请人支付工程欠款5559284.73元；

(二)被申请人向申请人支付自2005年12月1日至2006年10月10日止以3994480.49元为基数、自2006年10月11日至2007年10月10日止以4933363.03元为基数、自2007年10月11日至实际付清之日止以5559284.73元为基数，按中国人民银行公布的同期贷款利率计算的利息；

(三)本案鉴定费用130265元(已由双方各预交50%)，由申请人承担50%，即65132.5元，被申请人承担50%，即65132.5元；

(四)本案仲裁费103615.46元(已全部由申请人预交)，由申请人承担40%，即41446.18元，被申请人承担60%，即62169.28元，被申请人应直接向申请人支付代其垫付的仲裁费62169.28元。

上述第(一)(二)(四)项被申请人应向申请人支付的款项，

被申请人应当自收到本裁决之日起15日内向申请人支付完毕。逾期按《中华人民共和国民事诉讼法》第229条之规定办理。

评析

本案涉及四个主体，首先是A公司，即本案的申请人，其身份是分包单位；B公司，即本案的被申请人，其身份是总包单位；C公司为发包方，是建设单位。F公司与B公司有供应合同，并且本案证据中有签有其名义的单证，本案争议中涉及F与C签订的确认单是否为本案分包项下的项目。

申请人的请求是被申请人支付其到期未支付的工程款，以及相应的工程价款利息。本质上是一个迟延给付的问题。但本案当事人争议的焦点却在于主体问题以及A公司完成工作量的问题。仲裁庭审理的难点也在于此，其中，对证据的采信以及合同的解释，最费周折。

一、本案的主体问题

（一）A公司是否具备仲裁主体资格

本案中，A公司营业执照被吊销，故此，B公司提出证据抗辩A公司没有诉讼主体资格。依据《民法通则》以及《公司法》的规定，公司法人资格终止前，必须清算并注销登记，而在清算结束并办理注销登记前，有关公司的民事诉讼，应当以公司的名义进行。公司成立清算组的，由清算组负责人代表公司参加诉讼；尚未成立清算组的，由原法定代表人代表公司参加诉讼（最高人民法院关于适用《中华人民共和国公司法》若干问题的规定（二）第10条）。本案中，A公司在工商局办理清算组备案，并被吊销营业执照，但尚未成立清算组，也未进行清算，故此，A公司得以公司名义诉讼，并由法定代表人代表公司参加诉讼。

吊销营业执照法律后果只是剥夺经营资格，A 公司不能从事新的经营活动而已，但法人资格未消灭，诉权的行使并不受影响。因此，本案中 A 公司为请求 B 公司偿还在吊销营业执照之前已经成立之债务而提起诉讼，并无主体资格上的障碍。

（二）A 公司是否为本案当事人

2004 年 1 月、4 月 B 公司与 C 公司签订了两份《建设工程施工合同》。2004 年 7 月 22 日，A 公司与 B 公司签订本案《分包合同》。之后，A 公司、B 公司、C 公司三方对于彼此间合同关系拟进行变更。但三方当事人是否已经变更合同内容，甚或变更的意思内容是什么，需要通过解释确定，根据《合同法》第 125 条，应当按照合同所使用的词句、合同有关条款、合同的目的、交易习惯以及诚实信用原则，确定该条款的真实意思。

本案《分包合同》签订后，三方进行多次会谈，拟进行变更。2004 年 8 月 16 日三方会议纪要的内容是，C 公司进行施工管理，A 公司为现场总包方，负责协调各分包之间的关系，代表 B 公司的王刚称：调整后 A 公司相当于 B 公司项目二部，行使总包权利。而在 2004 年 10 月 9 日三方签署的工程交接会议记录上，代表 A 公司的赵华称：作为总包的问题没有书面确定，A 公司与 C 公司也没有任何协议，现在办理交接手续并无实际意义。最后在 2004 年 12 月 10 日对同年 8 月 16 日的会议纪要的补充中，C 公司负责直接管理工程，B 公司负责签认工程资料及监督；C 公司分包的总包配合费直接付给 A 公司；A 公司的管理资料需要报 B 公司和 C 公司；工程款由 C 公司支付给 B 公司，B 公司再给 A 公司。

从当事人使用的词句来看，2004 年 8 月 16 日，三方对工程的相关工作作出了调整，但调整的法律意义并不明确，这一点在同年

10月9日的交接记录中，A公司方代表也明确提出。而在同年12月10日对8月16日会议纪要的补充中，三方则明确B公司仍须向A公司支付工程款。由此，可以推知A公司与B公司之间并未终止或变更《分包合同》的意思表示。从实际履行合同情况来看，B公司已支付了部分工程款，A公司也向其开具了部分发票。

按照交易惯例，A公司也不会在与C公司之间的关系有明确的书面协议之前就贸然终止与B公司之间的合同关系。此外，就A、B、C三方之间关系而言，原本B公司作为总承包方有权请求全部工程项目的工程款，A公司则向B公司主张分包项目的工程款。若如B公司所言，A公司成为总包方，B公司与A公司之间不再是总包与分包的关系，A公司得直接向C公司请求支付工程款，那么B公司就不应该再向C公司要求支付工程款，否则有违诚实信用。但是，B公司作为总包方已就工程款问题向建设方C公司提起仲裁申请，所依据的有A、B间的《分包合同》。B公司的行为前后矛盾，就此而言应当认为B公司也认为A、B之间的合同关系并未变更或终止。

另外，2006年7月28日，B公司在委托A公司对分包合同项下的工程进行结算的委托书中，明确对A公司与C公司之间进行核算的结果予以认可。

综上所述，依据《合同法》第93条，当事人协商一致的，可以解除合同。本案中A公司与B公司并未达成解除的合意，因此A公司与B公司之间的合同关系并未终止，A公司得基于《分包合同》向B公司主张权利。

二、申请人A公司得否向被申请人B公司请求支付工程款

A公司若有权向B公司请求支付工程款，须满足如下要件：首先，A公司与B公司之间的合同有效；其次，B公司支付工程款的义务已经到期；最后，B公司没有对工程款请求权的抗辩权。

首先，本案中，C公司与B公司签订的是总包合同，B公司与A公司签订的是分包合同，工程分包必须经过发包人同意，被分包的工程只能是总承包人的部分工作，而且，总承包人还必须自行完成建设工程主体结构，另外，分包人须具备相应资质（《合同法》第272条）①。本案中，从事实材料以及后来C公司参与管理工程来看，C公司是同意B公司分包的，另外，分包的工程也只是其中的一部分，而B公司的资质也非本案争议的问题。故此，A公司与B公司签订的本案《分包合同》有效。

其次，支付工程款的义务必须已经到期。在确定这一前提之前，首要的问题是确定工程款的数额。

对于工程款的数额，应依据当事人的约定。如果当事人约定按照固定价格结算工程价款，一方当事人请求对建设工程造价进行鉴定的，人民法院不予以支持（《最高人民法院关于审理建设工程施工合同纠纷案件适用法律问题的解释》第22条）。本案中双方当事人约定的闭口价，即为固定价格，依据法律，当事人约定了风险，不能事后要求变更。但本案中，争议的主要问题并不是由于闭口价涉及的工程量超出了预计的工作量，而是由于当事人约定将部分工程量分包出去或者增加了部分合同约定外的项目。故此，仲裁庭得对工程造价进行鉴定。

2008年11月28日，鉴定单位出具《鉴定报告》，本案《分包合同》项下的工程款为30398528.14元，合同外增加工程量的部分计1970377.39元，对于增项部分，当事人之间存在争议。仲裁庭依据2004年12月10日的会议纪要第4条规定：“关于变更洽商增加工作量事宜，甲方将及时确认，结算时一并考虑”，以及C公司代B

① 崔建远：《合同法》，北京大学出版社2013年版，第553—554页。

行使了工地管理义务，有代为确认的权利，所以，C 公司的指令和签认文件，对 B 公司产生效力。但是，仲裁庭认为出现有 F 公司的签认单不应在本案审理范围之内。首先，F 公司与 B 公司之间存在的是供应合同，与本案非属同一法律关系；其次，签有 F 公司名义的工程联系单都不是本案《分包合同》项下的项目。最后认定本案合同外增项工程款为 897556.59 元。

以上述确认为基础，仲裁庭认定，被申请人尚欠申请人的工程款，应为本案合同项下的工程款 30398528.14 元加上合同外增项款 897556.59 元，计 31296084.73 元。减去双方均认可的被申请人向申请人已支付的工程款 25736800 元，最后所欠工程款为 5559284.73 元。

确定了工程款数额之后，接下来的问题就是，工程款是否到期。根据《分包合同》第 3.2 条的约定：（1）合同签订后 10 天内预付总价的 20% 作为预付款；（2）以 20 栋房屋为验收单位，完工经验收或具备交付甲方进行下一工序施工的条件后 10 天内支付该批 20 栋房屋按建筑面积 1710 元 /m^2 造价的 55%；（3）81 栋房屋全部竣工验收合格后，10 天内支付合同价的 10%；（4）竣工后两个月内办理竣工结算并支付合同价的 10%。

本案中，没有分项工程的验收记录，也没有工程完工后的交接记录。但申请人提交过分项验收资料移交表，最晚的日期为 2005 年 7 月 8 日。而根据被申请人 B 公司提交的其与 C 公司签订的施工协议书中约定：（1）质量标准为合格，承包人应在工程竣工验收之前与发包人签订质量保修协议。（2）发包人收到承包人递交的竣工结算报告及结算资料后 28 天内进行核实，给予确认或者提出修改意见。根据《最高人民法院关于审理建设工程施工合同纠纷案件适用法律问题的解释》第 14 条第 2 项规定，承包人已经提交竣工验收报告，发包人拖延验收的，以承包人提交验收报告之日为竣工日期。故此，本案竣工日期可推定为 2005 年 7 月 8 日。但考虑 E 区于 2005 年 9 月 30 日工程已全部通过验收和业主已实际入住，以此向后计算两个月。故此最终仲裁庭确认合同工程款的 95% 应当在 2005 年 12 月 1 日全部到期。考虑最后确定的工程款为 31296084.73 元，应预留 1564804.24 元作为质保款。现在，被申请人 B 公司已经支付工程款 25736800 元，最后所欠工程款为 5559284.73 元。故此，最终迟延支付的款项应为 3994480.49 元，其到期日为 2005 年 12 月 1 日。

最后，根据合同约定，A 公司先履行义务，即施工义务，完成并验收后，B 公司支付价款，对此双方并无异议，但 B 公司主张工程质量有问题，进行抗辩，但其在仲裁中没有提出证据证明工程质量有问题，故该抗辩并不成立。

综上所述，申请人 A 公司得向被申请人 B 公司请求支付工程款 3994480.49 元。

三、申请人 A 公司得否向被申请人 B 公司请求返还质保金

按照一般瑕疵担保规则，在标的物风险移转之时，标的物上并无瑕疵的，出卖人即不会承担瑕疵担保责任。但本案比较特殊的是，当事人约定，风险移转后一段时间内，承包人仍负有保持物上不产生瑕疵的责任，即所谓的（质量）可保持的担保，实践中，一般称为“质保金”或“质保款”，约定的质量保证时间段被称为质量保证期间，简称质保期。质保约定并非独立于建设工程合同的约定。基于质量保证约定，本案承包人 A 公司应就风险移转后一定时期内承担瑕疵担保责任。但此期间经过，没有瑕疵出现的，B 公司即应返还该质保金。

依照《分包合同》第 3.2 条第 5 项有如下约定：质保款为工程金额的 5%，竣工验收合格满一年后 10 日内支付 3%，满两年后 10 日内付余款 2%。

依据上述，本案工程的竣工日期应为 2005 年 9 月 30 日，故此，2006 年 10 月 11 日，B 公司应返还 3% 的质保金，即 938882.54 元；2007 年 10 月 11 日，B 公司应返还 2% 的质保金，即 625921.70 元。

四、A 公司得否请求 B 公司赔偿逾期支付工程款的利息损失

A 公司的利息损害赔偿请求权可能基于《合同法》第 107 条、《民法通则》第 106 条第 1 款。根据这两条规则，要构成损害赔偿，需要“不履行合同义务或者履行合同义务不符合约定”这一要件，这里包括了所有类型的违反债务的情况，也包括了没有按约定时间进行给付的情况，即债务人迟延。

具体来看，要构成债务人迟延，在客观构成上，须满足如下要件：首先要存在一个有效的合同关系；而且，该给付是可能的。在本案中，A 公司与 B 公司合同有效，B 给付工程款的义务是可能的。其次，给付必须已经到期。对于给付有确定期限的，自期限届满时起，请求权到期。在本案中，B 公司应支付的 3994480.49 元的到期日为 2005 年 12 月 1 日，已经到期。再次，请求权必须是可实现的，本案中，并无债务消灭或阻碍的抗辩。

依据《民法通则》第 88 条、《合同法》第 62 条第 4 项，履行期经过，债务人迟延尚不会自动构成，只有在债权人在给付到期后进行催告后，即“要求债务人履行义务”，才会构成债务人迟延①。其理由在于，债务人迟延之效果对债务人构成不利，所以，应给予债务人以警告，给予其最后一次机会立即给付，以避免承担债务人迟延责任。

但是，如果当事人约定有确定期限的，如本案甲乙双方约定了分期履行期，此种情况下，期限代人催告，即一旦期限经过，债务

① 韩世远：《合同法总论》，法律出版社 2011 年版，第 393 页。

人便当然陷于履行迟延，无须另行催告。本案仲裁庭认为支付工程款的期限是确定的，故无须催告，被申请人B公司即应支付工程款。

再其次，债务给付期经过而债务人未给付。本案中，B公司在给付期经过后，并未给付。

债务人迟延的最后一个要件是可归责，如债务人具有过错，或者其须为履行辅助人或者法定代理人承担责任，或者因为承诺担保而承担无过错责任。原则上推定债务人具有过错，但债务人能够证明其不具有过错的除外，本案中，B公司无法证明自己迟延给付工程款没有过错。

根据《合同法》第113条，债务人迟延的情况下，应赔偿债权人期待利益，恢复到如果负有损害赔偿义务的情况没有出现所应具有的利益状况，在本案中，A公司并未提出相应的请求。但提出了支付逾期利息的请求。

对于金钱之债，债权人的请求依照法定利率计算迟延利息，有约定的，按照约定请求利息。之所以对于金钱之债予以特别考虑，是因为债权人之金钱用于他处或存在银行亦可获得利息。[①]对于迟延利息之赔偿，债权人无须证明损害的存在即可请求。这是一种不可推翻的最低迟延损害赔偿之推定。但债权人可以证明比法定迟延利息更高的迟延损害。例如，如果债权人及时获得该笔金钱，其可以投向更高利息之处，或者为了履行自己的义务，而不得不以更高的利息获得信贷。

本案中，当事人并无约定，故类推适用《合同法》第207条之规定，借款人未按照约定的期限返还借款的，应当按照约定或者国家有关规定支付逾期利息。B公司应向A公司支付逾期支付工程款

① 黄立：《民法债编总论》，元照出版公司2006年版，第485页。

利息，起算点是 2005 年 12 月 1 日，利率为中国人民银行同期贷款利率。

综上所述，B 公司的行为已经构成债务人迟延。依据《合同法》第 107 条、《民法通则》第 106 条第 1 款，A 公司得向 B 公司请求赔偿逾期利息。

五、A 公司得否请求 B 公司赔偿逾期返还质保款的利息损失

具体参照本分析第四部分，B 公司的逾期不返还质保金的行为也构成给付迟延。迟延返还质保金，也应赔偿相应的利息损失。其中 3% 的质保金的利息起算日是 2006 年 10 月 11 日；2% 的质保金的利息起算日是 2007 年 10 月 11 日，利率为中国人民银行同期贷款利率。

（评析人：王洪亮）

3. 联合承包体之一可否单独作为仲裁主体

裁决要旨 联合体各方均为独立的法人，具有独立的当事人地位。若依照法律的规定或者合同约定联合体各方负连带责任，则联合体成员之一即可作为案件适格主体。

关键词 联合体 连带责任 适格主体

申 请 人：A 防水材料有限公司

被申请人：B 股份有限公司

一 案情

（一）仲裁请求与答辩

申请人与被申请人作为成员之一的 B/C 联合体于 2005 年 4 月 28 日签订了《W 体育馆防水工程分包合同》，工程名称为 W 体育馆防水工程（以下简称本工程），承包范围为长纤聚酯胎 SBS Ⅱ型改性沥青防水卷材材料和止水膨胀胶条的供应以及基座底板、顶板（平面）、地下室外墙（立面）的防水施工和变形缝等部位的止水膨胀胶条防水处理。合同价款为 2880534 元（指人民币，下同），合同形式为可变工程量的固定单价合同。合同约定的计划开工日期为基础底板 2005 年 5 月 1 日，计划竣工日期为 2005 年 5 月 16 日，其他部位施工按照被申请人施工进度计划。

申请人在仲裁申请书中陈述：

合同签订后，申请人依约履行了自己的义务，该防水工程已经竣工验收交付，双方于 2007 年 12 月 31 日对账确认被申请人尚欠款 1041514 元，扣除合同约定的质保金 82075 元，被申请人还应支付 959439 元，经申请人多次催要，被申请人于 2008 年 5 月 4 日支付了 5 万元，余款拒不支付。

据此，申请人提出如下仲裁请求：

1. 被申请人支付申请人工程款 909438 元，利息 24120 元并按每日万分之二点一计算至实际支付之日；

2. 仲裁费用由被申请人承担。

针对申请人的仲裁请求，被申请人在庭审答辩中辩称：

1. 被申请人要求的工程款目前没有结算，数额不清。

2. 工程款的数额没有明确，其主张的利息及计算依据没有法律上的依据。

3. 申请人仲裁请求所依据的合同是与被申请人以及 C 集团共同签订，依据合同第 6.7.2 条关于竣工结算的约定，竣工结算应该由申请人提交完整的竣工资料、验收合格通知单、结算资料。发包人确认申请人已将自己的临建项目拆除清运，现场清理达标并撤离现场。但这些目前都没有做，因此，在 C 没有作为被申请人出现的情况下，本案事实无法查清，不利于申请人利益的保护，也不利于被申请人合法权益的实现。

因此，被申请人不同意申请人的仲裁请求，并当庭向仲裁庭提交了《追加被申请人申请书》。

（二）双方当事人提交的证据及质证情况

1. 申请人提交的证据及被申请人质证情况

证据 1：《W 体育馆防水工程分包合同》。证明 2005 年 4 月 28

日双方签订了合同，约定了双方的权利义务，申请人已经履行了自己的义务，工程已经交付使用，被申请人没有履行付款义务，还证明合同中约定了仲裁条款。被申请人对该证据真实性、关联性和合法性予以认可，但对于申请人证明目的不能认可。同时，被申请人认为该合同并非申请人所说已经办完竣工结算手续。根据合同有关竣工结算的约定，双方办理竣工交验手续后，申请人提交完整的竣工资料、验收合格通知单、结算资料，才能进行工程的结算。被申请人没有收到上述资料。被申请人不是没有履行合同付款义务，从申请人仲裁申请书陈述的事实来看，被申请人已经支付过相应的工程款。

证据 2 :《分包工程结算明细》。证明申请人在该工程施工的量及对方应付的工程款额，并且已经经过结算。陈红签署了“工程量属实”，陈红系被申请人本工程项目总承包部负责预结算的人员。但申请人未能出示该证据的原件。被申请人对该证据的真实性、合法性、关联性均不予认可，但承认陈红系被申请人单位的普通工作人员。

证据 3 :《工程结算清单 W 部分》。证明双方已经签署确认结算清单。被申请人对该证据真实性没有异议，但对申请人的证明目的不能认可。认为不是结算清单，而是为了满足甲方工程审计需要的核量，合同的发包人是联合体，结算应当经过双方盖章，但承认刘山、李荣都是被申请人单位的职员。更详细的说明由被申请人的证人出庭说明。

补充证据 1 :《隐蔽工程检查记录》（共 52 页）。证明申请人承担的防水工程已经经过了被申请人的验收。被申请人对该证据真实性无异议，但认为应当经过联合体的验收，而不应仅仅是被申请人的验收。

2. 被申请人提交的证据及申请人质证情况

第一次庭审中，被申请人的证人李荣（身份证号 1101031955

××××011×）出庭就防水工程施工和结算有关情况进行了说明，并回答了当事人双方和仲裁庭的有关问题，有庭审笔录在案佐证。

补充证据 1：《施工总承包联合体协议书》。证明 C 集团应该承担连带责任。申请人对该证据没有异议。

补充证据 2：《补充协议》。证明总承包单位是一个联合体，如果发包或分包，承担责任的主体也应该是联合体，不能仅仅是被申请人。申请人对该证据真实性没有异议，但认为被申请人的证明目的不能成立，联合体财产不独立，不能作为对外承担责任的主体，承担责任的主体就是被申请人或者 C 集团。

（三）双方当事人提交的书面代理意见

申请人在第一次庭审结束后，向仲裁庭提交了书面代理意见，归纳如下：

1. 申请人将 B 股份有限公司（以下简称 B）作为本案的被申请人符合法律规定，其理由一是被申请人与 C 联合体在实际履行中，是各自负责一部分，并且对各自负责的部分分别单独结算，联合体与申请人签订的防水工程分包合同都是与申请人单独结算的。二是不管联合体协议约定是否承担连带责任。如果联合体协议约定各自承担责任，则对 B 负责的该部分工程，应当以其作为被申请人，如果联合体协议约定承担连带责任，以 B 作为被申请人，属于申请人对自己权利的处分，符合法律规定。

2. 关于延期付款利息，申请人为尽快结案，没有主张被申请人拖期支付进度款的利息，对竣工结算款，被申请人应当承担逾期付款违约责任，根据最高人民法院有关建设工程施工合同纠纷案件适用法律问题的司法解释，应当按照中国人民银行发布的同期同类贷款利率计算利息。

二　仲裁庭意见

（一）关于被申请人主体资格

本案合同系申请人与被申请人的真实意思表示，内容符合法律规定，对合同双方均具有法律约束力。

被申请人是否是本案适格主体是本案争议的焦点问题之一。被申请人认为，本案中申请人提请仲裁的依据是合同中约定的仲裁条款，而合同是由 B/C 联合体作为发包人与申请人签订的，因此，应当以该联合体作为本案的被申请人，并因此向仲裁庭申请追加 C 作为本案的被申请人。申请人认为，B 作为本案被申请人符合法律规定，B 和 C 集团联合体协议约定了联合体成员对外承担连带责任，也约定了双方的权益比例是 50%，分包工程报量也是各自 50%。实际履行过程中，本案分包工程也是 C 和 B 各报 50%，与申请人分别结算，分别支付工程款。仲裁庭认为，《中华人民共和国民法通则》第 52 条规定："企业之间或者企业、事业单位之间联营，共同经营、不具备独立法人条件的，由联营各方按照出资比例或者协议的约定，以各自所有的或者经营管理的财产承担民事责任。依照法律的规定或者协议的约定负连带责任的，承担连带责任。"根据该项规定，只要联合体协议中被申请人与其联合体另一成员约定负连带责任，则申请人可以选择以联合体或者联合体成员之一作为本案的被申请人，并不会对被申请人造成不公平的结果。仲裁庭审理查明，在被申请人向仲裁庭提交的补充证据 1《施工总承包联合体协议书》中，其第 5 条"双方的责任"之第 5.1 款约定："双方应就总承包合同的履行及项目实施和亏损承担连带责任。"其中的措辞"项目实施"应当涵盖了工程分包等为完成工程施工所采取的方式或者方法。第 10 条“分包和采购”之第 10.1 款“分包和采购的原则”约定：“B 和 C 各自拥有 50% 的承包权。”第 10.2.4 项约定：“联合体一致对外共同进行招标的所有工程的分包和物资采购，报量双方各报 50%，利润双方各 50%。”第 15 条“违约责任”之第 15.3 款约定：“因一方违约联合总承包部须对外承担赔偿责任的，该赔偿责任由违约方承担。如守约方为此承担了连带责任，守约方有权向违约方追偿。”庭审中，被申请人试图以总包合同履行过程中，业主单位对联合体双方的工程量进行了调整为由，主张联合体双方责任和义务发生了变化。经仲裁庭审理查明，被申请人向仲裁庭提交的补充证据 2《补充协议》于 2006 年 10 月 30 日订立，其中第 5 条约定：“B 承担本协议签订前其自行施工及牵头管理范围内的工程质量、安全、造价等方面的责任。”此外，第 3 条约定：“由于本补充协议签订之前的因素，影响到本补充协议签订后工程总承包合同的履约，仍由联合体双方按照联合体协议等文件承担各自相应的责任。”该证据表明，该《补充协议》签订前后，被申请人承担责任的范围并没有发生实质性变化。据此，仲裁庭支持申请人的主张，被申请人 B 股份有限公司是本案适格的主体。

（二）关于被申请人追加第三人作为被申请人的申请

本案庭审开始前，被申请人当庭向仲裁庭申请追加联合体另一方 C 集团作为本案被申请人，并且认为，在 C 集团不到庭的情况下，本案事实无法查清，不利于申请人利益的保护，也不利于被申请人合法权益的实现。申请人对此表示了异议。仲裁庭认为，在被申请人与联合体成员 C 集团就项目实施负连带责任的前提下，仲裁庭已经认定，被申请人是本案适格的主体，是否追加第三人作为被申请人对本案争议的解决没有实际意义，因此，对被申请人的该项主张，仲裁庭不予支持。

（三）关于工程款结算

本案中，工程是否已经结算是本案争议的另一个焦点问题。申请人为证明其主张，向仲裁庭提交了证据 2《分包工程结算明细》和证据 3《工程结算清单 W 部分》，以此证明双方已经签署确认结算清单和结算工程价款。被申请人对申请人证据 2 的真实性有异议，对证据 3 的真实性没有异议，但认为，申请人所要求的工程款目前并没有结算，依据合同第 6.7.2 项关于竣工结算的约定，竣工结算应该由申请人提交完整的竣工资料、验收合格通知单、结算资料。发包人确认申请人已将自己的临建项目拆除清运，现场清理达标并撤离现场，但这些目前都没有做，结算条件并未成就。被申请人签署证据 3 是为了满足甲方工程审计需要的核量，合同的发包人是联合体，结算应当经过双方盖章。被申请人同时请证据 3 的签字人李荣到庭作证。

仲裁庭认为，申请人所提交的证据 3《工程结算清单 W 部分》于 2007 年 12 月 31 日由申请人盖章，被申请人一方刘山和李荣签字，其中分项列出了底板、外墙和屋面等防水工作量，合计总价款 1641514 元；回款：2005 年 11 月回 20 万元，2006 年 12 月 31 日回 40 万元，尚欠款 1041514 元。庭审中，双方当事人共同确认，实际已经支付了 65 万元。该证据标题中“结算清单”的措辞不能简单理解为仅仅是核量。关于被申请人的证人李荣，仲裁庭庭审查明，其在本工程施工过程中是被申请人一方的经营负责人，且目前仍是被申请人的职工，与被申请人有利害关系，其有利于被申请人的证言不足采信，但有利于申请人的证言应当采信。在申请人证据 2《分包工程结算明细》中有明确的文字和数字载明审核量合计金额为 1641514 元，尽管被申请人不认可该证据，但其中的审核结果与申请人证据 3 中的结算金额是完全一致的，该结算明细单中的各个分项、单价、合价均与证据 3 的明细一致，其结果是在申请人报量基础上经过被申请人逐项核减后的结果。2007 年 12 月 9 日陈红签署："工程量属实"，时间上与证据 3 前后能够衔接，应当能够起到一定的相互印证作用，反映申请人证据 3 的形成过程。

庭审中，被申请人的证人李荣证明，上述两份证据是在申请人基本完成工程后在双方当事人之间形成的，因此，仲裁庭认为，在时间上已经具备结算的条件，而代表被申请人的签字人之一为其经营负责人李荣，建筑行业中，施工企业项目经营负责人在合同价款结算中的意见具有显然的主导作用，申请人有理由相信李荣有代表被申请人认定合同结算价款的权力，因此，李荣在结算文件上签字的行为应当构成表见代理。被申请人认为，结算书有特定的表现形式，并且需要经过被申请人单位盖章，对此，仲裁庭认为，在本案工程已经完工，结算价款经过项目经营负责人审核并签署的情况下，后续工作无非是被申请人履行其自己内部管理程序，而该行为属于申请人不能主动控制的情况，如果刻意追求形式，一定要以被申请人所谓规定的格式并盖章，而被申请人又迟迟不履行自己的内部管理程序，其结果无疑会造成对申请人单方面的不公平。仲裁庭认为，目前的结算文件最多是形式上有瑕疵，其实质内容已经能够反映本案工程的最终结算价款，不应否认其结算效力。

（四）关于拖欠工程款金额

本案中，申请人主张的拖欠工程款金额为 909438 元。正如上文所述，仲裁庭已经认定，申请人所提交的证据 3《工程结算清单 W 部分》构成本案工程的结算文件，因此，本案工程竣工结算总价款为 1641514 元。庭审中，双方当事人均确认，实际已经支付的工程款为 65 万元，另根据分包合同第 6.6.6 项约定，"在防水工程竣工后，发包人按结算工程总价款暂扣10%质量保证金。发包人《总承包合同》项下的W体育馆所有工程项目验收交工后退还承包人10%质量保证金中的5%，另5%质量保证金在承包人履行完保修责任并保修期满五年后30天内返还。”在本案总包工程（W体育馆——仲裁庭注）已经交付使用的情况下，应当暂扣的质量保证金为竣工结算总价款的5%，因此，被申请人拖期未付的竣工结算价款应当为：1641514元-650000元-1641514×5%=909438.3元。申请人主张909438元，仲裁庭予以支持。

（五）关于支付时间

经仲裁庭审理查明，关于本案竣工结算价款的支付时间，本案合同中并没有明确的约定，但是，仲裁庭注意到，分包合同第6.6.6项约定：“在防水工程竣工后，发包人按结算工程总价款暂扣10%质量保证金。发包人《总承包合同》项下的W体育馆所有工程项目验收交工后退还承包人10%质量保证金中的5%，另5%质量保证金在承包人履行完保修责任并保修期满五年后30天内返还。”仲裁庭认为，从该款措辞可以合理推断，在防水工程竣工后，除10%质量保证金暂扣外，其余结算价款应当给付申请人。在本案总包工程已经竣工交付使用的情况下，暂扣的质量保证金10%中仅应扣留竣工结算总价款的5%，另5%也应当返还。而根据《最高人民法院关于审理建设工程施工合同纠纷案件适用法律问题的解释》第18条“利息从应付工程价款之日计付。当事人对付款时间有约定的或者约定不明的，下列时间视为应付款时间：（一）建设工程已实际交付的，为交付之日”的规定，以防水工程竣工交付时间为应付款时间也是恰当的。

关于本案工程的竣工时间，仲裁庭认为，防水工程属于建筑工程的一个子分部工程或者分项工程，其施工前后均有被申请人负责施工的其他工序，各个具体部位的防水工程完成施工、通过隐蔽检查并进入下道工序，应当视同是验收合格并交付被申请人，否则被申请人无法继续施工下一个分项或者分部工程。仲裁庭注意到，申请人主张完成最后防水工程的部位是训练馆顶板，并向仲裁庭提交了补充证据1，对该证据的真实性，被申请人给予认可，其中的《隐蔽工程检查表》（编号01-C5-053）注明的隐检日期为2007年7月21日。但是，被申请人认为，隐蔽验收应当是经过联合体的验收，且主张申请人最终完成防水工程的时间是2007年年底。关于防水工程是否应当必须经过联合体验收，仲裁庭认为，就合同的相对性而言，该主张并无不妥，但本案合同当事人一方是联合体，庭审中，被申请人的证人证言证明联合体成员实际是按分工各自履约的，被申请人对该事实也给予认可，特别是，申请人向仲裁庭提交的补充证据1中包括了52份防水工程隐蔽工程检查表，其中的签字栏明确载明"B-C联合总承包部"，被申请人对该证据的真实性表示认可，且没有向仲裁庭提交相关证据证明代表联合体签字的签字人是联合体双方的工作人员还是仅被申请人的工作人员。此外，上述证据中最早的一份检查记录是有关基础底板防水工程隐蔽检查的，日期标明为2005年5月15日，其表现形式与其余51份几乎没有差别，而目前总包工程作为奥运工程的主要场馆之一，已经竣工并交付使用，如果防水工程没有通过验收，被申请人将无从完成并交付总包工程，因此，从时间上推算，被申请人的主张也不能成立。关于防水工程最终完成的时间，由于被申请人并没有提交相关的证据证明其主张，仲裁庭认为，应当由被申请人承担不利后果。据此，仲裁庭认定，本案工程最终完成和交付时间为2007年7月21日。

庭审查明，申请人主张的竣工结算款支付时间为双方结算的2007年12月31日，并从该日起主张逾期付款利息。仲裁庭认为，申请人所主张的付款时间迟于上文认定的防水工程竣工交付时间，该时间对被申请人更有利，因此，应当支持申请人的主张，被申请人应当自 2007 年 12 月 31 日起支付竣工结算工程价款。

关于质量保证金的返还时间，仲裁庭注意到，双方当事人均未举证证明总包工程实际的竣工交付时间，因此，仲裁庭无法确定质量保证金第一个 5% 的具体返还时间，但是，庭审中，双方当事人均认可在本案提请仲裁之日，总包工程已经交付使用并进行过奥运场馆测试赛，因此，仲裁庭认为，被申请人应当支付的结算价款中应当包括合同约定的质量保证金的返还金额，但其应付时间应当与竣工结算价款（不包括质量保证金）应支付的时间区别对待。

（六）关于拖欠款利息

关于拖欠款利息，申请人认为，根据《最高人民法院关于审理建设工程施工合同纠纷案件适用法律问题的解释》第 17 条的规定，其有权得到按中国人民银行公布的同期同类贷款利率标准计算的逾期付款利息。被申请人则认为，申请人的该项主张没有法律依据。《最高人民法院关于审理建设工程施工合同纠纷案件适用法律问题的解释》第 17 条规定："当事人对欠付工程款利息计付标准有约定的，按照约定处理；没有约定的，按照中国人民银行发布的同期同类贷款利率计息。"因此，仲裁庭认为，应当支持申请人的主张。关于利息的计算，根据仲裁庭在上文中陈述的意见，竣工结算价款（不包括质量保证金）的利息起算时间为申请人主张的 2007 年 12 月 31 日，而占结算价款 5% 的质量保证金的返还金额的利息起算时间应当以提请仲裁之日比较合理。综上，被申请人应当承担的逾期付款利息为以 827362.3 元为基数按照半年期银行贷款利率从 2007 年 12 月 31 日计算至申请人提起仲裁请求之日共计 142 天的利息 21147.38 元；被申请人还应从 2008 年 5 月 21 日起以 909438 元为基数，按照中国人民银行同期同类贷款利率向申请人支付至款项实际付清之日止的利息。

（七）关于本案的仲裁费用

综上，仲裁庭认为，申请人的仲裁请求并没有全部被仲裁庭支持，因此，本案仲裁费应当由当事人双方共同承担。根据本案的案情，本案发生的纠纷主要责任在被申请人，仲裁庭认为，由被申请人承担其中的90%，申请人承担其中10%应属公平合理。

三　裁决

基于上述的案情与仲裁庭意见，仲裁庭裁决如下：

（一）被申请人向申请人支付拖欠工程款909438元；

（二）被申请人向申请人支付至2008年5月21日止的逾期付款利息21147.38元；被申请人向申请人支付自2008年5月21日起以909438元为基数，按照中国人民银行同期同类贷款利率支付至款项实际付清之日止的利息；

（三）本案仲裁费28886元（已由申请人全部预交），由申请人承担2888.6元，由被申请人承担25997.4元，被申请人直接向申请人支付后者垫付的仲裁费25997.4元。

以上被申请人应给付申请人的款项，被申请人自本裁决书送达之日起10日内付清。

本裁决为终局裁决，自作出之日起生效。

评析

本案是当事人双方之间的结算争议，而非单纯的拖欠工程款争议。其中出现的“适格主体，追加被申请人，工程是否已结算”几个关键词更可概括本案程序问题及专业特征的典型性，结合本案的实际情况，就涉及裁决书中的裁决亮点问题作出评析：

第一，确认被申请人是否是适格主体问题，成为本案争议的第一个焦点问题。被申请人以本案合同是由B/C联合体作为发包人与申请人签订的，因此，本案应当以该联合体作为被申请人，并因此向仲裁庭申请追加C作为本案的被申请人。按照《中华人民共和国招标投标法》第31条规定：两个以上法人或者其他组织可以组成一个联合体，以一个投标人的身份共同投标。联合体各方均应当具备承担招标项目的相应能力；国家有关规定或者招标文件对投标人资格条件有规定的，联合体各方均应当具备规定的相应资格条件。由同一专业的单位组成的联合体，按照资质等级较低的单位确定资质等级。联合体各方应当签订共同投标协议，明确约定各方拟承担的工作和责任，并将共同投标协议连同投标文件一并提交招标人。联合体中标的，联合体各方应当共同与招标人签订合同，就中标项目向招标人承担连带责任。招标人不得强制投标人组成联合体共同投标，不得限制投标人之间的竞争。按照《工程建设项目施工招标投标办法》第42条：“两个以上法人或者其他组织可以组成一个联合体，以一个投标人的身份共同投标。联合体各方签订共同投标协议后，不得再以自己的名义单独投标，也不得组成新的联合体或参加其他联合体在同一项目中投标。”第43条：“联合体参加资格预审并获通过的，其组成的任何变化都必须在提交投标文件截止之日前征得招标人的同意。如果变化后的联合体削弱了竞争，含有事先未经过资格预审或者资格预审不合格的法人或者其他组织，或者使联合体的资质降到资格预审文件中规定的最低标准以下，招标人有权拒绝。”第44条：“联合体各方必须指定牵头人，授权其代表所有联合体成员负责投标和合同实施阶段的主办、协调工作，并应当向招标人提交由所有联合体成员法定代表人签署的授权书。”第 45 条:“联合体投标的，应当以联合体各方或者联合体中牵头人的名义提交投标保证金。以联合体中牵头人名义提交的投标保证金，对联合体各成员具有约束力。”其他法规也有类似规定。可见，联合体是我国招投标制度中不同的投标主体相互联合共同投标的一种方式，本质上联合体本身并不具有独立的法人地位，组成联合体的各方与招标人是共同签署合同，并对招标人承担连带责任，联合体各方均是独立的法人，承担独立的法律责任，因此也具有独立的当事人地位。本案仲裁庭引用《中华人民共和国民法通则》第 52 条规定 :“企业之间或者企业、事业单位之间联营，共同经营、不具备独立法人条件的，由联营各方按照出资比例或者协议的约定，以各自所有的或者经营管理的财产承担民事责任”，也在说明联合体是两个独立法人的联合，因此在法律上并不存在必须追加全部联合体成员作为当事人的要求，而且仲裁庭认定了只要联合体协议中被申请人与其联合体另一成员约定负连带责任，则申请人可以选择以联合体或者联合体成员之一作为本案的被申请人，并不会对被申请人造成不公平的结果，也不会影响案件的裁判，这也是仲裁程序所允许的。因为，在本案被申请人承担责任之后，基于联合体各方之间的协议，其仍可以就责任承担事宜提出权利主张。

第二个焦点问题是追加当事人的程序问题。在仲裁程序中，如果申请追加被申请人或申请人应有一定条件，一般来讲，应该在各方包括被追加方之间具有相同的仲裁协议，本案应该说具备这个条件；其次，在追加的阶段上，一般要在组庭之前，除非各方当事人包括被追加方表示同意，因为组庭以后，仲裁员已经确定，此时追加当事人可能导致被追加的当事人的重大程序权利受到剥夺，有可能造成实质上的不公平。本案中，仲裁庭是以追加当事人没有必要为由未接受被申请人追加被申请人的申请，但同时应该注意到，被申请人直到仲裁庭开庭庭审答辩中才提出追加申请，而申请人不予认同，也在程序上不再符合追加当事人的条件。

第三，同很多工程案例一样，工程是否已经结算是本案争议的另一个焦点问题。仲裁庭以本案申请人提交的证据 2 和证据 3 为切入点，深入分析并指出："该证据标题中'结算清单'的措辞不能简单理解为仅仅是核量。"仲裁庭抓住被申请人的经营负责人作为证人出庭的良好机会，对本案作出如下妙笔生辉的阐述，在本工程施工过程中李荣是被申请人一方的经营负责人，且目前仍是被申请人的职工，与被申请人有利害关系，其有利于被申请人的证言不足采信，但有利于申请人的证言应当采信。同时，在申请人证据 2《分包工程结算明细》中有明确的文字和数字载明审核量合计金额，尽管被申请人不认可该证据，但其中的审核结果与申请人证据 3 中的结算金额是完全一致的，该结算明细单中的各个分项、单价、合价均与证据 3 的明细一致，其结果是在申请人报量基础上经过被申请人逐项核减后的结果。从被申请人员工对证据 2 签字确认"工程量属实"，分析到时间上与证据 3 前后能够衔接，从而得出前后能够起到一定的相互印证作用，反映申请人证据 3 的形成过程。这为进一步认定本案已经结算奠定了基础。仲裁庭进一步阐述本案工程在时间上已经具备结算的条件，而代表被申请人的签字人之一为其经营负责人，进而分析并厘清在建筑行业中，施工企业项目经营负责人在合同价款结算中的意见具有显然的主导作用，申请人有理由相信项目经营负责人有代表被申请人认定合同结算价款的权力，因此，项目经营负责人在结算文件上签字的行为应当构成表见代理。尽管被申请人强调"结算书"有特定的表现形式，并且需要经过被申请人单位盖章。

对此，仲裁庭认定，在本案工程已经完工，结算价款经过项目经营负责人审核并签署的情况下，后续工作无非是被申请人履行其自己内部管理程序，而该行为属于申请人不能主动控制的情况，如果刻意追求形式，一定要以被申请人所谓规定的格式并盖章，而被申请人又迟迟不履行自己的内部管理程序，其结果无疑会造成对申请人单方面的不公平，最终仲裁庭确认了本案结算书的效力。仲裁庭经过对本案实体问题的缜密分析，较好地还原了工程进行的过程，避免了损失进一步扩大（如进入司法鉴定程序），完满地实现了快速定分止争的仲裁目的。

第四，本案中拖欠工程款金额数量的认定、欠款应支付时间的认定、欠款利息的认定，以及本案的仲裁费用认定与大多数案件处理并无不同，此处不再赘述。

（评析人：张友良）

4. 结算完毕后的设备租赁纠纷是否属于仲裁管辖

裁决要旨 机械设备租赁合同独立于总包合同的，两者非同一法律关系，前者引起的争议不适用总包合同的仲裁条款。仲裁管辖的范围应把握“以合意为基础”和“合同关系同一性”两个原则。

关键词 管辖权 仲裁合意

申 请 人：A 有限公司

被申请人：B 有限公司

一 案情

申请人称，2006 年 1 月 26 日，申请人与被申请人签订了《建设工程劳务分包合同》（以下简称本案合同）一份。合同约定由申请人分包被申请人总包的 X 饭店改建工程主体结构工程。在此前的 2006 年 1 月 16 日，申请人与被申请人就工程建筑器材的租赁物资作了移交，双方签署了移交单。被申请人承诺承担自 2005 年 12 月 29 日原工程分包单位 C 公司退场至 2006 年 2 月 8 日申请人进场接收该批租赁物期间所发生的租费 261297.43 元。2006 年 2 月 8 日申请人与 T 建筑设备租赁站（以下简称租赁站）正式签订《建筑施工物资租赁买卖合同》，被申请人作为介绍人和原承租人在场见证。后申请人在2006年2月8日至2006年10月22日施工期间又向租赁站租赁了大批建材。申请人工程于2006年11月28日完工，2006年11月29日申请人应被申请人要求，将2006年11月26日后工地现场未拆除的所有租赁建材移交给被申请人，被申请人承诺自2006年11月28日后所有现场租赁材料租赁费由被申请人支付，材料数量及租费以租赁站小票数量计算为准。2006年12月25日申请人与被申请人签订了工程结算协议书。同时签订了解决脚手架问题协议书，再次明确约定截至2006年12月23日，工地现场未拆除脚手架租费由被申请人承担。退还脚手架仍以申请人名义退租。被申请人并扣留申请人工程款20万元（指人民币，下同）作为工程质保金，承诺于2007年11月30日前支付给申请人。2007年4月10日，租赁站以租赁合同纠纷为由将申请人与被申请人诉至H省Z市中级人民法院（以下简称Z中院），要求申请人给付2006年2月8日至2007年7月31日租金1195256.08元；同期延期付款上浮租金836679元；未退还租赁物赔偿款1274176.50元；承担丢失扣件材料价值29375元，该丢失物租金19599元，及2005年12月29日至2006年2月7日期间的租赁物租金261297.43元。Z中院判令：申请人承担2006年2月8日至2007年3月31日期间的各项赔偿义务2873435.50元；判令被申请人承担2005年12月29日至2006年2月7日期间的租金261297.43元，丢失扣件租金及价款48974元。判决下达后，申请人认为虽然自己确有部分租金未及时给付租赁站，但依据申请人与被申请人之间的约定及客观事实，2006年12月28日以后，移交给被申请人的租赁物产生的租金及该租赁物保管及赔偿责任，应当由被申请人承担，现Z中院依据租赁合同关系判令申请人承担给付义务的款项中有大量租金、上浮租金及租赁物赔偿责任是申请人为被申请人承担的垫付给付和赔偿责任。根据申请人与被申请人的各项书面协议与承诺及法律关系，现申请人依法向被申请人行使追偿的权利。依据申请人与被申请人签订的本案合同中对争议解决方式的约定，提请本会依法裁决。申请人的仲裁请求为：

1. 请求裁定被申请人赔偿给申请人造成的租金损失 181884.30 元，赔偿逾期付款上浮租金损失 90942.15 元，维修损失 3514.55 元；

2. 请求裁定被申请人退还申请人未退部分租赁建材或赔偿该未退还货物的价值损失 1263910.70 元；

3. 请求裁定被申请人承担申请人鉴定费损失的 40%，6800 元；

4. 请求裁定被申请人承担申请人诉讼费损失的 50%，19808.50 元；

5. 请求裁定被申请人返还申请人工程质保金 200000 元。以上合计 1766860.20 元。

被申请人辩称，第一，双方签订的本案合同已经结算完毕，双方的债权债务关系已经清结，被申请人无须再向申请人支付任何款项。2006 年 1 月双方签订了本案合同及《X 饭店改建工程劳务分包合同（2）》（以下简称合同 2），合同中多处明确约定，申请人的工作范围包括脚手架的搭设和维护。申请人负责脚手架所需钢管、扣件等周转材料的租赁、保管费用，并承担损坏、丢失、维修及赔偿费用。2006 年 12 月 25 日，双方签订了《X 项目结构劳务工程结算协议书》（以下简称结算协议书），双方对涉案工程进行了结算。被申请人依据协议支付了第一、二期剩余工程款共 5700000 元，仅剩下 200000 元质保金因申请人未履行保修义务未支付。因此，双方就本案合同已经履行完毕，被申请人无须再向申请人支付任何款项。第二，申请人、被申请人与租赁站之间有关脚手架租赁的纠纷，属于不同于本案合同关系的另一法律关系，且业经 Z 中院受理并依法判决，申请人无权就脚手架租赁的纠纷再次申请仲裁，另外该纠纷涉及的租赁合同并无仲裁条款，不属于仲裁范围。Z中院作出的Z中院《民事判决书》判决申请人、被申请人分别向租赁站承担相应的给付义务，目前，申请人已上诉至H省高级人民法院。第三，退一步讲，即使Z中院《民事判决书》生效，该判决书确定的是申请人的给付义务，理应由申请人自行承担，申请人要求被申请人承担生效法律文书确定的申请人的给付义务，没有任何事实依据和法律依据。故被申请人请求驳回申请人的全部仲裁请求。

二　仲裁庭意见

仲裁庭认为，双方在本案中的争议焦点有两个：一个是申请人请求的第五项，即20万元的质保金是否应当返还的问题；另一个是申请人请求的第一至四项，即与脚手架（又称“建筑周转材料”）租赁问题相关的争议，是否属于本案合同项下的争议，是否属于本仲裁庭管辖范围的问题。

申请人向仲裁庭提交了本案合同、《X项目结构劳务工程移交脚手架问题解决协议书》《结算协议书》及与请求数额的计算相关的其他证据共15份；被申请人向仲裁庭提交了合同2、《劳务报价书》、申请人与租赁站就执行Z中院《民事判决书》达成的《调解协议》等6份证据。

仲裁庭认为，双方的主张和抗辩形成了若干争议点，面对双方的争议，仲裁庭应当依据相关的法律规定，根据已查明的事实及对双方提交证据的采信情况作出相应的判断，仲裁庭对双方争议问题分析判断如下：

（一）脚手架相关争议的管辖问题

仲裁庭注意到，双方就“脚手架相关争议的管辖问题”形成了争议焦点。申请人认为，仲裁庭有管辖权，主要理由是本案合同中有仲裁解决争议的条款；被申请人认为没有管辖权，主要理由是申请人提出的争议问题不是基于本案合同发生的争议，是基于租赁合同发生的争议，而相关租赁合同及约定中，没有约定仲裁管辖。仲裁庭认为，从目前已查明的事实看，被申请人提出的理由更为充分，应当判断有关“脚手架租赁问题的相关争议”不属于本案管辖范围。理由如下：

《中华人民共和国仲裁法》第 4 条明确规定，当事人采用仲裁方式解决纠纷，应当双方自愿，达成仲裁协议。可见，仲裁的管辖权直接源于双方当事人的约定。具体到本案，双方的约定体现在本案合同中，合同第 15 条双方选择的解决争议的方式为向本会申请仲裁。那么，有关“脚手架租赁问题的相关争议”是否属于本案合同项下的争议呢，答案是否定的。从争议的事实、合同的签订、合同的履行等方面分析判断：

第一，从事实看，双方争议的事实不是基于履行本案合同而发生的。申请人在申请书中对脚手架争议的产生有较为详细的表述。仲裁庭注意到，分析申请人的表述可知，脚手架的争议源于申请人与被申请人的两次另行约定。这两次约定在本案合同履行的一“前”，一“后”。在“前”发生的另行约定，正如申请人所述，是本案合同履行之前发生的，申请人的具体表述为：“在此前的 2006 年 1 月 16 日，申请人与被申请人就工程建筑器材的租赁物资作了移交，双方签署了租赁物移交单。被申请人承诺承担自 2005 年 12 月 29 日原工程分包单位 C 公司退场至 2006 年 2 月 8 日申请人进场接收该批租赁物期间所发生的租费 261297.43 元。2006 年 2 月 8 日申请人与 T 建筑设备租赁站正式签订《建筑施工物资租赁买卖合同》，被申请人作为介绍人和原承租人在场见证。”从上述内容可知，双方另行约定的“自2005年12月29日原工程分包单位C公司退场至2006年2月8日申请人进场”这段时间发生的租赁物移交等相关问题，不是本案合同项下的内容。租赁站依据与申请人、被申请人之间的有关脚手架租赁约定，到Z中院主张权利，Z中院对自2005年12月29日至2006年2月8日期间发生的有关费用已判决由被申请人承担。由此可知，这一另行约定，与本案合同履行无关。除此之外，在双方当事人之间还发生了一个在合同履行之“后”的另行约定，正如申请人表述：“申请人工程于2006年11月28日完工，2006年11月29日申请人应被申请人要求，将2006年11月26日后工地现场未拆除的所有租赁建材移交给被申请人，被申请人承诺自2006年11月28日后，所有现场租赁材料租赁费由被申请人支付，材料数量及租费以租赁站小票数量计算为准。”从上述内容可知，双方另行达成的“自2006年11月26日后工地现场未拆除的所有租赁建材移交给被申请人，被申请人承诺自2006年11月28日后，所有现场租赁材料租赁费由被申请人支付”的约定，属于本案合同以外的另行约定。因为，申请人本应履行与租赁站签订的脚手架租赁合同，但由于被申请人提出另有用途，申请人向被申请人“移交”了未拆除的脚手架，这在事实上形成了被申请人以申请人的名义实际租用租赁站脚手架的情形，因此，双方的另行约定，以及对租赁合同的履行，显然不是履行本案合同的内容。

第二，从合同性质看，本案合同与脚手架租赁合同不是一个法律关系。如前所述，双方之间在合同履行“前”另行约定相关问题，已经Z中院判明，双方的争议集中在本案合同履行之“后”的另行约定问题上。申请人对本案合同履行完毕，本应拆除全部脚手架，与租赁站清结租赁合同，由于被申请人以申请人的名义留用了未拆除的脚手架，申请人形成了对原租赁合同的变更履行。被申请人在相关时间内，成为了事实上的脚手架租赁人；被申请人对租赁物的使用，延长了申请人的租赁期；双方就相关权利义务达成的协议条款、“另行约定”内容，也将使原租赁合同履行内容发生变更。由此可见，申请人与被申请人之间的上述行为，应属于申请人履行与租赁站签订的租赁合同过程中发生的“转租”行为。从理论上分析，“转租”本身并不直接影响申请人与租赁站之间所签合同的效力，申请人与被申请人之间的权利义务除双方另行约定的以外，应当受原租赁合同的约束。由于无论是申请人与租赁站签订的租赁合同，还是双方之间的另行约定，均未签订仲裁解决争议的条款，因此，本仲裁庭仅应对双方在本案合同项下的争议进行审理。

第三，从本案合同的履行看，本案合同中约定的内容已经履行，双方已就合同价款结算完毕。在申请人提交的证据6《结算协议书》中有如下内容：本案合同最终结算价为15632319元，除已付的9732319元外，剩余的5900000元分三期支付。仲裁庭查明，到申请仲裁时，申请人已收到了除20万元质保金以外的全部工程款。《结算协议书》的第三条对此问题有更为清晰的表述：“三、甲乙（甲方指被申请人，乙方指申请人，下同——仲裁庭注）双方确认，双方在本协议书第一条确认的工程结算价已经全部包含乙方上报的与本工程相关的一切结算单之所有内容及应扣款项目费用。”对双方确认的上述内容可以作这样的理解：申请人与被申请人签订的本案合同项下的全部工程已经施工完毕，工程价款也已经结算完毕。这就意味着，申请人交付的工程成果以及合同中与脚手架有关的工程款也已结算完毕，双方并未就脚手架的价款问题发生争议。另外，从本案合同的履行期限上看，双方均认可被申请人是在申请人完成合同内容且结算完毕之后继续留用未拆除脚手架的，从合同履行时间上看，被申请人继续留用的时间段，不是履行本案合同所用的期间；延长租赁期所产生的费用，也不是本案合同价款的组成部分。因此，从本案合同的内容及履行看，“脚手架租赁问题的相关争议”不是本案合同项下的争议。

第四，从Z中院的生效判决看，“脚手架租赁问题的相关争议”不应当属于仲裁管辖。2007年4月10日，租赁站以租赁合同纠纷为由将申请人与被申请人诉至H省Z市中级人民法院。依据法院的生效判决，申请人与被申请人均应向租赁站履行相应的给付义务。申请人认为，“虽然申请人与案外人租赁站之间签订的租赁合同属于另一个法律关系，但法院判令申请人承担的各项义务中，大部分损失是由被申请人造成的，因此，依照申请人与被申请人的约定应由被申请人承担。”仲裁庭认为，申请人的理由不能成立。从一般逻辑上看，既然向仲裁庭提出的争议是在法院解决的争议的组成部分，那么，如果提交到本案的争议问题有仲裁协议，法院会尊重当事人选择，没有依据受理双方已提交仲裁的争议问题。但事实上，并未发现法院审理的租赁合同或双方的另行约定中有仲裁条款，因此双方的争议在法院诉讼，并未发生与仲裁管辖相冲突的情形。另外，从上述申请人的表述看，申请人提请仲裁解决相关租赁损失是源于申请人与被申请人的“约定”，申请人认为，法院所判的损失费“依照申请人与被申请人的约定应由被申请人承担”，那么，这个不属于本案合同项下的“约定”，由于没有仲裁协议，双方也未就相关争议达成新的仲裁协议，仲裁庭没有依据管辖。

综上，由于申请人提出的“请求裁定被申请人赔偿给申请人造成的租金损失181884.30元，赔偿逾期付款上浮租金损失90942.15元，维修损失3514.55元；请求裁定被申请人退还申请人未退部分租赁建材或赔偿该未退还货物的价值损失 1263910.70 元；请求裁定被申请人承担申请人鉴定费损失的 40%，6800 元；请求裁定被申请人承担申请人诉讼费损失 50%，即 19808.50 元”共四项仲裁请求，均不属于本仲裁庭管辖范围，仲裁庭对其无法裁决，故驳回申请人上述各项仲裁申请。

（二）关于质保金问题

申请人的第五项请求是，要求被申请人返还 200000 元的质保金。关于质保金返还问题，双方在 2006 年 12 月 25 日签订的《结算协议书》中作了明确的约定。双方约定“剩余工程尾款 200000 元预留作为工程质保金，在乙方承担相应保修责任的情况下，甲方应于 2007 年 11 月 30 日前一次性无息支付给乙方。”被申请人在答辩书中辩称，由于申请人没有履行保修义务，被申请人没有支付工程质保金。在案件审理中，鉴于被申请人没有就此前不支付工程质保金提出任何依据；鉴于被申请人未向仲裁庭提出或说明继续扣留工程质保金的任何理由，仲裁庭支持申请人关于由被申请人向申请人返还工程质保金 200000 元的仲裁请求。

（三）关于本案仲裁费

鉴于仲裁庭对本案争议问题的分析判断，本案仲裁费由申请人承担 70%，由被申请人承担 30%。

三　裁决

仲裁庭根据上述事实和理由，裁决如下：

（一）被申请人向申请人支付工程款 200000 元；

（二）驳回申请人的其他仲裁请求；

（三）本案仲裁费共计 39918 元，由申请人承担 70%，即 27942.60 元，由被申请人 30%，即 11975.40 元，因申请人已经预交了全部仲裁费用，故被申请人应直接向申请人支付申请人代其垫付的仲裁费用 11975.40 元。

上述裁决中被申请人应向申请人支付的款项，应于收到本裁决书之日起 10 日内支付完毕，逾期支付，按照《中华人民共和国民事诉讼法》第 229 条规定处理。

本裁决为终局裁决，自作出之日起生效。

评析

本案的焦点问题之一是，脚手架租赁相关争议是否属于建设工程施工合同案中仲裁庭的管辖范围？申请人认为，根据其与被申请人签订的解决脚手架问题协议书和与租赁站签订的租赁合同，脚手架租赁争议应归于本案合同项下，故应由仲裁庭管辖；而被申请人则认为，脚手架租赁关系属于不同于本案合同关系的另一法律关系，申请人无权就相关争议申请仲裁。

最终，仲裁庭支持了被申请人的意见，核心理由有二：其一，从事实看，脚手架租赁争议事项发生在施工合同履行完毕之后，故不是在履行施工合同的内容；其二，从合同关系看，申请人与被申请人就后期脚手架租赁形成的是转租关系，故应受租赁合同的约束，而关于转租的约定及租赁合同中均无仲裁条款。

本案是一个典型的因建设工程施工合同的复杂性而造成管辖争议的案件，与一般的合同相比，建设工程施工合同的特性在于其合同体系庞大、参与方众多和履行周期长，这三个特点都决定了，在合同履行过程中将产生大量且种类多样的合同性质文件，在这些文件中出现争议解决方式约定的缺失或冲突是非常常见的。那么，当一个涉及多个合同文件的复杂争议提交给仲裁庭时，仲裁庭该如何判断自己的管辖权呢？这个问题从当事人角度看就是如何选择适用案件的争议解决方式。

首先，我们有必要为这些合同文件做一个简单的分类。在建设工程施工合同体系中，最重要的合同是施工总承包合同，这是界定承发包双方权利义务的主轴。本文仅以施工总承包合同为参照点，根据有关文件与施工总承包合同的关系，列举可能与管辖权争议相关的合同性质文件，大致可见下表：

主合同	其他合同性质文件	当事人	产生时间
总包合同	1. 招投标文件	相同	签约前
	2. 黑白合同而产生的另一套总包合同	相同	签约时
	3. 内部附件：安全管理协议、廉洁合作协议、BIM 服务协议、保密协议等	相同	签约时
	4. 质量保修书	相同	签约时 / 合同履行中
	5. 补充文件：承诺书、洽商变更文件、补充协议、结算协议	相同	合同履行中
	6. 担保合同：预付款保函、履约保函	不同	合同履行中
	7. 分包合同 / 供货合同 / 机械设备租赁合同	不同	合同履行中

当总包合同中约定了仲裁条款时，因其他合同性质的文件产生争议，有关争议事项是否具备可仲裁性，或者说能否为总包合同的仲裁条款效力所涵盖？首先要把握两点：一是双方是否构成关于仲裁的合意，根据仲裁法的基本原则，是否选择仲裁系当事人可自由处分的权利，仲裁必须建立在当事人签订有仲裁协议的基础之上；

二是争议事项是否具有可仲裁性，就合同争议而言，可仲裁性的规定可见于《仲裁法司法解释》第 2 条的规定，即“基于合同成立、效力、变更、转让、履行、违约责任、解释、解除等产生的纠纷”。

由此不难看出，如果要让总包合同的仲裁条款效力覆盖有关争议，其前提是：第一，争议所涉合同中对争议解决方式没有与总包合同相反的约定，否则，双方的合意即无法成立；第二，有关争议同时还可被认定为是基于总包合同的成立、效力、变更、转让、履行、违约责任、解释、解除等产生的纠纷，这要求争议所涉合同与总包合同具有合同关系上的同一性。

根据笔者的建设工程法律从业经验，对总包合同之仲裁条款能否对上述各类文件产生约束力有以下管见：

一、关于招投标文件

即使承发包双方已经正式签订了总包合同，也可能因为招投标过程中的事宜而产生争议，如投标保证金的返还、招标服务费的承担等，通常都会在招标人发出的招标须知中予以明确。在这种情况下，能否适用合同中的仲裁条款将招投标过程中的争议提交仲裁庭呢？

实际上，招投标往来文件的内容也非常复杂，大致可分为三类：

第一类可称作“前合同文件”，是对招投标本身的程序、规则、费用及担保等作出规定；

第二类是合同成立文件，通过此类文件实现双方要约—承诺关系的成就，即投标函和中标通知书；

第三类则是反映合同权利义务的文件，包括待签订的合同条款格式、招标图纸、工程量清单，以及对其进行澄清答疑的往来文件等。

以上文件中，第二类文件与合同成立相关，第三类文件与合同解释相关，总包合同须赖其方能得以被完整地理解，足以认为在合同关系上具有同一性。按《仲裁法司法解释》，合同的“成立”和“解释”均属于合同纠纷中的可仲裁事项，故总包合同中的仲裁条款可涵盖此类文件应该是没有疑问的。

但是，“前合同文件”约束的是招投标双方的缔约准备活动，而建设工程合同则约束的是承发包双方的建设工程承揽活动，二者属于不同的、相互独立的法律关系。合同缔约准备活动也是法定的可仲裁事项所不涵盖的。故笔者认为，除非是已明确纳入总包合同，因前合同文件而引发的争议并不能当然认为可适用总包合同仲裁条款。

二、关于黑白合同

黑白合同问题在建设工程施工活动中并不鲜见，当黑合同与白合同中的争议解决方式出现不一致，例如一为仲裁、一为诉讼的情况，一方当事人主张应通过仲裁而另一方当事人提出管辖权异议，仲裁庭及当事人应如何判断相关合同纠纷的争议解决方式问题呢？

基于争议解决条款的独立性，无论经过备案的中标白合同，还是双方签署的实际执行的黑合同，从其文本上均可以判断出当事人对争议解决方式的选择，无外乎选择仲裁、诉讼、没有约定争议解决方式，或者约定同时使用仲裁或诉讼的方式。无论该合同的效力如何，其争议解决条款独立存在。关键要看，仲裁申请人提起仲裁时，依据的合同文件约定的争议解决方式是什么。

根据黑合同和白合同的签订时间，是不是当事人之间的真实意思表示，以及实际履行的情况，考察二者是否构成补充、变更的关系来进一步明确双方争议解决方式也值得思考。在仲裁条款和诉讼条款之间，签订时间在后的可视为一份补充协议，则后签署文件约定的争议解决方式变更了原来的争议解决方式，因此，适用的争议解决方式应以签订时间在后的为准。也有很多工程争议案件，当事人的权利义务关系需要同时参考黑合同及白合同才能够理清。尽管两份合同约定争议解决方式不同，但一份合同是签订履行另一份合同前或过程中发生的一件有关系的事实应无争议，则这份合同可以作为一项事实证据在案件审理中使用，对于理清双方的事实及法律关系都是有帮助的。如果在仲裁案件中，要以约定诉讼方式的合同内容来固定双方的权利义务关系的话，则要极为审慎。从这个意义上，申请人在提起仲裁时，需要对构建法律关系及权利义务内容的合同进行深入研究，以慎重选择使用争议解决方式。

三、关于合同内部附件

安全管理协议、廉洁合作协议、BIM服务协议、保密协议等合同内部附件，本身就属于合同的一部分，因此，除非另有相反约定，均应受总包合同仲裁协议之管辖，对此无须赘述。

四、关于质量保修书

在某些合同架构中，质量保修书也是作为合同附件而存在的。这里单说一下未作为附件而单独签署的质量保修书，如发生争议，能否适用合同中的仲裁条款。

在任何一个建设工程施工合同中，都会约定有质量保修条款，承包人履行质量保修义务也是其履行建设工程施工合同的一个不可或缺的组成部分；而质量保修书的意义在于，为贯彻和执行合同约定的保修义务，对保修期限、保修方式等附随的条件作出细化和明确，因此，签订和执行质量保修书，本质上都是在履行主合同，其与主合同具有强烈的同一性，故笔者认为，合同的仲裁条款可以涵盖关于质量保修书的争议。

但是，质量保修书的特殊性在于，其是一份“后施工阶段”的文件，又和主合同具有一定的可分性，这种可分性突出地表现在，当建设工程的施工和结算完成后，质量保修成为双方仅存的权利义务关系，质量保修书可能被建设单位转让给物业公司或作为物业最终用户的业主，当质量保修书被转让之后，还能否被主合同的仲裁条款所涵盖呢？

许多国家的仲裁理论和实践都承认仲裁协议效力在适当情况下的扩张，合同转让即是其中的典型情形。如英国1999年合同（第三方权利）法案确认，如果包含仲裁条款的合同的利益转让给第三方，该方应当受仲裁条款的约束。然而，质量保修书适用主合同的仲裁条款，是一种根据法律规则推导出的结论，在没有主合同的情况下，质量保修书亦有其独立存在的条件和价值，而上述转让质量保修书的情况，通常都是独立的转让而不会涉及主合同，第三方不会也没有必要了解主合同中的仲裁条款，在这种情况下，强行要求仲裁条款适用于第三方和承包商的争议，显然与仲裁的意思自治原则是不相符的。

故笔者认为，当质量保修书的当事人是承发包双方时，如无相反约定，应认为其可以被主合同的仲裁条款所涵盖，但当质量保修书被转让给第三方后，则不能作出此类认定。

五、承诺书、洽商变更文件、补充协议、结算协议等合同补充文件

此类文件在本质上都是合同的补充及变更，从合同关系的同一性理论角度来看，只要这类补充及变更没有对主合同造成根本性的改变，都应当认为和主合同具有同一合同关系。在建设工程合同的履约实践中，这些文件通常都是主合同履行的结果或在主合同框架内的局部调整，而极少能够对主合同造成根本性改变使合同的同一性失效。故关于此类文件的争议，一般情况下亦应受主合同仲裁条款的管辖。

六、履约保函、预付款保函等担保合同

履约保函和预付款保函通常是中、大型建设工程合同中所必备的合同保障措施，由银行作为承包人的担保人向发包人开具。按我国法律规定，担保合同系主合同之从合同，与主合同的效力具有一致性。在管辖问题上，《担保法司法解释》第129条规定，“主合同和担保合同发生纠纷提起诉讼的，应当根据主合同确定案件管辖。……主合同和担保合同选择管辖的法院不一致的，应当根据主合同确定案件管辖。”可见，我国法律倾向于认为主合同和担保合同在诉讼管辖上应具有一致性。但在仲裁问题上，《担保法司法解释》却没有涉及，这就引发了司法实践中的理解差异。

涉及此类理解差异的典型案例，可见于广东高院（2001）粤高法经一初字民事裁定书，广东高院认为，由于总包合同中约定了仲裁条款，根据《担保法司法解释》，履约担保的管辖应从主合同，故履约担保争议也应通过仲裁方式解决。而上诉到最高法后，最高法认为，履约担保虽然系从合同，但与主合同系不同的法律关系，当从合同中的争议解决方式不明时，并不能认为主合同的仲裁协议可当然及于从合同，履约担保具有可诉性，故撤销了广东高院的裁定。

在国际的仲裁理论及实践中，对这一问题的认识也不一致，一种仲裁协议扩张理论认为，基于担保合同和主合同的紧密联系，主合同的仲裁条款应对从合同产生约束力，且这一理论已在部分国外仲裁案例中得到应用。但另一种看法认为，这一做法将会引发程序正义危机，违反了仲裁应基于合意的基本原则，牺牲了担保人意思自治的权利。

在这一点上，笔者比较认同最高法的看法，笔者认为，诉讼和仲裁程序的内在机制和产生的法律基础均有很大的差异，因此，并

不能认为《担保法司法解释》关于担保合同诉讼管辖的规定也当然适用于仲裁。认为主合同的仲裁条款可扩展到担保合同，相当于让仲裁协议的效力及于未签订仲裁协议的第三人，从我国仲裁法的立法现状来看，并没有明确的法律基础。

七、分包合同、供货合同、机械设备租赁合同等

上述合同虽然与总包合同有着千丝万缕的联系，但从法律关系来看，均独立于总包合同，并不具备同一性，且均涉及承发包双方之外的第三人，因此不能认为适用总包合同的仲裁条款。本案即是一个典型的例子。

对此类合同，争议管辖方式与主合同不一致有时可能是无关紧要的，如劳务分包合同，钢筋、水泥等基本建筑材料的采购合同，甲供设备采购合同等。但有时可能给当事人顺畅解决争议带来较大的障碍，如指定分包合同，相关的分包人由发包人选定，合同版本通常也是由发包人起草，发包人甚至可能作为当事人与承包人、分包人签订三方协议，此类合同与总包合同常常相互交叉指引，较为典型的包括：分包合同的付款条件以承包人按总包合同收到工程款为前提，分包合同的进度须根据总包合同工期进行调整，承包人应按总包合同之约定提供管理和协调配合服务等。在这种情况下，通常要将分包合同与总包合同联系起来才能看清双方完整的权利义务，如果二者之间的争议解决方式不一致，特别是出现一为诉讼而一为仲裁的局面，将给当事人带来不小的麻烦，也不利于仲裁庭和法院查明事实。故在笔者看来，承发包双方作为理性的当事人，应充分意识到建设工程合同体系中各个合同争议解决方式约定不一致而带来的风险，而尽量保持一致。

本文仅是就诸多建设工程合同文件与总包合同的关系作了一个简单的梳理，并未考虑建设工程施工合同组成部分和解释顺序的灵

活多变，在建设工程合同纠纷仲裁案中，实际情况可能远为复杂。但是，无论合同文件如何繁多、法律关系如何复杂，笔者认为，只要把握住“仲裁以合意为基础”和“合同关系同一性”这两条基本原则，就不难对仲裁庭应有的管辖范围作出认定。

（评析人：朱茂元）

合同效力及工程结算

5. 当事人不具备工程项目管理资质是否影响合同效力

裁决要旨 从事工程管理项目的主体资质尚无强制性规范规定，当事人在原有资质范围内签订的合同有效。

关键词 工程管理 资质 合同效力

申 请 人：A 有限公司

被申请人：B 有限公司

一 案情

申请人、被申请人于 2004 年 2 月 16 日签订了《建设工程委托项目管理合同》（以下简称合同），约定被申请人委托申请人代理管理 C 广场工程，服务期限 25 个月，项目管理费 1500000 元（指人民币，下同）；如管理的项目工程质量达到“长城杯”，被申请人给予项目管理费总金额的 10% 作为专项奖励；如申请人原因造成工程质量目标达不到施工承包合同约定的质量目标，则申请人承担全部管理费用 10% 的违约金。

2006 年 10 月，当事人双方订立了项目管理补充协议（以下简称补充协议一），约定在合同的基础上从 2006 年 3 月 16 日至 2006

年8月15日被申请人每月支付申请人60000元，合计300000元，此费用作为后续服务费用，申请人要依据合同做好后续服务工作，直至此项目竣工结算完成。

2007年1月31日，当事人双方又订立了新的项目管理补充协议（以下简称补充协议二），确认原项目管理费1500000元已支付完毕，约定在合同的基础上，从2006年8月15日至2006年12月31日被申请人一次性支付申请人100000元，在工程部档案交接完成后一周内支付。

申请人在仲裁申请书中称，上述两个补充协议订立后，被申请人仅给付其中100000元，其余300000元至今未付。此外，由于被申请人委托管理的工程项目被评选为2004年度“X市建筑（结构）长城杯金质奖”，因此申请人根据合同及补充协议的约定，有权请求被申请人支付相关专项奖励150000元。

申请人提出如下仲裁请求：

1. 被申请人给付管理服务费欠款本金300000元；

2. 被申请人给付专项奖励150000元；

3. 被申请人给付截至提起仲裁申请之日的逾期付款利息44327.59元；

4. 被申请人给付提起仲裁申请之后至本案仲裁裁决作出之日期间的逾期付款利息，每日按照65.47元计算；

5. 被申请人补偿申请人律师代理费30000元；

6. 被申请人承担本案全部仲裁费用。

针对申请人仲裁请求，被申请人答辩认为：

1. 由于申请人2007年12月10日才获得工程咨询单位资格证书甲级证书，因此双方于2006年10月签署的补充协议一应认定无效。

2. 即使补充协议认定为有效，被申请人也不应支付相关费用。

理由是申请人未能完全履行尽职、审慎义务，造成教堂地下停车场的出入口未能按照既定工程质量设计目标和功能施工，其中一个车辆出入口被迫改为人行阶梯，对地下停车场的持续经营造成严重障碍和巨大损失，预估损失额为三百多万元。基于此，被申请人有权基于同时履行抗辩权，留置和抵偿本案所涉款项。

3. 申请人未按约定提供后续服务，故申请人无权要求被申请人支付 300000 元的管理服务费。

4. C 广场的整体项目工程并未获“长城杯”，申请人无权直接主张专项奖励费 150000 元。

5. 申请人主张利息和律师费无任何事实和法律依据。

申请人提交了如下证据：

证据 1，被申请人登记注册信息，证明被申请人为一家仍续存的、适格的仲裁主体；

证据 2，合同，证明合同约定如工程质量获得长城杯，被申请人应给付申请人项目管理费的 10% 作为奖励；

证据 3，补充协议一，证明双方约定延期期间的服务费用为 300000 元，被申请人最迟应于 2007 年 3 月 16 日之前给付该笔费用；如 300000 元逾期给付，申请人有权主张专项奖励 150000 元；

证据 4，补充协议二，证明项目延期并非由于申请人原因，并且双方约定项目再次延期至 2006 年 12 月 31 日前的费用为 100000 元，上述 100000 元于档案移交完成后一周内给付；

证据 5，2004 年度建筑“长城杯”工程名单，证明申请人项目管理的工程已达到获得专项奖励的条件；

证据 6，C 文化商厦项目竣工资料移交清单，证明申请人于 2007 年 2 月 1 日将全部竣工资料移交给被申请人，申请人合同义务已经全部完成；

证据7，被申请人给付100000元的进账单，证明被申请人给了补充协议二项下的100000元；

证据8，发票，证明申请人曾就未付款项，开出了155000元发票给被申请人；

证据9，代理合同及律师费发票，证明本案律师费发生的事实。

被申请人对申请人提交的上述所有证据的真实性未提出异议，但是对证据2、3、5、6所要证明的内容有异议。

被申请人提交了如下证据：

证据1，申请人工程咨询单位资格证书打印件，证明申请人签署2006年10月补充协议一时不具备工程咨询单位资质；

证据2，D研究设计院付款申请，证明设计院数据出错，在数据出错的情况下，申请人作为被申请人委托的项目工程顾问公司及作为被申请人内部负有审核义务的部门，应当对设计院的错误负有及时审查发现并要求改正的义务；

证据3，地下停车场出入口设计施工图，证明由于设计失误，导致最后两个车库进出口只能保留一个，另外一个改为了人工楼梯，给被申请人造成了很大损失；

证据4，X市发展计划委员会、X市建设委员会“关于开发建设C广场项目建议书”的批复，证明本案合同所指工程应当是指C广场，而不是指C商厦。

申请人对被申请人提交的所有证据真实性均无异议，但是对证据要证明的内容有异议。

申请人还提交了如下补充证据：证据10-1：建设部《关于发展工程总承包和工程管理企业的指导意见》；10-2：建设部关于印发《建设工程项目管理试行办法》的通知；10-3：X市建委《关于增加建设项目管理试点单位的通知》；10-4：2003年建设部核发的“工程

监理企业甲级资质证书”；10–5：2003年建设部核发的“工程造价咨询单位甲级资质证书”；10–6：2007年建设部核发的工程监理企业甲级资质证书；10–7：2006年建设部核发的工程造价咨询甲级资质证书；10–8：2008年建设部核发的工程招标代理机构资格证书。该组证据证明申请人有开展工程项目管理业务的资格。证据11–1：发改委2005年第23号公告；11–2：发改委办公厅印发《关于开展工程咨询单位资格认定工作的通知》；11–3：发改委发布2007年第86号公告；11–4：发改委2003年核发的“工程咨询资格证书”（市政、建筑，甲级）；11–5：发改委2007年核发的“工程咨询资格证书”（市政、建筑，甲级）；11–6：发改委2007年核发的“工程咨询资格证书”（市政、机械、医药，丙级）。该组证据证明申请人具有工程项目管理资格。证据12–1：教堂及车库“长城杯”资料；12–2：施工许可证。该组证据证明教堂及车库在获“长城杯”奖项的公建部分，施工许可证上载明的两个项目的建筑规模与“长城杯”名单中建筑规模一致。证据13，图片4张，证明车库出入口间距过窄，车库出入口与市政道路间距过窄，车库出入口中心线正对教堂建筑及教堂广场，如对车库出入口原设计予以变更，在客观上受到限制。证据14，工程部会议纪要（139），证明标高错误责任已清楚，是由于被申请人的责任造成的。证据15，G管理有限公司工商信息、H建筑设计有限公司工商信息、I建设监理有限公司工商信息，证明上述三机构均为独立法人机构，并分别为被申请人所开发项目的工程造价、工程设计和工程监理的咨询单位。证据16，申请人律师费凭证及支票存根，与证据9共同证明申请人律师费30000元已经发生。证据17–1：原国家计委1994年4月4日颁布的《工程咨询业管理暂行办法》；17–2：原国家计委1994年4月4日颁布的《工程咨询业资格认定暂行办法》。该组证据证明国家发改委2005年3月4日颁发《工程咨询单位资格认定办法》之前，国家在有关工程咨询单位的资格序列中，并无“工程项目管理”这一资格类型。证据18-1：“C文化商厦”项目的“建设工程规划许可证”信息；18-2：“C文化商厦”项目的“建设工程规划许可证”信息；18-3：“C文化商厦”和“教堂及地下车库”两项目的“施工许可证”信息；18-4：“C文化商厦”和“C广场教堂及地下车库”两个项目的“竣工备案”信息。该组证据证明“C广场”项目，在建设工程规划许可、施工许可及竣工备案许可等项目实施环节，是分别按“C文化商厦”、“教堂及地下车库”两个项目分别进行申报的，与证据5、证据12-1共同证明“C广场”项目的两个组成部分——“C文化商厦”和“教堂及地下车库”两项目均已获得X市“长城杯”。

针对申请人上述补充证据，被申请人提交了书面质证意见，对证据10-1至10-3的真实性无异议，但对证明的内容不认可；对证据10-4至10-8的真实性不予认可。对证据11-1、11-2、11-3、11-5、11-6的真实性认可，对证明事项不予认可；对11-4的真实性不予认可。对证据12的真实性和证明内容不予认可。对证据13真实性认可，但对证明内容不予认可。对证据14真实性和关联性不予认可。对证据15真实性认可，但认为与本案无关联。对证据16真实性不予认可。对证据17有效性及证明内容不予认可。对证据18真实性及关联性不予认可。

二　仲裁庭意见

（一）关于300000元管理服务费

仲裁庭认为关于300000元管理服务费的焦点问题如下：

1. 补充协议一的效力。

被申请人认为，申请人于2007年12月10日才获得工程咨询单位资格证书甲级证书，故根据国家发展和改革委员会于2005年3月4日发布并生效的《工程咨询单位资格认定办法》第4条、第14条第1款第（八）项和第31条的规定，申请人不具备承接补充协议一的工程项目管理及后续服务的法定资质，因此，补充协议一应属无效，申请人依据补充协议一要求被申请人履行相关义务的请求于法无据。申请人认为，根据建设部于2003年2月17日颁布的《关于发展工程总承包和工程管理企业的指导意见》第4条第（二）项规定可以看出，在此之前建设行政主管部门对工程项目管理并无资格或资质要求，仅要求企业应在原有资质范围内开展活动。2004年11月8日，建设部发布《关于印发〈建设项目管理试行办法〉的通知》第3条同样对工程项目管理无资质上的特别要求，只是要求企业对其所承担的具体工作内容，要具备相应资质。2005年4月13日，X市建委印发《关于增加建设项目管理试点单位的通知》，在该文件中，申请人列于后附名单之中，说明申请人是有资格承接工程项目管理业务的。申请人有多项资质，按照建设部和X市建委的规定，申请人有开展工程项目管理业务的资格。

仲裁庭认为，工程项目管理在我国是新生事物，目前尚无强制性的国家法律和行政法规规定从事工程项目管理必须具有的资质。国家和X市建设行政主管部门所颁布的关于工程项目管理的资质要求也都是倡导性的而非强制性的。因此在工程实践中，项目管理单位应该具有什么样的资质是由当事人双方根据项目管理所从事的业务来约定。仲裁庭注意到申请人本身具备国家和X市建设行政主管部门所倡导的工程项目管理的资质要求，同时合同中所约定的申请人项目管理所服务的内容亦没有超出申请人所具备的资质，故仲裁庭认定补充协议一有效。

2. 工程质量目标是否实现。

被申请人认为依照合同第23条“如乙方（指申请人，下同——仲裁庭注）原因造成工程质量目标达不到施工承包合同约定的质量目标，则乙方愿意承担全部管理费用10%的违约金”的规定有权要求申请人承担违约责任。申请人认为，合同专用条款第35条约定的质量目标为“甲方（指被申请人——仲裁庭注）与施工总承包商签订的合同的质量目标为准”。按照《建筑工程施工质量验收统一标准》（GB50300-2001）之规定，建筑质量标准分为“合格”和“不合格”。“C文化商厦”约定的是争取“长城杯”，“教堂及地下车库”约定的是质量合格。现在，两个项目经四方验收，且已办理竣工备案手续；不仅如此，该两项目还荣获“长城杯”，这说明合同所约定的质量目标业已达到。

仲裁庭认为，被申请人没有证据表明工程质量目标没有达到施工承包合同约定的质量目标。故被申请人以工程质量目标没有达到施工承包合同约定的质量目标为由依据合同第23条要求申请人承担违约责任不成立。

3. 关于教堂地下停车场的出入口被迫改为人行阶梯。

被申请人认为，由于申请人未能完全履行尽职、审慎义务，在申请人提供管理服务期间造成教堂地下停车场的出入口未能按照既定工程质量设计目标和功能施工，其中的一个车辆出入口被迫改为人行阶梯，直接导致库容四百多辆的地下停车场，仅存在一个车辆出入口，对地下停车场的持续经营造成严重障碍和巨大损失，预估损失额为三百多万元。因申请人之过错，导致被申请人损失巨大，故在该质量问题未有定论前，被申请人有权基于同时履行抗辩权，留置和抵偿本案所涉款项。申请人认为，合同通用条款第6条约定的管理内容属于施工阶段，专用条款第9条第2项约定工程前期规划手续由被申请人负责办理，设计、规划工作由被申请人负责；申请人发现了设计缺陷，建议将坡道出入口错开，该项建议最终未被被申请人采纳。

仲裁庭认为，被申请人并未就“教堂地下停车场的出入口被迫改为人行阶梯”的损失提出仲裁反请求，故仲裁庭对于教堂地下停车场的出入口被迫改为人行阶梯的损失无法予以考虑。在此情况下，被申请人无权以教堂地下停车场的出入口被迫改为人行阶梯的损失为由拒付申请人相应款项。

4. 关于提供后续服务。

被申请人认为，申请人未按照补充协议一中“此费用作为后续服务费用，乙方要依据合同做好后续服务工作，直至此项竣工决算完成”的约定为被申请人提供后续服务，故无权主张300000元的管理服务费。申请人认为，补充协议一中第一次所提及的后续服务是指2006年3月16日到8月15日这一期间的服务，300000元仅为2006年3月16日到8月15日期间五个月的服务费用，而不是到竣工决算期间的服务费用；第二次所提及的后续服务是8月15日之后的工作，即8月15日至竣工结算完成之时。但是双方通过签订补充协议二改变了此前的约定，规定2006年8月15日至12月31日被申请人一次性支付申请人100000元费用，此后申请人向被申请人移交档案，意味着被申请人已不再需要申请人提供后续的服务。

仲裁庭认为，补充协议一的后续服务费用包括两方面的费用：2006年3月16日到8月15日期间的服务费用和至竣工结算完成的服务费用；补充协议二关于移交档案的规定并不必然免除申请人提供竣工结算管理服务的义务。但是仲裁庭同时注意到，补充协议一规定后续服务费300000元于2007年3月16日前一次性付清，并没有规定竣工结算管理服务的完成是支付该笔款项的成就条件。此外，被申请人亦未提供证据证明因申请人没有完成竣工结算管理服务因此应当扣减管理费用。

综前所述，仲裁庭认为申请人有权获得300000元管理服务费用。

（二）关于专项奖励

申请人认为被申请人委托管理工程项目的两个组成部分“C文化商厦”和“C广场教堂及地下车库”均获得了X市“长城杯”，根据合同规定，有权获得150000元专项奖励。被申请人认为合同第41条约定的是C广场质量达到“长城杯”，而C广场的整体项目工程并未获此殊荣，且申请人未能有充分证据证明C文化商厦获奖与申请人的工作存在直接因果关系。

仲裁庭认为，X市“长城杯”只授予单位工程，而不授予由单位工程组成的项目。因此，合同第41条约定工程质量达到“长城杯”，应理解为申请人所管理的所有单位工程（本案中应为“C文化商厦”和“C广场教堂及地下车库”两个单位工程）均应达到“长城杯”。鉴于申请人提供的证据能够证明“C文化商厦”和“C广场教堂及地下车库”均已达到“长城杯”，故申请人有权获得150000元专项奖励。

（三）关于计算至申请仲裁之日的逾期付款利息

申请人认为自2004年订立合同至今，央行一年期贷款利率均在5.31%以上。为便于计算，逾期付款利率均按5.31%计算。补充协议一约定的300000元应于2007年3月16日前支付，故逾期付款利息自2007年3月17日起计算至提起仲裁申请之日即2009年1月21日为28543.07元；补充协议二约定的100000元应当于档案移交之日（2007年2月1日）起一周内即2007年2月8日前支付，实际支付时间为2007年2月16日，故该部分款项逾期利息为116.38元；150000元专项奖励逾期利息自档案移交次日即2007年2月2日计算至提起仲裁之日即 2009 年 1 月 21 日为 15668.14 元。被申请人认为申请人要求支付逾期付款利息无事实和法律依据。

仲裁庭认为，由于补充协议一和补充协议二明确约定了支付 300000 元管理服务费用和 100000 元管理服务费用的具体时间，被申请人未按期支付上述款项，逾期付款事实成立，应当向申请人支付逾期付款利息。申请人计算上述两笔款项至申请仲裁之日即 2009 年 1 月 21 日止的利息的方法并无不当，仲裁庭予以支持，合计数额为 28659.45 元。关于 150000 元专项奖励，仲裁庭注意到双方当事人并未约定具体支付时间，仅在补充协议一中约定，如被申请人按照补充协议一约定一次性付清延期服务费用（即在 2007 年 3 月 16 日前支付 300000 元），则申请人不再申请该笔专项奖励费用。但是该条款并不能理解为对支付上述专项奖励费用的时间作出了约定。因此，仲裁庭对申请人请求 150000 元专项奖励利息的请求不予支持。

（四）关于提起仲裁申请后至裁决作出之日的逾期付款利息

基于前述意见，仲裁庭认为，就迟延支付 300000 元管理服务费，申请人有权要求被申请人继续支付自 2009 年 1 月 22 日起至仲裁裁决作出之日期间的逾期付款利息，但适用的利率应当为 5.04%，经仲裁庭计算，利息为 4746 元［300000 元 ×5.04% ÷360×113（2009 年 1 月 22 日至 2009 年 5 月 14 日）= 4746 元］。

（五）关于律师代理费

申请人请求被申请人给付申请人律师代理费 30000 元，并提交了相应证据证明该笔费用的支出。被申请人认为申请人要求支付律师代理费无事实和法律依据。

仲裁庭认为，依据仲裁规则相关规定，律师费属于当事人办理案件支出的合理费用，故被申请人应向申请人支付律师代理费 30000 元。

（六）关于本案仲裁费用

基于上述仲裁庭意见，仲裁庭认为本案仲裁费应全部由被申请人承担。

三　裁决

（一）被申请人支付申请人管理服务费本金 300000 元；

（二）被申请人支付申请人专项奖励 150000 元；

（三）被申请人支付申请人截至 2009 年 1 月 21 日的逾期付款利息 28659.45 元；

（四）被申请人支付申请人自 2009 年 1 月 22 日起至 2009 年 5 月 14 日期间的逾期付款利息 4746 元；

（五）被申请人补偿申请人律师代理费 30000 元；

（六）本案仲裁费 24793.28 元（申请人已经预交），全部由被申请人承担。被申请人应直接向申请人支付代其垫付的仲裁费 24793.28 元。

以上第（一）至第（六）项中被申请人应向申请人支付的款项合计为 538198.73 元，被申请人应于本裁决书送达之日起 15 日内支付完毕；逾期按照《中华人民共和国民事诉讼法》第 229 条的规定执行。

评析

一、管理服务费应否给付取决于案涉合同的效力与内容

（一）合同当事人只有违反强制性和禁止性的规定才不适格

本案被申请人认为，申请人签订合同后才获得工程咨询单位资

格证书甲级证书，故申请人不具备承接补充协议一的工程项目管理及后续服务的法定资质，因此，补充协议一无效，其依据该协议要求被申请人履行相关义务的请求亦于法无据。

从实践发展情况来看，工程项目管理在我国是一种新生事物，尚无强制性的国家法律和行政法规规定从事所谓的“工程项目管理”必须具有法定资质。具体而言：

从建设部于2003年2月17日颁布的《关于发展工程总承包和工程管理企业的指导意见》第4条第（二）项规定可知，之前建设行政主管部门对工程项目管理并无资格或资质要求，仅要求企业应在原有资质范围内开展活动。

2004年11月8日，建设部发布的《关于印发〈建设项目管理试行办法〉的通知》第3条同样对“工程项目管理”并无资质上的特别要求，只是要求企业对其所承担的具体工作内容，要具备相应资质。

鉴于国家和该市建设行政主管部门所颁布的关于工程项目管理的资质要求仅为倡导性的，因此在案涉工程管理实践中，项目管理单位应该具备怎样的资质，一般应以当事人根据项目管理业务的实际情况所作的约定为准。

此外，既然在该市建委印发的《关于增加建设项目管理试点单位的通知》之后附名单中载有申请人，故本案仲裁庭有理由认为，申请人在资质方面无瑕疵。

综上所言，仲裁裁决认定案涉补充协议一有效，既没有违反法律的精神，也符合商业习惯。

（二）管理服务费应否给付与工程质量目标状况密不可分

1. 工程顺利竣工并荣获“长城杯”足以证明质量达标。

案涉两个工程项目已顺利通过验收并办理了竣工备案手续；同

时还荣获“长城杯”奖项，这足以证明案涉合同所约定的质量目标业已达到。故本案仲裁庭认为，被申请人提出的申请人应承担违约责任的主张缺乏事实根据。

2. 所谓停车场出入口改为人行阶梯的损失无事实与法律支持。

被申请人主张，由于申请人的过错，使地下停车场仅有一个车辆出入口，造成严重障碍和巨大损失。而仲裁庭认为，被申请人并未就此等损失提出仲裁反请求，因而对此不予审理。

从法理上讲，仲裁答辩只能是消极地反对当事人的请求，并不能抵消当事人的请求，除非提出反请求。原因在于，既然被申请人没有提出反请求，即意味着其并未真正想将此部分损失提交仲裁，此时如果仲裁庭坚持仲裁，就等于是在缺乏当事人仲裁合意的情况下进行仲裁，有悖仲裁法的基本原理。

此外，被申请人在援引《合同法》第66条有关同时履行抗辩权的规定之前，至少须证明申请人对相应的事项确实负有案涉合同上的义务，否则就谈不上能否行使同时履行抗辩权。

3. 不完成竣工结算管理服务即扣减管理费的主张并无证据支持。

因案涉补充协议一未规定完成竣工结算管理服务是支付该笔款项的成就条件，所以仲裁庭有理由认为，鉴于被申请人未能证明双方存在“申请人不完成竣工结算管理服务即应扣减管理费”的约定，申请人有权获得合同约定的300000元管理服务费。

（三）对案涉约定之专项奖励应予正确的一般理解

本案申请人主张，被申请人委托管理工程项目的两个组成部分“C文化商厦”和“C广场教堂及地下车库”均获得了该市“长城杯”，因此可以依合同约定获得150000元专项奖励。仲裁庭对此表示支持。这其中就涉及合同条款的解释问题了。

在法理上，契约的全部条款得相互解释之，以确定每一条款从整个行为所获得的意义。因此，对每个条款的解释不能仅限于该条款本身，而应统观合同的全部内容。我国《合同法》第125条规定："当事人对合同条款的理解有争议的，应当按照合同所使用的词句、合同的有关条款、合同的目的、交易习惯以及诚实信用原则，确定该条款的真实意思。"一般认为，我国现行《合同法》采用的是折中标准，只是其两个标准并不是并列的，而是存在法律适用上的先后顺序，即：合同解释应首先探寻当事人的真意，在不能求得当事人真意，或依据一般解释方法明显不公平、不符合常理、违背诚实信用原则时，才可以运用诚实信用、交易习惯等方法解释确定合同的含义。

二、逾期付款利息损失的实质、计算标准及起止时间

本案被申请人作为委托人未按约定支付全部报酬款，应承担违约责任。

根据《合同法》第107条的规定，当事人一方不履行合同义务或者履行合同义务不符合约定的，应当承担继续履行、采取补救措施或者赔偿损失等违约责任。具体到逾期付款的违约情形而言，守约方的损失，实质上就是其资金被违约方变相占用而遭受的利息上的损失。但是，被申请人因逾期付款而支付给受托人的利息损失，是否包括自仲裁申请提出之日至仲裁裁决作出之日的利息损失呢？

这正是本案裁决的难点。

（一）逾期付款利息损失的法律计算标准

如当事人对违约金的数额或计算方法事先有约定，则可依《合同法》第114条的规定予以确定。然本案当事人对此并未作任何约定，因而不能适用该规定。那么，在此情形下，逾期付款利息损失的计算标准依何而定才公平呢？有关这一问题的司法解释历经变更和发展，容易产生认知混乱，故简单梳理如下：

1. 逾期付款违约金标准可以按每日万分之四计算。

1999 年 2 月 16 日起施行的《最高人民法院关于逾期付款违约金应当按照何种标准计算问题的批复》（法释〔1999〕8 号）规定："对于合同当事人没有约定逾期付款违约金标准的，人民法院可以参照中国人民银行规定的金融机构计收逾期贷款利息的标准计算逾期付款违约金。中国人民银行调整金融机构计收逾期贷款利息的标准时，人民法院可以相应调整计算逾期付款违约金的计算标准。参照中国人民银行 1996 年 4 月 30 日发布的银发〔1996〕156 号《关于降低金融机构存、贷款利率的通知》的规定，目前，逾期付款违约金标准可以按每日万分之四计算。"

不久，《中国人民银行关于降低存、贷款利率的通知》第 6 条规定："自 1999 年 6 月 10 日起，金融机构逾期贷款利率降为日利率万分之二点一（折年率为 7.56%）。"

2. 逾期付款违约金的计算标准随人民银行贷款利率变化。

于是，司法解释随之作出了相应的修改——自 2000 年 11 月 21 日起施行的《最高人民法院关于修改〈最高人民法院关于逾期付款违约金应当按照何种标准计算问题的批复〉的批复》中规定："将最高人民法院法释〔1999〕8 号批复中'参照中国人民银行 1996 年 4 月 30 日发布的银发〔1996〕156 号《关于降低金融机构存、贷款利率的通知》的规定，目前，逾期付款违约金标准可以按每日万分之四计算'的内容删除。"自此，只要中国人民银行的贷款利率发生变化，逾期付款违约金的计算标准亦应随之变化。

3. 在借款合同载明的贷款利率水平上加收 30%—50% 为标准。

2003 年 12 月 10 日，中国人民银行发出《中国人民银行关于人民币贷款利率有关问题的通知》（银发〔2003〕251 号），其中第 3 条明确规定："逾期贷款（借款人未按合同约定日期还款的借款）罚息利率由现行按日万分之二点一计收利息，改为在借款合同载明的贷款利率水平上加收30%—50%。”该通知自2004年1月1日起执行。

4. 逾期付款损失的可依贷款基准利率为基础参照逾期罚息利率标准予以计算。

2012年《最高人民法院关于买卖合同司法解释》第24条第4款的规定，对以上适用规则作了进一步的确认：“买卖合同没有约定逾期付款违约金或者该违约金的计算方法，出卖人以买受人违约为由主张赔偿逾期付款损失的，人民法院可以中国人民银行同期同类人民币贷款基准利率为基础，参照逾期罚息利率标准计算。”

至此，对于当事人未约定逾期付款违约金计算标准时的法律适用问题，答案一目了然。鉴于目前人民银行逾期罚息利率标准是在贷款基准利率的水平上加收30% 50%，故而受害人可以主张的利息损失计算标准为贷款基准利率的1.3至1.5倍。

本案中，申请人请求按同期贷款利率赔偿利率损失，并没有超出上述司法解释规定的范围，故仲裁庭支持其主张的赔偿计算标准，于法有据。

（二）逾期付款利息损失计算的时间起点

1. 有约定的应以付款期限届满后的次日开始起算。

当事人双方约定了付款期限的，根据《最高人民法院关于买卖合同司法解释》第24条第3款之规定的精神，仍应以付款期限届满时为计算利息损失的基准点，即付款期限届满后的次日开始起算。

2. 未作约定时依具体情况规定不同。

当合同双方对债务人履行付款义务时间未作约定、约定不明或约定无效的情况下，利息计算的时间起点非常复杂，不同种类的合同纠纷，情况可能不同。

（1）《最高人民法院关于审理建设工程施工合同纠纷案件适用法

律问题的解释》第 18 条规定："利息从应付工程价款之日计付。当事人对付款时间没有约定或者约定不明的，下列时间视为应付款时间：（一）建设工程已实际交付的，为交付之日；（二）建设工程没有交付的，为提交竣工结算文件之日；（三）建设工程未交付，工程价款也未结算的，为当事人起诉之日。"

（2）《合同法》第 161 条规定："买受人应当按照约定的时间支付价款。对支付时间没有约定或者约定不明确，依照本法第 61 条的规定仍不能确定的，买受人应当在收到标的物或者提取标的物单证的同时支付。"

（3）《合同法》第 263 条规定："定作人应当按照约定的期限支付报酬。对支付报酬的期限没有约定或者约定不明确，依照本法第 61 条的规定仍不能确定的，定作人应当在承揽人交付工作成果时支付；工作成果部分交付的，定作人应当相应支付。"

（4）《合同法》第 379 条规定："当事人对支付期限没有约定或者约定不明确，依照本法第 61 条的规定仍不能确定的，应当在领取保管物的同时支付。"

（三）逾期付款利息损失计算的时间终点

1. 计算仲裁期间利息损失的关键在于确定计息的时间终点。

对于司法程序启动前的利息损失，实务界基本持赞成态度；然而进入司法程序后计息之时间终点，却分歧甚多。对这一问题，目前缺乏明文规定，学术界研究不充分，实践做法也比较混乱。

具体归纳起来主要有五种做法：

（1）"起诉之日说"。

他们的理由是诉讼请求必须明确、具体，以便计算诉讼费。有的法院甚至以诉讼请求不够明确、具体为由，将原告要求"支付自 × 年 × 月 × 日起至实际支付之日或至判决作出之日、判决生效之日"

之类的起诉状一律退回修改。原告担心不能顺利立案，只好按要求修改诉讼请求，写明截至起诉之日的利息数额，然后再在庭审过程中变更诉讼请求（如变更为“判决作出之日”或“判决生效之日”）。

（2）“判决作出之日”说。

其又分“一审判决作出之日”、“二审判决作出之日”、“再审判决作出之日”三种做法，其主要理由是法院只能就债权人已经产生的损失或违约责任作出判决。

（3）“判决生效之日”说。

其认为，既然法院为债务人指定的履行期自判决生效后方才起算，而在履行期内履行债务又是遵从法院判决的合法行为，因此判决一旦生效，便不再存在支付逾期付款利息的问题。

（4）“实际支付之日”说。

此种观点认为，只要逾期付款的违约行为一直存在，就应当计算逾期付款违约金，直至实际给付欠款，特别是在当事人约定违约金计算到实际付款之日的情况下，依照合同自由原则，除非违约方依据《合同法》第114条的规定提出请求且确有道理，人民法院才能适当调整违约金，否则就有悖意思自治原则。

2. 应将裁决指定的履行期届满之日作为利息计算的时间终点。

应当认为，前四种观点都有欠缺，应以“判决指定履行期届满之日”最为合理：

（1）诉讼或仲裁不能成为违约方暂不承担责任的“避风港”。

现实中，诉讼或仲裁常常是违约方暂不承担责任的“避风港”，违约方甚至希望诉讼拖得越长越好。如果免去债务人支付全部诉讼期间或某个诉讼阶段的逾期付款利息的义务，就会导致债务人滥用诉权来逃避法律责任。这是以“起诉之日”作为时间终点计算利息的最大缺陷。

（2）免除诉讼期间和指定履行期内逾期付款利息并无法律依据。

判决指定履行期仅仅免去债务人被强制执行的程序法责任，不免除其实体法上的赔偿责任。除非债权人自愿放弃，否则裁判机关免去债务人应当赔偿的裁判期间的利息损失，就没有法律依据。故而以"判决作出之日"或"判决生效之日"作为时间终点计算利息损失，会漏算指定履行期间原告所受损失。

（3）当事人对订立合同应当预见的可能违约损失承担法律责任。

根据《合同法》第113条规定，债务人应当对订立合同时预见到或者应当预见到的因违反合同可能造成的损失承担法律责任，因此法院或者仲裁庭有权对裁判作出后可以预见的逾期付款利息作出裁决。

（4）现行司法规范已将指定履行期间届满后的债务利息纳入了法院执行程序另行计算。

根据《民事诉讼法》第253条的规定，以及2014年8月1日起施行的《最高人民法院关于执行程序中计算迟延履行期间的债务利息适用法律若干问题的解释》第1条的规定，法院计算利息的时间应当止于"指定履行期间届满之日"，否则就会造成法院审判程序与执行程序之间利息的重复计算。

综上所言，尽管司法实践中的情况非常复杂，有一审、二审、再审等不同情形，但不论何种诉讼阶段，法院均应将判决书指定的履行期届满之日作为利息计算的时间终点。

三、关于逾期付款行为盛行的原因思考与实务建议

（一）当下中国中小企业融资难且普遍融资成本高

目前，实践中拖欠合同价款一般只需按照同期银行贷款基准利率赔偿损失，如此，与融资成本相比，占用合同价款的违约成本要低得多，由此造成逾期付款颇为盛行。

研究显示，几年前近六成小微企业表示，其借款成本在5%至10%之间，更有四成以上的小微企业表示其借款成本超过10%。加上各种附加条件，中小企业的融资综合成本之高可想而知。

中小型企业规模小，上市难，发行企业债券又被严格控制，必然使得大多数中小企业都难以通过银行融资，往往只剩下民间借贷一条路。但涌入民间借贷市场的企业一多，自使得典当行、小贷公司、P2P理财公司等应运而生，这不但让民间借贷的风险极高，贷款利率也居高不下。

特别是2015年《最高人民法院关于审理民间借贷案件适用法律若干问题的规定》明确将不超过36%的年利率合法化。不言而喻，这在事实上再次助推了民间高利借贷的势头。

（二）逾期付款沦为企业牟取不当得利的做法必须予以制裁

由于逾期付款违约成本远远低于合法融资成本，往往会出现这样的情况：即便进入仲裁或诉讼程序，逾期付款方也都想方设法恶意拖延审理期限。原因在于，违约方逾期付款拖得越久，其占用资金所获得的利益便越大，而违约成本却越低；所以对守约方而言，其遭受的利息损失也就不断增大。违约方故意采取拖延的策略，而裁判者却在案件审理程序上难有作为，现实中结案期限延长达到数年的仲裁案件屡见不鲜。

因此，仲裁期间的利息损失，只要申请人提出给付请求，仲裁庭在查清事实的基础上应当依法予以支持，而且应依实际损失裁决违约方负担相应的赔偿额

（评析人：李显冬）

6. 应招标而未招标之施工合同及非合同约定签字人签证的效力

裁决要旨 按照法律规定必须进行招标而未招标的建设工程施工合同无效。非合同约定签字人签字，构成表见代理的，该签字应认定为有效。

关键词 招标 合同无效 表见代理

申 请 人：A 建筑工程有限公司

被申请人：B 建设发展有限公司

一 案情

申请人称：2005 年申请人和被申请人双方签订了《施工合同》，约定：由申请人承建 C 学校二期工程，工程造价暂定为 1 亿元（指人民币，下同）；可调价格合同：中标价加增减账；被申请人负责办理施工所需各种证件和手续；同时约定了被申请人不按照合同约定履行义务应承担的违约责任，包括赔偿申请人的经济损失、支付违约金；被申请人如果违约，申请人有权解除合同，并要求被申请人赔偿损失。合同签订后，申请人如约进场，在完成部分基础工程和场地平整后，在 2005 年 5 月 8 日，被申请人却通知申请人该工程开工手续不全，要求申请人停工，具体开工日期另行通知。由于申请人至今仍未接到复工通知造成申请人停工、窝工，并且造成了极大的经济损失，严重影响了申请人的正常生产经营。导致目前合同不能履行的责任完全在于被申请人方，因此申请人按照合同约定正式向被申请人发出了解除合同通知，并已经送达，因此双方合同已经解除。按照申请人已完成的工程量，经双方结算，结算数额为5947259.22元，被申请人仅支付工程款100万元，尚欠4947259.22元未付。被申请人的行为严重侵害了申请人的合法权益，故请求仲裁委支持申请人的请求。

申请人的仲裁请求是：

1. 被申请人立即给付申请人工程款4947259.22元；

2. 被申请人按照年利率6.13%计算，向申请人支付垫资利息至实际给付之日止（从2005年5月8日起算至2007年3月7日暂计为555985元）；

3. 仲裁费用由被申请人承担。

被申请人辩称：申请人与被申请人签订的《施工合同》属于无效合同，所以申请人无权根据该合同的约定要求被申请人承担责任。根据《最高人民法院关于审理建设工程施工合同纠纷案件适用法律问题的解释》第1条的规定，该合同双方都无合法资质且并未取得规划许可证及施工许可证；该合同也违反了我国《招标投标法》第3条关于公用事业必须招投标的规定，所以为无效合同。因此双方不再享有和承担原合同规定的权利和义务，申请人不应要求被申请人承担所谓的合同责任。申请人并未完成其在仲裁申请书中所陈述的工程量，其只是做了部分场地清理工作，价值不过大约10万元人民币。其并未具备从事专业性较强的工程桩施工的资质，且根据《最高人民法院关于审理建设工程施工合同纠纷案件适用法律问题的解释》第 1 条的规定，因该工程并未完成也没有验收合格，所以申请人无权要求此部分工程款，不应采用定额为标准补偿且无权要求此部分利润。根据“谁主张谁举证”的原则，申请人并不能提出合法有效的双方一致认可或经有关机构所作的结算证据支持其请求，所以其应当承担举证不能的后果。申请人提出的请求并无法律及事实依据，且被申请人已向其支付人民币 100 万元，远远超出了其损失，请求裁定驳回其申请。

二 仲裁庭意见

结合双方当事人的主张、提供的证据材料及本案的庭审情况，仲裁庭认为本案所涉工程价款的《C 学校二期工程结算书》（以下简称《结算书》）是否有效，是双方当事人的争议焦点。结合此争议焦点，仲裁庭将意见分述如下：

（一）关于《施工合同》的效力

在本案庭审过程中，申请人提交了一份《施工合同》。被申请人对对方提交的《施工合同》的真实性无异议。被申请人主张，申请人提交的《施工合同》根据《最高人民法院关于审理建设工程施工合同纠纷案件适用法律问题的解释》第 1 条的规定，该合同双方都无合法资质且并未取得规划许可证及施工许可证；该合同也违反了我国《招标投标法》第 3 条关于公用事业必须招投标的规定，所以为无效合同。申请人主张，被申请人关于合同无效的理由不能成立。对此，仲裁庭分析如下：仲裁庭注意到，被申请人在答辩书中主张合同因未进行招投标而无效，而申请人在庭审过程中始终未向仲裁庭提交与本案所涉工程相关的招投标文件支持自己的主张，应当承担举证不能的责任，即仲裁庭有理由认为本案所涉工程未进行招投标程序。《中华人民共和国招标投标法》第3条规定："在中华人民共和国境内进行下列工程建设项目包括项目的勘察、设计、施工、监理以及与工程建设有关的重要设备、材料等的采购，必须进行招标：（一）大型基础设施、公用事业等关系社会公共利益、公众安全的项目。"仲裁庭注意到，本案所涉工程C学校二期工程属于上述关系社会公共利益的项目，应当进行招标。《最高人民法院关于审理建设工程施工合同纠纷案件适用法律问题的解释》第1条规定："建设工程施工合同具有下列情形之一的，应当根据合同法第52条第（五）项的规定，认定无效：（三）建设工程必须进行招标而未招标或者中标无效的。"根据上述相关规定，仲裁庭认为，本案所涉工程项目C学校二期工程必须招标而未招标，因此，本案《施工合同》依法应当认定无效。

（二）关于本案所涉工程价款的《结算书》

在本案审理过程中，申请人向仲裁庭提交了《结算书》。被申请人对《结算书》的真实性不予认可。被申请人主张，《施工合同》专用条款5.3约定发包人派驻地工程师是李明，王刚并无授权，也没有经过监理工程师的认可，《结算书》也没有被申请人的盖章。王刚只是一名一般工作人员，不是合同约定的工地代表，《结算书》只是申请人单方面所做，不认可其效力。申请人主张，在《结算书》中工程洽商记录均有王刚签字，这是现场发生的事实，可以佐证王刚签字的效力，并向仲裁庭提交了由王刚签署的业主通知、补充证据监理例会纪要及会议签到表支持自己的主张。被申请人对补充证据的效力不予认可。被申请人主张，王刚只是被申请人的一名普通人员，并不能以此证明就是监理工程师，或者证明他有权签署结算文件，对其效力不认可。

仲裁庭注意到，《结算书》是由王刚签名，并非合同约定的工地代表李明签名。王刚是否能够代表被申请人签署相关文件，即王刚签署的《结算书》的效力是本案的关键。对此，仲裁庭分析如下：我国《合同法》第49条规定："行为人没有代理权、超越代理权或者代理权终止后以被代理人名义订立合同，相对人有理由相信行为人有代理权的，该代理行为有效。"本案中，申请人提交的《结算书》中的工程洽商记录、工作联系单、补充证据监理例会纪要及会议签到表均有王刚签字。仲裁庭注意到，在监理例会纪要中，被申请人法定代表人李明在场但并未对王刚的签字提出异议，应当视为对王刚签字的认可。建设单位出席人员名单的排序中，有李明同时出席时王刚与李明的排序互为先后；在无李明出席时王刚的排序为首位；在八份工程洽商中，一份无建设单位签字，七份建设单位签字中五份是王刚签字，两份是李明签字；钻机停钻情况、业主暂停二期工程的正式通知的负责人签字仍是王刚。综观这一系列证据材料并根据工程惯例，仲裁庭认为，申请人有足够的理由相信王刚能够代表被申请人签署相关文件。王刚的行为构成表见代理，《结算书》应视为被申请人对结算价款的认可。

仲裁庭认为，本案所涉工程由于中途停工，并不涉及竣工问题。虽然《施工合同》被认定无效，但双方就已经发生的工程量及其价款签署了《结算书》，属真实意思表示，应对双方具有约束力，可以作为支付工程价款的依据。申请人据此向被申请人主张工程款，仲裁庭予以支持。

基于上述意见，仲裁庭认为被申请人提出的工程造价鉴定申请对本案审理不具必要性，不予同意。

综上，本案工程结算款为5947259.22元。被申请人已经付款100万元，故被申请人还应当向申请人支付工程款4947259.22元。

（三）关于垫资利息

申请人主张，被申请人按照年利率6.13%计算，向其支付垫资利息。根据《最高人民法院关于审理建设工程施工合同纠纷案件适用法律问题的解释》第6条规定，“当事人对垫资和垫资利息有约定，承包人请求按照约定返还垫资及其利息的，应予支持，但是约定的利息计算标准高于中国人民银行发布的同期同类贷款利率的部分除外。当事人对垫资没有约定的，按照工程欠款处理。当事人对垫资利息没有约定，承包人请求支付利息的，不予支持。”仲裁庭注意到，本案《施工合同》并未对垫资利息进行约定，故仲裁庭对申请人关于垫资利息的仲裁请求不予支持。

（四）关于仲裁费用

由于本案纠纷主要由被申请人违约造成，结合本案实际情况，仲裁庭认为，本案仲裁费用应由被申请人承担90%，申请人承担10%。

三　裁决

基于上述事实和理由，仲裁庭经合议，裁决如下：

（一）被申请人给付申请人工程款4947259.22元；

（二）驳回申请人其他仲裁请求；

（三）本案仲裁费65569.46元（申请人已预交），由申请人承担6556.95元，被申请人承担59012.51元，由于仲裁费已由申请人预交，被申请人应直接向申请人支付59012.51元。

上述被申请人应向申请人支付的款项，被申请人应在收到本裁决之日起十日内支付完毕。逾期依照《中华人民共和国民事诉讼法》第232条之规定，加倍支付迟延履行期间的债务利息。

评析

一、工程结算书签字人身份对工程结算书效力的影响

本案中，被申请人提出，《结算书》上被申请人方的签字人员是王某，并非被申请人派驻工地的代表李某，而被申请人并没有授权王某与申请人签订《结算书》，故《结算书》对被申请人不具有约束力。仲裁庭结合工程施工过程中其他文件也有王某签字的情况及王某在被申请人职位的重要性最终认定王某在《结算书》上的签字有效，能够代表被申请人。仲裁庭对王某签字效力的认定，无疑是本案裁决的亮点。仲裁庭并没有拘泥于王某是否为被申请人驻工地代表的身份，而是着眼于建设工程施工合同整个履行过程，双方对相关工程文件（包括工程洽商记录、监理会议纪要、工作联系函等）签字的惯例，通过经验法则及诚实信用原则，依据《中华人民共和国合同法》第 49 条关于表见代理之规定而认定王某在《结算书》上的签字有效，能够代表被申请人。

通过本案，需要发包人与承包人特别予以关注，在建设工程施工合同中最好能够对工程相关文件的签字人进行约定。一般来讲，发包人的驻工地代表及承包人的项目经理在结算报告、签证文件上签字确认、收取工程款、接受发包人供材等行为，原则上应当认定为职务行为或者表见代理行为，对发包人或承包人具有约束力。除非有证据证明相对方知道或应当知道发包人驻工地代表及承包人的项目经理没有代理权。如果相关工程文件在施工过程中由一般工作人员签订了，事后尽可能地要求建设工程施工合同中所约定的具有签字权的人予以补签，避免将来工程结算时对该等文件产生争议。

（评析人：彭立松）

7. 总包方能否从结算款中代扣税金

裁决要旨 《中华人民共和国营业税暂行条例》修订后，总包方的纳税基数中不再包含分包款。施行前未发生支付的款项，无合同明确约定，总包方无权从结算款中代扣税金。

关键词 工程结算 代扣税金

申 请 人：A有限公司

被申请人：B股份有限公司

一 案情

申请人称：2006年8月，申请人与被申请人签订《屋面板合同》，约定由申请人为被申请人承建的工程制作预制板，并运输至施工工地吊装就位。合同对付款方式、支付时间、违约责任、质量保修期以及争议解决的方式等进行了约定。合同签订生效后，申请人于2007年8月25日前将合同项下的全部预制板运送至被申请人施工工地并经被申请人验收合格后签收。后申请人又将合同项下的全部预制板按照被申请人的要求吊装就位。但被申请人仅在签订合同后向申请人支付了420000元（指人民币，下同），被申请人未按合同约定向申请人支付后续款项。2007年10月17日，双方签订结算明细表，并认可结算总金额为1235695.54元，被申请人净欠申请人815695.54元。后申请人曾多次向被申请人催要欠款，被申请人一拖再拖。现合同约定的质量保修期已经届满。

据此，申请人依法向本会提出如下仲裁请求：

1. 被申请人给付申请人货款、运费、吊装就位费共计815695.54元。

2. 被申请人给付申请人逾期付款利息（用于计算逾期付款利息的计息基数、起止时间以及适用利率分别如下——仲裁庭注）：

（1）360000元（原申请书中为370907元，申请人在庭审中将其更正——仲裁庭注），自2007年8月25日计算至实际给付之日止，利率按中国人民银行同期贷款利率计算；

（2）420000元（原申请书中为432493元，申请人在庭审中将其更正——仲裁庭注），自2007年10月18日计算至实际给付之日止，利率按中国人民银行同期贷款利率计算；

（3）60000元（原申请书中为61785元，申请人在庭审中将其更正——仲裁庭注），自2008年10月18日计算至实际给付之日止，利率按中国人民银行同期贷款利率计算；

暂计算至仲裁立案之日止，上述逾期付款利息为57098元。

3. 仲裁费用由被申请人承担。

为支持其仲裁请求，申请人在首次开庭前向仲裁庭提交了如下证据材料：

证据1：申请人与被申请人于2006年8月签订的《屋面板合同》及补充协议，用于证明申请人与被申请人之间的合同关系合法有效；

证据2：《关于合同主体变更的补充协议》，用于证明被申请人曾委托王刚与申请人签订合同主体变更的补充协议，从而证明王刚系被申请人的委托代理人；

证据3：货物名称、规格和日期各不相同的12张《F构件厂产品出库单》，用于证明申请人于 2007 年 8 月 25 日前将合同约定的全部预制板送货至被申请人工地，并经被申请人签收；

证据 4：结算明细表，用于证明 2007 年 10 月 17 日，被申请人对申请人承揽的项目进行对账，并认可结算总金额为 1235695.54 元，扣除已支付的 420000 元，净欠申请人 815695.54 元。

申请人于第一次庭审后、第二次开庭前提交了如下补充证据材料：

补充证据 1：由被申请人制作并签字的《工程结算审核单》（但申请人未签字——仲裁庭注），用于证明被申请人审核的结算金额与 2007 年 10 月 17 日被申请人与申请人之间的结算金额一致，从而进一步证明双方已于 2007 年 10 月 17 日办理了结算手续。

补充证据 2：由 C 企业集团（以下简称 C 公司）向本会出具的证明，用于证明申请人委托 C 公司代其完成屋面预制板的运输和吊装工作，C 公司与被申请人之间签订的合同只是为了满足奥运工程检查之需要。所有结算手续均由申请人与被申请人办理。运输、吊装工作结算款项在被申请人向申请人付款后，再由申请人向 C 公司支付。

补充证据 3：由 C 公司向被申请人出具的承诺说明，用于证明 C 公司向被申请人承诺，在被申请人将运输、吊装费用支付给申请人后，C 公司保证不再向被申请人就该运输、吊装费用主张任何权利。

针对申请人的仲裁请求，被申请人答辩称：（1）被申请人虽然与申请人签订过《屋面板合同》，但是因申请人没有吊装工作施工资质，合同项下的运输和吊装工作另由其他企业完成，而不是由申请人完成，所以相应的费用不应支付给申请人。（2）《屋面板合同》签订后双方一直未就该合同进行结算，因此对申请人提出的欠款金额不予认可，与欠款对应的利息也没有依据。2007 年 10 月 17 日由王刚签字的结算明细表不能视为双方结算，不具有结算效力。（3）税金应由被申请人代扣代缴并在双方办理结算时扣除。（4）合同约定的质量保修期尚未届满，根据合同约定，5% 的质量保证金尚不具备支付条件。

为支持其答辩意见，被申请人在第二次开庭前作为证据材料向仲裁庭提交了由被申请人与 C 公司签署的《槽形板吊装工程合同书》（以下简称《吊装工程合同书》），用于证明《屋面板合同》项下的运输和吊装工作另由其他企业完成，而不是由申请人完成。

申请人和被申请人对对方提交的证据材料的真实性均无异议。

二　仲裁庭意见

（一）仲裁庭认定的事实

根据本案双方当事人提交的有效证据、当事人陈述以及仲裁庭的庭审调查，仲裁庭依法认定如下事实：

1. 2006 年 8 月，申请人与被申请人签订了《屋面板合同》且真实有效。根据《屋面板合同》约定，由申请人为被申请人承建的工程制作预制板，并运输至施工工地吊装就位。合同暂定价款为 1393995 元，但双方在 2007 年 3 月 26 日又签订了一份补充协议，约定将合同价款调整为 1236099.58 元。双方还约定合同签订一周后支付合同总价（应指上述合同暂定价款）的 30%（取整后为 420000 元，被申请人已支付）；全部预制构件加工完成进场前支付到合同总价（应指上述调整后的合同总价）的 60%；全部工作完成并验收合格后支付到总价（应指结算总价）的 95%；剩余 5% 在保修期满后一个月内支付。

2.《屋面板合同》中约定的工作已经全部完成并已投入使用，但其中屋面板运输和吊装工作由 C 公司完成。

3. 在《屋面板合同》项下，被申请人已经且仅向申请人支付了420000元。

（二）仲裁庭就本案焦点问题的意见

结合仲裁庭对本案事实的认定，仲裁庭认为，本案存在的主要焦点问题有以下四个方面：

1. 由C公司完成的屋面板运输和吊装工作对应的费用是否应该由被申请人支付给申请人。

被申请人认为，屋面板运输和吊装工作由C公司完成，而不是由申请人完成，所以相应的费用不应支付给申请人。

申请人则认为，屋面板运输和吊装工作虽然由C公司完成，但C公司是在受申请人委托的情况下代其完成的，C公司与被申请人之间签订的合同只是为了满足奥运工程检查之需要。《屋面板合同》项下所有工作的结算手续均由申请人与被申请人办理，且运输、吊装工作结算款项在被申请人向申请人付款后，再由申请人向C公司支付。所以相应的费用应支付给申请人。

仲裁庭意见如下：在第二次庭审中，被申请人并不否认申请人提交的补充证据二和补充证据三的真实性，结合本案情况，仲裁庭对该两份证据予以采信；在被申请人同样未予否认的补充证据一中，由被申请人方面制作并签字的结算金额中也明确地包含了“屋面预制板制作、运输、吊装所有费用”，并未将其中的运输和吊装工作费用单独列出，也未指明在向申请人支付时应扣除由C公司完成的运输和吊装工作费用。由此可见，被申请人自身亦完全认可屋面板运输和吊装工作的费用应该纳入被申请人与申请人之间的结算中。所以仲裁庭相信，屋面板运输和吊装工作虽然由C公司完成且被申请人与C公司之间签有《吊装工程合同书》，但就屋面板运输和吊装工作款项的支付关系而言，被申请人、申请人和C公司三方均知晓并同意先由被申请人向申请人支付，再由申请人向C公司支付。

2. 双方是否已经就《屋面板合同》办理了结算以及结算金额中是否应该扣除税金。

被申请人认为，双方一直未就《屋面板合同》办理结算，2007年10月17日由王刚签字的结算明细表不能视为双方结算，因此无法确定欠款金额以及与欠款对应的利息。被申请人还认为，双方办理结算时，应扣除须由作为总承包人的被申请人代扣代缴的税金。

申请人则认为，2007年10月17日由王刚签字的结算明细表应当被理解为双方的结算文件，并且结算金额中应当包含税金。

仲裁庭意见如下：王刚于2007年10月17日签字的文件明确显示为"结算明细表"，签字人应当知道申请人递交该文件的目的是为了寻求结算。仲裁庭注意到，王刚曾代表被申请人签署过《关于合同主体变更的补充协议》（见申请人提交的证据2），并在被申请人内部制作的《工程结算审核单》中审核人位置签字（见申请人提交的补充证据1），结合这些证据，仲裁庭有理由相信在涉及本案之《屋面板合同》有关事项中，王刚是有权代表被申请人签字的。即使如被申请人所辩称，王刚在结算明细表中签字的行为只是表达其曾代表被申请人签收了该文件而非认可该文件所列明的结算金额，但被申请人在2007年10月17日至本案提请仲裁之间长达约16个月的期间内，并未就该文件及其内容表示过任何磋商或反对意见的行为应当视为被申请人对申请人通过该文件表达的结算意思及其内容表示认可。所以仲裁庭认为，2007年10月17日由申请人提交并由王刚签字的结算明细表可以被理解为双方的结算文件，根据该结算明细表，《屋面板合同》的结算总金额应为1235695.54元。

至于是否应当从结算金额中扣除税金，仲裁庭意见如下：修订后的《中华人民共和国营业税暂行条例》（自2009年1月1日起施行）取消了原《中华人民共和国营业税暂行条例》中第11条第（二）项“建筑安装业务实行分包或转包的，以总承包人为扣缴义务人”的规定，所以从法律角度，就建筑安装工程中的分包业务，在2008年12月31日之前，总承包人是法定的营业税扣缴义务人，但自2009年1月1日起，总承包人不再对分包人的营业税负有法定的代扣代缴义务。同时，修订后的《中华人民共和国营业税暂行条例》第5条第（三）项规定，“纳税人将建筑工程分包给其他单位的，以其取得的全部价款和价外费用扣除其支付给其他单位的分包款后的余额为营业额”，由此可见，按照修订后的《中华人民共和国营业税暂行条例》，总承包人的纳税基数中不再包含分包款，总承包人（本案中即为被申请人）和分包人（本案中即为申请人）应各纳其税，同时考虑到修订后的《中华人民共和国营业税暂行条例》第12条规定“营业税纳税义务发生时间为纳税人……收讫营业收入款项……的当天”，所以仲裁庭认为，对于本案截止到2009年1月1日尚未发生支付的款项，被申请人不应扣除税金。至于2009年1月1日之前已经发生的支付款项（420000元），考虑到《屋面板合同》并未约定在支付工程款或办理结算时由被申请人代扣代缴申请人的税金，且无证据证明被申请人已经就该已支付款项代申请人缴纳了营业税，所以仲裁庭亦不支持被申请人提出的应扣除税金的主张。

3. 质量保修期是否已经届满，质量保证金的支付条件是否已经成就。

申请人认为，《屋面板合同》约定的质量保修期已经届满，根据合同约定，质量保证金的支付条件已经成就。

被申请人则认为，《屋面板合同》约定的质量保修期尚未届满，根据合同约定，相当于结算价款5%的质量保证金尚不具备支付条件。

仲裁庭注意到，《屋面板合同》中就质量保证金支付时间有两处互不相同的约定：根据该合同第二部分第2条第2款“质量保修期自结构工程竣工验收合格之日起至残奥会完成”以及该合同第一部分第6条第1款“……剩余5%在保修期满后一个月内支付完成”，被申请人应当在残奥会完成（即2008年9月17日）后一个月内（即2008年10月17日前）支付相当于结算价款5%的质量保证金；但《屋面板合同》第一部分第8条第5（3）款又约定“质量保修金在工程竣工验收合格两年后全部返还”，与前文约定并不一致。但仲裁庭注意到，《屋面板合同》之第二部分是“工程质量保修书”，应当理解为是双方专门就工程质量保修事宜所达成的特别约定，当合同出现与工程质量保修事宜有关的约定存在矛盾时，宜以“工程质量保修书”为准较为妥当。所以仲裁庭认为，质量保修期至2008年9月17日已经届满，质量保证金应在2008年10月17日前支付。

4. 被申请人是否应该向申请人支付逾期付款利息。

申请人主张，被申请人给付申请人逾期付款利息。而被申请人认为因为双方没有办理结算，欠款金额不能确定，所以与欠款对应的利息也就没有计算依据。

依据上述对第（二）项争议焦点的分析，仲裁庭认为双方应当已经办理了工程结算。在申请人已就合同约定义务履行完毕的情况下，被申请人应当根据《中华人民共和国合同法》之相关规定，及时履行支付义务。所以在本案申请人主张的情况下，被申请人应当就其未能及时履行支付义务的行为向申请人承担赔偿责任。鉴于《屋面板合同》中没有约定逾期支付时如何计算利息，根据《最高人民法院关于审理建设工程施工合同纠纷案件适用法律问题的解释》之第17条和18条规定，以及合同约定的付款方式并结合本案实际情况来确定适用本案的利息计付标准、逾期支付金额及相应的应付款时间。

综上，仲裁庭认为，被申请人应当向申请人支付其拖欠的货款、运费及吊装就位费（含应支付的质量保证金）815695.54 元（结算金额 1235695.54 元 – 已支付金额 420000 元），并向申请人支付因被申请人逾期支付而产生的利息，应付利息金额的具体计算方式及其解释和说明详见下文附表“应付利息计算表”。

附表：应付利息计算表

计息基数（元）	计息起始时间	计息截止时间	适用利率
320000（双方在补充协议中约定的调整后的合同总价 1236099.58 × 60%– 已付款 420000 后取整）	2007 年 8 月 25 日（申请人完成屋面预制板供应后被申请人应付至合同价 60% 的最晚日期）	实际给付日	中国人民银行发布的同期同类贷款利率
420000（结算价款 1235695.54 × 95%– 已付款 420000– 上述 320000 取整应为 430000 元，按申请人请求的 420000 执行）	2007 年 10 月 18 日（双方结算文件形成日之次日）	实际给付日	中国人民银行发布的同期同类贷款利率
60000（应付款总金额 815695.54 扣除上述 320000 和 420000 后的剩余应付款应为 75695.54，按申请人请求的 60000 执行）	2008 年 10 月 18 日（中间支付取整时被抹去的零头与质量保证金之和的最晚应付日之次日）	实际给付日	中国人民银行发布的同期同类贷款利率

5. 关于本案仲裁费用，根据本案情况，仲裁庭认为本案仲裁费应当全部由被申请人承担。

三 裁决

根据上述事实与理由，仲裁庭裁决如下：

（一）被申请人向申请人支付货款、运费、吊装就位费（含质量保证金）共计 815695.54 元；

（二）被申请人向申请人支付逾期支付金额对应的利息（应付利息金额按仲裁庭意见之“应付利息计算表”计算）；

（三）本案仲裁费 28277.94 元（已由申请人预交），全部由被申请人承担，故被申请人应直接向申请人支付申请人代其垫付的仲裁费 28277.94 元。

上述被申请人向申请人支付的所有款项，被申请人应于收到本裁决书之日起十日内向申请人支付完毕。逾期支付，按照《中华人民共和国民事诉讼法》第 229 条规定办理。

本裁决为终局裁决，自作出之日起生效。

评析

本案中双方当事人争议的焦点问题有四个，一是屋面板运输及吊装费是否应给付申请人，二是双方是否办理结算及是否应代扣代缴营业税，三是质保金问题，四是利息问题。结算问题虽然有争议，但根据证据很容易判断双方已经结算。案件中当事人双方对《屋面板合同》性质没有提出异议，裁决书没有分辨，那么，该合同究竟是材料采购合同，还是工程分包合同？把这个问题与运输费及吊装费是否应给付申请人的问题一起讨论，不但能夯实裁决书的结论，同时对工程实践也具有指导意义。

一、关于《屋面板合同》的性质及运输费、吊装费是否应给付申请人的问题

本案被申请人主要目的是购买屋面板，从这个角度看，《屋面板合同》是购买材料（也有加工承揽的性质），但被申请人为了节省成本，将运输及吊装工作也落实在《屋面板合同》中由申请人完成，这就把买卖合同变成了工程分包合同。近年来，工程实践中一些开发商及总承包商为了节省成本，常有将施工内容加到材料供应商头上，采购地板附带安装、采购门窗附带安装，甚至有的外墙保温材料也附带外墙保温施工，而大多材料生产商没有相应的施工资质。依据《最高人民法院关于审理建设工程施工合同纠纷案件适用法律问题的解释》（下称《司法解释》），此类合同属于违反法律法规的无效合同，或者说有资质要求的施工内容部分应认定无效。本案中被申请人为应付奥运工程检查而与C公司签订合同能够说明这个问题。

本案中，裁决被申请人将运输费、吊装费给付申请人是公平正确的。从证据情况能够判断出，是申请人将屋面板运输及吊装工作又分包给C公司完成，申请人既完成销售任务，又合法完成施工任务，规避了安全责任等法律风险，是一个无奈而理智的做法，遗憾的是申请人没有与C公司签订合同。需要说明的是，即使被申请人主张《屋面板合同》运输及吊装施工部分无效，依据《司法解释》规定，被申请人也应参照原合同价格给付相应运输及吊装工作的款项。另外，即使被申请人确实与C公司签订了《吊装工程合同书》，申请人提交的补充证据二和补充证据三可以认定为一种C公司工程款债权转移的文件，被申请人应当将屋面板运输和吊装工作款项向申请人支付。

基于以上认识，从工程管理角度出发，建议施工参与单位重视国家法律法规，依法签订合同。本案被申请人与没有运输吊装资质

的申请人签订带有运输及吊装工作内容的《屋面板合同》，是产生此项争议的主要原因，申请人虽然委托有资质的C公司完成运输吊装工作，但没有与C公司签订合同，不利于查明事实，管理上存在问题。

二、双方结算金额中是否应该扣除税金

被申请人认为，双方办理结算时，应扣除须由作为总承包人的被申请人代扣代缴的税金。其依据是1993年12月13日国务院发布的《中华人民共和国营业税暂行条例》第11条第（二）项，“建筑安装业务实行分包或者转包的，以总承包人为扣缴义务人”，但该条款已经被修订后的《中华人民共和国营业税暂行条例》（自2009年1月1日起施行）取消。该条例在2008年12月31日修订前，代扣代缴义务人代扣代缴后需要向纳税义务人交付纳税凭证，以便纳税义务人入账并接受其主管税务机关的监督检查。本案庭审中，被申请人并未就已经支付给申请人的420000元出具代扣代缴营业税纳税凭证，应当判断被申请人在支付该420000元时没有进行代扣代缴营业税，双方合同也未约定由被申请人代扣代缴申请人的营业税，这就是裁决书说明“仅凭现有的证据材料，不能核实作为总承包人的被申请人是否已经以及何时从工程业主方面收到与《屋面板合同》有关的多少金额的工程款并是否已经缴纳营业税”的原因，就履行合同及执行法律法规的责任判断，发生这一问题的主要责任应由被申请人承担，应当作出不利于被申请人的判断。另外，申请人是纳税义务人，缴纳营业税是申请人的法律责任，即使被申请人没有代扣代缴，不会造成被申请人的损失，也不会造成国家税款的流失。自2009年1月1日起，总承包人不再对分包人的营业税负有法定的代扣代缴义务。修订后的《中华人民共和国营业税暂行条例》第5条第（三）项规定，“纳税人将建筑工程分包给其他单位的，以其取得的全部价款和价外费用扣除其支付给其他单位的分包款后的余额

为营业额”，因此，就被申请人未给付申请人的款项来说，被申请人已经失去了代扣代缴的责任和义务，双方又没有约定代扣代缴，因此，对于本案截止到2009年1月1日尚未发生支付的款项，被申请人也不应扣除税金。

三、质量保修期是否已经届满，质量保证金的支付条件是否已经成就

质量保修期及质量保证金支付时间应当以双方当事人约定为依据。本案双方《屋面板合同》中就质量保证金支付时间却有两处互不相同的约定，仲裁庭将合同第二部分“工程质量保修书”认定为双方专门就工程质量保修事宜所达成的特别约定是正确的，公平合理，也符合工程实践的惯例。我国不同行业部门制作的关于施工的合同范本，大都篇幅较长，内容较多，协议书、通用条款、专用条款及补充协议等，一般在协议书或者通用条款都有合同条款的解释使用顺序，当不同条款对于同一内容有不同的约定时，按解释顺序的先后执行，当然同一内容有特别条款时就按特别条款执行。例如，关于安全方面，施工合同通用条款与专用条款都有约定，但有时当事人双方还会签订专门的“安全管理协议书”，则应当按这种特别约定的“安全管理协议书”的约定执行。同理，即使通用条款与专用条款对质量保修有约定，如果与最终专门的“质量保修协议书”有不同约定，则应当按“质量保修协议书”的约定执行。

四、被申请人是否应该向申请人支付逾期付款利息

裁决书已经认定双方办理了结算，依据《中华人民共和国合同法》之相关规定，认定被申请人应当就其未能及时履行支付义务的行为向申请人承担赔偿责任，又根据《司法解释》之第17条和18条规定，按同期银行贷款利率以及合同约定的付款方式确定被申请人向申请人支付欠款利息，公平合理。事实上，利息本身属于孳息的性质，

在房地产开发及工程实践中，现金流是企业经营的重要保障，占用资金必然节省利息，这是拖欠资金的主要原因。当发生纠纷时，如果属于主观拖欠应付款，即使合同没有约定利息，如果应收款方主张利息，应当得到支持。从工程管理角度出发，签订合同时，当事人各方一定要约定付款期限，如果如本案中约定“结算后付款”，也一定要约定结算的期限，以便维护各方当事人的合法权益。

（评析人：尚晓民）

8. 阴阳合同均无效情况下的结算

裁决要旨 备案的中标合同与当事人实际履行的施工合同均无效的，可以按照“据实结算”的原则确定工程结算价款。

关键词 阴阳合同 合同无效 据实结算

申 请 人：A 股份有限公司

被申请人：B 有限公司

一 案情

（一）申请人的仲裁申请及被申请人的答辩

申请人提起仲裁申请的事实和理由如下：2005 年 12 月 28 日，申请人与被申请人签订了关于承包建设位于 X 市经济技术开发区 73# 街区“Y 工业园二期工程”的《建设工程施工合同》。合同约定的工程内容包括 1# 厂房等 11 项；工程款（进度款）支付的方法和时间是每月 5 日支付上月工程进度款；合同同时约定采用可调价格合同，具体合同价格调整方法见招标文件第 16 条。合同签订后，申请人按照合同约定履行了全部义务，并完成了工程增加的水质检测及道路改造工程的建设施工任务。工程经验收合格。但是，被申请人并未完全按照合同约定履行支付工程（进度）款之义务，同时在工程经验收合格并交付被申请人使用后，被申请人对工程不予结算，致使申请人 9077426.80 元（指人民币，下同）的工程款至今仍未收回，申请人多次催要未果。

基于上述事实，申请人向本会提出如下仲裁请求：

1. 被申请人向申请人支付建设项目工程欠款 9077426.84 元；

2. 被申请人赔偿延期支付工程欠款给申请人造成的损失 993599.65 元。

3. 本案全部仲裁费由被申请人承担。

被申请人的答辩意见如下：

1. 申请人称被申请人不予结算是完全不符合事实的：

2005 年 12 月 28 日被申请人与申请人经过招投标就 Y 工业园二期工程签订了《建设工程施工合同》并予以备案（以下简称建设合同），2007 年 1 月 11 日该工程竣工。但申请人自工程竣工后迟迟不提交结算资料，经被申请人多次催促，申请人直到 2007 年 6 月 18 日仍未能提供合格的结算资料。在申请人提交结算资料后，被申请人于 2007 年 7 月 16 日及时审核完毕，随后双方进行了多次核算，并就室内消防安装工程及室内水电安装工程的结算形成共同的书面确认。在前述结算核对过程中，申请人故意对被申请人提出质疑或存有分歧的部分，予以拖延或回避。尽管被申请人多次发函要求申请人进行核对和澄清，但申请人均予拒绝，不与被申请人配合进行结算。

据此，申请人对工程结算中有质疑或分歧的部分不予核对和澄清，才是双方未能完成结算的真正原因，申请人称被申请人不予结算是完全不符合事实的。

2. 被申请人已超付工程款 3530338 元，不存在欠款，也未给申请人带来任何损失。

（1）申请人结算方式错误，被申请人已超付工程款。

建设合同第23条约定工程价款按照可调价格结算，且申请人据此在申请书中称建设合同为可调价格合同，但申请人提交的证据五结算书中，却是以据实结算的方式进行结算。二者之间有着本质的区别。申请人将二者混为一谈，违背了双方的真实意思，不仅必将导致结算价款错误，而且也不符合建设合同及相关的法律约定。按照建设合同约定的可调价格进行结算，被申请人不存在拖欠申请人工程款的事实。

（2）门房工程属于单位工程，围墙、自行车棚工程属于室外工程，而建设合同第1条工程承包内容就明确约定了工程内容包括门房；第2条承包范围明确约定了各单位工程设计图纸内建筑工程、钢结构工程、给排水工程、电气工程、采暖、通风工程、消防工程及室外工程。据此，门房围墙自行车棚的工程施工内容已经包括在建设合同约定的工程承包范围中，该部分工程价款结算应依照建设工程的约定且应包含在建设合同的总价款中。申请人在申请书中所述称的建设合同签署后增加门房合同并据此提出支付要求，既不符合事实和双方的约定，申请人由此所主张的单独重复计算前述部分工程价款也不应成立。

（3）申请人自愿在总价的基础上让利9.5%。

在双方就室内消防安装工程及室内水电安装工程所达成的确认结算书中，申请人自愿在结算价款的基础上让利9.5%，且在申请人向被申请人提交的《Y工业园二期工程汇总表》第五项中明确表示申请人自愿在总价的基础上让利9.5%。在工程价款的支付和结算中，申请人在申请书中既未涉及双方已就室内消防安装工程及室内水电安装工程所达成的书面确认结算结果，也未涉及让利9.5%的真实意思表示，是不符合事实的，前述双方已经签署确认的结算结果和乙方让利的真实意思表示应予承认和执行。

（4）申请人对被申请人已付的工程款计算错误。

2005 年 12 月 28 日双方签订的 Y 工业园二期工程《建设工程施工合同》总价款为 2590 多万元，申请人将其中部分工程经被申请人同意后进行了分包，根据申请人的申请，被申请人已按申请人的请求为其支付了 3530338 元的分包工程款，此款已包含在合同的总付款额中及各期进度款中，申请人在申请书中未将被申请人按申请人的请求支付的工程款计算在内，是错误的。

综上所述，被申请人请求驳回申请人的仲裁请求，并返还被申请人多支付的工程款。

（二）被申请人的反请求申请及申请人的答辩

被申请人提起仲裁反请求的事实和理由如下：

2005 年 12 月 28 日，被申请人与申请人就 Y 工业园二期工程订立了《建设工程施工合同》（以下简称合同），合同约定申请人承包 Y 工业园二期工程，承包范围为各单位工程设计图纸内建筑工程、钢结构工程、给排水工程、电气工程、采暖、通风工程、消防工程及室外工程。合同价款为 25952338 元。该合同价款按招标文件第 16 条进行调整。单项工程洽商及设计变更子目直接费 3000 元以内（含 3000 元），不再列入结算。合同约定 2006 年 1 月 20 日开工，2006 年 10 月 30 日竣工，逾期竣工承包人应向发包人支付逾期违约金，逾期违约金从约定竣工日期起至实际竣工之日止，每日支付合同总价的万分之二，最高不超过 3%。

合同签订后，申请人违反合同约定，于 2007 年 1 月 11 日竣工，逾期达 73 天，按合同约定应承担合同总价款 1.46% 的违约金。工程竣工后申请人未按约定的“可调价合同”提供结算资料，导致按合同约定的工程结算无法进行。被申请人直接向经开支付 18710176

元，委托付款8372500元，合计已支付工程款27082676元，多支付1130338元。超出部分应当返还。

被申请人认为，由于申请人不履行合同义务、履行合同义务不符合约定，已给被申请人造成了巨大损失。被申请人特提出反请求仲裁申请，其仲裁反请求如下：

1. 申请人向被申请人支付合同总价款1.46%的违约金（暂估378904元）；

2. 申请人向被申请人返还多付的工程款（暂估1130338元）；

3. 申请人按合同约定提供结算资料；

4. 申请人承担本案全部仲裁费用。

申请人对被申请人的反请求答辩意见如下：

1. 关于竣工日期问题

被申请人认为2007年1月11日为工程的竣工时间，进而认为申请人延期竣工，从而要求申请人支付违约金的主张是完全错误的。该项工程实际在2006年9月30日已初步验收完毕，申请人在上次开庭及鉴定质证时已提供了相应的证据，已入档案馆的工程竣工资料已可作为证据。2006年10月30日，B有限公司与C有限公司签订了《租赁合同书》，把Y工业园二期1#楼（即合同内的16#楼，1#楼是二期设计图纸编号，后B公司按一、二期统一编号为16#楼）共3197.82平方米出租给C公司使用，租期自2006年11月6日起至2009年11月5日止。2006年11月6日即为被申请人的实际投入工程使用时间，此日期应为本工程的竣工日期。双方签订的《租赁合同书》及《物业管理合同》可以证明。

还有一个不争的事实是，Y工业园二期工程自始至终存在严重拖欠工程款问题，这是导致工程延期竣工的一个主要原因。

2. 关于委托支付的钢结构款项问题

被申请人主张超付工程款完全不符合实际。钢结构工程部分是被申请人指定分包（甲方指定分包），申请人与被申请人之间的合同中实际只包括钢结构的预埋预留件的制作、加工等部分内容。钢结构工程部分在被申请人指定分包时签订的三方（三方为：申请人、被申请人及D轻钢板材有限公司）协议中，对钢结构部分的合同价格作出了确认，这一变更是被申请人在三方协议中认可的。增加部分不在双方合同价款的范围内。委托付款只是申请人在手续上配合被申请人向指定分包人履行付款义务而已，被申请人支付给指定分包人的工程款不包含在申请人的工程款中。

3. 关于工程款的支付问题

通过鉴定机构F建筑工程造价咨询有限公司的据实鉴定，工程的总造价为32131568元，扣减分包工程款9060000元和被申请人已经支付给申请人的18710176元（不包括围墙、门卫房、自行车棚工程），被申请人仍欠申请人4361392元。因此，并不存在超付工程款的事实。

4. 关于是否提供结算资料问题

被申请人要求提供结算资料的主张亦是错误的。实际情况是申请人早已向被申请人提供了结算资料，但被申请人不予签收并推托结算。

综上，被申请人所提出的反请求主张均不符合事实，申请人全部不予认可。

（三）申请人和被申请人的书面代理意见

申请人的书面代理意见中的主要内容有：

1. 关于工程造价

本案中双方当事人对于涉案“Y工业园二期工程”的工程造价的意见存在重大分歧，该问题是本案争议的主要焦点。为此，申请人在庭审过程中向仲裁庭提出了工程造价鉴定申请，仲裁庭依法准许鉴定，并委托F建筑工程造价咨询有限公司作为鉴定机构对涉案工程进行了鉴定。鉴定机构出具F仲鉴字（2009）001号《“Y工业园二期工程”1#厂房等11项工程造价鉴定报告》，其鉴定工程总造价为20164303元。申请人收到报告后提出了异议，仲裁庭为查清工程的真实造价，责成鉴定机构对涉案工程进行据实鉴定，鉴定机构经现场勘查并质询双方当事人，最后出具了F仲鉴字（2009）005号《“Y工业园二期工程”1#厂房等11项工程造价据实鉴定报告》。申请人认为（2009）001号造价鉴定报告不能真实体现实际工程造价，将使申请人的合法利益得不到公正、合理的保护；而F仲鉴字（2009）005号《“Y工业园二期工程”1#厂房等11项工程造价据实鉴定报告》的结论客观、公正地反映了涉案工程的真实造价，应当作为裁决的唯一依据。

2. 关于违约赔偿

根据双方签订的《建设工程施工合同》专用条款第26条，工程款（进度款）支付方式和时间是，每月5日支付上月的工程进度款。但在实际施工中，被申请人并未按照合同的约定如期如数支付工程进度款，导致材料不能及时购买，材料价格发生上涨；同时还造成严重窝工，给申请人造成了巨大损失。因此，申请人根据每笔进度款延后的时间及数额，按照每日万分之二的比例提出了索赔要求，请仲裁庭对上述请求予以支持。

被申请人的书面代理意见中的主要内容有：

1. 关于两次鉴定结论的采纳问题

我司一直坚持按照合同约定结算工程价款的原则，并依据《最高人民法院关于审理建设工程施工合同纠纷案件适用法律问题的解释》的第21条“当事人就同一建设工程另行订立的建设工程施工合同与经过备案的中标合同实质性内容不一致的，应当以备案的中标合同作为结算工程价款的根据”的规定对本案最终造价进行认定。仲裁庭最初委托鉴定单位以备案合同为依据对工程量进行鉴定也充分说明了仲裁庭对此的认可，为此我们认为贵委应坚持以鉴定单位于2009年4月17日所出具的《“Y工业园二期工程”1#厂房等11项工程造价鉴定报告》作为依据对本案进行最终裁决，而不应由于鉴定的具体结果而影响对这一原则的掌握。具体理由如下：

（1）开庭中，三名仲裁员曾一致明确决定，进行第二次鉴定要在第一次鉴定的框架内进行，不能脱离甚至推翻第一次的鉴定结论。

在两次开庭中，申请人对于鉴定单位的鉴定结论提出多条不同意见，为了尊重申请人的意见，仲裁庭决定由原鉴定单位对该案工程造价再进行一次鉴定以作为本案的参考，但同时，三名仲裁员也一致指出，重新鉴定的结果只是作为参考，第二次鉴定要在第一次鉴定的框架内进行，第一次鉴定的结果不能推翻，该决定在开庭笔录中亦有记录。因而我们认为，从仲裁庭当初决定进行第二次鉴定的初衷来讲，只是为了本案裁决的参考，不是否定第一次的鉴定结论，更不是想以新的鉴定结果取代原4月17日的第一次鉴定结果，第一次鉴定的结果依然是本案的基本依据，这一点仲裁庭必须坚持。

（2）本案由于存在阴阳合同情形，所以依据相关司法解释，应当以阳合同即备案合同作为结算依据，而阳合同中对于结算的约定是可调价结算而不是据实结算。

按照合同约定结算工程价款，这是工程结算的首要标准。本案中当事双方分别于2005年11月6日和2005年12月28日签订两份施工合同，一份即所谓的阴合同，一份为阳合同。对于工程款的结算，阴合同约定为据实结算，但总价下浮9.5%；而阳合同则约定为可调价合同。为此本案中涉及以哪一份合同的约定作为结算依据的问题。根据《最高人民法院关于审理建设工程施工合同纠纷案件适用法律问题的解释》的第21条“当事人就同一建设工程另行订立的建设工程施工合同与经过备案的中标合同实质性内容不一致的，应当以备案的中标合同作为结算工程价款的根据”的规定，本案应以备案合同即阳合同作为结算的依据，而阳合同第二部分第6条约定，合同价款采用可调价结算。但是在第二次鉴定中，鉴定结果既没有依据阴合同据实结算并下浮9.5%，也没有依据阳合同按可调价结算，而是只据实结算，这样就出现了两者只取有利于申请人的结算结果，明显对被申请人极为不公平，更不符合法律的规定。

（3）从第二次鉴定的方法来看，该次鉴定完全脱离当事双方备案合同约定的按可调价格结算的原则进行了所谓据实结算，该结果显然不能作为本案裁决的依据。

可调价格是以合同中标价为依据，当发生合同中约定的对中标价款予以调整的项目和事项时，按照合同约定的方式方法对中标价进行一定的调整；而据实结算却是按照实际的工程量和工程单价进行结算，二者之间有着本质的区别。

本案申请人与被申请人所签订的备案合同第二部分第6条约定，合同价款采用可调价款合同，合同价款调整方法见招标文件第16条。而招标文件第16条的规定则是：

“16.5　材料价格按投标时间的市场价自主报价；16.8　本报价执行2001定额，并遵循‘定额量、市场价、市场费’的原则；16.9　单次单项定额子目增减人民币3000元（含3000元）工程洽商及设计变更不计入结算。”

鉴于本案中备案合同及招标文件第16条均明确了可调价格进行结算的原则，在本案的鉴定中就应当严格尊重合同约定的结算原则和方法进行鉴定，只有这样才能保障鉴定结果的公平、公正。而本案第二次鉴定的结果，则完全脱离了合同约定的鉴定原则进行了所谓的据实结算，该结果必然与可调价结算出现差距，并且明显有利于施工方即申请人。因为我们知道，任何一份合同均是合同双方利益与风险的博弈与妥协；而为了合同的达成，往往合同中一方要牺牲一些利益，这是市场经济的必然结果，是法律法规所允许的。在本案中施工方为了取得中标权，其在投标时必然在预期利益中作出一些让步，如在阳合同中约定了可调价而不是据实结算，而在阴合同中则约定 9.5% 的让利。如果不尊重合同的约定，只要施工方起诉，就以据实结算结果作为判案依据，则会使施工方通过诉讼取得其通过签订合同所不能取得的高收益，如此则可能造成施工单位在签订合同时低报价，而工程一结束就立即起诉，因而严重影响建筑市场秩序的可怕后果。

（4）第二次鉴定所谓的据实鉴定实际上并不据实，其无法反映施工中的实际情况。

通过庭审及鉴定单位的情况说明我们可以知道，所谓据实结算，实际上并不是真正意义上的据实，鉴定单位在鉴定中所采取的材料价格全部是采集的所谓信息价，而一些重要参数亦是采用了 X 市的平均价格。而在实际施工中，由于采购量的巨大，采购成本比信息价低是不争的事实。此外在一些重要参数方面采用了平均价，但是我们知道本案中的 Y 二期工程其所处位置在 Z 开发区，所以其施工成本显然要明显低于 X 市平均价，而更由于是二期工程，在施工中许多一期的预留设施二期可以继续使用，如此又大大降低了施工成本。因此，本案中的所谓据实鉴定结论，无疑是大大高于实际的工程造价，于本案来讲，如此鉴定当然是明显有利于申请人一方，而对于被申请人一方非常不公平。

2. 关于过错责任问题

我们注意到，在庭审过程中仲裁庭提到了过错问题，认为双方在施工合同签订及履行过程中均存在过错并导致争议发生，因而均应承担相应的责任，对此我们并无异议，因为双方确实签订了两份施工合同，并在主要条款的实质内容约定方面有明显差异，由此造成了结算依据的困惑。但是对于该种过错责任的承担方式或是对于该种既成事实如何进行纠正呢？显然不可以想当然地五五开或二八开如此简单分担，这样一是没有坚实的理论依据，二是也略显随意。而实践中对此已有明确的依据，那就是《最高人民法院关于审理建设工程施工合同纠纷案件适用法律问题的解释》的第 21 条："当事人就同一建设工程另行订立的建设工程施工合同与经过备案的中标合同实质性内容不一致的，应当以备案的中标合同作为结算工程价款的根据。"该条规定就是对于订立阴阳合同的责任双方责任的归责原则，即不承认阴合同只以阳合同为结算根据。我们认为最高法院该司法解释的发布是经过认真研究和斟酌的，具有其科学性和合理性，因此应当在本案中坚持采用。

3. 关于钢结构及防火涂料、配电箱工程应计入总价的问题

无论从现有资料的记录还是从实施履行情况来看，钢结构及防火涂料工程均包含在总合同价款当中，理由如下：

（1）本次鉴定是以备案合同作为合同依据的，而在该合同第一部分关于工程承包范围中约定："承包范围：各单位工程设计图纸内建筑工程、钢结构工程、给排水工程……"因此，钢结构工程明显包含在总承包范围之内。

（2）招标文件及申请人的投标工程预算中，钢结构及防火涂料均包含在总招标范围及报价中，对此鉴定报告书也有论述并承认该事实。

（3）2005 年 11 月 7 日，申请人与被申请人及 D 轻钢板有限公司签订了《Y 二期钢结构工程分包协议书》，该协议第 1 条约定，甲方（仲裁被申请人）同意乙方（仲裁申请人）将 Y 二期钢结构工程分包给 F 轻钢板有限公司。由此可以清楚表明，钢结构工程是在甲方同意后，由乙方分包的，该分包合同的相对方为乙方及 F 轻钢板有限公司，而不是鉴定报告中所认定的为甲指分包。

（4）2006 年 3 月 19 日，申请人与被申请人及 Z 建筑工程有限公司三方签订了《Y 二期钢结构防火涂料工程分包协议书》，该协议第 1 条约定，甲方同意乙方将 Y 二期钢结构防火涂料工程分包给丙方。而在 2006 年 3 月 23 日，乙方与 Z 建筑工程有限公司双方签订了《工程施工合同》，约定由申请人将 Y 二期钢结构防火涂料工程分包给 Z 建筑工程有限公司。以上两份协议说明，Y 二期钢结构防火涂料工程由申请人经被申请人同意后分包，而非被申请人直接分包。

（5）2005 年 11 月 6 日签订的施工合同（即所谓“阴合同”）中，虽然在第一页第 16 行约定钢结构及防火材料为甲指分包范围。但是在该合同第一页中同样对甲指分包进行了定义：“上述甲方指定分包的范围由甲方指定分包单位、分包价格、付款方式、工程质量，由乙方与指定分包单位签订分包合同并提供总包服务。”在该合同第二页第 4 行，更是特意提到“甲方指定分包工程范围属乙方总承包范围”。

（6）从钢结构及防火涂料工程付款形式，也可以清楚地证明钢结构工程为乙方分包，而非甲指分包。因为现有证据均表明，每次被申请人向实际施工单位付款，均为被申请人接受申请人委托向实际施工单位付款。该付款方式证明，钢结构及防火涂料工程的实分包方为申请人，如果为甲方直接分包，则甲方向施工单位付款便没有必要接受乙方的委托，而是直接向施工单位付款即可。

上述证据表明，钢结构及防火涂料、配电工程包含在乙方总承包范围之内是不争的事实，而且该价款额应以投标文件中的5571223元为准，至于申请人分包协议价高出此价的原因，是因为申请人为了取得该工程承建权，而特意采取的不平衡报价策略，或者是因申请人出于对市场因素考虑的偏差所致，其后果自然应由其自己承担。

4. 工程延期的责任问题

根据申请人与被申请人2005年12月28日所签订《建设工程施工合同》（阳合同）约定，该工程于2006年1月20日开工，2006年10月30日竣工，逾期竣工承包人应向发包人支付逾期违约金，逾期违约金从约定竣工日期起至实际竣工之日止，每日支付合同总价的万分之二，最高不超过3%。

合同签订后，申请人违反合同约定，于2007年1月11日竣工，逾期达73天，按合同约定应承担违约金360898元。以上情况由竣工验收备案表可以证明。庭审中申请人对此有不同意见，但只是口头陈述，没有提供证据证明，因而对于申请人的该主张仲裁庭不能采纳。

《建设工程施工合同》第13条约定，因发包人未能按约定日期支付预付款、进度款，致使施工不能正常进行的，经工程师确认，工期可以顺延。而现有资料均没有证明承包方工程延期得到过工程师的确认，因而致使工程延期73天的责任完全在申请人，被申请人有权要求其支付违约金。

综上所述，我们认为，在建筑界普遍存在阴阳合同的情况下，申请人为了取得本案所争议工程的施工权，而在阴合同中对被申请人作出一些让利，但在最终按阴合同结算时，申请人又出尔反尔，不执行阴合同。在此次仲裁中我司从尊重法律的角度，积极配合仲裁庭且同意以备案合同即阳合同结算，但坚决反对将阳合同和阴合同中有利于申请人的计价条件糅合在一起进行结算，更不能接受所谓“据实结算”，因为对“据实”的计价方式目前尚没有统一的标准。按定额计算并不是所谓的“据实结算”。工程界对“据实结算”一般应理解为“成本加酬金合同”，其成本应该就是人工、材料、机械费用，而鉴定单位所按定额计价的结算方式，不能体现“定额量、市场价、市场费”，更不能反映市场经济条件下的竞争制度。基于此，我们恳求仲裁庭严格按阳合同裁决此案，并裁决申请人返还被申请人多付的工程款2363574元，支付违约金360898元。

二　仲裁庭意见

（一）关于本案的相关合同和协议

仲裁庭经审理查明了如下事实：

1. 2005年11月6日申请人作为承包人，被申请人作为发包人签订了“Y工业园二期工程”建设工程施工合同（下称施工合同），合同约定：工程总面积约23146.32平米，工程承包范围为：由W设计有限公司设计的Y工业园二期1#、2#、5#、6#、7#、8#、9#、10#、12#厂房、室外工程二期施工图纸所示范围，含钢结构预埋预留件的制作、加工。

其中，经甲（被申请人，下同）乙（申请人，下同）双方协商，以下范围作为甲方指定分包范围：

（1）1#、2#、5#、6#、7#、8#、9#、10#、12#厂房图纸中所设计的厂房生产区钢结构（不含钢结构预埋预留件的制作、加工）、钢结构防火涂料、外墙板及外墙板上的外门窗、屋面板、屋顶风机、暖风机；

（2）二期工程9栋厂房中的配电箱柜（不含安装）；

（3）26#动力中心图纸中所设计的变配电的设备及安装；

（4）27#热交换站热交换设备及安装；

（5）二期工程室外图纸中所设计的室外园林绿化、弱电系统的室外预埋管道及穿管线、高压外电源。

上述甲方指定分包的范围由甲方指定分包单位、分包价格、付款方式、工程质量（材质标准），由乙方与指定分包单位签订分包合同并提供总包服务。乙方在与指定分包单位签订的分包合同前，合同文本须报甲方确认，分包合同签订后须报甲方备案，如履行过程中，分包合同需变更，其中涉及甲方利益的必须征得甲方同意，并签证认可，否则因此造成甲方损失的由乙方承担；合同开工日期为2005年11月6日，竣工日期为2006年7月31日；并约定了结算工程款的诸多依据。

该合同签订后，2005年11月7日、2006年3月19日、2006年4月19日申请人作为乙方，被申请人作为甲方与分包人作为丙方签订了三份分包协议，分包协议约定，申请人为总包方，付款方式为经乙方委托由甲方直接付给丙方。

2. 2005年12月28日申请人作为承包人，被申请人作为发包人签订了1号厂房等11项建设工程施工合同（以下称本案合同），合同约定的主要内容有：

（1）工程地点：

（2）工程内容：1#、2#、5#、6#、7#、8#、9#、10#、12#厂房、门卫及室外工程；

（3）工程承包范围：各单位工程设计图纸内建筑工程、钢结构工程、给排水工程、电气工程、采暖、通风工程、消防工程及室外工程；

（4）合同工期：开工日期为 2006 年 1 月 20 日，竣工日期为 2006 年 10 月 30 日；

（5）质量标准：合格；

（6）合同价款：25952338 元，采用可调价格合同，合同价款调整方法见招标文件第 16 条。

该合同还对工程进度款支付方式、竣工验收、结算、质量保修、工期延误、违约索赔等事项作了约定。

上列本案合同是经过招、投标程序，申请人依据中标通知书与被申请人签订的，并于 2006 年 1 月 5 日向 X 市建设工程招标投标管理办公室进行了备案。

3. 2006 年 1 月 5 日申请人作为承包人、被申请人作为发包人签订了《协议书》，该《协议书》的全文如下：

发包人与承包人于 2005 年 12 月 28 日就 Y 工业园二期工程签订的《建设工程施工合同》，仅作为办理备案及《开工许可证》的文件，此文件对双方自始不发生法律效力。发包人与承包人的权利义务以双方于 2005 年 11 月 6 日签订的《Y 工业园二期工程施工合同》为准，双方以该合同作为实际履行的依据。

4. 本案在审理中双方当事人对本案合同（即 2005 年 12 月 28 日的施工合同）的效力有不同的意见，在结算的依据上也产生了分歧。

5. 双方当事人在工程结算中已经对本案合同项下的消防安装、水电安装依据据实结算的原则进行了结算，双方并予以确认。

6. 本案合同项下的工程已经五方验收，结论是工程质量合格，并向政府有关部门进行了备案。

7. 本案申请人即本案合同的承包人是在 X 市建设委员会注册的建筑工程施工二级以上（含）资质的企业，具备了与本案工程相适应的资质等级。

8. 本案所涉施工工程实际开工日为 2005 年 11 月 8 日。

据上，仲裁庭认为：

第一，本案合同是双方当事人通过招、投标程序，申请人依据中标通知书与被申请人签订的《建设工程施工合同》，而且向政府有关部门进行了备案。本案合同的施工工程质量合格且早已竣工验收，交付使用，并办理了相关的备案手续。但仲裁庭认为，本案合同虽经过招标投标程序之后订立，但鉴于双方在招标投标之前已经订立了 2005 年 11 月 6 日的施工合同，且已实际履行，故该招标投标程序违反了《招标投标法》，属于中标无效，依照《最高人民法院关于审理建设工程施工合同纠纷案件适用法律问题的解释》第 1 条的规定，本案合同应为无效合同。

第二，仲裁庭认为双方当事人于 2005 年 11 月 6 日签订的施工合同中，施工范围、质量要求、合同价款的金额，竣工与验收等条款与本案合同内容基本一致。只是合同价款的结算方式上有所不同，且实际开工的时间又在本案合同签订前，也就是说双方履行的是该施工合同。仲裁庭认为，该施工合同未依法进行招、投标，且在招、投标前发包人和承包人对施工项目的各项内容已达成了共识，并已实际履行，违反了《招标投标法》应公开、公正、公平、诚实信用的原则，亦违反了反不正当竞争的原则，因此该施工合同违反了我国法律的强制性规定，应属我国《合同法》第 52 条关于无效合同的规定。因此，该协议亦不能作为处理本案的依据。

综上，虽本案合同签署双方均具有主体资格且形式上经过了招、投标程序，并对本案合同进行了备案，但双方实际履行的仍是 2005 年 11 月 6 日未经过招、投标程序签订的合同。因此，本案合同不是双方当事人真实的意思表示且上列两份合同又违反了法律的强制性规定，故仲裁庭理应认定本案合同和施工合同均为无效合同，对双方当事人均无约束力，也不能作为处理本案的依据。但根据我国《仲裁法》第 19 条的规定，合同无效并不影响仲裁协议的效力，仲裁庭对本案享有管辖权。

（二）本案审理的范围

本案在审理中双方一致同意除围墙、自行车棚及本案合同项下的门卫房，不在本庭的审理范围外，本庭的审理范围，具体为 1# 厂房、2# 厂房、5# 厂房、6# 厂房、7# 厂房、8# 厂房、9# 厂房、10# 厂房、12# 厂房及室外工程（设计院设计的“Y 工业园二期工程”1# 厂房等 11 项工程图纸）。对此，仲裁庭予以确认。

（三）关于造价鉴定

申请人认为，由于双方签署本案合同时，合同分项预算没有进行认真地编制，是依据 2500 多万元的合同金额凑的分项数额，与事实出入较大。因此，本案合同项下的消防安装和水电安装，双方均是据实结算的。故本案工程造价鉴定应据实结算。

被申请人认为，本案合同约定合同价总金额为 25952338 元，并采用可调价格，合同价款调整方法见招标文件第 16 条。因此，本案工程应依照本案合同的相关约定进行造价鉴定。

仲裁庭依据双方当事人的申请和仲裁规则的相关规定，将其工程造价参照《最高人民法院关于审理建设工程施工合同纠纷案件适用法律问题的解释》的相关规定，委托鉴定单位按照本案合同约定的价款结算进行工程造价鉴定，鉴定单位于 2009 年 4 月 17 日作出了鉴定报告，仲裁庭将鉴定报告送交双方当事人并要求双方就该报告提出各自的意见，双方收到后均提出异议；鉴定单位根据双方的异议，于 2009 年 5 月 7 日作出了复议报告书。仲裁庭将复议报告书送达给了双方当事人。经开庭质证，双方当事人又针对复议报告书提出了不同意见。申请人一方面要求鉴定单位赴现场勘察，另一方面认为该鉴定不能反映实际施工情况，因预算价是凑出来的数字，故无法按投标时的工程预算量进行价格调整。仲裁庭在庭审中听取了双方当事人的质询后也详细询问了鉴定单位与工程造价相关的问题。鉴定单位于 2009 年 9 月 10 日又出具了复议意见的现场勘查回复报告，结算数额为 19831075 元（不包括分包合同项目的金额）。仲裁庭认真审阅了鉴定单位的回复意见后，经研究认为：虽然本案合同无效，但由于本案工程质量为合格，因此造价结算仍可以依据本案合同价款的约定进行结算，但由于双方当事人在签订该合同时没有将其作为工程结算的依据，因此，投标时预算价的组成即工程量的明细表，不是认真核算出来的，如该工程项下的钢结构工程经被申请人同意已委托了第三方分包施工该项工程，并由申请人、被申请人、分包方三方签订了协议，该协议约定合同价为 778 万元一次性包死，但申请人投标时该项报的预算价约为 479 万元，仅此一项就相差约 299 万元。因此，依据本案合同的有关结算文件无法得出实际的、公平的、合理的本案工程造价。仲裁庭认为，根据本案合同的相关结算文件进行的造价鉴定不能完全真实地保护双方当事人的利益，会使双方的利益严重失衡。而且，导致鉴定单位鉴定的困难是双方当事人的过错造成的。因此，本案所涉工程的造价只能结合实际情况和本案施工的图纸、双方提交的相关材料、洽商变更的确认单，并依据 2001 年《X 市建设工程预算定额》相关取费标准和现行有关规定，施工期间 X 市造价相关规定进行概算的规定，由鉴定单位对本案施工的工程再补充进行据实的结算，供仲裁庭酌定。

关于再进行补充据实结算的意见在 2009 年 6 月 8 日的庭审中已告知了双方当事人，并通知了鉴定单位。

2009 年 9 月 10 日鉴定单位出具了工程造价据实结算的鉴定报

告，仲裁庭将该报告转发双方当事人后，双方当事人均发表了书面意见。仲裁庭并于2009年10月15日组织双方当事人对该报告向鉴定单位提出了质询，鉴定单位对所提的问题一一作了答复，并于2009年10月20日作出了据实结算的鉴定报告复议意见的回复报告。鉴定结论为31938134元（其中含被申请人分包工程款906万元）。

仲裁庭认为，鉴定单位先后出具了两份鉴定报告，是鉴定单位前前后后经过数月查阅有关资料，赴施工现场勘察，认真听取双方的意见、争议、复核后作出的。由于据本案合同的约定作出的造价报告，不具有真实性，因此，仲裁庭对鉴定单位于2009年10月20日关于本案工程造价所作出的鉴定结论，将作为决定本案工程造价的主要参照依据。

仲裁庭注意到，鉴定单位第一次按照本案合同及招投标文件的约定出具了结算金额为19831075元的鉴定报告，不包括被申请人的分包工程款；第二次按据实结算的原则出具了结算金额为31938134元（包括被申请人分包工程款906万元）的鉴定报告，如果减去906万元分包工程款，结算金额应为22878134元。两个鉴定报告相比后第二次据实结算的鉴定结算金额比第一次鉴定的结算金额多3047059元。根据上列论述，由于双方在订立本案合同时的违反法律的行为，导致了鉴定报告的结论出现差异。仲裁庭认为，虽然据实结算的金额能反映施工的实际情况，比较真实，但考虑到申请人在订立合同时亦有过错，故按据实结算的金额（不包含分包款）为22878134元中减去100万元较为公平合理。因此，本案合同项下的工程结算金额不包含被申请人应直接支付的分包工程款应为21878134元。

（四）关于工程欠款和分包款的支付

第一，关于工程欠款：被申请人已付申请人工程款18710176元，对此，双方均无异议，仲裁庭予以确认。根据上列第（三）节的论述和认定，被申请人尚欠申请人的工程款应为 21878134 元减去已付工程款 18710176 元为 3167958 元。

第二，关于被申请人指定分包的工程款 906 万元已由申请人委托被申请人向分包人付款 8372500 元，尚有 687500 元未付的问题。根据申请人和被申请人与分包方三方签订的分包协议，该欠款仍按原协议约定的付款方式即由申请人出具委托付款的文件，由被申请人直接向分包方支付，该款不包括在被申请人尚欠申请人的欠款中。

（五）关于延误工期问题

仲裁庭注意到被申请人主张，本案合同约定 2006 年 1 月 20 日开工，2006 年 10 月 30 日竣工，还约定逾期竣工承包人应向发包人支付违约金，违约金从约定竣工日期起至实际竣工之日止，每日支付合同总价的万分之二，最高不超过 3%。据此，申请人应向被申请人支付合同总价款 1.46% 的违约金。

申请人主张，被申请人认为 2007 年 1 月 11 日为工程的竣工时间，进而认为申请人延期竣工要求支付违约金的主张是错误的。首先本案所涉工程实际在 2006 年 9 月 30 日已初步验收完毕，2006 年 11 月 6 日被申请人实际已投入使用，此日期应为本工程的竣工日期。另外，被申请人存在严重拖欠工程款问题，这也是导致工程延期竣工的一个主要原因。

仲裁庭认为，根据上列第（一）节的论述，双方当事人先后签订的本案项下施工范围的两份施工合同，均为无效合同，被申请人的反请求无依据，故仲裁庭无法支持。

（六）关于延期支付工程欠款的问题

仲裁庭注意到申请人的此项仲裁请求包括两项，第一项即为拖欠支付工程进度款应支付的利息；第二项为工程竣工后至付清之日止尚欠工程款应支付的利息。

仲裁庭认为，首先申请人关于被申请人拖欠进度款虽向仲裁庭提交了月工程进度款的申报表，表上有监理单位的签字和核实后被申请人应付的款项，并根据被申请人实际付款的时间计算出延期天数按银行同期贷款利率计算的数字等证据和说明。但由于本案合同为无效合同，因此申请人上述材料亦不能作为支持其主张的理由和依据，故仲裁庭对此也难予以支持。

另外，仲裁庭认为，申请人没能提交实际竣工验收时间的证据，亦未能提供是在2007年1月11日前已将施工项目全部交与被申请人使用的证据，故仲裁庭只能按照被申请人向仲裁庭提交的五方验收时间为2007年1月11日的证据，确认被申请人支付欠款利息应为2007年1月11日起至工程欠款付清之日止的逾期付款利息（按银行同期贷款利率支付）。

（七）关于结算资料问题

在庭审中双方均表示申请人已向被申请人交付过结算资料，只是被申请人在审核结算资料过程中，双方存在分歧，无法达成一致意见。另外，本案在审理中对双方争议的工程结算金额已经过鉴定由仲裁庭作出了确认。因此，被申请人要求申请人继续提交结算资料已无必要，故仲裁庭对被申请人的此项仲裁请求不予支持。

（八）鉴定费

根据本案的实际情况，本案鉴定费用由双方各自承担50%。

（九）仲裁费

根据本案审理的结果，本请求仲裁费由申请人和被申请人各负担50%，本案反请求仲裁费全部由被申请人承担。

三 裁决

根据上述事实与理由，仲裁庭裁决如下：

（一）被申请人向申请人支付工程欠款 3167958 元；

（二）被申请人向申请人支付上述第（一）项工程欠款自 2007 年 1 月 11 日起至付清之日止按中国人民银行同期贷款利率计算的利息；

（三）驳回申请人的其他仲裁请求；

（四）驳回被申请人的全部仲裁反请求；

（五）本案鉴定费用 182000 元（申请人预交 106000 元，被申请人预交 76000 元），由申请人承担 91000 元，被申请人承担 91000 元，被申请人直接向申请人支付垫付的鉴定费 15000 元；

（六）本案本请求仲裁费 92940.65 元（已由申请人预交），由申请人承担 46470.325 元，被申请人承担 46470.325 元，被申请人应直接向申请人支付为其垫付的本请求仲裁费 46470.325 元。本案反请求仲裁费 40114.7 元（已由被申请人预交），由被申请人全部承担。

上述第（一）（二）（五）（六）项被申请人向申请人支付的款项，被申请人应自收到本裁决书之后 15 日内向申请人支付完毕，逾期支付的，按《中华人民共和国民事诉讼法》第 229 条的规定办理。

评析

本案是典型的“黑白”合同竣工结算纠纷。仲裁实践中一般是施工单位（承包人）作为申请人一方，请求以备案合同为依据进行结算并支付拖欠的结算工程款；建设单位（发包人）作为被申请人一方，以申请人拒不按合同提交竣工结算资料等为由进行抗辩；在大部分情况下，被申请人一方还以申请人存在竣工延误和/或未完工程等提出竣工延误损失赔偿（违约金）等反请求。本案涉及的法律和专业问题有“黑白合同”（阴阳合同）效力、合同无效时的竣工结算依据和逾期竣工违约金等。

一、关于“黑白合同”效力问题

本案查明的事实是，当事人双方签订了两份合同和一份协议，一是2005年12月28日双方通过招标投标签订的《建设工程施工合同》，为备案合同；二是2005年11月6日签订的《Y工业园二期工程施工合同》，根据该合同，双方与某轻钢板有限公司于2005年11月7日签订了钢结构工程分包协议并于2005年11月8日实际开工，开始实质性履行该合同的约定；三是双方于2006年1月5日签订的《协议书》，该协议明确2005年12月28日签订的合同仅作为办理备案及《开工许可证》的文件，自始不发生法律效力，双方权利义务以2005年11月6日签订的合同为准，双方以该合同作为实际履行的依据。

仲裁实践中遇到的“黑白合同”案件大体可归纳为三种情形，一是黑合同—招标—白合同；二是招标—黑合同—白合同；三是招标—白合同—黑合同。本案的情况属于其中的第一种情形：“黑合同—招标投标—白合同”，即先有“黑合同”，再履行招标投标程序签订“白合同”。前者属于依法必须进行招标而未招标所签订的合同；后者因合同订立后已经实质性履行，中标人事先已经确定，招标投标过程必然伴随着《招标投标法》所禁止的招标人与投标人的串通投标，甚至还伴随投标人之间的串通投标和弄虚作假等导致中标无效的违法违规行为。根据《最高人民法院关于审理建设工程施工合同纠纷案件适用法律问题的解释》第1条第（三）项的规定，黑合同和白合同两者均应认定为无效合同。

本案出现的在招标前签订的“黑合同”是一份合同要素相对比较完整的合同。实践中，经常遇到的“黑合同”可能会以“意向”书的形式出现，其中的措辞带有“如果中标”等条件性语句，合同要素也不一定很完整，可能仅仅是工期、计量和计价原则以及工程款支付条件等部分条款。在审理此类案件时，仲裁庭需要对此类情况加以甄别。建设工程施工有其特殊性，如果当事人提交的证据材料（如报验记录、现场签证、施工日志等）证明施工单位已经进场并实质性开展了施工活动，施工单位退场几乎是不可能的事件，前述的“黑合同”中的条件性语句相应就不能成立，当事人在招标投标过程中必然要想方设法保证施工单位成为最终的中标人，仲裁庭可以认定“黑白合同”均无效。

需要指出的是，根据《招标投标法》和《招标投标法实施条例》的规定，招标人和投标人串通投标或者投标人相互串通投标的，招标人和投标人还要面临相应罚款和停止投标资格等行政处罚。仲裁裁决书作为生效的法律文书，可能成为相关行政部门认定招标人和投标人违法行为的重要依据。

二、“黑白合同”均无效时工程结算价款的确定

根据《最高人民法院关于审理建设工程施工合同纠纷案件适用法律问题的解释》第 2 条的规定，合同无效但建设工程竣工验收合格，承包人请求参照合同约定支付工程价款的，应予支持。另根据前述司法解释第 21 条的规定，“黑白合同”实质性内容不一致的，应当以“白合同”（备案合同）作为结算工程价款的依据。一般认为，前述司法解释的两条规定均不能简单适用于同一个建设工程项目存在先“黑”后“白”两份合同且两份合同均无效的情况。鉴于司法和仲裁实践频频出现类似的情况，北京市高级人民法院于 2012 年 8 月

6 日印发的《关于审理建设工程施工合同纠纷案件若干疑难问题的解答》（京高法发〔2012〕245 号）第 15 条载明："备案的中标合同与当事人实际履行的施工合同均因违反法律、行政法规的强制性规定被认定为无效的，可以参照当事人实际履行的合同结算工程价款。"上述"解答"为仲裁庭裁决类似的案件提供了可资参考的统一思路。但是在上述"解答"出台前，仲裁实践中对"黑白合同"均无效的情况下如何确定结算价款存在不同的裁决思路，主要分为两种，一种是参照当事人实际履行的合同结算工程价款，另一种是根据《合同法》第 58 条的规定，按照"据实结算"的原则确定工程结算价款。所谓"据实结算"，一般是以工程所在地适用的建设行政主管部门发布的计价方法或者计价标准结算工程价款，其中包含的利润一般应当根据过错原则适当平衡当事人双方的利益。本案仲裁庭的裁决采用的就是该思路。

三、延误工期和违约责任

发包人以工期延误为由主张违约金或者损失赔偿是建设工程施工合同争议纠纷中建设单位一方典型的抗辩或者请求（反请求）主张。类似案件的审理均需要仲裁庭确定实际的竣工日期。

《最高人民法院关于审理建设工程施工合同纠纷案件适用法律问题的解释》第 14 条规定："当事人对建设工程实际竣工日期有争议的，按照以下情形分别处理：（一）建设工程经竣工验收合格的，以竣工验收合格之日为竣工日期；（二）承包人已经提交竣工验收报告，发包人拖延验收的，以承包人提交验收报告之日为竣工日期；（三）建设工程未经竣工验收，发包人擅自使用的，以转移占有建设工程之日为竣工日期。"该规定为未经验收即擅自使用等情况下如何确定实际竣工日期提供了依据。

本案中被申请人主张申请人竣工延误，并提交了五方验收时间为2007年1月11日的证据，而申请人则主张工程于2006年9月30日初步验收完毕，2006年11月6日被申请人实际投入使用的日期应为本工程的竣工日期，但是申请人既没有能够提交实际竣工验收时间的证据，也没有提交2007年1月11日前交与被申请人使用的证据，意味着仲裁庭认定的实际竣工日期为被申请人所提交的证据证明的2007年1月11日，契合上述司法解释的规定。在作为建设单位的被申请人提交了验收记录证明实际竣工日期迟于约定竣工日期的情况下，申请人如果主张自己免责，就需要举证证明延误责任归结于被申请人或者其他不可抗力原因，但是实践中经常出现申请人主张自己免责却无法举证证明的情况。其原因大体可以归纳为，申请人或者未履行合同约定的工期索赔程序，或者未主张过顺延工期，或者未取得被申请人同意延长工期的书面文件，或者未办理可以顺延工期的索赔事件的签证。

北京市高级人民法院《关于审理建设工程施工合同纠纷案件若干疑难问题的解答》（京高法发〔2012〕245号）第26条有关工期顺延如何认定的解答载明："因发包人拖欠工程预付款、进度款、迟延提供施工图纸、场地及原材料、变更设计等行为导致工程延误，合同明确约定顺延工期应当经发包人签证确认，经审查承包人虽未取得工期顺延的签证确认，但其举证证明在合同约定的办理期限内向发包人主张过工期顺延，或者发包人的上述行为确实严重影响施工进度的，对承包人顺延相应工期的主张，可予支持。"该"解答"既统一了仲裁庭审理和裁决相关争议的思路，也为施工单位规范合同管理指明了方向。

本案仲裁庭并未就本案工程是否存在竣工延误作出明确的认定，原因在于本案合同均无效，合同约定的工期和违约金条款均无效，被申请人主张竣工延误违约金和竣工延误既缺少事实根据，也缺少合同依据，是否存在工期延误对本案被申请人主张的竣工延误违约金的裁决已无实际意义。本案仲裁庭未支持被申请人有关竣工延误违约金的反请求，对建设单位的教益在于，建设单位应当规范合同的订立行为，确保订立合同的行为不违反法律和行政法规的效力性强制性规定，才能利用合同保护自身的合法权益。顺便说明，合同无效导致工期条款无效，并不意味着施工单位可以无限期地施工，参照《合同法》第61条和第62条的规定，施工单位仍然负有在合理工期内完成工程的义务，仲裁实践中一般参照工程所在地使用的工期定额测算合理的工期。

但实践中经常遇到的问题是，当事人双方分别提交了《单位（子单位）工程质量竣工验收记录表》（即习惯所谓的“四方验收单”），但两份验收单上载明的竣工日期和验收日期不同，建设单位提交的四方验收单上载明的竣工日期晚于施工单位提交的四方验收单上载明的日期，并且建设单位还提交有经过建设行政部门签章的《工程竣工验收备案表》给予佐证。这种情况下，实际竣工日期的确定尤其需要仲裁庭谨慎地给予甄别。

《房屋建筑工程和市政基础设施工程竣工验收备案管理暂行办法》第4条规定：“建设单位应当自工程竣工验收合格之日起15日内，依照本办法规定，向工程所在地的县级以上地方人民政府建设行政主管部门（以下简称备案机关）备案。”第5条规定：“建设单位办理工程竣工验收备案应当提交下列文件：（一）工程竣工验收备案表。（二）工程竣工验收报告。竣工验收报告应当包括工程报建日期，施工许可证号，施工图设计文件审查意见，勘察、设计、施工、工程监理等单位分别签署的质量合格文件及验收人员签署的竣工验收原始文件，市政基础设施的有关质量检测和功能性试验资料以及备案机关认为需要提供的有关资料。（三）法律、行政法规规定应当由规划、环保等部门出具的认可文件或者准许使用文件。（四）法律规定应当由公安消防部门出具的对大型的人员密集场所和其他特殊建设工程验收合格的证明文件。（五）施工单位签署的工程质量保修书。（六）法规、规章规定必须提供的其他文件。住宅工程还应当提交《住宅质量保证书》和《住宅使用说明书》。”第9条规定：“建设单位在工程竣工验收合格之日起15日内未办理工程竣工验收备案的，备案机关责令限期改正，处20万元以上50万元以下罚款。”

根据上述规定，建设单位是竣工验收备案手续的申办单位，建设单位应当在竣工验收合格之日起15日内办理竣工验收备案手续，否则将面临罚款等行政处罚。但是，实践中并不是所有工程在四方验收合格之日起15日内均能够具备上述规定的竣工验收备案的前置条件，建设单位往往因为规划验收、消防验收等的延误，不能及时报送竣工验收备案；为规避行政处罚，会修改四方验收的时间，导致同一项目出现两个竣工验收日期和竣工日期不同的四方验收单。此等情况，需要仲裁庭结合其他证据进行判断和认定，不能简单地以经过建设行政部门签章的竣工验收备案表中记录的竣工日期为准。

（评析人：冯志祥）

9. 补充协议对建设工程合同实质性内容予以变更的条款是否可作为结算依据

裁决要旨 合同价款、工程质量、工期属于施工合同的实质性内容，未备案的补充协议中对上述内容作出变更的，仍应以施工合同约定为结算依据。

关键词 补充协议 实质变更 结算依据

申 请 人：A 建设集团股份有限公司

被申请人：B 房地产开发有限公司

一 案情

申请人提起仲裁称，2003 年 6 月，被申请人对甲住宅小区 B 地块 10# 住宅等 16 项工程的施工进行公开招标，申请人参加了该工程的投标，并于 2003 年 7 月 17 日收到被申请人发出的中标通知书。2003 年 7 月 22 日，申请人与被申请人签订了《建设工程施工合同》（以下简称合同），根据合同约定由申请人承建甲住宅小区 B 地块 10# 住宅等 16 项土建、安装工程（包括工程的土建工程、消火栓系统、水喷淋系统、采暖系统、通风排烟系统、动力、照明、防雷接地系统、生活、有线电视、火警自动报警系统、门禁系统、对讲、计算机网络）。该工程建筑面积 49141.29 平方米，工程质量标准合格，合同价款 60094780 元（指人民币，下同）。合同专用条款规定，被申请人应支付 10% 的工程预付款，同时按月 90% 支付工程进度款等，双方还具体约定了预付工程款及支付进度款的方式。该工程从 2003 年 8 月 22 日开工至 2005 年 3 月 31 日经四方竣工验收，工程施工均符合设计、质量验收规范要求，被申请人已验收使用，但被申请人拖延、压低支付审核结算工程款，不按合同的规定和施工的实际核定工程量、支付工程款，单方面制定结算标准、片面压低成本，置申请人于负债亏损施工的境地。自 2005 年 9 月 1 日申请人报送结算书及资料起，被申请人迟迟不按合同和国家相关规定据实确认，同时没有按国家规定对人工费进行调整。申请人为维护自身的合法权益，提起仲裁申请。申请人变更后的仲裁请求为：

1. 被申请人支付工程款 15497085.95 元；

2. 被申请人支付人工费 1930254 元，利息 3924626 元；

3. 被申请人承担律师费 100000 元；

4. 被申请人承担本案仲裁费及其他相关费用。

被申请人答辩称，被申请人于 2003 年 6 月发布招标文件，2003 年 6 月 25 日办理招标文件备案手续，2003 年 7 月 17 日发出中标通知书，2003 年 7 月 22 日与申请人签订合同，于 2003 年 8 月 13 日签订《补充协议书》，2003 年 8 月 22 日工程正式开工。施工过程中，被申请人按《补充协议书》的约定及时支付了工程款，期间申请人无异议。2005 年 4 月 10 日，工程经四方验收合格。在长达将近两年的施工后，被申请人与申请人于 2005 年 5 月 11 日在考虑工程实际的基础上，就该工程结算条款进行了补充，并达成一致意见，签署了《补充合同》。之后，双方先后就绝大部分的工程量及单价进行核对与确认，在对申请人第三次结算资料提出审核意见后，最终双方未能达成一致意见。被申请人实际未付预付款，是因为双方又达成了申请人就本案工程予以垫资的《补充协议书》。在进度款方面，被申请人根据审核申请人的每月已完工工程量，所支付的工程进度款是符合合同约定的。2005 年 5 月 11 日签署的《补充合同》是双方在竣工验收后根据工程施工的具体情况，就工程结算条款所做的补充，应当作为本案工程的结算依据。根据被申请人于 2007 年 4 月向申请人出具的竣工结算审核说明，被申请人已经按照约定及时并足额支付了应付的工程款。被申请人请求驳回申请人的仲裁请求。

被申请人另提起仲裁反请求，称：本案工程工期为 300 天，开工实际日期为 2003 年 8 月 22 日，竣工日期为 2005 年 4 月 10 日，已构成严重迟延。施工过程中，申请人项目管理人员、技术人员、劳动力、设备、材料均严重不到位，致使工程存在严重质量问题。根据合同、《补充协议书》和《补充合同》，申请人应向被申请人支付委托代理招标及编标费、保安费、排污费、围墙和道路分摊费、水电费，并就工程施工过程中的违约行为支付罚款。由于申请人未及时破碎、拆除、清运公用设备混凝土基础、场地硬化的混凝土临时道路、砖池子、砖挡土墙、水池、施工围墙及遗留的建筑垃圾、渣土及回填车库入口处局部土方，被申请人委托第三人代为进行的上述工作的支出应自工程款中予以扣除。申请人应支付因其结算书数额虚高、被申请人聘请造价鉴定机构的合理费用。被申请人代申请人进行了大量设备采暖、热水系统试压检修、排水通水通气试验、补充管卡等工作，申请人应支付上述费用。被申请人变更后的仲裁反请求为：

1. 申请人支付逾期完工违约金 1802843.4 元；

2. 申请人支付人员机械到位违约金 1100000 元；

3. 申请人支付被申请人委托代理招标及编标费 82038.75 元；

4. 申请人支付保安费 35000 元，排污费 26250 元；

5. 申请人支付水电费 14028 元，围墙和道路分摊费 190102.5 元；

6. 申请人支付拆除设备基础及清渣费 386242.1 元；

7. 申请人支付罚款 17550 元；

8. 申请人支付结算核减费 663318.3 元；

9. 申请人支付设备采暖、热水系统试压检修等费用 18630 元；

10. 全部仲裁费用由申请人承担。

申请人针对被申请人的反请求称：一是工期延误是被申请人造成的，因为被申请人未按合同的约定支付工程款，变相压低费用、延期提供图纸，还经常有变化；被申请人部分材料指定供应商，使得利润被供应商拿走还不能及时拿到材料；再则很多施工条件不具备，如停水、停电。二是申请人已经提供了施工计划，如果机械不到位不可能开工。三是招标的费用应由被申请人出。四是被申请人并未替申请人聘请保安，申请人也不知道什么排污费。五是水电费已经扣除；围墙和道路不属于施工的围墙和道路，不该由申请人分摊。六是拆除设备、清渣不知是拆除谁的设备，清除谁的渣。七是罚款只能由行政单位行使，而不是建设单位。综上，申请人请求驳回被申请人的仲裁反请求。

经审理查明：申请人与被申请人于 2003 年 7 月 22 日签订了合同，约定由申请人承接被申请人的甲住宅小区 B 地块 10# 住宅等 16 项土建、安装工程。双方另于 2003 年 8 月 13 日签订了《补充协议书》。本案工程于 2003 年 8 月 22 日正式开工，于 2005 年 3 月 31 日经四方验收合格。在施工结束后，双方于 2005 年 5 月 11 日签署了《补充合同》，对结算事宜的一些原则作了约定。但是在之后的结算过程中，双方未能就结算金额达成一致。现双方就合同、《补充协议书》《补充合同》的效力及对方是否存在违约情况等问题存在争议。

二　仲裁庭意见

（一）合同效力的问题

仲裁庭认为，申请人与被申请人签订的合同是双方真实意思的表示，且不违反法律和行政法规的强制性规定，应属有效，对双方均有约束力。双方均应按照合同的约定履行自己的义务。

仲裁庭注意到，在本案工程施工过程中，双方当事人先后签订了两份文件，分别是合同和《补充协议书》。其中合同经北京市建委备案，而《补充协议书》未经北京市建委备案。针对《补充协议书》，申请人认为，该《补充协议书》只有其分公司的公章，不具备效力。仲裁庭认为，《补充协议书》虽然只有申请人分公司的公章，但是申请人并不否认该分公司是本案工程实际履行人的事实，故《补充协议书》是双方真实意思的表示。申请人又提出：《补充协议书》没有备案，其中的不支付预付款的约定属垫资的违法约定，应属无效，不能作为结算依据。但是申请人也表示并非在结算中完全不认可《补充协议书》，仅是就其对合同实质修改部分不予认可。综述以上内容，虽然《补充协议书》对合同的部分事项作了修改，但是仅涉及合同履行的小部分事宜，本身并不构成新的合同，故不能将其视为替代备案合同的“阴合同”，故仲裁庭认可《补充协议书》的合同效力。仲裁庭也注意到，《补充协议书》中部分条款与合同中的约定相比确实发生了一些变化，这些变化体现在：《补充协议书》中有的条款涉及的内容在合同中没有；《补充协议书》中有的条款涉及的内容在合同中有，但已经发生了变化。最高人民法院《关于审理建设工程施工合同纠纷案件适用法律问题的解释》第21条规定：“当事人就同一建设工程另行订立的建设工程施工合同与经过备案的中标合同实质性内容不一致的，应当以备案的中标合同作为结算工程价款的根据。”仲裁庭认为，在本案中要注意这些变化的内容会对本案工程款的结算产生什么样的影响，是否能作为本案所涉工程价款的结算依据，是解决本案此项争议的关键所在。根据合同法，合同变更是法律赋予合同当事人的一项基本权利。就“实质性内容不一致”和合同依法变更的恰当界限的问题，根据最高人民法院司法解释精神，《补充协议书》与经过备案合同是否不一致、相矛盾应以“是否构成对备案合同的实质性内容进行了变更修改”为标准。所谓实质性内容变更是指影响或者决定当事人基本权利和义务的条款，一般指合同约定的工程价款、工程质量和工程期限，因为这三个方面内容对当事人之间的利益影响甚大。就预付款的问题，按照最高人民法院的司法解释，对此并无禁止性规定。另外需要正确把握这种对实质性内容修改与正常的合同变更之间的恰当界限。这个界限就是：变更是为了规避中标合同、搞不正当竞争中标、侵害国家或者第三人利益而修改了备案合同的实质性内容，还是因为备案合同在履行过程中由于客观情势发生了变化而导致合同条款的变更。再者能否作为结算依据，不能简单地从合同的文本在形式上是否进行了备案来判断，而应该具体到合同的每一条款，通过每一条款的考察来作出判断。因此，是否构成实质性内容不一致应当综合上述三点来进行分析判断。新增条款属于合同依法变更的范畴，应当作为本案所涉工程价款结算的依据；不一致条款中属于合同依法变更的范畴的，应当作为本案所涉工程价款结算的依据；不一致条款中属于对合同实质性内容变更范畴的，不应当作为本案所涉工程价款结算的依据。根据上述意见及原则，仲裁庭认为，《补充协议书》中关于合同价款、工程质量、工期的约定属于与合同实质性内容不一致。涉及这些问题时，应以合同约定为结算依据。

关于双方签订的《补充合同》，申请人认为，其中关于5%的下浮的约定违反了原合同实质性约定，应属无效。仲裁庭注意到，《补充合同》的签署日期是在2005年5月11日，而工程则已经于2005年3月31日竣工。仲裁庭认为，工程结束后在结算中对确定结算原则所作的约定，仅涉及结算事宜，而非在施工前或施工过程中对合同价款所作的调整，不能视作为对合同的修改。《补充合同》所约定的事宜不违反法律和行政法规的强制性规定，应属有效，故仲裁庭认可《补充合同》的效力。

（二）工程款和人工费的问题

就本案工程的结算金额，在庭审过程中，双方均同意委托第三方造价鉴定机构对工程造价进行鉴定。鉴定机构作出造价鉴定报告和复议报告，并针对双方当事人第三次开庭过程中及开庭结束后提出的意见，先后出具两份书面说明。

就申请人与被申请人各自提出的在造价鉴定过程中鉴定机构未顾及其主张的部分，仲裁庭认为造价鉴定机构基于专业考量，其认定是合理的。

1. 工程款和人工费的计算及质保金的问题

申请人提起仲裁请求，要求被申请人支付工程款15497085.95元，人工费1930254元，共计17427339.95元。其中工程款15497085.95元由其单方面的结算书总价51619809.38元减去已收工程款33734463.76元和总价5%的质保金2580990.47元，再加上其认为被申请人不合理扣款（保安费、排污费、评标费、捐款）192730.8元而得。仲裁庭认为，本案的工程结算款，应由鉴定机构鉴定后由仲裁庭确定。由于本案工程竣工至今已经超过两年，被申请人对于申请人怠于履行其保修义务的主张并未提出过充分的证据，故 5% 的质保金应该如数返还。

2. 鉴定报告中的确定部分

就工程造价的问题，鉴定机构在其造价鉴定报告和复议报告中对于工程款和人工费的问题给出了两份意见，一份未考虑《补充合同》的约定，一份则考虑了《补充合同》的约定。而就《补充协议书》，鉴定机构认为其在款项事宜上仅确定了当事人双方的费用分摊比例问题，而无涉结算结果，故在造价鉴定中除了费用分摊事宜，其他未有采用。仲裁庭认为，由于造价鉴定的结果无涉《补充协议书》对合同有实质性修改的内容，故接受鉴定机构对《补充协议书》的处理意见。鉴于仲裁庭意见“（一）合同效力的问题”部分的意见阐述，仲裁庭采纳鉴定机构在双方确认工程量计算的基础上考虑了《补充合同》得出的工程造价为 33966763.3 元的结果。

3. 鉴定报告中不确定的部分

本案工程的结算款就鉴定报告中需要仲裁庭确定的事项，仲裁庭发表意见如下：

（1）就油毡瓦定额子目套用问题，仲裁庭接受鉴定机构套用补充定额子目的意见。

（2）就车库独立柱基础变更问题，虽然从现有材料无法判定此笔费用由谁承担的前提条件落实如何，但是考虑到该项费用已经实际发生，且系为被申请人的利益而为，仲裁庭认为被申请人应当向申请人支付此笔费用计 390707.83 元。

（3）就进户砖砌井、屋顶爬梯、窗间柱预埋铁件问题，申请人认为不含于双方确认的工程量中，被申请人则认为已含于双方确认的工程量中，而鉴定机构无法辨别双方确认的工程量中是否包含此项内容。仲裁庭认为，由于现有证据不足以证明该项内容属于双方确认的工程量之外的额外工作，故仲裁庭对此不予支持。

（4）就电气洽商零工问题，申请人认为已经确认，但是被申请人不予认可。考虑到该项费用已经实际发生，仲裁庭认为被申请人应当向申请人支付此笔费用计 56760.21 元。

（5）就商品砼补差价问题，由于原计划的现浇砼的部位改用商品砼属于事实，考虑到该项费用已经实际发生，仲裁庭认为被申请人应当向申请人支付此笔费用计 403826.84 元。

（6）就逾期完工违约金的问题，被申请人提出逾期完工违约金 1802843.4 元的索赔要求，称：本案工程于 2003 年 8 月 22 日正式开工，拖迟至 2005 年 4 月 10 日竣工，大大超出了合同约定的 328 天及补充协议约定的 300 天的工期。工期延误的主要原因是申请人管理人员、劳动队伍、技术人员不到位，没有北方施工经验。其主张的依据是合同第 35.2 条逾期完工违约金每逾期一天按照合同价款万分之二计算，累计不超过合同价 3% 的约定。申请人提供的《施工联系单》《设计变更通知单》《工程通知单》中记载的事项是否影响到工期、影响程度如何均不明确，不能认定其记载的事项影响到双方约定的整体工期。而且申请人也未按补充协议的要求就这些文件记载的事项影响工期提交工期延误报告，并由被申请人签署工程施工进度（调整）计划审批表，不能作为工期延长的理由。申请人辩称：工期延长最主要的原因是被申请人没有按约定付款，致申请人在施工中资金非常困难，发不出工资，材料不能及时购进。另一个原因是被申请人甲供材料慢、被申请人大量分包影响工期，另外设计变更也是影响工期的因素。仲裁庭认为，《补充协议书》中对工期的约定，既无开工时间，又无竣工日期，仅有 300 天的工期约定，属于约定不明，且其在实质上违反了合同对于工期的约定，故仲裁庭对此不予采纳。就合同约定的 328 天的情况，仲裁庭注意到实际的施工时间大大超出了合同的约定。但是被申请人也承认了申请人在《施工联系单》《设计变更通知单》《工程通知单》中记载的事项，只是对其是否影响到工期、影响程度如何不能确定。由此可见，在施工过程中存在影响工期的事实。但是被申请人并未证明所有导致工期延误的事实均是由申请人的原因造成的，故仲裁庭认为造价鉴定不应扣减该部分金额。

（7）就人员、机械到位违约金的问题，被申请人提出人员、机械到位违约金 1100000 元的索赔要求，称：工程正式开始后，申请人的人员机械严重不到位，项目经理极少到施工现场，施工过程中未安排专职质检员，专职安检员长期不到位，劳动力管理混乱。其主张的依据是按照申请人出具的 550 万元的履约保函，其中人员机械到位占保函额的 20%。按照合同，被申请人有权在保函相应金额范围内扣留保函金额。被申请人虽然没有在保函有效期内要求担保人承担违约担保责任，但不应视为被申请人放弃要求申请人承担违约责任。仲裁庭认为，被申请人就其上述的情况并未提供相应的充分证据，也未表明上述情况构成违约的程度，仲裁庭无法由此确定被申请人要求按照履约保函的 20% 主张的仲裁反请求的合理性，故仲裁庭认为造价鉴定不应扣减该部分金额。

（8）就水电费的问题，仲裁庭认可鉴定机构的意见，在造价鉴定中不处理水电费的扣减问题。

（9）就拆除设备基础及清渣费的问题，被申请人提出拆除设备基础及清渣费 386242.1 元的索赔要求，称在监理例会中均有记录。申请人辩称：拆除费用如果需要申请人承担，则被申请人应在委托他人之前告知委托他人的合同事宜。由于申请人没有同意被申请人委托第三方拆除，故申请人不应承担此笔费用。对于渣土清运费用，虽然有被申请人代为清运的事实，但是被申请人提出的价格与申请人的估价差距太大，不能接受。仲裁庭认为：拆除工作及渣土清运工作确属申请人的工作范围，应由申请人完成；双方对被申请人委托第三方完成该项工作亦无异议。但是鉴于被申请人在自行委托他人之前未及时与申请人沟通确认所需费用，申请人对费用的数额亦有异议，仲裁庭就该事项酌定费用为100000元，应从造价鉴定金额中扣减。

（10）就罚款的问题，被申请人提出罚款17550元的索赔要求，其依据是被申请人于2003年12月5日发出的“B房地产开发有限公司工程部整改通知单”中的3000元的罚款和监理公司于2005年4月7日发出的联系单中的5000元和10000元的罚款。被申请人认为，其对申请人进行的“经济处罚”应视为要求申请人承担违约责任的形式，具有合同和法律依据。仲裁庭认为，对于被申请人于2003年12月5日发出的“B房地产开发有限公司工程部整改通知单”，申请人并未明示或默示认可，故不能作为结算中扣款的依据。仲裁庭注意到，申请人曾经于2005年4月7日对于监理当日发出的联系单中，明确对（8）项中所列的10000元的扣款表示异议，对于（7）项中所列的5000元的扣款也未表认可。仲裁庭认为仅凭被申请人单方面的罚款单据便支持被申请人的主张缺少合同和法律依据，故仲裁庭认为造价鉴定不应扣减该部分金额。

（11）就结算核减费的问题，被申请人提出结算核减费663318.3元的索赔要求，称由于申请人高估冒算，使得被申请人不得已聘请第三方机构进行审核，故该笔费用应由申请人承担。为此被申请人提交了“〔2005〕008号函”作为证据，称其已于2005年6月2日向申请人致函提出了该项要求。仲裁庭认为，首先，不论申请人的结算申请是否高估冒算，对结算申请进行审核均为被申请人的义务；其次，被申请人是自行审核或是聘请他人审核，是被申请人的自由选择，与申请人无关，被申请人给申请人的去函是其单方面的意思表示，故仲裁庭认为造价鉴定不应扣减该部分金额。

（12）就围墙和道路分摊费的问题，被申请人要求扣减 190102.5 元。仲裁庭注意到《补充合同》已经核定围墙及道路的金额为 253470 元，双方也约定按照核定额的 75% 从结算总造价中扣除，故仲裁庭认为造价鉴定应该扣除该部分金额。

（13）就保安费、排污费的问题，被申请人要求扣减。鉴定机构确认的该部分金额为 147000 元。仲裁庭注意到《补充合同》约定按照核定额的 75% 从结算总造价中扣除，为 110250 元，故仲裁庭认为造价鉴定应该扣除该部分金额。

（14）就委托代理招标及编标费的问题，被申请人要求扣减，称在《补充协议书》第 14 条第 7 款中约定，该部分费用由申请人承担。按照《补充合同》6 项的约定，该笔费用的 75% 应由申请人承担。鉴定机构确认的该部分金额为 109385 元。仲裁庭注意到《补充合同》约定按照核定额的 75% 从结算总造价中扣除，为 82038.75 元，故仲裁庭认为造价鉴定应该扣除该部分金额。

（15）就评标专家劳务费的问题，被申请人要求扣减。鉴定机构确认的该部分金额为 4000 元。仲裁庭注意到《补充合同》约定按照核定额的 75% 从结算总造价中扣除，为 3000 元，故仲裁庭认为造价鉴定应该扣除该部分金额。

就鉴定机构界定的须由仲裁庭确定的上述事项，仲裁庭确认增加及扣减的费用相抵后（车库独立柱基础变更 390707.83 元 + 电器洽商零工 56760.21 元 + 商品砼补差价 403826.84 元 – 拆除设备基础及清渣费用 100000 元 – 围墙和道路分摊费 190102.5 元 – 保安费、排污费 110250 元 – 委托代理及编标费 82038.75 元 – 评标专家费 3000 元），造价鉴定应该增加的款项为 365903.63 元。

4. 已付款的问题

申请人称被申请人已支付工程款33734463.76元，但主张其中所包含的被申请人不合理扣款192730.8元应从中扣除。申请人认为不合理的扣款为：保安、排污费49000元，利息119730.8元，评标专家劳务费4000元，捐款20000元。被申请人称申请人的证据中显示申请人认可收到33734463.76元，证明被申请人已经足额支付了全部的工程款。仲裁庭注意到，申请人和被申请人分别向仲裁庭提交了明细——《甲住宅项目甲方付工程款情况》，申请人提交的明细中显示发票金额为33734463.76元，而被申请人提交的明细中显示发票金额为34034463.76元，但其中一笔180万元的付款被改为150万元，如按150万元计算，则与申请人提交的明细中的金额一致，该份证据上加盖了申请人的项目部印章。仲裁庭认为，关于已付款问题，应由被申请人举证证明其实际支付金额，由于被申请人未向仲裁庭提供支付工程款的原始证据，依据本案现有证据，仲裁庭认定被申请人已经向申请人支付的款项为33734463.76元。关于该款项中所包括的以欠款相抵的项目，由于被申请人提交的明细上加盖了申请人的印章，可见以欠款抵作已付款在当时是双方的真实意见表示，申请人现仅以"不合理"为由否定其中部分项目，仲裁庭难以支持此主张。但是，仲裁庭注意到，就申请人提出的几项"不合理扣款"中的保安、排污费和评标专家劳务费，被申请人要求从工程造价中扣减，而且还提出了相应的反请求，鉴于仲裁庭已在上述仲裁庭意见第（二）部分第3项第（13）和（15）点中对该两项内容进行了处理，为避免申请人重复支付，该两项内容不宜再计为已付款，而应从已付款中扣除。因此，仲裁庭确认本案中被申请人已经向申请人支付的工程款金额为33681463.76元（发票金额33734463.76元－评标专家费4000元－保安、排污费49000元

=33681463.76 元）。

综上，本案工程造价应为 34332666.93 元（确认款项 33966763.3 元 + 争议款项中仲裁庭确定部分 365903.63 元 =34332666.93 元）。被申请人尚应向申请人支付的工程款项为 651203.17 元（工程总价款 34332666.93 元 – 已经支付的工程款 33681463.76 元 =651203.17 元）。

（三）反请求的问题

1. 逾期完工违约金的问题

被申请人提起仲裁反请求，要求申请人支付逾期完工违约金 1802843.4 元。鉴于仲裁庭在仲裁庭意见第（二）部分第 3 项第（6）点中对该项事宜的观点，仲裁庭对于被申请人的此项仲裁反请求不予支持。

2. 人员、机械到位违约金的问题

被申请人提起仲裁反请求，要求申请人支付人员、机械到位违约金 1100000 元。鉴于仲裁庭在仲裁庭意见第（二）部分第 3 项第（7）点中对该项事宜的观点，仲裁庭对于被申请人的此项仲裁反请求不予支持。

3. 委托代理招标及编标费的问题

被申请人提起仲裁反请求，要求申请人支付委托代理招标、编标费 82038.75 元。鉴于仲裁庭在仲裁庭意见第（二）部分第 3 项第（14）点中已经从工程总造价中扣除，仲裁庭在此不再赘述。

4. 保安费、排污费的问题

被申请人提起仲裁反请求，要求申请人支付保安、排污费 61250 元。鉴于仲裁庭在仲裁庭意见第（二）部分第 3 项第（13）点中已经从工程总造价中扣除了保安、排污费 110250 元，并在第 4 项将抵作已付款的保安、排污费 49000 元从已付款中扣除，仲裁庭对此项反请求不再单独支持。

5. 水电费、围墙和道路分摊费的问题

被申请人提起仲裁反请求，要求申请人支付水电费 14028 元、围墙和道路分摊费 190102.5 元。就围墙和道路分摊费，鉴于仲裁庭在仲裁庭意见第（二）部分第 3 项第（12）点已经从工程总造价中扣除，仲裁庭在此不再赘述。就被申请人在反请求中主张的 14028 元水电费，由于被申请人无证据表明其主张的 14028 元水电费属于本案工程，故仲裁庭对被申请人的此项仲裁反请求不予支持。

6. 拆除设备基础及清渣费的问题

被申请人提起仲裁反请求，要求申请人支付拆除设备基础及清渣费 386242.1 元。鉴于仲裁庭在仲裁庭意见第（二）部分第 3 项第（9）点中已经从工程总造价中扣除 100000 元，仲裁庭对其余部分不予支持。

7. 罚款的问题

申请人提起仲裁反请求，要求申请人支付罚款 17550 元。鉴于仲裁庭在仲裁庭意见第（二）部分第 3 项第（10）点中对该项事宜的观点，仲裁庭对于被申请人的此项仲裁反请求不予支持。

8. 结算核减费的问题

被申请人提起仲裁反请求，要求申请人支付结算核减费 663318.3 元。鉴于仲裁庭在仲裁庭意见第（二）部分第 3 项第（11）点中对该项事宜的观点，仲裁庭对于被申请人的此项仲裁反请求不予支持。

9. 设备采暖、热水系统试压检修费的问题

被申请人提起仲裁反请求，要求申请人支付设备采暖、热水系统试压检修费 18630 元，称交房前发生的该笔费用是由被申请人工程部替申请人完成的，且有申请人方签字确认。申请人辩称：当时被申请人认为有一部分没有试压，而事实上已经试压了，只是被申请

人没有看到。当时签字是出于拿到工程款的压力。仲裁庭认为，鉴于双方对被申请人代替申请人完成部分试压的事实不存在异议，且有申请人代表签字确认，故仲裁庭支持被申请人的此项仲裁反请求。

综上，除仲裁庭已在仲裁庭意见第（二）部分中从工程总造价中扣除的款项外，仲裁庭支持的反请求款项为设备采暖、热水系统试压检修费18630元。

（四）利息的问题

申请人提起仲裁请求，要求被申请人承担预付款应付利息461888元、开工至2004年3月进度款应付利息998254元和结算款应付利息2464484元，共计3924626元，按照银行的同期贷款利率计算。

1. 就预付款的利息问题，由于双方当事人在履行合同过程中就付款时间实际执行的是《补充协议书》，《补充协议书》中没有约定被申请人向申请人支付工程预付款的义务，申请人在合同履行过程中也没有向被申请人提出过支付工程预付款的请求，故仲裁庭对其此项请求不支持。

2. 就进度款的利息问题，由于双方当事人在履行合同过程中就付款时间实际执行的是《补充协议书》，申请人未有证据证实被申请人没有按照《补充协议书》的约定支付进度款，申请人在合同履行过程中也没有向被申请人提出过被申请人按照《补充协议书》支付进度款有违双方的约定，故仲裁庭对其此项请求不予支持。

3. 就结算款利息问题，仲裁庭认为自申请人于2005年9月1日递交结算申请之日起后推29天开始计算结算款利息是合理的。因此，仲裁庭认为，从2005年9月30日起，参考中国人民银行公布的一年期贷款利率，按年利率7%的标准计算被申请人应支付工程结算款的利息较为适宜。经仲裁庭计算，截至裁决之日（2009年8

月 6 日），被申请人应当支付的全部尚欠款项的利息为 178158.33 元（651203.17×1407×7% ÷360）。

（五）关于本案的律师费用

鉴于本案的审理情况，本案本请求的律师费用 100000 元由申请人承担 50%，由被申请人承担 50%，被申请人应补偿申请人律师费 50000 元；本案的反请求的律师费用全部由被申请人自行承担。

（六）关于本案鉴定费用和仲裁费用的承担问题

鉴于本案的审理情况，本案的本请求的仲裁费用由申请人和被申请人各自承担 50%；本案的反请求费用由申请人承担 20%, 由被申请人承担 80%。本案鉴定费用，由申请人和被申请人各承担 50%。

三　裁决

基于上述事实和理由，仲裁庭裁决如下：

（一）被申请人向申请人支付工程款（含人工费）651203.17 元；

（二）被申请人向申请人支付进度款及延期付款利息 178158.33 元；

（三）被申请人向申请人支付律师费 50000 元；

（四）申请人向被申请人支付设备采暖、热水系统试压检修费用 18630 元；

（五）驳回被申请人的其他仲裁反请求；

（六）本案鉴定费用 193658 元（已由申请人和被申请人各预交 50%），由申请人承担 96829 元，被申请人承担 96829 元；

（七）本案本请求仲裁费 154809.83 元（已由申请人向本会预交），由申请人和被申请人各自承担 50%，被申请人直接向申请人支付代其垫付的仲裁费 77404.92 元。本案反请求的仲裁费 63596.16

元（已由被申请人向本会预交），由申请人承担 12719.23 元，由被申请人承担 50876.93 元，申请人直接向被申请人支付代其垫付的仲裁费 12719.23 元。

上述被申请人向申请人支付的款项共计 925417.19 元，被申请人应于本裁决书送达之日起十五日内支付完毕，逾期支付的，按《中华人民共和国民事诉讼法》第 229 条的规定，加倍支付迟延履行期间的债务利息。

评析

本案属于建设工程施工合同纠纷领域最为典型的案例，本案中发包人和承包人在招投标以及合同签订和履行过程中签署了多份合同及补充协议，双方在工程完工后就工程结算产生争议，承包人以自行编制的工程结算为依据提起仲裁申请，要求发包人支付工程款；发包人以逾期完工，施工过程中人、机、料不到位导致费用增加等为由提起反请求，要求承包人支付违约金等相关费用。本案例涉及建设工程施工合同纠纷中常见的黑白合同、工期逾期的违约责任认定等问题。本案双方主要的争议焦点在于：（1）双方在本案工程中共签署了多份合同，应以哪一份合同作为办理工程结算的依据？（2）被申请人提起反请求，要求申请人支付逾期完工的违约金能否得到支持？

一、关于应当以哪一份合同作为结算工程价款的依据问题

本案中，双方在施工过程中先后签署了《建设工程施工合同》和《补充协议书》，其中《建设工程施工合同》经过招投标并进行了备案。那么首先要判断这两份合同是否构成“黑白合同”，应以哪一份合同作为结算工程价款的依据。

所谓“黑白合同”，又叫“阴阳合同”，是指当事人对同一合同标的物签订的金额价款、履行方式等存在明显差异的两份合同，其中一份是经过备案的中标合同，称为“白合同”；另一份仅由双方当事人持有，称为“黑合同”。

《中华人民共和国招标投标法》第46条规定：“招标人和中标人应当自中标通知书发出之日起三十日内，按照招标文件和中标人的投标文件订立书面合同。招标人和中标人不得再行订立背离合同实质性内容的其他协议。”《最高人民法院关于审理建设工程施工合同纠纷案件适用法律问题的解释》第21条规定：“当事人就同一建设工程另行订立的建设工程施工合同与经过备案的中标合同实质性内容不一致的，应当以备案的中标合同作为结算工程价款的根据。”

法律和司法解释的这两条规定就是认定“黑白合同”的法律依据。综合法律和司法解释的规定，实务中对于“黑白合同”的认定，要注意两点：

一是“黑白合同”的适用范围必须是限于经过备案的中标合同。对于这一点的认识要注意区分以下三种情况：

（1）法律、行政法规规定必须要经过招标投标的建设工程，当事人实际履行的建设工程施工合同与备案的中标合同实质性内容不一致的，应当以备案的中标合同作为工程价款的结算根据；未经过招标投标的，该建设工程施工合同为无效合同，应当参照实际履行的合同作为工程价款的结算根据。

（2）法律、行政法规未规定必须进行招标投标的建设工程，但当事人实际采取了招投标的方式订立建设工程合同，如果当事人实际履行的建设工程合同与备案的中标合同实质性内容不一致的，应当以备案的中标合同作为工程价款的结算根据。

（3）法律、行政法规未规定必须进行招标投标的建设工程，且当事人也未实际采取招投标的方式订立合同，仅仅为了满足当地政府的管理而提交了备案合同，则应当以当事人实际履行的合同作为工程价款的结算根据。

二是认定“黑白合同”必须是两份合同具有实质性的内容不一致。

关于如何判断实质性内容不一致，可参照《全国民事审判工作会议纪要（2011 年）》（法办〔2011〕442 号）第 23 条的规定：“招标人和中标人另行签订的改变工期、工程价款、工程项目性质等中标结果的协议，应当认定为变更中标合同实质性内容。中标人作出的以明显高于市场价格购买承建房产、无偿建设住房配套设施、让利、向建设方捐款等承诺，应认定为变更中标合同的实质性内容。建设工程开工后，因设计变更、建设工程规划指标调整等客观原因，发包人与承包人通过补充协议、会谈纪要、往来函件、签证等洽商记录形式变更工期、工程价款、工程项目性质的，原则上不应认定为变更中标合同的实质性内容。”北京市高级人民法院《关于审理建设工程施工合同纠纷案件若干疑难问题的解答》第 16 条对于“黑白合同”中如何认定实质性内容变更，也作出了与最高院《全国民事审判工作会议纪要（2011 年）》相类似的规定。

从本质上说，与“黑白合同”有关的法律规定实质上是对当事人合同变更自由原则的一个限制。《中华人民共和国合同法》第 77 条规定：“当事人协商一致，可以变更合同”，该条规定了合同变更自由原则。但是《招标投标法》第 46 条从维护公平竞争的市场秩序出发，对《合同法》规定的合同变更自由原则进行了一定的限制。这样的限制必须符合法律的规定以及不能超过必要的限度。因此，在实践中要准确把握“黑白合同”与正常的合同变更的关系，严格按照法律和司法解释的规定来判断是否存在实质性内容不一致，并据此决定采用哪一份合同作为结算工程价款的依据。

本案中，仲裁庭依据上述原则和法律规定，分析了实质性内容修改与正常的合同变更之间的关系和界限，并据此认定《补充协议书》中关于合同价款、工程质量、工期的约定属于与施工合同实质性内容不一致，涉及这些问题时应以施工合同约定为结算依据。将这些原则贯穿到对工程造价鉴定的认定和案件审理之中无疑是正确的。

二、关于逾期完工的违约责任认定问题

本案中被申请人提出反请求，要求申请人支付逾期完工的违约金。被申请人的该项反请求能否得到支持，也是本案的一个争议焦点。

在建设工程的结算和欠款纠纷中，发包人常常会以工期延误作为抗辩或提起反请求，要求承包人承担逾期完工的违约责任。几乎所有的建设工程施工都存在工期延误，因此工期问题也是建设工程争议中无法回避的一个问题。而针对发包人关于工期逾期的主张，承包人往往以发包人付款迟延、设计变更等为由进行抗辩。本案中被申请人与申请人关于工期的主张和抗辩就属于这种情况。

在工期逾期的违约责任认定中，主要考虑两方面的问题：一是是否存在工期延误；二是在存在工期延误的情况下，承包人是否具有工期顺延的正当理由。现针对这两个方面的问题分析如下：

一是对是否存在工期延误的认定。

关于工期是否存在延误，一般的认定规则是把实际工期与合同工期相比，判断工期是否逾期，是否存在延误。因而，首先要查明实际工期是多少，而实际工期的查明涉及实际开工日期和实际竣工日期的认定。

1. 对于实际开工日期的认定，实践中有几条标准

（1）承包人有证据证明实际开工日期的，则应认定该日期为实际开工日期；承包人的证据可以是发包人向承包人发出的通知、施工许可证、监理单位的记录、当事人的会议纪要等；

（2）承包人虽无证据证明实际开工日期，但有开工报告，则应认定开工报告中记载的开工日期为实际开工日期；

（3）若承包人无任何证据证明实际开工日期，亦无开工报告，则应以合同约定的开工日期为准。

此外，北京市高级人民法院《关于审理建设工程施工合同纠纷案件若干疑难问题的解答》第25条对以下几种情况下如何认定开工日期也进行了规定：

（1）建设工程施工合同实际开工日期的确定，一般以开工通知载明的开工时间为依据；

（2）因发包人原因导致开工通知发出时开工条件尚不具备的，以开工条件具备的时间确定开工日期；

（3）因承包方原因导致实际开工时间推迟的，以开工通知载明的时间为开工日期；

（4）承包人在开工通知发出前已经实际进场施工的，以实际开工时间为开工日期；

（5）既无开工通知也无其他相关证据能证明实际开工日期的，以施工合同约定的开工时间为开工日期。

2. 关于实际竣工日期的认定

《最高人民法院关于审理建设工程施工合同纠纷案件适用法律问题的解释》第14条规定："当事人对建设工程实际竣工日期有争议的，按照以下情形分别处理：（一）建设工程经竣工验收合格的，以竣工验收合格之日为竣工日期；（二）承包人已经提交竣工验收报告，发包人拖延验收的，以承包人提交验收报告之日为竣工日期；（三）建设工程未经竣工验收，发包人擅自使用的，以转移占有建设工程之日为竣工日期。"该条第（一）项规定的竣工日期一般以发包人、承包人、设计和监理单位四方在工程竣工验收单上签字确认的时间为准。

从以上我们可以看出，对于实际开工日期和竣工日期应当如何进行主张和举证。

本案中，双方对于工期延误的认定是没有异议的，仲裁庭也认定了实际工期超过了合同约定的工期。双方争议的焦点主要体现在承包人是否具有顺延工期的正当理由。

二是关于承包人工期顺延的正当理由的认定。

针对发包人关于工期逾期的主张，承包人往往以发包人付款迟延、设计变更等为由进行抗辩，主张自己有工期顺延的正当理由。在确实存在工期延误的情况下，能否认定承包人关于工期顺延的正当理由，就成为被申请人的反请求能否得到支持的关键。而实践中难以处理的就是对“工期顺延的正当理由”的认定上，也就是关于工期顺延的证明标准。

通常情况下，关于工期顺延的正当理由，承包方的举证仅限于对可能引起工期延误因素的列举，如设计变更、图纸延误、工程量增加、发包方拖欠工程款等，而对于这些因素是否真正导致了工期延误、引起实际延误的天数、是否在关键线路上等无法举证或没有举证。这样就涉及工期顺延的证明标准问题。

北京市高级人民法院《关于审理建设工程施工合同纠纷案件若干疑难问题的解答》第 26 条规定，“工期顺延如何认定？因发包人拖欠工程预付款、进度款、迟延提供施工图纸、场地及原材料、变更设计等行为导致工程延误，合同明确约定顺延工期应当经发包人签证确认，经审查承包人虽未取得工期顺延的签证确认，但其举证证明在合同约定的办理期限内向发包人主张过工期顺延，或者发包人的上述行为确实严重影响施工进度的，对承包人顺延相应工期的主张，可予支持。”该规定可以视为是在一定程度上降低了承包人工期顺延的举证责任和证明标准。这样的规定反映了当前建设工程施工合同关系中承发包方的地位和建设工程施工现场管理的水平。实务中对于工期争议的处理思路，一般也采用定性的方法由法官或者仲裁员自由裁量，在自由裁量的过程中，也一般会相应地降低工期顺延的证明标准或减轻承包人的举证责任。

本案中，申请人针对被申请人逾期完工违约金的反请求，其答辩理由主要是被申请人未按合同约定支付工程款，变相压低费用、延期提供图纸，被申请人部分材料指定供应商，使得不能及时拿到材料，很多施工条件不具备，如停水停电等，并提交了《施工联系单》《设计变更通知单》《工程通知单》等证据，仲裁庭也据此认定了申请人关于工期顺延的理由成立，并驳回了被申请人的反请求。这也符合目前国内对于建设工程工期争议审理的基本思路。

（评析人：檀中文）

10. 未完工程之结算及索赔

裁决要旨 依私法自治原则，若发包方以补充协议或支付计划的形式承诺将质保金支付给承包方，则应视为其已放弃原合同项下留存质保金的权利；索赔不同于违约责任，有损失结果才能发生，且应当按照合同约定的方式行使。

关键词 质保金 索赔

申 请 人：A有限公司

被申请人：B有限公司

一 案情

2005年11月底，申请人中标了被申请人的"办公楼1等3项工程"，双方于2005年12月28日签订本案施工合同。合同约定：承包范围是图纸范围内的建筑、结构、给排水、电气部分（弱电系统做线盒预埋管及线槽）、室外工程等；约定开、竣工时间为2006年3月18日至2006年12月31日，合同工期总日历天数288天；约定工程质量标准为合格；合同价款为14300654元（指人民币，下同）。在申请人进场施工并完成部分项目后的2007年7月6日，当事人双方签订了《协议书》（被申请人为甲方，申请人为乙方，下同）。

该《协议书》写明：施工合同“办公楼等工程（除外装工程甲方指定分包外），已保质按期完成合同承包范围内的工程任务，其承包合同、空调安装合同以及相关协议待签订总结算书、工程款结清后自行终止”。此后，因双方在工程款支付、装修设计费用、开工条件、临时设施租赁费、现场管理费、总包配合费等方面发生争议，申请人遂向本会申请仲裁。

申请人称，2005年12月28日合同签订后，申请人依被申请人电话通知进场做施工准备，由于被申请人迟延办理相关施工手续，加之现场不具备施工条件，该工程于2006年5月4日才正式开工挖土。经过申请人精心组织施工，2006年10月8日2#、3#楼结构封顶，8月11日办公楼主体结构封顶，2006年11月上中旬完成上述工程全部二次结构施工并通过质量验收。2007年1月25日完成办公楼地下室抹灰。合同履行期间，应被申请人要求，申请人委托C建筑设计有限公司对被申请人办公楼装修进行综合设计，并于2007年1月11日将该设计图纸交付被申请人及监理公司。但被申请人却违反约定，不仅将装修工程另行发包给D公司施工，而且把已经委托设计的装修图纸弃之不用。由于被申请人强行要求申请人放弃装修工程，双方于2007年7月6日就工程款支付、现场临时设施租赁及总包管理费等问题达成《协议书》。此后被申请人不仅未按照约定支付工程款，还趁申请人不在现场之机强行拆除了申请人的现场临时设施，给申请人造成重大损失。鉴于被申请人违反合同约定，逾期支付工程款及各种索赔费用，并强行拆除申请人临时设施，申请人特提出仲裁。申请人的原仲裁请求为：

1. 被申请人支付拖欠工程款663300元；

2. 被申请人支付各种索赔费用1134900元（其中：前期误工费200000元；精装修设计费250000元；临时设施租赁费51500元；

临时设施损失费 633400 元）；

3. 被申请人支付现场管理费 350000 元；

4. 被申请人支付总包配合费 135000 元；

5. 被申请人支付技术资料组卷费 100000 元；

6. 被申请人支付逾期付款利息 6510.11 元（自 2007 年 8 月 5 日暂计至 2008 年 6 月 5 日，请裁至实际付清之日）。

申请人于 2008 年 8 月 4 日申请将其仲裁请求第 3 项变更为：被申请人支付现场管理费 550000 元，即将原请求计算至 2008 年 1 月的现场管理费请求至 2008 年 5 月份。申请人在第二次庭审时进一步明确了其关于利息的请求，庭后递交书面意见明确其关于利息的第 6 项仲裁请求为：被申请人向申请人支付逾期付款利息 45291.2 元（自 2007 年 8 月 5 日暂计至 2008 年 6 月 15 日，请裁定实际给付之日）。

申请人对第 2 项请求中关于“临时设施损失费 633400 元”的部分，申请仲裁庭进行评估鉴定，仲裁庭予以同意。庭审后，申请人于 2008 年 12 月 9 日申请将仲裁请求第 2 项中“临时设施损失费 633400 元”请求事项撤回，同时撤回相应的鉴定申请。因此，申请人第 2 项请求变更为：被申请人支付各种索赔费用 501500 元。

针对申请人的仲裁请求，被申请人书面答辩称，第一，申请人所称的工程欠款应为工程质保金。根据合同第 26 条约定，工程总价款的 5% 为质保金，待质保期满后再行支付，该工程的工程款为 1430 余万元，按照 5% 计算质保金应为 70 余万元。目前被申请人尚未支付的工程款仅为 663300 元，远低于应留的质保金数额，故被申请人在质保期满前已再无给付义务。第二，现场管理费应为分包单位承担，被申请人没有给付义务。由于申请人的原因，申请人、被申请人与分包单位签订了三方协议，明确约定现场管理费由分包单位支付给申请人。合同签订后，由于申请人的要求，被申请人同意，如分包单位不能按时给付，由被申请人负责补足。根据被申请人了解，各分包单位均按时向申请人支付了管理费，所以申请人无权要求被申请人承担此费用。第三，申请人的其他仲裁请求均缺乏事实和法律依据，被申请人不予认可。故请求驳回申请人的仲裁请求，以维护被申请人的合法权益。

在仲裁庭的主持下，双方当事人对下列证据进行了说明和质证：

1. 申请人对其提交证据材料的说明和被申请人质证情况

证据 1 是申请人和被申请人于 2005 年 12 月 28 日签订的施工合同。申请人要证明当事人双方存在合同关系，以及被申请人强行分包侵犯了申请人的合法权益。被申请人确认该证据真实性。

证据 2 是本案工程 2 份《地基验槽检查记录》、2 份《地基与基础分部工程质量验收记录表》、2 份《主体结构分部工程质量验收记录表》。申请人要证明由其施工的三项工程的基础、结构、防水等分部分项工程均验收合格，无质量问题。被申请人确认该证据真实性。

证据 3 是被申请人于 2007 年 6 月 21 日编制的《工程款支付计划》。申请人要证明该证据清楚载明了欠款数额，提到了现场管理费数额以及前期误工损失费，被申请人提出了一个付清日期，形成了明确的债权债务关系，支付计划也是对原施工合同的变更，不存在支付质保金的问题。被申请人确认该证据真实性，但对于现场管理费的内容有异议，认为这是工程款付款计划，是对当时管理费的拖欠进行确认，不包括以后应该扣款的内容

证据 4 是当事人双方于 2007 年 7 月 6 日签订的《协议书》。申请人要证明：第一，双方同意按照 2007 年 6 月 21 日确认的工程款支付计划执行；第二，确认临时设施采用租赁方式，由被申请人从内装施工方工程款中扣转给申请人。被申请人确认该证据真实性。

证据5是E造价咨询有限责任公司于2007年6月1日出具的《B公司服务楼工程结算审核报告》。申请人要证明被申请人委托的造价咨询公司对本案工程结算的审定金额为9578318.08元（不含精装修设计费、现场管理经费、延期开工的劳务误工费等三项甩项）。被申请人确认该证据真实性，但不同意申请人的证明事项。

证据6是申请人与C建筑设计有限公司签订的《建设工程设计合同》及相关设计资质文件。申请人要证明其是根据被申请人的要求于2006年10月29日与设计公司签订了设计合同，约定设计费25万元并已经支付了5万元定金。被申请人对该证据真实性、关联性均不认可，认为没有见到过该合同。

证据7是2006年9月29日《监理会议纪要》及当庭补充的《会议签到表》。申请人要证明在该会议纪要第3条第2款中，建设单位要求申请人负责的装饰深化设计要及早报建设单位审批。被申请人在核对证据原件无误后表示："只是签到表上有我方高明的签字，会签单上没有我方人员签字。原监理人员已经离职了，我们没有找到这份文件。"

证据8是2007年7月7日签订的《施工现场交接备忘》，以及2份《现场设备设施移交清单》、2份现场临电临水和消防平面草图、《收条》《备忘》等文件。申请人要证明2007年中旬已将本案工程的施工现场、施工资料、临时设施、设备及剩余材料移交给被申请人及其指定的分包施工单位，移交清单有被申请人指定的分包单位的签收。被申请人除认为其中的《备忘》（第66页）与本案无关以外，对其他证据的真实性无异议。

证据9是申请人致被申请人的《往来函件》等4份函件和1份双方签署的《备忘》。申请人要证明曾就前期工程索赔、质保金、管理费、水电费、临建拆除及资料等问题致函被申请人，当发现临建都拆除后还报警了。被申请人确认该证据真实性，但不同意其证明事项。

证据10是申请人的收发文记录。申请人要证明被申请人收到了申请人递交的各种函件，还要证明在2007年1月11日和1月16日向被申请人和监理均送交了装修设计图纸（证据总第76页）。被申请人针对该证据中“高明”的签字无异议，但对监理公司的签字的真实性和关联性有异议。

证据11是申请人编制的《B公司已付款及利息计算表》。申请人要证明被申请人至今尚欠工程款663318元，欠款利息暂计为4414.23元。庭审中，申请人表示同意从工程请求款663318元中扣减其证据9中《备忘》（证据总第70页）审减的电费64677.86元。被申请人对该证据中应付款总额以及已付款9215000元予以确认，对其他计算金额未作表态。

证据12（补充证据1，简称“补1”，以下例同）是本案工程《招标文件》（摘录）。申请人要证明本案工程招标范围中包括装饰装修工程项目。被申请人确认该证据真实性。

证据13（补2）是本案工程投标文件《商务部分》。申请人要证明自己响应招标文件，其投标书商务部分中包括装修工程等项目。被申请人确认该证据真实性。

证据14（补3）是2006年9月29日监理会议的《会议签到表》。申请人要证明被申请人的高明参加了会议。被申请人确认该证据真实性。

证据15（补4）是申请人编制的《B公司已付款及利息计算表》。申请人要证明被申请人已支付工程款9215000元，自2007年8月5日至2008年5月应支付逾期付款利息45291.2元。被申请人对该证据不认可，认为是申请人单方面计算的。

证据16（补5）是申请人于2008年8月编制的《B工程前期索赔费用计算表》。申请人要证明因被申请人未全面履行义务，造成申请人进场后发生停、窝工等各种损失201520元。被申请人对该证据不认可。

证据17（补6）是本案工程的《建筑工程施工许可证》。申请人要证明该项工程施工许可证在2006年4月29日才办妥，申请人于2005年年底进场后作施工准备，无法按合同约定的2006年3月18日开工日期组织施工。被申请人确认该证据真实性。

证据18（补7）是申请人于2008年8月编制的《现场临时设施及办公用品费用计算表》。申请人要证明自己为保证本案工程施工，搭建现场临时设施及配备的办公用品总价为651772.28元。被申请人对该证据不认可。

证据19（补8）是申请人编制的《总承包方在施工现场管理情况概述》。申请人要证明自己一直对本案工程履行总承包职能，参与工程技术、资料、安全文明施工等管理工作。被申请人对该证据不认可。

证据20（补9）是本案工程的《建筑设计说明》。申请人要证明招投标过程中被申请人提供的施工图纸包括内外装修。被申请人确认该证据真实性，但认为招标时本身对招标内容作了多次修改，招标文件有的包括内装修，有的不包括，最终确定的是不包括内装修的。

证据21（补10）是申请人绘制的《B办公楼工程施工现场平面布置图》及其《关于"B办公楼"工程施工现场平面布置图图纸说明》。申请人要证明施工现场临建搭设的位置、尺寸、做法、结构类型、具体数据、预埋管线的方位等。被申请人对该证据真实性不认可，认为是申请人单方面制作的，现在临设现场已经没有了。

证据22（补11）是监理例会及相关会议纪要。申请人要证明自己的管理人员李勇在2007年7月以后一直参加本工程项目的监理例会，申请人仍然履行总包职能，被申请人应当支付现场管理费。被申请人确认该证据真实性，但认为申请人只是形式上参加会议，会议内容与其无关，最后的会议纪要只是要求其做好资料整理工作，与其主张的管理费无关。

证据23（补12）是现场临设被拆除的部分照片。申请人要证明被申请人在未通知申请人的情况下，擅自拆除申请人搭建的现场临时设施，将申请人留在现场办公室的办公设备、用品、电器及全部工程技术资料掠走，至今未归还。被申请人确认该证据真实性，承认临设是被申请人拆除的，拆除后的物品由被申请人保管，但并非“掠走”，同意申请人随时将物品取走。

证据24（补13）是申请人编制的《〈移交清单〉以外的物品清单》。申请人要证明被被申请人掠走的物品名称及数量。被申请人对该证据真实性有异议，认为此表是申请人单方制作，且双方对交接物品已有移交清单进行证明。

2. 被申请人对其提交证据材料的说明和申请人质证情况

证据1是与申请人相同的《建设工程施工合同》。被申请人要证明按照约定，合同价款1430余万元的5%即70余万元应作为质量保修金，尚未支付的工程款低于质保金。申请人确认该证据真实性。

证据2是与申请人证据9中相同的《备忘》。被申请人要证明申请人同意在工程款中扣除64677.86元电费。申请人确认该证据真实性。

证据3是F工程监理公司第二项目监理部于2008年7月7日写的《A遗留问题》。被申请人要证明监理单位提出申请人存在施工质量问题，被申请人因此扣留了质保金。当申请人对监理工程师赵华的身份提出质疑时，被申请人解释：赵华现在是我们这个项目的监理工程师，2007年7月到工地来的，当时申请人的工程已经完工，撤场了，当时每个问题都有沟通，监理给被申请人出具了汇总表。申请人对该证据的真实性不认可，认为这是被申请人打印好的，签字人也不是当时的监理工程师，没有见过这个人，防水等问题都经过验收了，被申请人也从未联系要求维修等事宜。

证据4是申请人、被申请人、G有限公司三方签订的《消防工程指定分包合同》。被申请人要证明消防分包合同第6.2条款明确约定总包管理费应当由分包单位承担，被申请人没有给付义务。申请人确认该证据真实性，但认为该合同与本案无关，申请人主张的总包服务费是被申请人直接发包（给D公司）的精装工程。

证据5是《收据》。被申请人要证明G消防公司已经向申请人支付了相关管理费。申请人确认该证据真实性。

证据6是申请人、被申请人、H装饰设计工程有限公司三方签订的《外墙装饰工程施工合同》。被申请人要证明外墙装饰分包单位承担部分现场管理费，被申请人没有给付义务。申请人确认该证据真实性，但认为该合同与本案无关，申请人认为“要的是直接发包给D公司的，那份合同被申请人没有提交”。

证据7是申请人出具的收款《收条》。被申请人要证明H公司已经向申请人支付了相关管理费。申请人确认该证据真实性。

证据8是F公司向申请人支付相关管理费的《转账支票存根》。被申请人的证明事项以及申请人的质证意见均与上述证据7相同。

证据9是申请人出具的收款《收据》。被申请人要证明S公司已经向申请人支付了相关管理费。申请人确认该证据真实性。

证据10是申请人于2008年4月7日向被申请人发送的《函件》。被申请人要证明申请人临时设施租赁给他人，与被申请人无关。申请人确认该证据真实性，但认为房租费问题有的是根据双方协议，因为是被申请人直接出租的，申请人要求一起解决。

证据11（补1）是《投标施工组织设计》文件的目录和工程概况（节选）。被申请人要证明施工范围不包括内装修部分。申请人确认该证据真实性，但不认可被申请人要证明的内容，认为内装修等工程已由被申请人强行直接分包，所以申请人才在编制的施工组织设计中明确编制范围不包括被申请人分包的内容，这也证实办公楼招标设计图纸中已含装饰装修内容，只不过由被申请人直接分包了。

证据12（补2）是申请人、被申请人、监理单位、审计单位四方于2007年5月30日共同签署的《会议纪要》。被申请人要证明申请人的施工范围不包含内装修部分，另外临时设施费用已作决算。申请人确认该证据真实性，但认为其结论均是审核单位的意见，并不代表申请人的意见，也不能证明本案工程招标范围不含装修，临时设施费用审核单位已作甩项处理，并非如被申请人所说的双方已结算。

证据13（补3）是B公司办公楼1等3项工程商务部分（节选）。被申请人要证明主合同承包范围内并不包含精装修部分。申请人确认该证据真实性，但认为合同范围内已明确把装修工程作为“暂估价”列入工程总价中，在结构工程即将完工时，被申请人才改变装修方案，提高装修标准。

证据14（补4）是Z院工程设计图纸（节选）。被申请人要证明工程图纸范围内的内装修工程仅为简单装修，主施工合同承包范围未包含内部精装修部分。申请人确认该证据真实性，但认为图纸中已明确包括室内、室外装修，证明合同范围内包含装饰装修工程，由于装修方案未定才把装修工程作为“暂估价”列入工程总价。

证据15（补5）是E工程造价咨询公司出具的B有限公司服务楼工程结算审核报告。被申请人要证明工程取费表已包含实际发生的临时设施费，申请人再请求60万元的临建设施费不合理。申请人确认该证据真实性，但认为工程结算审核时已将申请人报出的60万元临时设施费全部核减，只是按定额计取了临时设施费用，与申请人请求偿付擅自拆除的临时设施损失费并非同一概念。

证据16（补6）是付款时间表。被申请人要证明实际已付款921.5万元。申请人确认该证据真实性。

证据17（补7）是临建设施照片。被申请人要证明申请人的临建设施在被申请人的办公楼工地现场予以保管。申请人对该证据的真实性及证明内容均有异议。

证据18（补8）是F工程监理公司出具的《关于B工程监理例会情况简单说明》。被申请人要证明自申请人撤场后即未对现场负管理职责。申请人对该证据的真实性及证明内容均有异议。

二　仲裁庭意见

（一）关于精装修设计费争议事项管辖权问题的认定意见

被申请人认为，精装修部分的施工并不包括在建设工程施工合同中。最初的招标文件中确实含内装部分，但在招标过程中经与竞标单位协商，最终的中标文件及施工合同中对此项进行了剔除，所以申请人认为中标范围包括内装部分完全与事实不符。由于申请人未能充分举证其设计费请求包含在施工合同中，因此其对精装修设计费的请求本会并无管辖权。

申请人认为，工程原图纸就带装修，要求我们重新委托设计后，设计要求提高了，精装修部分应当属于合同范围，是中标范围之内的，属于本案管辖范围。

仲裁庭注意到：合同承包范围为“建筑、结构、给排水、电气部分、室外工程”，没有写明装修设计内容；申请人提交的2006年9月30日监理公司签发的《监理会议纪要》第3条第2项写明：建设单位要求“总包单位（指申请人，下同）负责的二次装饰深化设计要及早报建设单位（指被申请人，下同）审批”，被申请人确认参会签到表上自己人员“高明”的签名；申请人于2006年10月29日与C建筑设计有限公司签订的《建设工程设计合同》第5条写明：B工程办公楼工程“本合同设计收费估算为贰拾伍万元人民币”，被申请人对该证据真实性、关联性均不认可，认为没有见到过该合同；申请人提供的《收发文记录》中记载在2007年1月11日和1月16日申请人分别向被申请人和监理工程师送交了装修设计图纸各一套，被申请人确认自己人员“高明”的签名；申请人提交的《B公司服务楼工程结算审核报告》中已经将装修设计费25万元作甩项处理，不包含在结算价款中；在第一次庭审中，被申请人提出精装修工程的施工不包含在本案合同中，认为本会对于申请人请求的精装修设计费事项没有管辖权，庭后的书面代理意见中也有相同的意见。

仲裁庭认为，本案合同承包范围中没有约定装修设计内容，在《B公司服务楼工程结算审核报告》中也写明将装修设计费作甩项处理，不包含在工程结算价款中，并且被申请人对于申请人与C建筑设计有限公司签订的《建设工程设计合同》也不确认。根据申请人目前证据中显示的双方当事人的意思表示，应当认为装修设计事项是当事人双方在施工过程中须另行约定的事项。鉴于本案合同中并未约定装修设计内容，且被申请人对此项仲裁请求提出了管辖异议，因此仲裁庭认为，装修设计事项不属于本案合同约定的仲裁管辖范围，仲裁庭对此不予审理。

（二）关于申请人请求支付工程欠款问题的认定意见

申请人认为，《B 公司服务楼工程结算审核报告》审定结算总价为 9578318.08 元（不含甩项部分），再加上《工程款支付计划》确认的 2007 年 1 月至 6 月份的现场管理费 30 万元，被申请人应支付工程款总额为 9878318 元。截止到仲裁前，被申请人实际付款为 9215000 元，欠款额为 663318 元。另外，2007 年 8 月 29 日《备忘》中申请人同意将审计中的电费 64677.86 元从被申请人应付款中扣除。故被申请人应付款为 598640.14 元。

被申请人认为，主合同中对质保金有约定，此后也没有否认或更改，但在列付款计划时忘记了质保金的约定，后来发现超出范围，多支付了。按照审计结算价格，质保金也有四五十万，超出了拖欠工程款数量。

仲裁庭注意到以下合同条款和事实：合同专用条款第 26 条约定“竣工验收完付至工程总价的 90%，余 5% 质保期满十日内结清”；被申请人表示本案工程现在还没有竣工验收，申请人对此没有提出异议；《B 公司服务楼工程结算审核报告》第 5 条写明审核结果为 9578318.08 元（不含甩项部分），当事人双方对此结果均无异议；申请人证据 9 中的 2007 年 6 月 4 日《函件》第 2 条中写明“基于本工程的实际情况（内外装修、水电设备安装、通风空调及消防等均不由我方施工）我方不予承担质保金”，被申请人对该证据的真实性无异议；双方确认的 2007 年 6 月 21 日编制的《工程款支付计划》第 1 条中约定“1. 审计审定的欠款数额 1713318 元；2. 2007 年 1 月至 6 月现场管理费 5 万 ×6 个月 =30 万元（7 月份以后甲方按每月 5 万元补齐）”，第 2 条约定 2007 年 7 月 5 日前支付第一笔 50 万元，同年 8 月 5 日前支付第二笔 50 万元，同年 9 月 5 日前支付第三笔 50 万元，同年 10 月 5 日前支付第四笔 50 万元，同年 10 月 31 日前付清剩余欠款；双方于2007年7月6日签订的《协议书》第1条约定："合同范围内双方确认的工程款支付时间按甲方（指被申请人）二〇〇七年六月二十一日下发的《工程款支付计划》执行，并由乙方（指申请人）每月派专人到甲方处结算"；当事人双方在庭审中均确认被申请人已支付工程款合计为9215000元，对于再扣减电费64677.86元后的欠款额为598640.14元也无争议，只是被申请人认为这是质保金，尚未到支付时限。

仲裁庭认为，本项工程欠款争议包含以下两个问题：

1.关于工程结算价款及欠款金额的问题。由于双方当事人已经确认《B公司服务楼工程结算审核报告》中审定的结算总价为9578318.08元（不含甩项部分），也确认《工程款支付计划》中约定的2007年1月至6月份的现场管理费30万元，据此，仲裁庭可以确认被申请人应支付工程款总额为：审定结算价9578318.08元+300000元现场管理费=9878318.08元。另根据双方确认的截至仲裁前已付款9215000元，以及2007年8月29日《备忘》中申请人同意从应付款中扣减电费64677.86元的事实，故仲裁庭可以计算出被申请人实际欠款额为：应付工程款9878318元（注：申请人未计取小数点后金额）-已付款9215000元-电费64677.86元=598640.14元。

2.关于工程质保金是否应当扣留的问题。按照合同专用条款第26条的约定，工程总价款5%的质保金要在质保期届满十日内支付。在本案审理过程中，双方均确认本案工程尚未竣工，因此按一般意义上讲，工程质保金返还尚不具备条件。但是由于当事人双方约定申请人不再继续施工，为此申请人在2007年6月4日《函件》（证据9中的）第2条中写明"基于本工程的实际情况（内外装修、水电设备安装、通风空调及消防等均不由我方施工）我方不予承担质保金”。在此后2007年6月21日被申请人编制的《工程款支付计划》中，被申请人已明确承诺将包含质保金在内的审定欠款数额1713318元和双方协商确认的现场管理费30万元合计工程欠款2013318元分五次于2007年10月31日前支付完毕。按照被申请人在庭审中的说法就是“在列付款计划时忘记了质保金的约定，后来发现超出范围，多支付了”。仲裁庭认为，被申请人编制的《工程款支付计划》对于工程欠款金额和支付时间写得非常明确，而且在其后2007年7月6日当事人双方签订的《协议书》第1条中还特别约定：“合同范围内双方确认的工程款支付时间按甲方（指被申请人）二〇〇七年六月二十一日下发的《工程款支付计划》执行，并由乙方（指申请人）每月派专人到甲方处结算”。因此在没有相反证据的情况下，仲裁庭只能推定，在《工程款支付计划》和其后的《协议书》中已经约定将包含质保金在内的全部工程欠款于2007年10月31日前支付给申请人。

综上所述，仲裁庭认为，被申请人以扣留质保金为由拒付工程款的抗辩事由不能成立。因此，对于申请人提出的支付598640.14元工程欠款的仲裁请求，仲裁庭予以支持。

（三）关于申请人请求支付各项索赔费用问题的认定意见

申请人认为，第一，被申请人应支付前期误工费200000元，申请人2005年12月31日接被申请人通知于2006年1月1日进场后，因被申请人现场临设规划未批、无水无电不具备施工条件、施工许可证于2006年4月29日才办妥等影响，造成申请人发生经济损失，根据申请人编制的《B工程前期索赔费用计算表》和合同第36.2款的约定，被申请人应赔偿前述款项。第二，被申请人应支付临时设施租赁费51500元，其中：被申请人直接分包的外装修队H公司欠租赁费23500元，被申请人直接分包的门窗队S公司欠租赁费2000

元，被申请人直接分包的内装修队 D 公司欠租赁费 26000 元，D 公司接收现场陶粒砌块折合 1800 元，根据《协议书》第 2 款的约定，被申请人应将该欠款支付给申请人。

被申请人认为，第一，申请人无法证明实际误工时间，前期误工费没有明确计算依据，申请人确实曾向被申请人主张误工费，但由于双方对申请人进场时间一直存在分歧，所以没有解决，庭审中申请人还是不能证明实际进场时间，被申请人也无法予以认可。第二，临时设施是申请人和其他分包单位达成的租赁合同，我们只负一个催要义务，我们跟分包单位也没有进行工程款结算，这个债务与被申请人没有关系。

仲裁庭认为，申请人的索赔费用中包含了两个事项，即：前期误工费 200000 元；临时设施租赁费 51500 元。仲裁庭分别发表意见如下：

1. 对于前期误工费 200000 元问题的意见

仲裁庭注意到以下合同条款和事实：合同协议书第 3 条约定开工日期为 2006 年 3 月 18 日；合同通用条款第 11 条 11.1 款约定："承包人应当按照协议书约定的开工日期开工"；合同专用条款第 8 条 8.1 款约定：发包人应将施工所需水、电"在开工前七日按施工要求接到指定位置"，"由发包方办理的施工许可证、批件"的完成时间为"开工前办理完"；合同通用条款第 11 条 11.2 款约定："因发包人原因不能按照协议书约定的开工日期开工，工程师应以书面形式通知承包人，推迟开工日期，发包人赔偿承包人因延期开工造成的损失，并相应顺延工期"；合同通用条款第 36 条 36.2 款专门约定了索赔程序；本案工程《建筑工程施工许可证》签发日期是 2006 年 4 月 29 日；申请人证据 9 表明申请人于 2006 年 5 月 27 日发出了"关于工程开工前期现场施工条件及手续办理"的《往来函件》，其中列出了配合安装临水临电费用，以及现场不具备施工条件造成人员误工等损失索赔 21 万元的情形，被申请人承认其真实性，但不同意其证明内容；《B 公司服务楼工程结算审核报告》中已经将该 21 万元误工损失作甩项处理，不包含在结算价款中；被申请人于 2007 年 6 月 21 日发出的《工程款支付计划》第 1 条 3 项写明："工程前期误工费待甲经理回京后组织甲乙双方当事现场的负责人落实后确定"；申请人于 2008 年 8 月编制的《B 工程前期索赔费用计算表》列明开工前申请人发生的经济损失 201520 元，但没有提供相关计算依据，被申请人对该计算表不认可；被申请人在代理意见中表示"申请人确实曾向我方主张误工费，但由于双方对于申请人的进场时间一直存在分歧，所以没有解决"。

仲裁庭认为，申请人主张前期误工费 200000 元的理由，主要是认为其按照电话通知提前于 2006 年 1 月 1 日进场后，被申请人现场临设规划未获批准、无水无电不具备施工条件、施工许可证办理拖延而造成的经济损失。被申请人在代理意见中表示："申请人确实曾向我方主张误工费，但由于双方对于申请人的进场时间一直存在分歧，所以没有解决。"可见当事人双方对于误工的事实并无异议，而是对申请人进场时间以及误工损失金额等方面存在争议。为此，仲裁庭需要对申请人进场时间，以及是否发生停窝工损失进行认定。

（1）关于申请人进场时间确定的问题。申请人证据 9 的《往来函件》中写明按照被申请人 2005 年 12 月 31 日的通知，申请人于 2006 年 1 月 1 日进场做前期施工准备工作。仲裁庭注意到该《往来函件》的签发时间比较晚，于 2006 年 5 月 27 日签发，《收发文记录》表明被申请人在同年 6 月 6 日才收到。但由于被申请人对该《往来函件》的真实性予以确认，虽然不同意申请人要证明的内容，却未能提供申请人未按通知进场的相反证据。因此，仲裁庭认定申请人于2006年1月1日进场做前期施工准备工作。

（2）关于误工事实及相关损失确定的问题。首先，被申请人应当对延期开工承担责任。本工程《建筑工程施工许可证》的签发时间是2006年4月29日，在合同约定的2006年3月18日开工时间之后；从申请人的《往来函件》来看，其中列明了施工现场临电接通时间为2006年4月3日、施工许可证领取时间为2006年4月29日、临水接通时间为同年5月20日、现场有若干施工人员待工等情况，要求被申请人补偿临水临电费用1万元，补偿劳动力误工和前期各种费用20万元。从前述证据看，被申请人未能按约定时间提供施工条件而导致申请人误工的事实是存在的。按照合同专用条款第8条8.1款的约定，被申请人应当在开工前七日按施工要求将施工所需水、电接到指定位置，在开工前办理完施工许可证等批件。合同通用条款第11条11.2款还约定：因发包人原因不能按照协议书约定的开工日期开工的，发包人赔偿承包人因延期开工造成的损失。由于被申请人不能证明其按照约定时间提供了相关施工条件，而且也承认《建筑工程施工许可证》是2006年4月29日才领取的，所以，被申请人应当对延期开工而给申请人造成的损失承担责任。

其次，被申请人未及时对《往来函件》进行回复不构成“视为该项索赔已经认可”。合同通用条款第36条36.2款约定：（1）索赔事件发生后28天内，承包人要向工程师发出索赔意向通知；（2）发出索赔意向通知后28天内，向工程师提出补偿经济损失的索赔报告及有关资料；（3）工程师在收到承包人送交的索赔报告和有关资料后，于28天内给予答复，或要求承包人进一步补充索赔理由和证据；（4）工程师在收到承包人送交的索赔报告和有关资料后28天内未予答复或未对承包人作进一步要求，视为该项索赔已经认可；（5）当该索赔事件持续进行时，承包人应当阶段性向工程师发出索赔意向，在索赔事件终了后28天内，向工程师送交索赔的有关资料和最终索赔报告。索赔答复程序与（3）（4）规定相同。在本案中，虽然申请人向被申请人发出了具有索赔性质的《往来函件》，但是其并未按照合同约定提供计算损失的相关资料，尚不能满足“视为该项索赔已经认可”的全部条件，而且该索赔内容亦未得到被申请人的确认。所以，申请人不能仅凭被申请人未对《往来函件》予以回复就主观认定“视为该项索赔已经认可”。当然，被申请人在收到申请人索赔21万元的《往来函件》后亦未要求申请人进一步补充资料，也应当对未能及时办理索赔事项承担相应责任。

最后，当事人双方对于前期误工索赔费用未能确定均有过错。在被申请人于2007年6月21日发出的《工程款支付计划》第1条3项写明：“工程前期误工费待甲经理回京后组织甲乙双方当事现场的负责人落实后确定”。这就表明，被申请人已经承诺由其“甲经理”来组织双方负责人落实和确定“工程前期误工费”。但是在庭审中，被申请人并未提供此后组织双方核实索赔事项的相关证据。另一方面，申请人于2008年8月编制的《B工程前期索赔费用计算表》中虽然列明开工前申请人发生的经济损失201520元，但也没有提供相关计算依据。由此可见，前期误工等索赔费用至今未能确定，当事人双方均有责任。

综上（1）（2）所述，在申请人按照通知进场、被申请人未能按期提供施工条件、双方均不能进一步提供计算索赔证据的情况下，仲裁庭只能按照当事人双方均有过错的原则，以申请人在《往来函件》中报送的索赔金额和其仲裁请求20万元为参照，按照各自50%分担误工等索赔费用。因此，对申请人请求的前期误工费，仲裁庭按照100000元予以支持。

2. 对于临时设施租赁费 51500 元问题的意见

仲裁庭注意到以下合同条款和事实：当事人双方于 2007 年 7 月 6 日签订的《协议书》第 2 条约定："乙方在施工现场搭设的临时建筑采取租赁的方式，如租给内装施工方，由甲方从内装施工方工程款中扣转给乙方；如内装施工方不租赁的临时建筑，由乙方在不影响内装施工的前提下自行拆除。"申请人提交的证据 8《施工现场交接备忘》中写明："现场的食堂、库房、办公用房、宿舍及床铺、围墙大门 A 公司留下，房子收取租赁费，共租用 12 间，每月每间收取租赁费 500 元。"申请人提交的 2007 年 7 月 17 日与 D 间签署的《备忘》中记载："A 剩余陶粒砖（约 $6m^3$），每 m^3 按 300 元结算，待砌体工程结算后，按实际实用数量结算，由 D 付给 A"，被申请人认为该证据与本案无关。申请人提交的证据 9《函件》中记载"四、需要 B 牵头，协商解决的款项：1. H 的房租费从 2007 年 2 月至 2007 年 6 月份共 7 间，2007 年 7 月至 2007 年 12 月份共 2 间（不含办公室）每间每月 500 元，合计 23500 元（2007 年春节前已付）；2. S 的房租费从 2007 年 9 月至 10 月份共 2 间（不含办公室）合计 2000 元（2007 年 7、8 月份已付）；3. D 的房租费从 2007 年 9 月至 2007 年 12 月份共 13 间，合计 26000 元（2007 年 7 月份 8 月份已付）；4. 现场剩余陶粒空心砖，D 已用并同意支付 1800 元。"

仲裁庭认为，当事人双方 2007 年 7 月 6 日签订的《协议书》第 2 条约定："乙方在施工现场搭设的临时建筑采取租赁的方式，如租给内装施工方，由甲方从内装施工方工程款中扣转给乙方。"首先，《协议书》是双方就本案施工合同履行达成的协议，该协议关于临设处理问题的约定双方应当遵守。申请人作为工程总包方搭设临时设施，在工程移交时就临时设施与被申请人约定的这种处理和取费方式符合工程行业惯例。被申请人若将申请人留下的临时建筑物及设施租赁给其他施工单位使用时，就负有将租赁费从使用人的工程款中扣转给申请人的义务。相关证据表明，当事人双方和监理单位在2007年7月7日共同签认的《施工现场交接备忘》和《现场设备设施移交清单》中，申请人已将现场临时建筑物及设施移交给了被申请人。申请人证据9即2008年4月7日《函件》中已写明请被申请人牵头协商解决H、S和D的房租费合计51500元（23500元+2000元+26000元）。既然被申请人已经接收了现场临时建筑物及设施，又承诺在其他施工单位使用时，将租赁费从使用人的工程款中扣转给申请人，那么，在申请人提出请被申请人牵头协商解决H、S和D的房租费时，被申请人就有义务核实并代为从使用人的工程款中扣转该租赁费，除非被申请人证明未发生租赁事实或者申请人计算的租赁费用有误。但是被申请人没有举出相反的证据。其提出该部分债务与被申请人没有关系的观点仲裁庭无法支持。鉴于被申请人负有从使用人的工程款中扣转相关租赁费支付给申请人的义务，因此，对于申请人提出的支付该51500元临时设施租赁费的仲裁请求，仲裁庭予以支持。

（四）关于现场管理费550000元的意见

申请人认为，自己是总承包人，依法享有总承包人的全部权利和义务。由于被申请人强行将精装修工程等项目分包以及该项工程仍需要申请人行使总承包职能的客观情况，被申请人承诺给付申请人“现场管理费”作为补偿，其中“2007年1月至6月现场管理费5万×6个月=30万元（7月份以后甲方按每月5万元补齐）”。同时，申请人虽然应被申请人要求移交了施工现场，但并未停止作为总承包人对工程进度、施工质量、安全文明施工、技术资料等各方面的管理工作，因此被申请人理应依其承诺向申请人支付相应的管理费用。

被申请人认为，现场管理费已包含在未结工程款中，申请人再行主张的行为纯属恶意。《工程款支付计划》明确说明是对“所欠工程款”的付款计划，未发生的费用在其中是不会体现的。而申请人利用我方行文漏洞，对合同内容进行曲解，已完全违背了诚实信用原则，绝不予认可。

仲裁庭注意到以下合同条款和事实：2007 年 6 月 21 日被申请人编制的《工程款支付计划》中载明：“2007 年 1 月至 6 月现场管理费 5 万 × 6 个月 =30 万元（7 月份以后甲方按每月 5 万元补齐）”；当事人双方于 2007 年 7 月 6 日签订的《协议书》第 3 条约定：“乙方现场管理人员按甲方要求，于二〇〇七年七月六日十七时之后不再管理施工现场，以保证甲方施工的顺利进行”；该协议第 5 条约定：“由乙方负责给甲方提供从乙方进场施工之日起到竣工时止所有的工程资料，并由乙方派专职资料员协助其他施工方结束施工前提交所有资料的整理，工程结束后由乙方将全部资料移交给甲方”；申请人提交的证据 8《施工现场交接备忘》写明：“现场管理人员留李勇负责管理资料，将各施工单位组好的资料收集齐，将完整资料组卷交付甲方完整的施工资料”；被申请人提交的证据 10《函件》写明：“需要 B 帮助解决的款项：‘D’应向总包交纳的挂靠费即内装修工程总造价的 3%（详见 2007 年 7 月《协议书》）”；申请人证据 22 提供了六份监理例会及相关会议纪要，其中记载了申请人的管理人员李勇在 2007 年 7 月以后参加监理例会的情况，申请人要证明其仍然履行总包职能，被申请人应当支付现场管理费，而被申请人认为申请人只是形式上参加会议，会议内容与其无关，最后的会议纪要只是要求其做好资料整理工作，与其主张的管理费无关。

仲裁庭认为，申请人主张 55 万元“现场管理费”是从 2007 年

7月至2008年5月期间的，其主要依据是《工程款支付计划》第1条2款写明的“2007年1月至6月现场管理费5万×6个月=30万元（7月份以后甲方按每月5万元补齐）”这段文字。对于该条款的真实性双方并无异议，而且被申请人已经将2007年1月至6月期间的现场管理费30万元列入付款总额中。双方争议的焦点问题是如何理解括弧中写明的“7月份以后甲方按每月5万元补齐”的含义，以及在2007年7月6日申请人不再管理施工现场之后，被申请人是否还要再支付每月5万元的现场管理费用。要解决这个问题，仲裁庭需要从以下两个方面来认定：

首先，这笔每月5万元的现场管理费是否为当事人之间的特殊约定。按照行业规定和惯例，申请人的投标报价以及合同价款中应当包含了现场管理费用，不应再另行计取，这是起码的常识，而且在2007年6月1日E工程造价咨询有限责任公司出具的《B公司服务楼工程结算审核报告》中也没有涉及该项内容。那么，被申请人为什么要在工程结算报告已经出来之后，还要特别在2007年6月21日《工程款支付计划》中专门写明“2007年1月至6月现场管理费5万×6个月=30万元（7月份以后甲方按每月5万元补齐）”的内容呢？这显然不是一般意义上的现场管理费，而是当事人之间在工程结算价款之外的一种特殊约定。

其次，申请人不再管理现场是否意味着该笔现场管理费的截止。从该条款括弧中写明的“7月份以后甲方按每月5万元补齐”的文字来看，明确写明7月份以后还要按照每月5万元支付现场管理费的，并没有写明截止时间；在约定申请人从2007年7月6日后不再管理现场的《协议书》中，也没有停止支付该笔现场管理费的内容，在双方提交的其他证据中也没有关于该笔现场管理费截止日期的内容。而且，在约定申请人不再管理现场之后的相关会议纪要中，明确要求申请人继续承担后续工程的施工总承包人的相应责任。所以，仲裁庭认为，《工程款支付计划》第1条2款写明的现场管理费，不仅仅是“2007年1月至6月”期间的30万元，而是要延续到2007年7月份之后。

综上所述，《工程款支付计划》第1条2款中写明的从2007年1月1日起被申请人向申请人支付的每月5万元现场管理费，是当事人之间在工程结算价款之外的一种特别约定，仲裁庭对此予以尊重。但由于该笔特殊的现场管理费未约定截止时间，因此，对于申请人提出的支付2007年7月至2008年5月期间11个月合计550000元现场管理费，仲裁庭酌定将其截止到2007年12月底，按照300000元予以支持。

（五）关于总包配合费135000元的意见

申请人认为，被申请人将精装修工程直接分包给D公司，申请人按照精装修工程估价450万元的3%计取总包配合费135000元。因申请人与D公司之间无合同关系，故有权向被申请人追索。

被申请人认为，合同中没有申请人从事内装修的约定，所谓行业惯例的说法没有依据。

仲裁庭注意到：申请人未提供被申请人应当向其支付总包配合费的证据，也未提供被申请人应代D公司向其支付总包配合费的证据。

仲裁庭认为，按照建筑行业惯例和2001年北京市建设工程预算定额的相关文件规定，分包方在施工现场需要使用总承包方提供的水电、道路、脚手架、垂直运输机械等，按照有偿服务的原则，总包向分包收取总包服务费（即申请人所称的总包配合费），其标准可按分包总造价（不含设备费）的2%，由总分包双方协商议定。从前述规定可见，该总包服务费是经过协商后由总包方向分包方收取的，并非是作为建设单位的被申请人的法定给付义务。在本案中，申请人不能证明该135000总包服务费应当由被申请人支付或者代付、代扣，其仅以被申请人直接发包精装修工程为由，就要求被申请人支付应当由其他分包单位承担的总包服务费，缺乏合同和法律依据。因此对申请人提出的135000元总包配合费的仲裁请求，仲裁庭不予支持。

（六）关于技术资料组卷费100000元的意见

仲裁庭注意到以下事实：申请人在代理意见中写明："因本案涉案工程中被申请人强行从申请人中标范围内把精装修、门窗、通风等项工程直接分包，故此，倘若被申请人要求申请人协助进行技术资料整理组卷就应支付相应报酬"；在第一次庭审中申请人承认："我们考虑将来总包要出面组织竣工验收，涉及五六个专业分包，若被申请人认为将来不需要我们，我们可以不要。但若要我们出面，这笔钱是合理的。这没有文字约定，是行业惯例。"

仲裁庭认为，申请人主张的技术资料组卷费，既没有合同约定，也不是已经发生的事实，更没有被申请人的确认，而是申请人单方面对尚未发生事实的一种预期行为。申请人的这种请求缺乏事实和法律依据。因此，对于申请人提出的支付100000元技术资料组卷费的仲裁请求，仲裁庭不予支持。

（七）关于逾期付款利息的认定意见

申请人认为，根据协议书及《工程款支付计划》中明确的付款日期及补充证据四《B公司已付款及利息计算表》确认的付款事实，被申请人依法应向申请人支付自2007年8月5日至实际给付之日的逾期付款利息，暂计算到2008年6月5日为45291.2元。

被申请人认为，由于自己的疏忽，在列付款计划时忘记了质保金的约定，后来发现超出范围，多支付了，但并不意味自己放弃此项权利。按照审计结算价格，质保金也有四五十万，超出了拖欠工程款数量，故被申请人不再承担工程款的给付义务，也不存在逾期付款的情形。

仲裁庭注意到以下事实：合同通用条款第26条26.3款和第33条33.3款均约定逾期付款应按同期银行贷款利率支付拖欠款的利息；仲裁庭确认被申请人应当按照《工程款支付计划》写明的金额和期限支付合计为2013318元（审定欠款数额1713318元+现场管理费30万元）；申请人证据15《B公司已付款及利息计算表》中列明的已付工程款金额、欠付款金额和支付时间与被申请人的证据16相符；双方确认还应扣减电费64677.86元。

仲裁庭认为，按照《工程款支付计划》中承诺，被申请人应将工程欠款2013318元（审定欠款数额1713318元+现场管理费30万元）分五次支付完毕，即：2007年7月5日前支付50万元，同年8月5日前支付50万元，同年9月5日前支付50万元，同年10月5日前支付50万元，同年10月31日前付清剩余欠款。但是，被申请人对其中的1513318元却没有按照约定的时间支付，为此申请人计算了暂截止到2008年6月5日的逾期付款利息45291.2元，并请求至实际给付之日。经审定，被申请人逾期付款1448640.14元（1513318元–64677.86元电费）的事实存在，而且其中的448640.14元至今未支付。为此，仲裁庭按照双方确认的应付款金额及时间、实际付款金额及时间、欠款金额等情形，并结合应付款当期的中国人民银行贷款利率，计算出延期付款利息如下表（延期付款天数等于或小于180天的按照半年期利率计算，其余按照一年期利率计算。未付款利息暂计算到2008年6月5日）：

工程欠款1448640.14元延期支付利息计算表

应付款日期	应付款金额（元）	实际付款日期	实际付款金额（元）	未付款金额（元）	延期天数	利率（%）	利息金额（元）
07.08.05	500000	07.09.20	344000		45	6.03	2592.90
		07.09.29	156000		55		1437.15
07.09.05	500000	07.09.29	100000		25	6.21	431.25
		07.11.02	100000		87		1500.75
		07.11.22	100000		107		1845.75
		08.03.05	50000		180		1552.50
				150000	270	7.29	8201.25
07.10.05	448640.14			448640.14	240		21803.90
合计	1448640.14			598640.14			39365.45

综上所述，仲裁庭对于申请人提出的利息请求予以支持，其中暂计算至2008年6月5日的部分为39365.45元，被申请人并应当按照中国人民银行一年期同期贷款利率支付至实际付清之日。

（八）关于本案仲裁费用承担问题

综合考虑本案情况及仲裁庭对申请人仲裁请求支持的情形，根据本会仲裁规则第45条的规定，仲裁庭确定：本案仲裁费用由被申请人承担60%，由申请人承担40%。

三　裁决

基于上述事实和理由，经合议，仲裁庭裁决如下：

（一）被申请人向申请人支付工程欠款598640.14元；

（二）被申请人向申请人支付各项索赔费用151500元；

（三）被申请人向申请人支付现场管理费300000元；

（四）被申请人向申请人支付截至2008年6月5日的逾期付款利息39365.45元，并按照中国人民银行一年期同期贷款利率支付至实际付清之日；

（五）驳回申请人的其他仲裁请求；

（六）本案仲裁费45963元（已由申请人全额预交），由被申请人承担27577.8元，由申请人承担18385.2元；被申请人应直接给付申请人代其垫付的仲裁费用27577.8元。

上述被申请人应给付申请人的款项共计1117083.39元，被申请人应自本裁决书送达之日起20日内支付完毕。逾期按照《中华人民共和国民事诉讼法》第229条之规定，加倍支付迟延履行期间的债务利息。

评析

本案标的额不大，案情也较为简单，但涉及的争议点多、信息量大，是一件非常典型的建设工程施工合同纠纷案件。就案件本身展现的争议而言，其在实务中具有一定的普遍性；就仲裁审理和裁决结果而言，其注重证据，针对申请人的请求裁决得当，同时仲裁庭不完全拘泥于细节，谨慎行使自由裁量权，使申请人、被申请人双方的诉求得到了公平合理的回应与分配，实现了胜负皆明。毫无疑问，该仲裁裁决将对建设工程施工合同风险管控实务以及类似诉讼、仲裁案件的审理提供非常有意义的借鉴和参考

本案争议事项涵盖了建设工程施工合同中的工程范围、进场准备、开工条件、总包配合费、现场管理费、质保金、结算、索赔、谅解备忘等多项工程行业术语和法律难点问题。其中，中标范围与招标文件不一致时如何确定文件依据、质保金的性质及其功能的合

理利用、建设工程索赔的核心工作要点、总包服务费与总包配合费等概念的正确把握，应是相关法律实务工作中需要重点关注和解决的问题。

一、关于中标文件与招标文件不一致时如何确定有效文件依据

本案的争点之一即精装设计是否属于仲裁管辖范围问题，实质上是招标文件涉及的工程范围与中标文件或施工合同不一致时，如何确定有效文件依据问题。

在《招标投标法》中，招标分为公开招标和邀请招标，但无论采取何种方式，均是针对不特定对象或特定范围多个对象，公布的是订立合同的意思表示。在招标中，标底是不公开的，因此，招标文件不具备合同的主要内容，其法律性质应是要约邀请。相应地，竞标人根据招标文件编制的投标文件为要约；招标人定标后向中标人发出的中标文件是承诺。根据《合同法》有关规定，承诺的内容应当与要约的内容一致，受要约人对要约的内容作出实质性变更的，为新要约。结合《合同法》第30条及第275条，工程范围是施工合同的主要内容，受要约人对工程范围的变更属于对要约内容作出实质性变更，应视为发出新要约。本案虽然招标文件包含了内装部分，投标文件也对此进行了响应，但如果招标人又与竞标单位协商剔除该项内容，则应视为招标人发出了新要约，竞标人回应为再要约，合同缔结过程进入“要约—新要约—再要约—承诺”概念范畴，在招标人向中标人发出中标文件时，双方合同成立，合同主要条款以中标文件确定的内容为准。关于双方签署的施工合同，是对“要约—新要约—再要约—承诺”过程中确定的合同权利义务关系的书面体现和固定，其内容应当与中标文件内容一致。本案仲裁庭在解决精装设计是否属于仲裁管辖范围问题时，虽然将关注重点集中到了施

工合同承包范围是否约定有装修设计内容，并未对招标文件的法律性质进行分析，但其隐含的逻辑基础仍然是以中标文件及根据中标文件签署的施工合同为确定双方最终意思表示的文件依据。

实践中，虽然《合同法》第275条规定，“施工合同的内容包括工程范围、建设工期、中间交工工程的开工和竣工时间、工程质量、工程造价、技术资料交付时间、材料和设备供应责任、拨款和结算、竣工验收、质量保修范围和质量保证期、双方相互协作等条款”，但事实上，施工合同要涉及的内容往往更加丰富。同时，由于施工合同履行时间跨度长，过程中客观情况可能会发生较大变化，因此，在合同谈判或合同执行过程中，可能出现双方需要对在先确定的合同条款进行调整和补充的情形。但需要特别提示的是，根据《招标投标法》第46条，及最高人民法院《关于审理建设工程施工合同纠纷案件适用法律问题的解释》第21条确定的原则，对于履行了招投标程序的施工合同，当事人变更合同的权利仅限于与合同内容不发生实质性背离的范围。对工程量、工期、工程款和工程质量的变更，在无正当理由的情况下，将可能因背离中标合同的实质性内容而效力存疑。

二、关于质保金的性质及其功能的合理利用

质保金是建设工程质量保证金的简称，是承包人与发包人在施工合同中约定的，工程竣工验收并交付使用后，从应付工程款中预留一定比例的金额，用以维修交付工程在保修期限内和保修范围内出现的质量缺陷的资金。2005年1月12日建设部、财政部联合出台的《建设工程质量保证金管理暂行办法》(下称《暂行办法》)第2条，是关于质保金的官方定义。

从本质上讲，质保金是承包人工程尾款的一部分，其作用仅是在一定期限内担保承包人工程质量不存在缺陷或发现质量缺陷后承

包人能够依约履行保修义务。基于质保金的这一性质，保修范围和内容、质保金所占工程款比例、质保金是否针对各工程项目具体分割、返还方式及期限等均可由合同当事人自行约定。本案仲裁庭没有支持被申请人以扣留质保金为由拒付工程款的抗辩事由，其根据就在于质保金内容的可约定性，即：发包人通过补充协议和支付计划形式，变更了原合同内容，依据私法自治原则，应认定为其已放弃了质保金留存的权利。

但是，需要注意的是，本案合同专用条款第26条关于质保金“工程总价款5%的质保金要在质保期届满10日内支付”的约定，混淆了质保金预留期与质量保修期两个不同的概念，在实务操作中可能会遇到问题。关于质保期，《建设工程质量管理条例》第40条和《房屋建筑工程质量保修办法》（2000年6月30日建设部第80号令）第7条均有具体规定，明确了各专业工程的最低保修期限，如地基基础和主体结构工程为设计文件规定的该工程的合理使用年限、防水工程5年、装修工程2年等，并明确，当事人双方可以就其他项目的保修期限加以约定，但保修期限不得低于最低保修期，否则约定无效。按照国家《民用建筑设计通则》，普通建筑物和构筑物设计使用年限50年，纪念性建筑和特别重要的建筑设计使用年限100年。可见，即使同一工程，质保期却因工程项目不同而不同，可能2年，也可能5年，最长甚至50年或100年，简单约定“质保期届满”是很难操作的。本案虽因发包人通过补充协议和支付计划放弃了质保金留存权利而使得质保金条款未得到执行，但无疑，“质保期届满10日内支付”中如何确定质保期届满，仍是可能各执一词、难以适用的争议条款。因此，应当特别注意，质保金返还时间不应与质保期挂钩，而应依据《暂行办法》有关规定，将质保金预留期与缺陷责任期相对应，在约定缺陷责任期（根据《暂行办法》，缺陷责任期一般为六个月、十二个月或二十四个月，具体可由发、承包双方在合同中约定）届满后向承包人返还质保金。

实务中，发包人一般将5%—10%的工程尾款留作质保金，质保金返还的数额或比例、期限及方式由双方当事人在合同中约定。质保期内没有质量缺陷的，约定期限届满后发包人无条件返还质保金；质保期内出现质量缺陷承包人不履行或不及时、适当履行维修义务的，发包人可从质保金中扣除相应的维修费用。对于质保金的扣除和处理，还可通过施工合同进行如下安排：

对于施工质量问题，首先通知承包人维修，承包人拒绝维修或未及时维修或经多次维修仍不合格的，发包人有权委托第三方维修，维修费用从质保金中扣除，但发包人应及时通知承包人；

对于施工质量问题导致的侵权事件，就发包人承担赔偿责任而发生的实际损失，发包人可从质保金中扣除，但应及时通知承包人。此种情况下，质保金可视为发包人对承包人反索赔的保证金。

三、关于建设工程索赔的核心工作要点

建设工程索赔是指在施工合同履行过程中，当事人一方因对方不履行或不能正确履行合同或者由于其他非自身因素而受到经济损失或权利损害，通过合同规定的程序向对方提出经济或时间补偿要求的行为。按索赔目标分类，索赔包括工期索赔和费用索赔；按索赔事件性质分类，索赔包括工程延误索赔、不可预见的外部障碍或条件索赔、工程变更索赔、工程中止索赔、工程终止索赔、工程加速索赔及其他索赔，如货币贬值、物价上涨、人工费上升、法令变化等。

索赔不同于违约责任，要有损失结果才能发生，其性质属于经济补偿行为，不具备惩罚性。索赔的损失结果与被索赔人的行为不一定存在法律上的因果关系。导致索赔事件发生的，可以是一定行为，

也可以是不可抗力事件；可以是对方当事人行为，也可以是第三方行为；索赔事件不一定在合同中有约定，也可以是法律规定和行业惯例。基于索赔以补偿实际损失为原则，费用索赔的计算，应有详细具体的证明并在索赔报告中提供索赔证据，否则，索赔不能成立。本案虽然申请人向被申请人发出了具有索赔性质的《往来函件》，但是未按合同约定提供计算损失的相关资料，不能满足“视为该项索赔已经认可”的全部条件，即是申请人索赔要求不能得到仲裁庭全面支持的主要原因。

关于索赔程序，《建筑工程施工合同》(示范文本)通用条款第36条36.2款约定：发包人未能按合同约定履行自己的各项义务或发生错误以及应由发包人承担责任的其他情况，造成工期延误和(或)承包人不能及时得到合同价款及承包人的其他经济损失，承包人可按下列程序以书面形式向发包人索赔：(1)索赔事件发生后28天内，向工程师发出索赔意向通知；(2)发出索赔意向通知后28天内，向工程师提出延长工期和(或)补偿经济损失的索赔报告及有关资料；(3)工程师在收到承包人送交的索赔报告和有关资料后，于28天内给予答复，或要求承包人进一步补充索赔理由和证据；(4)工程师在收到承包人送交的索赔报告和有关资料后28天内未予答复或未对承包人作进一步要求，视为该项索赔已经认可；(5)当该索赔事件持续进行时，承包人应当阶段性向工程师发出索赔意向，在索赔事件终了后28天内，向工程师送交索赔的有关资料和最终索赔报告。索赔答复程序与(3)(4)规定相同。按照上述内容，索赔事件发生后，承包人索赔的核心工作要点应该关注：

1. 在规定的时间内发出索赔意向通知、索赔报告及证据资料。超过时限，工程师和业主有权拒绝承包人的索赔要求。

2. 要求延长工期和(或)补偿费用或经济损失的索赔报告应说

明索赔的依据、损失金额及时间的计算方法、经济损失或权利损害与索赔事件的因果关系，并做到责任分析清晰、索赔依据正确、计算结果准确。

3. 有关索赔的证据资料，要连同索赔报告一并发出。发出的证据资料须真实、全面、及时、与索赔事件关联，并具有证明效力。日常工作中，承包人应注重索赔证据的收集和管理，索赔事件发生时，应及时通过录影、签证等方式确定索赔事件。

4. 积极配合工程师补充索赔理由和证据的要求，及时予以答复或提供补充资料，尽量为工程师处理索赔提供帮助、支持和配合，并及时接收和妥善保管索赔回复，作为工程款结算或工期顺延的依据。

5. 工程师在收到承包人送交的索赔报告和有关资料后约定期限内未予答复或未对承包人作进一步要求的，视为该项索赔已经认可，日后可作为工程款结算或工期顺延的依据。

实践中，承包人往往在工程竣工或工程移交前，将工程实施过程中因各种原因未能及时解决的单项索赔集中起来综合考虑，提出一份综合索赔报告，通过工程结算前的最终谈判，一揽子解决索赔问题。这种索赔工作方式，需要有非常健全的索赔管理制度支持，否则可能使得部分索赔事项因索赔超时、记录遗漏或证据缺失而难以得到支持，因此，如果条件具备，尽量考虑单项索赔。

此外，还应注意司法审判的最新动向，《最高人民法院关于适用〈中华人民共和国合同法〉若干问题的解释（二）》第 26 条及《最高人民法院关于当前形势下审理民商事合同纠纷案件若干问题的指导意见》第一部分，规定了情势变更情形：（1）签约后竣工前情势发生了重大变更；（2）该变更是由客观原因引起的；（3）该变更在签订合同时不能合理预见；（4）如按原合同履行显失公平或不能实现合同目的；（5）适用时法院要报当地高院甚至最高院审核。一旦认定成本变动构成情势变更，则可以增减合同价格、顺延工期甚至解除合同。因此，合理利用情势变更原则提出索赔，亦是索赔管理工作应予关注的内容。

建设工程施工合同执行过程中，“索赔”是双向的，发包人和承包人都可能提出索赔要求。通常情况下，承包人向发包人提出赔偿请求称为“索赔”，发包人向承包人提出赔偿请求称为“反索赔”，虽然两者称谓不同，但“反索赔”与“索赔”核心工作要点一致。

四、关于总包服务费、总包配合费等概念的正确把握

本案涉及了总包服务费、总包配合费、现场管理费等概念，实务中，可能还会涉及总包管理费。这几个概念有形成于行业习惯，有出自于管理文件，因口径、理解不一，实践中存在解读乱象。尤其是总包服务费、总包管理费、总包配合费，有认为是同一内涵的不同表达，也有认为是不同概念且对应不同责任，对此，有必要予以厘清。

1. 总包管理费、总包配合费

“总包管理费”、“总包配合费”的称谓形成于建筑行业习惯，有专业人员倾向于分别赋予总包管理费和总包配合费以特定含义并据此确定总承包人的不同义务和责任。该类观点通常认为，总包管理费是指根据施工合同约定，由总承包人合法分包专业工程，但发包人直接与分包人结算时，应由发包人另行支付的总承包人对分包人实施管理的费用；总包配合费，是指发包人在总承包工程外，将专业工程平行分包给专业分包人，分包人在施工现场使用总承包人提供的水电、道路、脚手架、垂直运输机械、土建收口、铁件预埋、竣工资料归档、成品保护等施工条件或配合服务，按有偿服务的原则，总承包人向发包人或专业分包人收取的相关费用。

在前述概念项下，总包管理费由总承包人向发包人收取，通常

在招投标阶段即可明确该费用并最终体现在施工合同中；总包配合费由总承包人向专业分包人或发包人收取，通常于专业分包人进场前确定费用的支付。关于总承包人对专业分包人工程质量所应承担的责任，概念使用者倾向于：总承包人收取总包管理费的，应就工程质量问题与分包人向发包人承担连带责任，但是，对于发包人指定分包的，由发包人、总承包人根据过错程度承担相应过错责任；总承包人收取总包配合费的，因只承担提供施工条件和现场配合的义务，并无管理责任，故对分包人工程质量问题，无连带或过错责任，仅承担未尽配合义务的违约责任，但是，发包人与总承包人另有约定的情形除外。

由于“总包管理费”、“总包配合费”仅存在于专业人员的使用习惯，并无规范性文件依据，为避免合同当事人对概念内涵、工作内容、责任承担理解混乱，建议参照下文规范使用“总承包服务费”概念并明确其包含的权利义务。

2. 总包服务费

总包服务费即“总承包服务费”是经规范性文件确认的概念。住房和城乡建设部、财政部关于印发《建筑安装工程费用项目组成》的通知（建标〔2013〕44号）中对总承包服务费的定义为：“是指总承包人为配合、协调建设单位进行的专业工程发包，对建设单位自行采购的材料、工程设备等进行保管以及施工现场管理、竣工资料汇总整理等服务所需的费用。”2013年7月1日施行的《BG50500-2013建设工程工程量清单计价规范》中对总承包服务费也作了类似定义。北京市2012年版预算定额规定：“总承包服务费，指施工总承包人为配合协调建设单位，在现行法律、法规允许的范围内另行发包的专业工程服务所需的费用。主要内容包括：施工现场的管理、协调、配合、竣工资料汇总，为专业工程施工提供现有施工设施的使用。”

关于总承包服务费的取费标准，2008年版《建设工程工程量清单计价规范条文说明》第4.2.6条第4项规定：（总承包服务费）“招标人应根据招标文件中列出的内容和向总承包人提出的要求，参照下列标准计算：（1）招标人仅要求对分包的专业工程进行总承包管理和协调时，按分包的专业工程估算造价的1.5%计算；（2）招标人要求对分包的专业工程进行总承包管理和协调，并同时要求提供配合服务时，根据招标文件中列出的配合服务内容和提出的要求，按分包的专业工程估算造价的3%—5%计算；（3）招标人自行供应材料的，按照别人供应材料价值的1%计算。”北京市2012年版预算定额将建设单位另行发包专业工程的服务分为两种形式：1.总承包人为建设单位提供现场配合、协调及竣工资料汇总等有偿服务（管理、协调），总承包服务费的取费标准为另行发包专业工程造价（不含设备费）的1.5%—2%；2.总承包人既为建设单位提供现场配合、协调、服务，又为专业工程承包人提供现有施工设施的使用，如现场办公场所、水电、道路、脚手架、垂直运输及竣工资料汇总等服务内容（管理、协调、配合服务），总承包服务费的取费标准为另行发包专业工程造价（不含设备费）的3%—5%。同时规定，对建设单位自行供应材料（设备）的服务［材料（设备）运至指定地点后的核验、点交、保管、协调等有偿服务内容］，材料（设备）价格计算按照材料（设备）预算价格计入直接费中。结算时，承包人按照材料（设备）预算价格的99%返还建设单位，不再计取总承包服务费。

以上可见，规范性文件体系项下的总包服务费，包含“管理”、“协调”、“配合服务”等多项工作内容，覆盖了行业习惯中“总包管理费”和“总包配合费”两个概念的内涵。因此，为避免因约定不明而产生理解歧义和履行争议，在招投标阶段，招标人不仅应在招标工程量清单中列明总承包服务费项目，还应在施工合同中对总承包服务费对应的总承包人的管理、协调、配合、服务义务的具体内容和责任予以明确，投标人应根据招标文件列出的具体要求对总承包服务费进行报价。

3. 现场管理费

现场管理费最早出现在《关于调整建筑安装工程费用项目组成的若干规定》（建标〔1993〕894号）中，是现场经费的组成部分（现场经费是指为施工准备、组织施工生产和管理所需费用），包括现场管理人员工资福利劳保、办公费、差旅交通费、固定资产使用费、工具用具使用费、保险费、工程保修费、工程排污费及其他费用等。至2003年《建筑安装工程费用项目组成》（建标〔2003〕206号）实施，现场管理费被并入了间接费，并取消了现场管理费提法，将其纳入间接费中企业管理费范畴。

相较总包管理费、总包配合费、总包服务费只有在总承包人为专业分包人提供管理、协调、配合服务时才会发生，包含在企业管理费中的现场管理费是任何一个建设工程都必然会发生的费用，按照行业规定和惯例，投标人的投标报价及合同价款均已包含了该费用，不再另行计取。如果合同当事人对现场管理费赋予了新的含义，应通过法律文件予以明确，并由此对签约方产生约束力。

建设工程施工合同专业性强，涉及的规范文件、行业惯例及专业术语多，历来是法律专业人员的工作难点，有的内容甚至存在法律专业人员的认识盲区。借助建设工程施工合同纠纷案例厘清基础概念、专业术语、关键条件、节点要求、法律性质并适当关注行业习惯是提高建设工程施工合同风险管控实务及审理类似诉讼、仲裁案件水平的有效途径。

（评析人：郑惟）

11. 当事人使用名称变更前的公章签订相关文件的效力

裁决要旨 当事人使用名称变更前的公章签订的相关协议，并不必然影响其在合同项下的权利义务。相关证据能否采纳，在于裁判者的内心确信。

关键词 主体变更 内心确信

申 请 人：A 工程技术有限公司

被申请人：B 股份有限公司装饰工程分公司

一 案情

申请人称，申请人于 2001 年 6 月 5 日与 C 建筑装饰有限责任公司就甲公寓工程签订了北京市建设工程施工合同协议条款，协议约定，本合同的工程定于 2001 年 6 月 5 日开工，定于 2001 年 9 月 5 日竣工；被申请人不按合同约定履行自己的各项义务、支付款项及发生其他使合同无法履行的行为，承担违约责任（包括支付因其违约导致申请人增加的经济支出和从应付之日起计算的应付款的利息等），按协议条款约定支付违约金和赔偿因其违约给申请人造成的窝工等损失；双方发生争议时向北京仲裁委员会申请仲裁。申请人与被申请人于2001年7月10日签订合同变更协议，协议约定本案合同的权利义务由原合同主体“C建筑装饰有限责任公司”变更为由现在的被申请人即“B股份有限公司装饰工程分公司”承担。申请人曾于2005年9月15日与被申请人再次签订合同变更协议，协议约定，将由原合同主体“A加固工程技术有限公司”承担的权利义务变更为由现在的申请人“A工程技术有限公司”承担。本案工程在2001年9月19日被申请人的验收记录表明，本案工程技术资料符合要求。按照双方确认的工程结算汇总表，被申请人应付工程款2304636元（指人民币，下同），但至今未付。

综上，被申请人的行为给申请人造成了严重的经济损失，为了维护申请人的合法权益，为了维护法律的尊严，根据合同约定，特诉至北京仲裁委员会，请求北京仲裁委员会进行仲裁裁决。申请人的仲裁请求为：

1. 被申请人支付申请人工程款2304636元；

2. 被申请人支付申请人延期付款的利息184370元；

3. 本案仲裁费用由被申请人承担。

申请人于2008年3月18日针对原仲裁请求中的第二项提出变更仲裁请求如下：被申请人支付申请人延期付款的利息为266676.3元。

被申请人未提交书面的答辩意见，口头答辩称，第一，不同意申请人的仲裁请求；第二，该工程一直未完工，也没有竣工验收；第三，被申请人已经支付182万元整，工程款已经付清。

申请人针对答辩陈述称，申请人承接的是加固工程，双方已经进行完工结算。

申请人在最后发表的书面代理意见中称，第一，申请人已经按照合同履行完毕，被申请人在2006年9月7日出具的工程结算汇总表中确认仍欠我方2304636元。第二，被申请人提交的证据显示，双方存在有效的合同，合同约定价格为400万元，其中申请人提交的第二组证据《协议书》说明，在2006年1月10日时被申请人仍然拖欠我方工程款；第三、四组证据证明在2003年5月以前已付我方182万元工程款，也恰好说明只付我方一部分工程款。第三，被申请人认为支付182万元工程款是全部工程款，又认为申请人工程未完工，是前后互相矛盾的观点。第四，申请人从原合同约定价款和结算证据文件说明被申请人仍然欠其工程款2304636元。第五，申请人认为，被申请人公司内部的人员流动，不能对抗外部的效力。公司的行为不能因为内部人员的流动而无效。第六，被申请人自己承包的工程未完工与本案没有关联性。最后，申请人坚持其提出的仲裁请求。

被申请人在书面的最后陈述中称，第一，被申请人认为申请人主张的工程款中包含并非由申请人施工的钢结构加固工程。并提出，申请人没有钢结构的施工资质，另外被申请人已经将钢结构加固分包给了其他具有钢结构加工资质的企业。第二，本案合同的结算金额由2006年9月7日的两张《工程结算汇总表》所构成，其中被申请人对盖章“A加固工程技术有限公司”的、金额为182万元的工程结算汇总表不认可，理由是A加固工程技术有限公司早在2003年已经变更为“A工程技术有限公司”，即申请人，申请人以此张结算单作为抵销被申请人已经支付的182万元工程款是没有依据的。并且，对于一份工程合同，同一天做出两份工程结算汇总表是不符合常理的。最后，被申请人请求仲裁庭驳回申请人的仲裁请求。

二 仲裁庭意见

（一）关于本案合同主体

申请人提交的证据一为2001年6月5日签订的本案合同，签约主体分别为“C建筑装饰有限责任公司”与“A加固工程技术有限公司”。被申请人对该证据的真实性没有异议，仲裁庭亦予以认可。

庭审过程中，被申请人对申请人提交的证据三，即2001年7月10日签订的《合同变更协议》的真实性予以了认可，亦即认可了本案合同的发包人由原发包人“C建筑装饰有限责任公司”变更为“B股份有限公司装饰工程分公司”，即被申请人。据此仲裁庭对被申请人在本案合同争议中的主体地位予以认可。

被申请人在开庭审理时对申请人提交的证据二《合同变更协议》的真实性及申请人的名称变更没有异议，但其在庭后提交的质证意见中又表示不予认可，理由是签署证据二《合同变更协议》的时间为2005年9月15日，而“A加固工程技术有限公司”在2003年4月已经工商变更为“A工程技术有限公司”，自该时间以后“A加固工程技术有限公司”的印章应当废止使用，对以“A加固工程技术有限公司”名义在合同变更协议上落款盖章的真实性不予确认。

申请人提交的证据二，含《合同变更协议》和《协议书》两份文件，其中的《合同变更协议》上确有“A加固工程技术有限公司”和“A工程技术有限公司”以及“B股份有限公司工程分包合同专用章”的三方用印，用印的时间前两家落款为2005年9月14日，后一家落款为2005年9月15日。仲裁庭注意到，被申请人是在明确了解“A加固工程技术有限公司”名称变更为“A工程技术有限公司”事实情形下签署的该合同变更协议，且被申请人在第一次开庭审理中对该证据二的两份文件的真实性予以了确认，并且在仲裁庭问及申请人和被申请人双方对本案主体变更问题是否有争议时，双方一致回答没有争议。仲裁庭认为，“A加固工程技术有限公司”及“A工程技术有限公司”为申请人的前后两个不同名称，申请人的名称变更并不影响其享有本案合同的权利，并承担本案合同的义务，申请人依据本案合同中的仲裁条款以被申请人为相对方提起仲裁，双方均为本案争议的适格主体。

（二）关于工程结算

申请人提交的证据二中，其中一份为就本案继续履行事项签订的《协议书》，该协议书的落款为，“B股份有限公司装饰工程分公司”和“A工程技术有限公司”，落款时间为2006年1月10日。尽管被申请人书面质证意见中对此不予确认，但是被申请人在第一次开庭审理中对证据二的这两份文件（含《协议书》）的真实性予以了确认，在被申请人未能进一步举证的情况下，根据现有证据和庭审中被申请人的认可，仲裁庭可以认定该证据法律上的效力。

该《协议书》上第一条约定，“甲、乙双方继续履行乙方与C公司签订的《建设工程施工合同》从事甲公寓的加固工程。”第二条约定，“双方之间的建设工程施工合同关系继续有效，相关权利义务仍然按乙方与原C公司签订的《建设工程施工合同》中的有关规定确定，甲方拖欠乙方工程款的具体数额及支付方式由甲、乙双方另行协商解决。”

申请人提交了由“A加固工程技术有限公司”落款的证据六《结算资料》，时间为2002年3月31日。被申请人对此证据的真实性不予认可。但被申请人在庭审中对证据六封面上的“李刚”的签字予以确认，并说明此人当时有权利签字，后来离开公司，并提出结算资料有很多页，第一页的签字不能涉及全部内容。结合庭审情况和证据原件核实，仲裁庭可以认定“A加固工程技术有限公司”，即申请人名称变更前主体曾经提交给被申请人结算资料，被申请人于2002年3月31日签收过此文件。

申请人提交了证据五《工程结算汇总表》，该表由双方盖章确认，落款时间分别为“2006年9月7日”和“2006年9月6日”，其中结算合计栏的数字为“2304636元”。申请人欲藉此证明被申请人欠申请人承揽的甲公寓加固工程项目上的工程款2304636元。被申请人在质证中对该证据的真实性不予确认，但在庭审中承认该证据上的印章是被申请人公司的印章。在被申请人不能进一步举证的情况下，结合庭审陈述，仲裁庭认定该《工程结算汇总表》为本案有效的结算文件。

申请人还提交了补充证据四《工程结算汇总表》，该表由双方盖章确认，落款时间分别为“2006年9月7日”和“2006年9月6日”，其中结算合计栏的数字为“1820000元”。申请人藉此证明被申请人正是依据该证据向申请人支付了1820000元的工程款。被申请人在质证中对该证据的真实性不予确认，并指出申请人盖的章是“A加固工程技术有限公司”，但申请人名称在2003年4月份已经变更了。双方在同一天针对同一工程签订两份结算汇总表，很不正常。申请人称，一个工程不可能出现两个汇总表的说法无事实或法律依据，被申请人的说法仅是推测。被申请人在文件上的公章很清晰，该笔钱款已经结算过了。当时用旧章就是因为解决的是以前付过的款。两份结算表是两个独立的债权，如果要否定未结债务，被申请人应提供新的财务记录。仲裁庭注意到，被申请人在庭审中承认“王刚”是其公司在该项目的原负责人，并说明是以前的员工，且被申请人未提出对自己一方公章的异议，只是提出补充证据四《工程结算汇总表》上申请人使用的是变更名称前公司的印章，且未对该申请人印章本身提出异议。据此，在被申请人不能进一步举证的前提下，仲裁庭认为，首先，在同一天完成两份结算文件并不构成法律对该两份文件效力的否定；其次，申请人在该结算汇总表上使用名称变更以前的印章并不影响被申请人自身在该结算文件上进行意思表示的效力；第三，在该结算汇总表上有被申请人法定代表人“刘明”的签字，被申请人对此签字并未提出异议。因此，仲裁庭认定该补充证据四《工程结算汇总表》为本案有效的结算文件。

综上所述，根据本案合同中第 1.6 款的约定，“本合同工程承包造价为 4000000 元”，同时根据本案申请人曾经于 2002 年 3 月 31 日提交给被申请人结算资料的事实，在被申请人未能有足够证据证明申请人没有全部完成合同约定工程内容的情况下，在被申请人不能进一步举证证明其抗辩的其他事实存在的前提下，结合本案案情和庭审，依据法律规定和合同约定，仲裁庭认定本案工程结算价为证据六和补充证据四之和，即 2304636 元加上 1820000 元后得出 4124636 元。

（三）欠付工程款

被申请人提交了证据四《财务记账凭证及发票》，以证明被申请人已经支付了申请人 1820000 元的工程款，申请人对此证据证明的事实予以了确认。

根据上述本裁决第（二）条的认定，仲裁庭认定本案被申请人欠付申请人工程款为 4124636 元减去 1820000 元后得出 2304636 元。

（四）关于利息

申请人主张被申请人应支付申请人延期付款的利息为 266676.3 元。申请人主张的计算依据为自被申请人结算确认之日即 2006 年 9 月 7 日至 2008 年 3 月 18 日止的逾期付款利息为 266676.3 元。

根据本案合同第28.3款的约定，“甲方无正当理由收到竣工结算报告后30天内不办理结算，从第31天起按施工企业向银行计划外贷款的利率支付拖欠工程款额的利息，并承担违约责任。”本案裁决第（二）条已经认定被申请人于2002年3月31日已签收申请人《结算资料》的事实，按照合同约定，被申请人在30天内不办理结算，申请人有权从2002年5月1日起计算拖欠工程款的利息。据此，根据法律法规的规定和合同的约定，结合本案案情，仲裁庭认为申请人主张的自2006年9月7日至2008年3月18日止的逾期付款利息266676.3元没有超出合同约定范围且符合法律规定，仲裁庭对此予以支持。

（五）关于仲裁费用

结合本案具体情况及申请人的仲裁请求获得支持的情况，仲裁庭认为本案仲裁费用应由被申请人承担。

三　裁决

基于上述事实和理由，仲裁庭依法裁决如下：

（一）被申请人支付申请人所欠工程款2304636元。

（二）被申请人支付申请人欠付款利息为266676.3元。

（三）本案仲裁费用45549.19元（已由申请人向本会预交）全部由被申请人承担。被申请人直接向申请人支付代其垫付的仲裁费用45549.19元。

上述被申请人应向申请人支付的款项，被申请人应于本裁决书送达之日起15日内付清。逾期支付的，按《中华人民共和国民事诉讼法》之规定办理。

评析

建设工程施工活动的专业性越来越强，分工越来越细，出现专业承包、专业分包等情况。加之施工中具体情况的变化，变更分包、变更总包甚至变更业主的情况时有发生，产生对于变更责任、索赔、结算等方面的分歧。由于双方主观认识方面的原因，出于维护己方利益的考虑，出现仲裁和诉讼时，双方举出完全相反的证据，甚至对同一证据提出完全相反的意见和主张。加之平时规章制度不到位，积累资料不够，工程本身变更洽商较多较复杂等原因，一方甚至双方的证据都不充足、证据链条不完整。案件事实处于真伪不明的状态。这种情况，无法凭单方证据作出判断。仲裁员必须对双方证据进行分析，经过综合对比、联系分析、逻辑确定等方法，运用工程施工专业知识、法律修养、生活经验等方面的综合能力，最终得出公平中肯、能够服人的判断。

对于建设工程施工争议案件证据的判断，必须遵守证据判断的规则。仲裁庭面对当事人所举证据的冲突及不同的主张，始终居于公断第三方地位，听取双方陈述。运用法律思维和逻辑方法，综合建设工程及其他专业知识、社会生活经验等进行分析，经过对比掂量，取舍去留，分析各方证据独立形成判断，即“内心确信”。

一、判断验收结算的关键证据公开内心确信

建设工程施工合同主体变更的原因很多，只要不违反法律法规的规定，符合合同的意思自治，变更就是允许的。本案合同双方都发生过变更，这种情况并不多见。虽然双方都认可合同主体的变更，但对于合同变更前的主体所进行的行为，是否对变更后主体继续产生效力，双方争议很大。特别是对一方使用变更前印章，双方主张

截然不同。

本案申请人“A工程技术有限公司”与被申请人“B股份有限公司装饰工程分公司”，并不是最初签订《北京市建设工程施工合同》的合同双方。而是申请人与“C建筑装饰有限责任公司”于2001年6月5日签订。申请人与被申请人于2001年7月10日签订合同变更协议，约定本案合同的权利义务由原合同主体“C建筑装饰有限责任公司”变更为由现在的被申请人即“B股份有限公司装饰工程分公司”承担。申请人曾于2005年9月15日与被申请人再次签订合同变更协议，该变更协议约定，将原合同主体“A加固工程技术有限公司”（申请人工商变更前名称）承担的权利义务变更为由“A工程技术有限公司”（申请人现名称）承担。

申请人认为，2001年9月19日被申请人的验收记录表明，本案工程技术资料符合要求。申请人与被申请人确认工程结算汇总表，被申请人应付工程款2304636元。

被申请人则认为，该工程一直未完工，也没有竣工验收；被申请人已经支付182万元整，工程款已经付清。理由是2006年9月7日同一天做出两份工程结算汇总表不符合常理，对盖章“A加固工程技术有限公司”的182万元的工程结算汇总表不认可，认为“A加固工程技术有限公司”早在2003年已经变更为“A工程技术有限公司”即申请人，前印章应当废止使用。

验收记录和工程结算汇总表，都是建设工程施工活动中的重要文件，前者表示发包人确认施工符合要求，后者表示发包人确认工程总价及应付工程款。合同可以对验收及结算的具体方式作出约定，但是对于使用何种印章及同一天两份结算汇总表事项，双方并无约定。

仲裁庭根据当事人对于使用该印章是否为明知，对该争议作出判断。尤其值得指出的是，作出判断需要丰富的建设工程施工经验、法律修养和分析证据等方面的能力，而将这种内心判断及判断过程叙述出来，以达说明裁决的正当性及说服当事人接受裁决之目的，所需要的经验、修养、能力并不比作出判断要少。

仲裁庭分析被申请人的主张：被申请人在开庭审理时对申请人提交的证据二《合同变更协议》的真实性及申请人的名称变更没有异议，但其在庭后提交的质证意见中又表示不予认可，理由是签署证据二《合同变更协议》的时间为2005年9月15日，而“A加固工程技术有限公司”在2003年4月已经工商变更为“A工程技术有限公司”。仲裁庭进一步分析，申请人提交的证据二，含《合同变更协议》和《协议书》两份文件，其中的《合同变更协议》上确有“A加固工程技术有限公司”和“A工程技术有限公司”以及“B股份有限公司工程分包合同专用章”的三方用印。

上述《合同变更协议》为合同变更的正式文件，仲裁庭对于该文件上确有“A加固工程技术有限公司”等三方用印，作出认定。并且，仲裁庭将自己的内心确信过程完全公开，包括对被申请人在第一次开庭审理中对于相关证据的确认。这不仅体现了对证据分析的负责和严谨，也体现了仲裁庭对工作成果的自信和对当事人的尊重。仲裁庭的意见就很有说服力。

被申请人是在明确了解“A加固工程技术有限公司”名称变更为“A工程技术有限公司”事实情形下签署的该《合同变更协议》，且被申请人在第一次开庭审理中对该证据二的两份文件的真实性予以了确认，并且在仲裁庭问及申请人和被申请人双方对本案主体变更问题是否有争议时，双方一致回答没有争议。仲裁庭认为，“A加固工程技术有限公司”及“A工程技术有限公司”为申请人的前后两个不同名称，申请人的名称变更并不影响其享有本案合同的权利，并承担本案合同的义务。

裁决书应当正面回答当事人的问题并说明理由。被申请人提出的是,《合同变更协议》为 2005 年,而“A 加固工程技术有限公司”2003 年已经工商变更，该时间后其印章应当废止使用；真实性不应确认。这种说法没有得到仲裁庭的内心确信。仲裁庭最主要的两个理由，一是被申请人是在明确了解名称变更事实情形下签署的《合同变更协议》，二是被申请人曾经在开庭审理中对《合同变更协议》的真实性予以确认。仲裁庭分析认为，双方签订《合同变更协议》的意思是真实的，从而确认了协议的真实性。

内心确信及其形成过程在任何处理纠纷程序中都是存在的，但在古代并不公开内心确信。近现代公开内心确信则成为规则。《最高人民法院关于民事诉讼证据的若干规定》第 64 条规定：“审判人员应当依照法定程序全面、客观地审核证据，依据法律的规定，遵循法官职业道德，运用逻辑推理和日常生活经验，对证据有无证明力和证明力大小独立进行判断，并公开判断的理由和结果。”第 79 条规定：“人民法院应当在裁判文书中阐明证据是否采纳的理由。对当事人无争议的证据，是否采纳的理由可以不在裁判文书中表述。”仲裁作为民间机构专家办案，以铸造公信力为根本，不仅具有公开内心确信的能力，也具有公开内心确信的动力。

二、对施工活动中的不同证据多种方法综合分析

建设工程施工活动中，发包方与承包方产生大量文件来往，有些涉及双方之间权利义务关系的关键性文件，也是常常出现争议之处。从设计变更文件、竣工验收记录、结算单，到收货签送、施工日志、变更洽商等，由于事关当事人重要利益，都有可能发生激烈争执。仲裁庭对此类争议进行分析，是相当复杂的过程。不仅需要冷静的头脑，熟练运用逻辑思维的能力，也需要丰富的建设工程施工知识

和日常生活经验。仲裁员必须依法独立进行分析，不受干扰，全面、客观地审核证据，这一分析判断过程常常需要使用多种手段和方法。

关于报送结算资料，申请人提交了由“A 加固工程技术有限公司”落款的证据六《结算资料》，时间为 2002 年 3 月 31 日。被申请人对此证据的真实性不予认可。但被申请人在庭审中对证据六封面上的“李刚”的签字予以确认，说明此人当时有权利签字，后来离开公司，并提出，结算资料有很多页，第一页的签字不能涉及全部内容。

这里所说的《结算资料》，是工程承包人将已施工工程的资料整理汇总，单方形成的工程造价资料，包括工程总价、价格细目、附件等。承包人将结算资料报送发包人以便形成结算。报送结算资料不一定一次完成，发包人审查后若有不同意见，可能会要求承包人修改。

针对上述多种争议，仲裁庭分析的重点是该文件是否已报送被申请人，是否为被申请人所知。仲裁庭结合庭审情况和证据原件核实认定，“A 加固工程技术有限公司”，即申请人名称变更前主体曾经提交给被申请人结算资料，被申请人于 2002 年 3 月 31 日签收过此文件。这一关键认定解决了被申请人是否承担法律上“收到”文件的责任问题。

关于结算范围。申请人提交的证据二为双方就本案继续履行事项签订的《协议书》，被申请人书面质证意见中对此不予确认，但是被申请人在第一次开庭审理中对证据二的这两份文件（含《协议书》）的真实性予以了确认。仲裁庭据此认定该证据法律上的效力。申请人还提交了补充证据四《工程结算汇总表》，该表由双方盖章确认，落款时间分别为“2006 年 9 月 7 日”和“2006 年 9 月 6 日”，被申请人在质证中对该证据的真实性不予确认。其未提出对自己一方公章的异议，虽提出申请人使用的是变更名称的印章，但未对印章本身提出异议。仲裁庭未采纳被申请人的主张，运用的是确定自认的原则，并说明了在本案运用这一原则的前提：被申请人不能进一步举证。

关于是否形成结算。对于被申请人的其他主张，如同一天完成两份结算文件不符合常理，申请人使用名称变更前的印章应予废止，不认可结算汇总表的真实性等主张，仲裁庭进行了综合分析。认为，首先，在同一天完成两份结算文件并不构成法律对该两份文件效力的否定；其次，申请人在该结算汇总表上使用名称变更以前的印章并不影响被申请人自身在该结算文件上进行意思表示的效力；第三，在该结算汇总表上有被申请人法定代表人“刘明”的签字，被申请人对此签字并未提出异议。因此，仲裁庭认定该补充证据四《工程结算汇总表》为有效的结算文件。

裁决书对于所形成的确信进行了归纳说明：在被申请人未能有足够证据证明申请人没有全部完成合同约定工程内容的情况下，在被申请人不能进一步举证证明其抗辩的其他事实存在的前提下，结合本案案情和庭审，依据法律规定和合同约定，仲裁庭认定本案工程结算价为证据六和补充证据四之和，即 2304636 元加上 1820000 元后得出的 4124636 元。

本案相当部分争议集中于对建设工程施工证据的认识。当事人提出的问题多。仲裁庭冷静分析，对于决定裁决结果的主要问题，综合运用各方面能力，结合建设工程施工惯例，依证据作出分析判断，并公开内心确信及内心确信的形成根据。使人看到所作分析关键点清晰，逻辑清楚，符合建设工程施工活动的规律，感受到裁决的内在说服力。

（评析人：张建华）

12. 结算中对现场工作人员签证效力的认定

裁决要旨 在未明确约定现场代表的情况下，可根据现场签证人的特点和行为的连续性认定签字人员签证的效力，施工文件明确声明唯某人为代表的情形除外。

关键词 现场工作人员 签证效力

申 请 人：A 集团有限公司

被申请人：B 开发有限公司

一 案情

2006 年 9 月 12 日，以被申请人为发包人，申请人为承包人，双方签订《建设工程施工合同》（以下简称合同），约定由申请人承包施工位于 X 市 M 区的“K 大厦室外工程”，工程内容为“给水、污水、雨水、水池、管廊、室外电气工程”。开工日期为 2006 年 9 月 15 日，竣工日期为 2006 年 11 月 4 日，合同工期总日历天数为 50 天。质量标准为合格，合同价款为 2100000 元（指人民币，下同）。双方于合同专用条款第 6 条“合同价款与支付”之 23.2 约定“本合同价款采用固定价合同方式确定”。“风险费用的计算方法：无。”“风险范围以外合同价款调整方法：设计变更洽商。”于第 26 条约定：“双方约定的工程款（进度款）支付的方式和时间：工程竣工验收7日内支付工程总价款的50%，竣工验收10个月内支付工程总价款45%，余款为保修金。”合同专用条款第47条“补充条款”约定：“工程总价以实际结算价款（合同金额＋变更洽商）为准”，“变更洽商：（1）工程量按甲方（指被申请人，下同）及监理工程师确认的现场发生量。（2）单价执行调整后（210万）的预算书单价。”双方于专用条款第37条约定了仲裁条款：在履行合同过程中产生争议时，“向北京仲裁委员会提请仲裁”。

2006年9月12日，双方签订《补充协议》，约定：“经双方协商，甲方将K大厦室外工程交付乙方（指申请人，下同）施工。乙方协助甲方办理相关手续，甲方同意在工程款以外奖励乙方6万元。该金额在工程进行一半时支付，乙方不提供正式发票。”

申请人称，进场施工后，2006年9月19日因现场不具备施工条件，申请人于该日向被申请人发出书面函件要求被申请人予以解决，并提请被申请人考虑延误工期给申请人造成的经济损失。监理人员在该传真件上签名确认。申请人在此种情况下，边施工边提出建议协调施工图纸与工程实际不相符合的矛盾。类似事件屡屡发生。但由于被申请人怠于协调工作，时至今日工地现场仍然不具备施工作业的条件，致申请人无法继续履行合同。申请人于2007年2月撤离工地。申请人已完成了护壁工程、管道施工工程、管廊工程、化粪池工程等，已完成工程及施工期间发生的洽商费、冬施费、误工费等均已得到监理部门及被申请人指派的负责人的确认。被申请人于2007年11月16日给付60万元，未再支付。

申请人提起仲裁，请求：

1. 申请人与被申请人终止合同关系；

2. 被申请人给付工程款 1312046 元，同期银行贷款利息 159434 元；

3. 被申请人给付《补充协议》约定的 6 万元款项；

4. 仲裁费由被申请人承担。

被申请人未提供答辩书，于庭审时进行了口头答辩。被申请人认为，合同专用条款第 26 条，被申请人付款的条件及方式是工程竣工验收后 7 日内付总价款的 50%，竣工验收 10 个月内支付工程总价款 45%，余款为保修金。现工程并未竣工，谈不上竣工验收，付款条件未成就，被申请人不存在欠款的行为。申请人要求给付的《补充协议》的 6 万元款项，因为约定本身违法，且约定的付款条件并没有具备，因此，被申请人也没有义务支付该 6 万元。申请人所称时至今日施工现场不具备施工条件，这与实际情况不符。申请书提到有已完成工程得到被申请人指派的负责人的确认，也与事实不符。合同约定的监理方工程师是王明，发包方工程师是李林，应由该两人签字才有效。申请人请求解除合同没有任何依据，被申请人不同意解除本案合同。

申请人提出以下证据支持自己的主张：1.《建设工程施工合同》与《补充协议》。双方对于《建设工程施工合同》均无异议。对于《补充协议》，申请人主张按该协议应由被申请人支付 6 万元。被申请人认为《补充协议》支付的前提条件并未实现，按照该协议申请人也有偷税的嫌疑。2.《关于 K 大厦室外工程开工的相关事宜》。申请人以此证明因被申请人现场不具备施工条件，申请人于 2006 年 9 月 19 日向被申请人发出书面函件要求被申请人解决，该传真件同时送交了被申请人及监理单位。监理人高山在传真件上签署姓名确认。被申请人对于高山的身份表示异议，并认为该份证据的第 1 份上没有被申请人方面的签字。3.《管廊护坡工程施工方案》《X 市建筑安装工程结算书》——K 大厦管廊护壁工程。申请人用以证明管廊护坡工程经过被申请人现场负责人“赵强”签字批准。该工程完工后，陈刚、监理人员张华审核签字确认。被申请人认为赵强不是被申请人的人员，该施工方案也不是被申请人审批的施工方案。而且材料上签字也不是合同约定的现场工程师。陈刚是被申请人的人员，张华不是被申请人的人员。4.《工程洽商记录》《X 市建筑安装工程结算书》——K 室外洽商。申请人据以证明工程洽商情况。被申请人认为本份证据及其他证据中签字的“赵强”不是被申请人公司的人员，而且洽商中没有设计单位等单位的签字，不是有效洽商。申请人指出赵强是被申请人的项目总工程师。5.《K 大厦室外管廊工程冬季施工方案》《K 大厦室外管廊工程冬季施工费用增加明细》。6.《X 市建筑安装工程预算书》——K 大厦室外 6#、8# 砼化粪池工程、《K 大厦室外化粪池工程冬季施工方案》《K 大厦室外化粪池工程冬季施工费用增加明细》。7.《X 市建筑安装工程结算书——K 大厦室外给水工程》《X 市建筑安装工程结算书——K 大厦管廊工程》。申请人说明，本项证据两份结算书的手写文字“合同内”三字是甲方陈刚所签。被申请人指出该签字是用铅笔签的，不予认可。8.《K 大厦室外工程施工期间误工费用统计表》。9. 文件发放登记表——《关于 K 大厦室外工程的相关事宜》。10. ①文件发文记录表——《关于 K 大厦室外工程的停工报告》；②文件发文记录表——《关于 K 大厦室外工程的误工申请报告》。11. 文件发文记录表——《关于 K 大厦室外管线工作联系单》。12. 文件发文记录表——《关于 K 大厦室外工程工作联系单 2 号》。13.《关于 K 大厦室外工程的相关事宜》。14. 催款函、特快专递详情单 2 张、特快专递全程追踪查询结果单 2 张。15.K 大厦施工现场录像光盘 1 张。申请人并提供补充证据：1.K 大厦室外工程预算书。2.《建设工程施工合同》之《补充协议》。3.《有见证取样和送检见证人备案书》。申请人以该文中孙勇、高山的见证人签字说明该二人都是监理人员，在本案一系列材料中都有该二人的签字。被申请人对该份证据中的盖章予以认可，但认为孙勇、高山上下签字的书写不同，对签字的真实性难以确认。对证明的内容不能认可。顶多能证明有孙勇、高山这两个人，是备案书的见证人，不能证明是监理单位的员工以及他们有权限在结算单上签字。4. 施工图纸三份（时间分别为 2006 年 7 月、2007 年 2 月 12 日、2007 年 7 月）。5. 2008 年 9 月 24 日天域工程现场录像。上述申请人所举证据，被申请人在质证过程中，除对申请人补充证据 4 中的 2007 年 2 月 12 日的图纸，认为没有设计单位的章，不予质证外，对其他证据均提出了质证意见，仲裁庭择其扼要，不一一列举。

被申请人提供证据：证据 1，《工程设计图纸》，工程名称 K 大厦市政工程，设计内容施工图，工程编号 KZC06-YX-SS011，出图时间 2007 年 7 月（设计证书编号 010091-sy）。证据 2，图纸，工程名称 K 大厦市政工程，设计阶段施工图，工程编号 KZC06-YX-SS011，2006 年 7 月。被申请人说明，上述两份图纸证明工程从 2006 年 7 月份开始，一直是有施工图纸的，不存在不具备施工图的状态。申请人认可上述两份证据的真实性，但申请人认为，上述证据也说明，同一个图纸，被申请人就改了两次（实际上改了三次），导致申请人无法正常施工。

二　仲裁庭意见

（一）合同效力与合同的履行

双方签订的合同文件包括合同与补充协议。合同所约定的内容为“K大厦室外工程”，“给水、污水、雨水、水池、管廊、室外电气工程”。合同不违反法律法规的规定，为有效合同。补充协议约定了“甲方同意在工程款以外奖励乙方6万元”。接着约定的“乙方不提供正式发票”，违反财务及税收规定，这部分内容当然不发生当事人预期的效力。但约定的奖励6万元内容并不违法，双方在意思自治范围内的约定约束当事双方。

按照合同约定，合同工期总日历天数为50天，开工日期为2006年9月15日，竣工日期为2006年11月4日。并约定“工程竣工验收7日内支付工程总价款的50%，竣工验收10个月内支付工程总价款45%，余款为保修金”。合同所约定的竣工时间已过，但未能竣工、未能竣工验收。双方对于施工行为已经停止这一事实，均不否认。申请人已于2007年2月撤场，但双方没有形成针对已施工工程、有关遗留问题的协议。在继续履行合同还是解除合同的问题上，双方主张对立，申请人并提出支付其余工程款。显然，需要首先解决是否解除合同的问题，才谈得上其他。而对于此问题的判断，仲裁庭只有依据双方所举证据确定。

（二）关于证据

本案双方举证、质证过程中，被申请人对于书证中一些本方当事人的身份予以否认，具体情况仲裁庭在以下的意见中还要提到，此处，仲裁庭着重说明这种情况下如何决定证据的采纳。在一般情况下的建设工程施工关系中，发包方与承包方的人员在有关施工文件上进行签字，是双方的正常运作规范制度下的行为，履行签字的人员具有相应的能够进行签字的身份。这种身份是双方都知道的。如果双方约定签字人员必须有特别授权的手续，当然按约定，如果没有这样的约定，只能根据双方实际形成的方式或依习惯决定。本案双方没有特别约定，在实际履行中，出现了不同人员代表被申请人签字的情况，如果这些人员不具有被申请人方人员的身份，被申请人需要及时声明，而被申请人不能提供这样的声明。在这种情况下，如果被申请人事后声称是未予授权的本方人员签字，仍由被申请人承担后果，被申请人的内部原因不能对抗对外签字的效力。如果问题指向了欺诈等非正常情况下的行为，需要提供证据。仲裁庭所述以上分析是基于双方都是具有民事责任能力的正常经营的公司，无论申请人或被申请人，都须按照公司的正常状态和规程行事，在履行签字手续这一重要活动中，没有证据表明双方进行了特别约定，没有证据否定双方形成的方式或习惯，在这种情况下形成的签字，若无确定证据，不能轻易否认。

关于监理人员的签字，《中华人民共和国建筑法》第 32 条规定："建筑工程监理应当依照法律、行政法规及有关的技术标准、设计文件和建筑工程承包合同，对承包单位在施工质量、建设工期和建设资金使用等方面，代表建设单位实施监督。"由于监理代表建设单位实施监督，监理人员在一些文件上签字认可的工程量、资金等，是仲裁庭判断的重要依据。

视听资料是证据的一种，本案申请人提供了两张于工地现场拍摄的光盘资料，同样列为证据。

（三）**关于解除合同**

双方在此问题上意见对立，申请人提出解除合同，主要理由是现场不具备施工条件，施工图纸与工程实际不相符合，类似事件屡屡发生，被申请人怠于协调工作，工地现场一直不具备施工作业的条件等。申请人提供并放映了于工地现场拍摄的光盘资料，显示回填土尚未达到 ±0。被申请人提出了对光盘拍摄日期和现场的疑问。仲裁庭认为，被申请人虽然对拍摄日期和现场提出了疑问，但只限于疑问，没有相反证据予以否定。申请人提供的视听资料证据应予认可。申请人向被申请人提出了分部分项工程的结算意见。申请人撤场的时间是 2007 年 2 月。考虑到与合同约定的工期相比较，撤场距今的时间已经较长，双方又没有形成复工协议，复工难以确定。被申请人虽然主张继续履行合同，但没有提供相应的保障。仲裁庭认为，综合考虑各方面的情况，特别是经过合理的时间而被申请人未能提供继续履行合同的保障，解除合同有利于结束双方的权利义务不稳定状态，应裁决解除合同。

（四）对已施工工程价款的确认

虽然双方约定了工程竣工验收 7 日内付总价款的 50%，竣工验收 10 个月内支付工程总价款 45%，余款为保修金。但双方不能实现上述条件，在确定解除合同后，应当按照已经施工的工程造价确定支付价款。

双方未能形成最终结算，对于已经施工的工程造价，双方都没有提供专家意见，都未主张进行工程造价鉴定，仲裁庭认为，应当按照已有证据确定已施工部分的工程造价。证据中有双方形成的对部分工程的结算意见，虽非最终结算，但仍反映了双方的合意，仲裁庭按照双方的一致认可确定。对于其他证据，仲裁庭进行具体分析决定。在依证据不能准确确定时，在根据证据能够确定的范围内，进行有限度的公平裁量。仲裁庭说明，仲裁庭依证据确定事实，而不依当事人的意愿及当事人对事实的认识。本案被申请人没有提供工程造价方面的证据材料，但这不代表仲裁庭只听取申请人单方面的意见，而是，仲裁庭听取双方的意见，在质证的基础上判断。

1. 对于“K 大厦管廊护壁工程”，申请人提出的证据是《管廊护坡工程施工方案》《X 市建筑安装工程结算书》——K 大厦管廊护壁工程。该《X 市建筑安装工程结算书》所附“工程结算表”记载，工程名称：K 大厦管廊护壁工程。“定额名称”包括 6 项，“合计”“合价”以手写文字注明159120元。并注“工程量已核对，监理张华，2007.1.7”。所附“工程取费表”“单位造价”项以手写文字注明194922元。该《X市建筑安装工程结算书》主页有打印文字“预算总价272553.37元”字样，手写文字注明:“已审:194922元，陈刚，12/元—2007”，“监理:张华，2007.1.17”。被申请人对此证据的主要意见是《管廊护坡工程施工方案》上签字的赵强不是被申请人的人员，在《X市建筑安装工程结算书》上签字的陈刚不是合同约定的负责人员，张华也不是被申请人人员。仲裁庭认为，陈刚以被申请人方人员身份在此结算书上签字的行为，没有相反证据否定这种身份，对外发生效力。即使合同约定的发包人负责人与此处签字人不同，也不影响签字的效力，因双方没有就此作出特别约定，没有证据否定双方形成的方式、习惯，则现场负责人员的签字，应由其代表的公司负责。张华的身份已注明是监理人员，可以说明文件经过了监理审核。从另一方面说明了陈刚签字的效力。至于赵强在《管廊护坡工程施工方案》上的签字，也因其并不影响此份《X市建筑安装工程结算书》的效力，仲裁庭不再多述。仲裁庭依证据确定本项“K大厦管廊护壁工程”已形成的结算已审价为194922元。

2.对于“K室外洽商”，申请人提出的证据是《工程洽商记录》《X市建筑安装工程结算书》——K室外洽商。含以下洽商记录:①2006年11月1日申请人向被申请人提出的内容为“空调房肥槽回填土、渣土清运”的洽商记录，编号C2-002，说明了施工内容。2006年12月27日赵强签字确认，监理单位监理人孙勇签字确认。②2006年11月5日申请人向被申请人提出的内容为“管廊平面位移、混凝土等级变更、爬梯变更、顶板变更”的洽商记录，编号C2-003。2006年12月27日申请人赵强签字确认，监理单位监理人孙勇签字确认。③2006年11月28日申请人向被申请人提出的内容为“管道安装”的洽商记录，编号C2-004，说明了施工内容。签字栏中“建设单位”赵亮签字确认。此份证据中《X市建筑安装工程结算书》所附“工程合价表”记载，工程名称：K室外洽商。合价：100605.60元。“工程取费表”、“工程结算表”有“监理:张华”、“工程量已审核。监理：张华”字样。该《X市建筑安装工程结算书》主页有打印文字“预算总价100605.60元”字样，手写文字注明:“已审：86574元，陈刚，18/1—2007”。被申请人对此证据的主要意见是三份工程洽商记录在签字栏都没有完整的签字，缺少了建设单位和设计单位的签字，由于签字不完整，不是一份有效的洽商，对于证据指向的工程是否为被申请人要求的工程，持否认态度。并认为赵强不是被申请人公司的人员。申请人对此的解释是，赵强是被申请人的项目总工。仲裁庭在听取了双方意见后认为，本份证据的《X市建筑安装工程结算书》是能够据以确定本项数额的证据，陈刚的确认“已审：86574元”，说明了被申请人在此项的态度，该数额是被申请人同意的数额,应按此确定。至于有的文件有赵强签字的情况，仲裁庭认为，被申请人所称赵强不是被申请人公司的人员这一理由，不能解释赵强在多份文件上以被申请人名义签字的情况。而且在正常的施工文件中，若没有明确声明唯某一人的签字为代表而其他人均不可代表外，那么在施工过程中以被申请人方人员的身份进行有关行为,以被申请人名义的签字仍然对外发生效力。如果是其他情况，则需要明确的证据。一般的否认、事后的否认，不能否定已发生的签字。关于缺少设计等单位签字的问题，由于双方没有明确约定洽商必须有建设、监理、设计、施工四方的完整签字，不能按这种严格规定看待本处洽商。特别是经过了被申请人于《X市建筑安装工程结算书》的签字审核，仲裁庭按这一审核确定本项洽商86574元。

3. 对于“室外管廊工程冬季施工费用增加”，申请人提出的证据是《K 大厦室外工程冬季施工方案》《K 大厦室外管廊工程冬季施工费用增加明细》。申请人于第二份证据末尾注明“冬季施工需增加费用合计：81685 元”。本句下有手写文字：“项目合计……51174 元”，“监理：张华，2007.1.17”，“已审。陈刚，18/ 元—2007”。仲裁庭按照被申请人的审核数额确定为冬季施工费用增加 51174 元，其他理由与前述相同处，不再多述。

4. 对于“K 大厦室外 6#、8# 砼化粪池工程”，申请人提出的证据是《X 市建筑安装工程预算书》——K 大厦室外 6#、8# 砼化粪池工程、《K 大厦室外化粪池工程冬季施工方案》《K 大厦室外化粪池工程冬季施工费用增加明细》。《X 市建筑安装工程预算书》——K 大厦室外 6#、8# 砼化粪池工程，附“工程取费表”，“工程预算表”，“材料市场价表”，首页以打印字体注明预算总价 109275.49 元，手写横线划去该数额后手写注明 101796 元，陈刚、张华签字确认。《K 大厦室外化粪池工程冬季施工方案》，有赵强签字。《K 大厦室外化粪池工程冬季施工费用增加明细》附《工程洽商记录》，“内容摘要”项注明“6#、8# 化粪池”，2007 年 1 月 25 日，赵强在签字栏的“建设单位”栏中签字。《K 大厦室外化粪池工程冬季施工费用增加明细》第 2 页打印字体注明“综上所述，冬季施工需增加费用合计：36639 元”，下方手写横线划去“36639 元”，手写注明“9183.　”，签字“甲方：陈刚”，“监理：张华”。仲裁庭按照被申请人审核的数额确定为 K 大厦室外 6#、8# 砼化粪池工程 101796 元，K 大厦室外化粪池工程冬季施工费用增加 9183 元。本项仲裁庭确定共 110979 元。

5. “管廊工程”与“室外给水工程”，申请人提出的证据是《X 市建筑安装工程结算书——K 大厦管廊工程》《X 市建筑安装工程结算书——K 大厦室外给水工程》。该两份证据均附“工程取费表”，“工程结算表”。《X 市建筑安装工程结算书——K 大厦管廊工程》的首页打印字体注明预算总价为772357.06元，《X市建筑安装工程结算书——K大厦室外给水工程》的首页打印字体注明预算总价为600000元。两份“结算书”的首页均有铅笔手写字体“合同内”三字。申请人说明系陈刚的签字。被申请人指出该处字体是用铅笔签的，不予认可。仲裁庭听取双方意见后认为，该处手写字体“合同内”，没有注明书写人的身份，从字面含义也不能得出确认价款的明确意思。由此得出被申请人确认了该两笔款项，根据不足。对此两笔款项需要进一步分析证据，采取综合的方法予以确定。

仲裁庭认为，被申请人对于“管廊工程”与“室外给水工程”两份《X市建筑安装工程结算书》上的“合同内”三个手写字体，以铅笔字为由不予认可，对该两份“结算书”表示了不予确认，但没有否认申请人进行了施工行为。由于没有进行竣工验收，双方不能形成最终结算，不能共同进行工程量的确认，而是形成了对部分工程的、分部、分项的认量、认价，双方已经形成了这种实际做法。仲裁庭对双方尚未能形成认量、认价的“管廊工程”与“室外给水工程”的证据，结合其他分部分项工程的证据，综合分析确定，并进行必要的有限裁量。

申请人提供补充证据《X市建筑安装工程预算书》（以下简称预算书），工程名称“K大厦室外工程”，“预算总价2100000.75元”，与双方合同约定的“合同价款人民币2100000元”基本相符。申请人说明该《X市建筑安装工程预算书》所附“工程预算表”（工程类别，建筑工程）第58项“管廊”630496.00元即《X市建筑安装工程结算书——K大厦管廊工程》的预算总价772357.06元。该《X市建筑安装工程预算书》所附“工程合价表”中“市政给水600000.64元”即《X市建筑安装工程结算书——K大厦室外给水工程》的预算总价600000元。前者为预算数字，后者为所报结算数字。被申请人提出了前述预算书没有被申请人盖章确认，也提出申请人所报结算数字与预算数字不相吻合。仲裁庭在对合同等有关证据分析后认为，合同协议书第6条约定，组成合同的文件包·预算书，需要有充分的证据。而被申请人不能提供这样的证据。申请人提供之预算书的“预算总价2100000.75元”，与双方合同约定的“合同价款人民币2100000元”基本相符，没有相反证据能够否定，应将该预算书作为根据。关于申请人所报结算数字与预算数字不相吻合的问题，仲裁庭在以下意见中述及。

（1）关于管廊工程的施工情况。

仲裁庭认为，由于双方未能进行竣工验收，管廊部分的《X市建筑安装工程结算书》不能确定得到了被申请人的确认，需要根据其他证据确定施工情况。申请人提供的《K大厦室外工程施工期间误工费用统计表》中，“注1”的内容有“我公司于2006年9月15日进入施工现场，11月5日正式管廊施工，11月28日管廊结构完工”。这部分内容说明了“管廊结构完工”的情况。该表下部有手写文字及签字:“该情况属实，具体时间、单价由甲方、监理核实。周文，2007.1.26。”“误工时间属实，人工单价由甲方与施工方协商定。王明，07.1.29。”“请预算根据具体情况进行处理。李林，元.29。”申请人说明，周文是主体工程的总包方城建十公司的项目经理，王明为监理工程师，李林是被申请人方人员。被申请人对王明、李林的身份均认可。仲裁庭认为，这份经过被申请人、监理方面确认的文件，所记载的管廊施工情况应予确认。《K大厦室外工程冬季施工方案》《K大厦室外管廊工程冬季施工费用增加明细》两份证据中，前一份有赵强签字，后一份有手写文字:“项目合计……51174元”，“监理：张华，2007.1.17”，“已审。陈刚，18/元—2007”。仲裁庭在仲裁庭意见（四）之3中，按照被申请人的审核数额确定为冬季施工费用增加 51174 元。这部分证据也可说明管廊工程的施工情况，在冬季施工项目中列入了“管廊结构工程 、土方防冻、管廊回填土工程”，在费用明细中列入了“从 2006 年 11 月 15 日 ——2006 年 11 月 30 日管廊结构工程在冬期施工中需投入钢筋工 16 人，木工 20 人，混凝土工 10 人，水电工 2 人，壮工 12 人，共计 60 人”等管廊施工内容。因此，仲裁庭审查证据后确认 11 月管廊结构完工的情况。

关于管廊工程的造价。被申请人虽否认申请人所提供的预算书，但不能以具体证据说明在量、价等方面的具体否定根据，也不能提供证据说明自己所主张的预算数字。在合同之《合同协议书》第 6 条明确约定了组成合同的文件包括“工程报价单或预算书”，被申请人未提供证据，唯有申请人所举预算书证据可供判断，并且预算书所说明的管廊工程施工情况有其他证据可以证明的情况下，仲裁庭依据该份预算书证据作进一步确定。经审查，预算书的工程类别为“建筑工程”的《工程取费表》列明了“定额直接费”合价 885721.08 元，《工程预算表》之工程类别为“建筑工程”的第 58 项为“管廊”，合价“630496.99 元”。与本预算表其他项相加后的合价项合计 885721.08 元。在预算书中，管廊列入了“建筑工程”类别中。“建筑工程”的《工程取费表》还有其他费用项及费率：“现场经费”4.8%、“企业管理费”5.65%、“利润”7%、“税金”3.4% 等，但没有将“管廊”单独计算。申请人提供的《X 市建筑安装工程结算书》——K 大厦管廊工程的《工程取费表》列出了直接费“630496.99 元”，并有其他费用项及费率：“现场经费”4.8%、“企业管理费”5.65%、“利润”7%、“税金”3.4% 等，工程造价合计 772357.06 元。《X 市建筑安装工程结算书——K 大厦管廊工程》的《工程取费表》列出的直接费外的费用项及费率与预算书的工程类别为“建筑工程”的《工程取费表》相一致。可以确定，预算书的工程类别为“建筑工程”的《工程取费表》包含的管廊工程直接费“630496.99元”，按相同项目和费率计算后的工程造价与《X市建筑安装工程结算书——K大厦管廊工程》的工程造价772357.06元相一致。双方于合同专用条款第6条“合同价款与支付”之23.2约定了“本合同价款采用固定价合同方式确定”。这一固定价格方式也决定了，没有证据否定2006年“11月28日管廊结构完工”的情况，没有证据证明出现过重大变更的情况，应按照预算书和申请人所报管廊部分的结算书的一致数额确定管廊部分合同内的工程造价为772357.06元。

（2）关于“室外给水工程”。仲裁庭已在前面叙述，相关之《X市建筑安装工程结算书》不能确定被申请人进行了确认。需要根据证据综合判断。关于该工程的名称，申请人所提供的《K室外工程结算汇总表》中使用的名称是“管廊内管道工程”，《X市建筑安装工程结算书——K大厦室外给水工程》中使用的工程名称是“室外给水工程”（首页）、“市政给水”（工程取费表之工程类别），预算书使用的名称是“市政给水”。预算书之“工程取费表”注明工程类别为市政给水，但所附《工程预算表》“定额名称”标明为“室外管廊内管道”。被申请人提出了名称不一致的问题，但未能以证据否认所指向的是同一内容工程。申请人明确，所指向的是预算书《工程合价表》注明的合价为600000.64元的“市政给水”工程。仲裁庭审查未发现有证据能够否定上述名称的工程指向的是同一工程。为便于叙述，仲裁庭使用申请人于《X市建筑安装工程结算书——K大厦室外给水工程》首页使用的名称“室外给水工程”。仲裁庭综合各方面证据，分析如下：

① 2006年11月28日申请人向被申请人提出的内容为“管道安装”的洽商记录，编号C2-004，签字栏中“建设单位”赵亮签字确认。主要内容：“由于管廊根据现场实际情况，在距空调机房7.5米

处往南做转角，管廊中所有管道均增加 45 度弯头各 2 个。原设计水喷雾 DN125 镀锌钢管改为 DN150 镀锌钢管，长度为 132 米。原设计水源管 DN125 无缝钢管、热供水 DN125 无缝钢管改为镀锌衬塑钢管，长度均为 132 米。原设计 DN40 镀锌钢管冷水管改为 DN100 镀锌衬塑钢管，长度 132 米。原设计 DN65 镀锌热回水管改为 DN80 镀锌衬塑钢管，长度 132 米。二期喷淋 DN125 镀锌钢管改为 DN150 镀锌钢管，长度 80 米。增加二期水喷淋 DN150 镀锌钢管，长度 80 米。镀锌衬塑钢管及镀锌钢管连接均采用沟槽连接。”与本部分相关的《X 市建筑安装工程结算书》——K 室外洽商，在“工程取费表”（工程名称：K 室外洽商。工程类别：市政给水）部分也有以下签字：“监理：张华，2007.1.17”、“确认价格：35000 元。黄强，2007.1.17”可以说明这部分市政给水工程内容及价格得到了监理等的认可。但本部分洽商内容已含在“K 室外洽商”部分，仲裁庭意见（四）的第 2 项已做确定，不能重复计算。仲裁庭在此处引用该部分证据是说明，通过市政给水（洽商记录记载的内容是管道安装）的洽商部分经过了监理等确认的情况，在确认洽商的同时，可以说明申请人对于市政给水工程进行了施工。

② 前已叙述之申请人提供的《K 大厦室外工程冬季施工方案》《K 大厦室外管廊工程冬季施工费用增加明细》两份证据，前一份有赵强签字，后一份有手写文字：“项目合计……51174 元”，“监理：张华，2007.1.17”，“已审。陈刚，18/ 元—2007”。前份证据中列出了进入冬期施工的主要项目有“管道安装及试验”，后一份证据中“1. 冬施降耗”之“③管道安装试验”，有以下内容：“从 2006 年 12 月 6 日—2007 年 1 月 6 日管道安装试验工程在冬期施工中需投入水暖工 8 人，电焊工 2 人，壮工 4 人。共计 14 人。”并有被申请人与监理方面的审查核减。可以说明在上述期间管道工程进行过安装试验。

③ 2006年12月10日申请人《关于K大厦室外工程的相关事宜》函，第一段有以下内容：“管廊工程在2006年11月28日结构工程顺利完成，现结构施工队伍已闲置，我单位已经组织管廊里的管道材料进场，由专业施工队开始施工，计划2006年12月20日竣工。”该函有以下内容的手写文字：“情况属实。周文，2006.12.18。”附《文件资料发放登记表》在被申请人方一栏注明王刚已经签收，被申请人在开庭时称其项目管资料的没有王刚这个人，不能确认资料收到了。该函叙述了申请人已组织管道材料进场和开始施工以及计划2006年12月20日竣工的意思。

④ 2006年12月30日申请人之项目负责人张书申《关于K大厦室外工程误工申请报告》，内容有“我单位根据施工合同要求，于2006年9月15日组织了进场施工，至今管廊工程与管廊内管道安装工程已全部完工，在此期间内由于贵方原因造成大量误工现象”。附《文件发文记录表》在被申请人方一栏注明王刚已经签收，被申请人在开庭时称其项目管资料的没有王刚这个人，不能确认收到了该报告。该函叙述了管廊内管道安装工程已全部完工。

综上有关“室外给水工程”的证据情况，被申请人没有提供这方面的证据，则按照申请人已提供的证据，可以说明：申请人进行了这方面的施工。虽前述2006年12月30日申请人项目负责人张书申《关于K大厦室外工程误工申请报告》，有管廊内管道安装工程已全部完工的语句，并有被申请人的收文登记，但被申请人不确认收到了该报告。仲裁庭认为，鉴于对“室外给水工程”部分工程价款的确认涉及当事人的重大利益，需要有当事人的明确确认方能认可。而根据已提供的证据，不能确定被申请人对此进行了确认。工程未能进行竣工验收，结合其他证据也不能说明被申请人进行了这种确认。为达到仲裁解决纠纷的目的，需要裁量决定。若全额确定申请人主张的结算额，在工程未经竣工验收、不能确定被申请人确认全部完工及结算额的情况下，并不妥当，也不利于申请人承担一定的风险与责任。虽然申请人提出了被申请人提供图纸等方面的问题，但在缺少被申请人有关确认的情况下，仍宜作适当减少。在预算书中，“市政给水”作为单项列出，工程造价为600000.64元。申请人所报结算600000元，与预算额基本相符。仲裁庭在综合了上述多方面的考虑后，裁量决定，在申请人所报“室外给水工程”结算额的基础上减去30%，所余70%作为被申请人应当支付的款项。即K大厦室外给水工程，确定被申请人支付数额为420000元。本项仲裁庭确定“管廊工程”与“室外给水工程”被申请人应支付的款项合计1192357.06元。

6. 对于“施工期间误工费用”，申请人所提证据为《K大厦室外工程施工期间误工费用统计表》及相关文件。《K大厦室外工程施工期间误工费用统计表》记载“费用合计”96040元。该表下部有以下手写文字及签字:“该情况属实，具体时间、单价由甲方、监理核实。周文，2007.1.26。”“误工时间属实，人工单价由甲方与施工方协商定。王明，07.1.29。”“请预算根据具体情况进行处理。李林，元.29。”申请人说明，周文是主体工程的总包方城建十公司的项目经理，王明为总监理工程师，李林是被申请人方项目经理。被申请人对王明、李林的身份均认可，对误工时间也予确认，但认为具体费用尚未审核，需要核算。仲裁庭认为，双方已对误工时间形成一致，在费用额的问题上，被申请人并没有明确表示拒绝申请人所提费用额。仲裁庭认为，在双方不能形成协商一致的情况下，由仲裁庭按照符合法律规定公平合理的原则裁决。仲裁庭审查《K大厦室外工程施工期间误工费用统计表》后，认为按照同期一般情况下的同类单价，申请人提出的数额可以认可。故确定此项“施工期间误工费用”由被申请人承担 96040 元。

以上，仲裁庭确定被申请人应支付费用合计 1732046.06 元，被申请人已支付 600000 元，尚欠 1132046.06 元。

双方于合同专用条款第 26 条约定："双方约定的工程款（进度款）支付的方式和时间：工程竣工验收 7 日内支付工程总价款的 50%，竣工验收 10 个月内支付工程总价款的 45%，余款为保修金。" 由于双方未进行工程竣工验收，也未能形成最终结算，已不能按上述工程款的支付方式和时间履行。仲裁庭认为，被申请人应将上述裁决款项一次支付给申请人。上述约定中扣除的保修金，被申请人未主张扣除。而且根据本案未竣工验收，申请人实际停工撤离现场已相当时间，垫资施工有一定负担宜公平考虑的实际情况，仲裁庭对保修金不做扣除。

（五）关于《补充协议》约定的 6 万元

仲裁庭已在前面叙述，《补充协议》约定的"乙方不提供正式发票"，违反财务及税收规定，不能发生当事人预期的效力。但就约定的奖励 6 万元内容来说，并不违法。但本案合同尚未履行完毕，需要根据这一情况进行具体分析。《补充协议》的内容是："经双方协商，甲方将 K 大厦室外工程交付乙方施工。乙方协助甲方办理相关手续，甲方同意在工程款以外奖励乙方 6 万元。该金额在工程进行一半时支付，乙方不提供正式发票。"《补充协议》所约定的 6 万元金额在工程进行一半时支付，工程没有能够按计划进行施工，若确定支付 6 万元，与诚实信用原则有所不合。而《补充协议》约定中的乙方协助甲方办理相关手续，用语含糊，在被申请人不同意给付此 6 万元、称内容违法的情况下，申请人也没有清楚地作出解释办理何种手续，是否已经办理。重要的是：《补充协议》是一份确定奖励事项的协议，而不是对于合同主要权利义务内容进行变更补充。就双方在《补充协议》中所约定“奖励”的本意，是额外给付的意思，“甲方同意在工程款以外奖励乙方6万元”说明了这一点。而实际情况是，合同未能履行完毕，工程未能竣工验收，全部工程款支付的条件还未成就，申请人提出解除合同，被申请人并不同意申请人的请求，不同意给付全部工程款。工程款之外的奖励更难以实现。再维持支付6万元，与双方所约定的“奖励”的本意不能符合，有失公平。因此仲裁庭决定，对申请人要求支付《补充协议》约定的6万元的主张，不予支持。

（六）申请人所主张的利息

仲裁庭综合考虑本案当事双方的合同实际履行状况等情况后，仲裁庭从公平处理出发，不再支持申请人的利息请求。

（七）仲裁费用

根据本案的具体情况，仲裁庭认为，本案仲裁费应由被申请人承担70%，申请人承担30%。

三 裁决

根据上述事实和理由，本案仲裁庭作出裁决如下：

（一）终止申请人与被申请人签订的《建设工程施工合同》；

（二）被申请人向申请人给付尚欠工程款1132046.06元；

（三）本案仲裁费41323.6元（已由申请人预交），被申请人承担28926.52元，申请人承担12397.08元，由于申请人已向本会预交全部仲裁费，故被申请人应直接向申请人支付其代为垫付的仲裁费28926.52元；

（四）驳回申请人的其他仲裁请求。

上述（二）（三）两项被申请人应向申请人支付的款项共计

1160972.58 元，被申请人应当在收到本裁决书之日起 15 日内履行完毕。逾期支付，按《中华人民共和国民事诉讼法》第 229 条规定办理。

评析

本案是一个关于工程停工后结算争议的案例。本案涉及以下几个方面的问题：

一、关于建设工程施工合同的解除

建设工程施工合同是建设工程合同的一种，是我国《合同法》规定的有名合同之一，其解除的条件、后果适用《合同法》关于合同解除的一般规定。根据《合同法》第 91 条的规定，合同解除是合同终止的一种原因，其分为约定解除和法定解除。约定解除包括两种。一种为协议解除。《合同法》第 93 条第 1 款规定："当事人协商一致，可以解除合同。"另一种为约定解除权。《合同法》第 93 条第 2 款规定："当事人可以约定一方解除合同的条件。解除合同的条件成就时，解除权人可以解除合同。"而所谓法定解除，是指在合同成立以后，没有履行或没有履行完毕以前，当事人一方通过行使法定的解除权而使合同效力消灭的行为。[①]在法定解除条件成就时，解除权人可直接行使解除权将合同解除，而不必征得对方同意。这里重点讨论建设工程施工合同当事人享有法定解除权的情形。下面根据《合同法》第 94 条的规定分别进行讨论。

（一）因不可抗力致使不能实现合同目的

不可抗力是指不能预见、不能避免并不能克服的客观情况。这里"不能预见"是指当事人在签订合同时不能预见，客观情况包括

① 王利明：《合同法研究（第一卷）》，中国人民大学出版社 2002 年版，第 283 页。

自然灾害和社会性突发事件，如地震、海啸、瘟疫、骚乱、戒严、暴动、战争等。由于建设工程施工合同履行周期长，其在履行过程中容易受不可抗力事件的影响。但值得注意的是，当事人在发生不可抗力时未必一定享有合同解除权。只有当不可抗力达到使合同目的不能实现的程度，当事人才有权解除合同。比如，地震仅造成现场临时用房、道路的损坏，可能会使工期延长、造价增加，却未必会导致合同的解除。但如果地震使已接近完工的工程倒塌，合同标的物全部毁损，合同目的已无法实现，此时，双方当事人均有权解除合同。《建设工程施工合同示范文本》（GF-2013-0201）参考了《FIDIC 施工合同条件》（1999 年版红皮书）第 19.6 条的规定，从不可抗力影响时间的长短来判断其对合同履行的影响，可操作性较强。该示范文本第 17.4 条规定："因不可抗力导致合同无法履行连续超过 84 天或累计超过 140 天的，发包人和承包人均有权解除合同。"

（二）在履行期限届满之前，当事人一方明确表示或以自己的行为表明不履行主要义务

该行为在合同法上称为预期违约。在建设工程施工合同中，发包人的主要义务是为承包人提供必要的施工条件，并按照合同约定支付工程价款。而承包人的主要义务是按照合同约定的质量、工期和工程范围完成工程建设。如果发包人在与承包人签订建设工程施工合同后，却让另一家施工单位进场施工相同项目即构成预期违约。此时，承包人有权解除合同。而承包人预期违约的行为主要表现为合同签订后无正当理由拒绝进场施工，或在合同履行过程中明确告知发包人不再继续施工。

（三）当事人一方迟延履行主要债务，经催告后在合理期限内仍未履行

该行为在合同法上称为迟延履行。根据《最高人民法院关于审理建设工程施工合同纠纷案件适用法律问题的解释》（法释〔2004〕14号）第8条的规定，承包人在合同约定的期限内没有完工，且在发包人催告的合理期限内仍未完工的，发包人有权解除合同。

《最高人民法院关于审理建设工程施工合同纠纷案件适用法律问题的解释》第9条规定，承包人有权在发包人出现下列行为时行使合同解除权：

1.发包人未按约定支付工程价款，致使承包人无法施工，且在催告的合理期限内仍未履行相应义务的

在建设工程施工合同中，支付工程价款是发包人的主要义务。因此，当发包人不按约支付工程价款并致使承包人无法施工时，经承包人催告并在合理期限内仍未支付的，承包人有权解除合同。司法解释设置了“致使承包人无法施工”的定性标准，解决了法律适用的普遍性。但由于建设工程施工合同通常采用分期支付工程款的方式，发包人未按约付款是否会影响合同的继续履行，与其未付款的数额、比例有关。因此，在具体案件中，裁判者需要根据发包人未支付工程款的比例及具体案情来进行综合判断。

2.发包人提供的主要建筑材料、建筑构配件和设备不符合强制性标准，致使承包人无法施工，且在催告的合理期限内仍未履行相应义务的

在建设工程施工合同中，承发包双方可以约定由发包人采购建筑材料、建筑构配件和设备。《建设工程质量管理条例》第14条规定：“按照合同约定，由建设单位采购建筑材料、建筑构配件和设备的，建设单位应当保证建筑材料、建筑构配件和设备符合设计文件和合同要求。”如果发包人提供的上述产品不符合国家强制性标准，承包人不得在工程中使用，由此势必对合同履行产生障碍，甚至导致承包人无法施工。此时，承包人应催告发包人在合理期限内提供合格产品，若发包人仍不履行相应义务，则承包人可以行使合同解除权。

3. 发包人不履行合同约定的协助义务，致使承包人无法施工，且在催告的合理期限内仍未履行相应义务的

由于建设工程合同在性质上属于传统的承揽合同，因此建设工程合同分则中未作规定的，适用承揽合同的有关规定。《合同法》第259条第2款规定："定作人不履行协助义务致使承揽工作不能完成的，承揽人可以催告定作人在合理期限内履行义务，并可以顺延履行期限；定作人逾期不履行的，承揽人可以解除合同。"同时，在建设工程施工合同履行过程中，发包人的某些协助义务是保证合同继续履行的必要条件，此类协助义务即为发包人在合同中的主要债务。

发包人的协助义务一般包括提供满足"三通一平"要求的施工现场、提供施工图纸、按合同约定提供建筑材料、设备以及办理施工所需的相关手续，如办理施工许可证等。

（四）当事人一方迟延履行债务或有其他违约行为致使不能实现合同目的

1. 当事人迟延履行债务致使不能实现合同目的

承包人无工期顺延的正当理由而未在约定工期内完工，当工期直接影响合同目的实现时，将构成根本违约，发包人可不经催告直接解除合同。如发包人建设学校教学楼要求在9月1日开学前完工并投入使用，如承包人未能如约完工，可认为其已经构成根本违约，发包人有权直接解除合同。

2. 承包人已经完成的建设工程质量不合格，并拒绝修复的

在建设工程施工合同中，承包人交付质量合格的建筑产品是其主要义务，也是发包人订立合同的目的。当承包人完成的工程质量不合格并拒绝修复时，已经构成违约并导致发包人订立合同的目的无法实现。因此，发包人有权解除合同。当然，对于工程质量不合

格而无法修复的，也符合根本违约的条件。

3. 承包人将承包的建设工程非法转包、违法分包的

《建筑法》第 28 条规定："禁止承包单位将其承包的全部建筑工程转包给他人，禁止承包单位将其承包的全部建筑工程肢解以后以分包的名义分别转包给他人。"第 29 条规定："禁止总承包单位将工程分包给不具备相应资质条件的单位。禁止分包单位将其承包的工程再分包。"《建设工程质量管理条例》第 25 条第 3 款规定："施工单位不得转包或者违法分包工程。"可见，承包人的转包和违法分包行为均为我国法律和行政法规所禁止。而《合同法》第 253 条第 2 款规定："承揽人将其承揽的主要工作交由第三人完成的，应当就该第三人完成的工作成果向定作人负责；未经定作人同意的，定作人也可以解除合同。"根据《合同法》第 287 条的规定，建设工程合同一章没有规定的，适用承揽合同的有关规定。同时，承包人将工程非法转包、违法分包，既为法律所禁止，又有违发包人订立合同的初衷，导致合同目的不能实现，因此，发包人有权解除合同。

值得注意的是，《最高人民法院关于审理建设工程施工合同纠纷案件适用法律问题的解释》关于发包人和承包人法定合同解除权的规定并未也无法涵盖所有当事人享有合同解除权的情形。针对实践中的具体情况，应当根据对合同目的实现的影响来判断是否构成根本违约或合同主要义务的不履行，从而认定当事人是否享有合同解除权。

本案中，申请人（承包人）的第一项仲裁请求即为与被申请人（发包人）终止合同关系。从本案情况来看，虽然仲裁请求为终止合同关系，但实质上并未与解除合同作严格区分。申请人解除合同的主要理由是被申请人未提供符合施工条件的现场，并提供了现场录像证明，被申请人虽否认但无相反证据予以证明，故该证据被仲裁

庭采信。被申请人提供符合施工条件的现场是其应尽的协助义务，《合同法》第259条、第283条对此作了规定。被申请人因未履行及时提供施工条件的协助义务致使申请人无法施工，则可以认为被申请人未履行合同的主要义务。同时，从本案案情可知，涉案施工现场不具备施工条件、施工图纸与工程实际不相符合的事件屡屡发生，经过合理的时间，被申请人也一直未能提供继续履行合同的保障。因此，解除合同有利于结束双方的权利义务不稳定状态。

二、关于现场管理人员签字的效力认定

对于承包人已完工程量和价款的确认，发包人和监理人现场管理人员的签认至关重要，而签字是否有效则是关乎承包人的主张能否被采纳的关键。

在建设工程实践中，发包人拒绝签证、拖延结算的现象比较普遍，所以在合同无明确约定，且无证据显示签字主体的身份与其行为明显不符的情况下，认定发包人现场管理人员签字的效力，有利于对承包人合法权益的保护。一般来说，在合同中约定了发包人代表及其具体权限的，应当遵守当事人的约定；在发包人代表权限不明确的情况下，经其签认的工程签证一般会被认定有效；在当事人未明确现场代表的情况下，要结合签证人身份的特点和行为的连续性认定其签证的效力。比如，一般情况下，现场技术人员对于工程量变化、现场条件影响等的签认应予认定，但对于其关于价款调整或工期变化的签证，则不宜直接认定，还要结合案情和其他证据来综合判断。在发包人未对其现场管理人员的职责作明确划分并通知承包人的情况下，其现场管理人员的行为容易被认定构成表见代理。

对于监理人员签字的效力，要结合其签认文件的内容来认定。根据《建筑法》的规定，工程监理应当依照法律、行政法规及有关的技术标准、设计文件和工程施工合同，按照委托监理合同所约定

的监理内容和权限对承包人在施工质量、建设工期和建设资金使用等方面，代表建设单位实施监督。关于项目监理机构对工程造价的控制，《建设工程监理规范》（GB/T50319-2013）第5.3.1条规定，专业监理工程师对施工单位提交的工程量和支付金额进行复核，总监理工程师对专业监理工程师的审查意见进行审核，签认后报建设单位审批。第6.3.4条规定，工程变更款项最终结算时，应以建设单位与施工单位达成的协议为依据。对于施工单位提出的费用索赔，该规范第6.4.3条规定，项目监理机构与建设单位和施工单位协商一致后，在施工合同约定的期限内签发费用索赔报审表，并报建设单位。关于工程延期，该规范第6.5.3条规定，项目监理机构在作出工程临时延期批准和工程最终延期批准之前，均应与建设单位和施工单位协商。

《建设工程施工合同示范文本》（GF-2013-0201）通用条款第4.1条规定，监理人应当根据发包人授权及法律规定，代表发包人对工程施工相关事项进行检查、查验、审核、验收，并签发相关指示，但监理人无权修改合同，且无权减轻或免除合同约定的承包人的任何责任与义务。第19.2条规定，对承包人索赔的处理，监理人应在收到索赔报告后14天内完成审查并报送发包人。发包人应在监理人收到索赔报告或有关索赔的进一步证明材料后的28天内，由监理人向承包人出具经发包人签认的索赔处理结果。

由上述《建设工程监理规范》规定的项目监理机构职责和示范文本中对监理人的定位来看，项目监理人员应当在建设工程施工合同履行过程中，对工程的质量、造价和进度进行控制，但并无工程造价、工程延期的最终决定权。因此，对于涉及费用、工期的签证必须取得发包人的授权，否则对发包人无约束力。当然，监理人员对于工程量及各种事件的记载则应当作为证据使用。

本案中，对于"陈刚"的签字，被申请人对陈刚为自己的员工予以认可。尽管被申请人认为陈刚不是合同约定的负责人员，但合同中未对被申请人工程师李林的具体权限进行明确约定，被申请人亦未提供证据证明其对自身内部员工的权限进行了明确划分并告知了申请人，申请人有理由相信陈刚拥有签认结算的权力。对于"张华"等注明监理人员的签字，被申请人虽辩称其不是被申请人的人员，但未对其监理身份予以否认，且张华的签字与陈刚的签字能够相互印证，故可认定张华的监理身份。

三、关于已施工工程价款的认定

1. 经陈刚签字确认的工程

本案工程中，"K 大厦管廊护壁工程"、"K 室外洽商"、"室外管廊工程冬季施工费用增加"及"K 大厦室外 6#、8# 砼化粪池工程"已经陈刚签字确认，应当按照其签字确认的数额确定申请人完成的工程价款。

2. 管廊工程

由于该部分工程结算文件上未得到任何人的确认，故须结合其他证据进行判断。

第一，根据申请人提供的《K 大厦室外工程施工期间误工费用统计表》中列入的"管廊结构工程、土方防冻、管廊回填土工程"及表上所载的"项目合计……51174 元"、"监理：张华，2007.1.17"、"已审。陈刚，18/ 元—2007"字样，可以认定该部分工程已经完成。

第二，管廊工程部分造价的认定关键在于申请人所提供证据《K 大厦室外工程预算书》证明力的认定。本案合同协议书第 6 条明确约定，组成合同的文件包括工程报价单或预算书，故预算书构成合同的一部分。该证据所载预算总价 2100000.75 元也与合同价

2100000元基本相符。而且，承包人在报价时均会将工程报价单或预算书提交给发包人，作为发包人的被申请人应当持有本案合同的预算书。虽然被申请人否认该证据，但其并未提供相反证据予以证明，参照《最高人民法院关于民事诉讼证据的若干规定》(法释〔2001〕33号) 第75条的规定，可以推定申请人的主张成立。[①]因此，申请人所提供的证据《K大厦室外工程预算书》应予以采信。

第三，在《K大厦室外工程预算书》的证明力确认后，我们注意到，将预算书中“管廊工程”的定额直接费630496.99元取费后为772357.06元，与申请人提交的管廊工程结算书的工程造价相一致。尽管在建设工程施工合同履行过程中，变更是常态，但也不能否认，有些工程项目因自始至终未发生变更而使得工程结算价与合同价款一致。而且，本案合同第2.3.2款约定：“本合同价款采用固定价合同方式确定。”“风险费用的计算方法：无。”结合专用条款第47条补充条款关于“工程总价以实际结算价款（合同金额+变更洽商）为准”及“单价执行调整后（210万）的预算书单价”的约定，可以认定本案合同为固定单价方式。在未发生变更和洽商的情况下，合同总价款是不变的。

综上，申请人主张按照工程预算书中所确定的价格支付管廊工程的价款应当予以支持。

3. 室外给水工程造价

由于该部分工程结算文件上未得到任何人的确认，故须结合其他证据进行判断。

第一，根据《工程洽商记录》(编号C2-004)、《K大厦室外工

---

① 第75条规定：“有证据证明一方当事人持有证据无正当理由拒不提供，如果对方当事人主张该证据的内容不利于证据持有人，可以推定该主张成立。”

程冬季施工方案》《K 大厦室外管廊工程冬季施工费用增加明细》及《关于 K 大厦室外工程的相关事宜》有关内容可以认定，室外给水工程进行了施工。但申请人提供的证据无法证明该部分工程已全部完工。

第二，在申请人已经进行了施工，但却无法确定是否全部完工，也未办理结算的情况下，本着双方均应对此承担风险的精神，裁决当事人合理分担是正确的。

四、关于《补充协议》

1.《补充协议》的效力

合同的效力是指依法成立的合同在当事人之间产生的法律约束力。合同的效力反映了法律对当事人之间的合意的评价，因此，已经成立的合同只有具备了法定的生效要件，才能有效。[①]合同的效力要件一般包括：

（1）当事人具备相应的行为能力

合同是双方当事人就权利义务达成一致的意思表示，要求该行为人具有相应的意思表示能力和为自己的行为负责的能力。我国《民法通则》第 58 条规定，无民事行为能力人或限制民事行为能力人依法不能独立实施的民事行为无效。我国《合同法》第 9 条也规定："当事人订立合同，应当具有相应的民事权利能力和民事行为能力。"

法人的民事权利能力和民事行为能力，从法人成立时产生，到法人终止时消灭，企业法人应当在核准登记的经营范围内从事经营活动。但根据《最高人民法院关于适用〈中华人民共和国合同法〉若干问题的解释（一）》的规定，当事人超越经营范围，人民法院不因此认定合同无效，但违反国家限制经营、特许经营以及法律法规

① 王利明：《合同法研究（第一卷）》，中国人民大学出版社 2002 年版，第 491 页。

禁止经营的除外。

（2）合同双方意思表示真实

意思表示真实是合同自由和正义在合同法上的贯彻。当事人将缔约内在意思表示于外的过程中，可能会因主观或客观、内在或外在的因素而导致缔约人欲表达的意思和表示出来的意思不一致。我国《合同法》第 52 条规定，一方以欺诈、胁迫的手段订立合同，损害国家利益的；恶意串通，损害国家、集体或者第三人利益的；以合法形式掩盖非法目的的，合同无效。

（3）合同内容合法

合同内容合法是指合同中的权利义务及其指向的对象不违反法律和社会公共利益，又称合同的标的合法。我国《合同法》第 52 条规定，损害社会公共利益，违反法律、行政法规的强制性规定的合同无效。值得注意的是，这里所规定的强制性规定是指效力性强制性规定，而非管理性强制性规定。而判断一项强制性规定是否为效力性强制性规定的一个重要标准，即是看若违反该规定使合同继续有效是否损害国家利益和社会公共利益。①

（4）符合法定的形式要求

我国《合同法》第 44 条第 2 款规定，法律、行政法规规定应当办理批准、登记等手续生效的，依照其规定。《最高人民法院关于适用〈中华人民共和国合同法〉若干问题的解释（一）》第 9 条规定，依照《合同法》第 44 条第 2 款的规定，法律、行政法规规定合同应当办理批准手续，或者办理批准、登记等手续才生效，在一审法庭辩论终结前当事人仍未办理批准手续的，或者仍未办理批准、登记等手续的，人民法院应当认定该合同未生效。

① 王利明：《合同法研究（第一卷）》，中国人民大学出版社 2002 年版，第 658 页。

本案中，《补充协议》的主要内容为申请人协助被申请人办理相关手续，被申请人对申请人额外奖励6万元。该内容是当事人双方的真实意思表示，不违反法律、行政法规的强制性规定，应为合法有效。我们也注意到，该协议中有“乙方不提供正式发票”的约定。该约定属《发票管理办法》（1993年12月12日经国务院批准，财政部12月23日发布）第36条规定的违反发票管理法规的行为，可由税务机关给予行政处罚，但其并不影响《补充协议》的效力。

2. 约定的6万元是否应当支付

本案中，由于申请人对其应按《补充协议》办理何种手续、是否已经办理未作出合理解释，且工程中途停工未全部完成，若要求被申请人额外支付工程款以外的款项，与双方约定的“奖励”之意不合。故仲裁庭裁决对申请人主张的6万元不予支持，是合理的。

（评析人：高印立）

13. 不平衡报价与工程量清单漏项的处理

裁决要旨 存在不平衡报价的情况下，招标人享有了不平衡报价中低价部分的利益，也应承担支付高价部分款项的风险和责任；如果采用经审定的图纸及预算方式发包形成的总价合同，除工程变更规定的工程量增减等特定事项外，对缺漏项不予调整。

关键词 不平衡报价 工程量清单

申 请 人：A 建设开发总公司

被申请人：B 大学

一 案情

申请人称，通过招投标程序，申请人中标了被申请人 B 大学 330#、331#、332#、333#、335# 楼的施工，双方于 2005 年 8 月 30 日签订了《建设工程施工合同》，合同总价款 40648443 元。申请人按约定积极组织施工，本案工程于 2006 年陆续通过验收并移交被申请人使用。被申请人已支付工程进度款为 31305868 元。工程验收移交后，申请人按照合同约定向被申请人提交了完整的工程结算报告和资料。整个工程申报结算价款为 43094372 元。后经申请人反复催促，被申请人于 2008 年 1 月 18 日回函，确认整个工程结算价款为

36156112.72 元，对其他款项不予确认。申请人最终确定工程结算价款为 40721410.5 元。双方结算争议主要围绕：332# 楼电缆 YJV-4*95+1*50 沿桥架敷设、电缆头制作安装分部分项工程暂估价的调整和 333# 楼吊车钢梁结构制作安装分部分项工程清单漏项的调整，以及整个工程总包服务费计取三部分内容，争议总额为 4605385.73 元，双方至今结算无法达成一致意见。依据合同约定，按照申请人工程结算数额，扣除除 332# 楼之外的 5% 质量保修金，减去已付工程款 31305868 元，本次应支付的工程结算款为 8290070.36 元。依据双方合同条款及招标文件约定，被申请人应按约定支付进度款，但时至今日被申请人也仅支付工程进度款 31305868 元，累计拖欠进度款 5277730 元。按照合同专用条款第 35.1 条和通用条款第 26.3 条、第 26.4 条约定，被申请人应当承担逾期付款利息 423802 元。本案 332# 楼申请人也已完成合同约定的施工内容，具备竣工验收移交条件，2007 年 6 月 30 日凌晨 4 点 50 分，工地试验区内 332# 楼相邻建筑物内发生爆炸，受其影响，332# 楼建筑严重受损，申请人曾多次致函被申请人对该建筑予以验收移交，但受此事件影响，被申请人既不组织鉴定，也不组织受损部位改造，拖延至今未能验收移交。鉴于该栋建筑受本次事故破坏严重性不确定影响，加之被申请人拖延处理行为，申请人认为 332# 楼应视为移交并不再承担任何质量责任，原合同约定的 5% 质量保修金应予以返还。同时，申请人为了追偿欠款，已支付律师代理费 500000 元，该费用应由被申请人承担。

申请人的仲裁请求为：

1. 被申请人向申请人支付工程结算款 8281130.36 元；

2. 被申请人向申请人支付 2007 年 1 月 1 日至 2008 年 3 月 15 日进度款逾期付款利息 423802 元；

3. 确认申请人已办理 332# 楼验收交接手续并不再承担任何质量

责任；

4. 被申请人向申请人支付聘请律师的费用500000元；

5. 由被申请人承担本案仲裁费用。

被申请人辩称：

1. 由于申请人未按合同约定提供工程保修书、竣工图等进行竣工验收及备案所必需的法律文件，致使工程至今不具备竣工备案条件。申请人的行为直接导致其无权请求支付剩余工程结算款。本案合同履行的事实是：本案中，双方合同约定的竣工日期为2006年7月12日，但是申请人的主要工程直到2006年12月才基本完成。申请人提交的2006年6月21日关于330#、331#楼和2006年12月13日关于333#、335#楼验收移交协议，是因被申请人须提前入楼进行部分设备安装，为分清入楼后相应责任及相关费用承担作出约定而进行的内部验收，并非符合合同约定的竣工验收。关于工程价款支付：本案合同价款中包括招标人指定分包项目暂估价894万元。按合同约定及招标文件规定，该部分工程整项暂估价核减。所以申请人实际合同价款仅为31708443元，被申请人已经支付工程款31305868元，已远远超过了合同约定的竣工验收合格付至合同价85%的约定。即使按被申请人初步确认的工程结算价款36156112元计算，被申请人已付工程款已达到86.5%，也超过了约定的竣工验收合格付至合同价85%的约定。

2. 申请人请求支付的工程结算款和利息没有事实及付款依据，申请人的这一主张不能成立。关于332#楼电缆工程价款问题：根据被申请人招标文件及施工图纸和申请人的投标书，双方已经共同确认“电缆YJV-4*95+1*50沿桥架敷设、电缆头制作安装”分部分项工程量为94米，申请人在结算书中也确认实际施工工程量是94米；工程使用的材料是评标委员会审定的天津市电缆总厂生产的电缆，综合单价为 383.15 元;所以，计价应为 94×383.15=36016.1 元，而不是申请人主张的 3818468 元。申请人的主张之所以与事实不符，是由于申请人在 332# 楼工程投标书中将“电缆 YJV-4*95+1*50 沿桥架敷设、电缆头制作安装”一项报价为：工程数量为 94 米，每米综合单价为 21464.97 元；综合单价中材料费单价在分部分项工程量清单综合单价分析表中报价为 20010.12 元，该项材料费计价单价是申请人在报价的单位工程主材表及清单项目工料机分析表中将工程量扩大 100 倍所至。申请人在 332# 楼工程结算书中将“电缆 YJV-4*95+1*50 沿桥架敷设、电缆头制作安装”一项的结算报价为：工程数量为 94 米，综合单价为 40622.9 元；综合单价中材料费在分部分项工程量清单综合单价分析表中报价为 38315.68 元，该项材料费计价单价又是申请人将单位工程主材表中工程数量扩大 100 倍即 9520.563 米所至。申请人该项工程结算报告中的材料费计价与实际发生的材料费价款差额特别巨大。根据合同专用条款第 23 条和招标文件规定，“结算时按招标方确认的单价只调整暂估价部分，即用经招标人认可的单价，计入综合单价，自主报价部分不作调整。”本项材料单价必须按被申请人认可的价款 378.77 元调整后方可计入综合单价。关于 333# 楼吊车钢梁结构分部分项工程款问题：此项争议主要是在工程结算时，申请人主张该工程价款 468594.38 元属于漏项。事实是：被申请人在招标文件所示的发包范围中明确规定报价必须包括该工程价款。申请人在 333# 楼投标报价总说明中也已经明确承诺：吊车钢梁按图纸要求报价和安装（见被申请人证据 9 即 333# 楼投标文件）。申请人提交的证据 5-2 中“B 大学工程工程量清单审核确认单”和“B 大学工程工程量清单审核对比表”，是 C 公司根据施工图纸所做的工程全部工作量清单，不能证明该项工程属于漏项工程。因此，申请人的投标报价中已经包括吊车钢梁结构工程价款，该工程不属于合同调整范围，不应按照漏项纳入结算。关于招标人指定分包项目总包服务费问题：根据合同专用条款第23条约定和招标文件第71页第7款规定：总包服务费按实际价格和投标报价的比例数调整。该条明确约定，设备费部分不记取总包服务费，本案实际安装费发生4222468元，因此，总包服务费是4222468×2%=84449元，而非申请人主张的8940000×2%=178800元。

3. 关于逾期付款利息：本案实际合同价款仅为31708443元，被申请人已经支付工程款31305868元，已远远超过了合同约定的竣工验收合格付至合同价85%的约定。即使按被申请人初步确认的工程结算价款36156112元计算，被申请人已付工程款已达到86.5%，也超过了约定的竣工验收合格付至合同价85%的约定。工程至今还未竣工验收合格，更未完成竣工备案，所以根本不存在答辩人拖欠工程进度款的情况，更不会发生逾期付款利息。

4. 关于332#楼的验收：332#楼至今尚未进行竣工验收和移交，申请人称是因相邻建筑发生意外爆炸事件导致未按时竣工验收，这是借此意外事件推卸自己延期交付工程的责任。合同约定的竣工日期为2006年7月12日，但意外爆炸事件发生在约定竣工日期11个月后，即2007年6月30日凌晨4点。根据合同通用条款第2条第9款（6）的约定，申请人对在建工程负有保管责任。因此，申请人要求确认该工程竣工验收和移交并不承担任何质量责任，显然没有事实和法律依据。

5. 关于律师费：由于本案工程至今未通过竣工验收备案和竣工决算，不具备支付工程结算款的客观事实和合同约定的必要条件。因此，被申请人不能支付工程结算款是申请人的过错所至。在此情形下，申请人却愿意支付近200万元的律师费去主张不确定的900

万元工程结算款而提起仲裁，并要求被申请人补偿其已经支付的 50 万元律师费。被申请人认为，在本案中被申请人没有过错，申请人因提请仲裁支出的 50 万元律师费应当自行承担。

6. 申请人应当补偿被申请人因参与仲裁而支出的律师费 35 万元：申请人违约在先并提起仲裁案，致使被申请人为办理本案不得不支出律师费 35 万元。请仲裁庭根据仲裁规则第 42 条第 3 款规定，裁决申请人补偿被申请人支出的律师费。

综上，申请人的仲裁请求缺乏事实和法律依据，请依法驳回申请人的仲裁请求。

申请人和被申请人都向仲裁庭提交了证据材料和书面代理意见。仲裁庭对双方提交的证据材料以及所发表的质证意见、代理意见均给予充分关注，裁决书中未引用或叙述的内容不意味着其被忽视。

二　仲裁庭意见

仲裁庭认为，本案涉及的是建设工程施工合同纠纷，在双方所签订的《建设工程施工合同》（以下简称本案合同）履行中，形成了多项争议：工程是否经过了验收并交付；本案合同项下的工程款是否应当进行结算；工程款的结算数额等。仲裁庭认为，在诸多争议中，双方的主要争议是工程款的结算问题，争议的焦点问题是：332# 楼电缆 YJV 4*95+1*50 沿桥架敷设、电缆头制作安装分部分项工程结算款的数额计算问题。

基于申请人的仲裁请求和被申请人的答辩以及双方各自提出的主张或抗辩，针对与之相关的证据采信、事实认定和法律适用，仲裁庭对本案争议相关问题作出如下分析判断：

（一）关于本案工程的验收与交付问题

申请人认为，由其施工的330#、331#、333#、335#楼于2006年陆续通过验收并移交被申请人使用，332#楼完工后已具备验收移交条件，后因相邻楼发生爆炸，332#楼严重受损，由于被申请人未及时验收，应视为移交并不再承担任何质量责任。被申请人不同意申请人的主张，被申请人认为，由申请人施工的330#、331#、333#、335#楼，因申请人未按合同约定提供工程保修书、竣工图等进行竣工验收及备案所必需的法律文件，致使工程至今不具备竣工备案条件。对332#楼的竣工验收和移交问题，被申请人认为，332#楼至今尚未进行竣工验收和移交，申请人称是因相邻建筑发生意外爆炸事件导致未按时竣工验收，这是借此意外事件推卸自己延期交付工程的责任。针对这一争议，仲裁庭将根据相关证据采信情况，以及双方的实际履行情况作出判断。

1. 关于330#、331#、333#、335#楼的验收及移交问题

申请人为支持上述四栋楼已经过验收并移交的主张，向仲裁庭提交了证据三，两份双方签订的验收移交协议，即《330、331#楼验收、移交协议》及《333、335#楼验收、移交协议》。协议表述了以下主要内容：第一，关于330#、331#、333#、335#楼的验收，经四方总体验收合格，申请人同意被申请人进入楼内进行设备安装；第二，验收中发现一些质量问题，由申请人整改；第三，工程移交给被申请人后，被申请人须承担的责任及费用：（1）接收方（被申请人，下同）不得随意对建筑物进行改造、新建等工作，否则后果自负；（2）接收方须保证移交方在竣工验收时能够满足B大学工程招标文件第十五页9.1项（工程规范、标准和质量标准）及9.2项（工程质量等级）的相应要求，相反由此产生的责任及相关费用与移交方无关；（3）在保修范围内工作由移交方负责。经查，上述两份协议均

有申请人、被申请人及工程监理单位的签字盖章。《330、331#楼验收、移交协议》双方认可的签订日期为2006年6月21日；《333、335#楼验收、移交协议》签订的时间为2006年12月13日。被申请人对两份验收、移交协议的真实性不持异议，但是被申请人认为，“申请人提交的2006年6月21日关于330、331号楼和2006年12月13日关于333、335号楼验收移交协议，是因被申请人须提前入楼进行部分设备安装，为分清入楼后相应责任及相关费用承担作出约定而进行的内部验收，并非符合合同约定的竣工验收。”“由于申请人未按合同约定提供工程保修书、竣工图等进行竣工验收及备案所必需的法律文件，致使工程至今不具备竣工备案条件。申请人的行为直接导致无权请求支付剩余工程结算款。”仲裁庭认为，从双方签订的上述协议以及庭审中查明的事实看，2006年6月21日及2006年12月13日对四栋楼的验收，有别于合同中约定的验收程序及方式。那么，这种程序不规范的验收，是否可以视为“未验收”，或者应当由申请人承担“无权结算”的后果呢？仲裁庭认为，不能得出这样的结论。理由是：首先，根据上述验收协议所表述的内容分析，参与验收各方对工程质量的实质意见是“经验收工程质量合格”。这一结论，可以从以下几点进行判断：验收各方对“总体验收合格”有结论性表述；对验收中发现“一些质量问题”作了遗留事项的整改安排；工程已作了移交交付；保修责任已经启动。协议中的上述各项内容，均可体现出双方及其他参与验收方对申请人交付的工程，作出了“经验收合格”的实质性判断。其次，以不规范的程序和方式验收，起因于被申请人因故急于接收工程，仲裁庭认为，在工程已由被申请人接收使用的情况下，在申请人承担工程质量保修责任的情况下，申请人已经履行了合同中约定的主要义务，被申请人也应当履行结算并支付工程价款的合同义务。虽然本案工程验收不规范，但这不应成为依约完善竣工验收备案手续的障碍。再次，经审理查明，工程全部完工后，申请人与被申请人已经进入了结算阶段，被申请人对申请人所申报的工程结算书进行了初步审核，庭审中双方共同确认，在工程结算数额问题上，除争议较大的三项以外，双方的结算数额基本达成一致。从上述内容可知，将程序不规范的验收，视为“未验收”或认为申请人“无权结算”的主张缺乏依据，也与双方履行合同的事实情况不相符合。

2. 关于 332# 楼的验收、移交及质量责任问题

申请人的第三项仲裁请求是“确认申请人已办理 332# 楼验收交接手续并不再承担任何质量责任”。有关 332# 楼的验收及移交问题，仲裁庭查明了以下事实：第一，332# 楼的完工时间问题：2007 年 3 月 13 日，申请人向被申请人发出了《关于竣工验收的函》。函的全部内容如下：“B 大学：我公司承建的贵校试验室工程，现 330#、331#、332#、333#、335# 完成合同约定工程内容，进入竣工验收阶段。由于外线施工滞后，造成竣工验收无法正常进行。请甲方（被申请人，下同——仲裁庭注）抓紧督促各分包单位配合总包，确保竣工验收工作顺利完成。”被申请人认可此份函件的真实性。从函中的内容判断，申请人的“合同项下的全部工程已经完工且具备了办理竣工验收手续的条件”的表述，是以书面的形式正式通知甲方即被申请人，包括 332# 楼，由申请人施工的五个楼已全部达到了办理竣工验收手续的条件，希望甲方尽快推进办理验收手续。鉴于 2006 年 6 月及 12 月，330#、331#、333#、335# 楼已经验收交付；鉴于函中明确了 332# 楼已经完工且进入了验收阶段；鉴于被申请人虽然主张“332# 楼至 2007 年 6 月初完工”，但并未提交 2007 年 3 月 13 日至 2007 年 6 月间，332# 楼不满足验收条件的佐证，仲裁庭采信申请人的主张即：“332# 楼 2007 年 3 月 13 日完工。”第二，332# 楼受意外爆炸

影响问题：双方均认可以下事实，2007年6月30日凌晨4点50分，工地试验区内与332#楼相邻的建筑物内发生爆炸，受其影响，332#楼建筑严重受损。第三，双方确认就332#楼因意外爆炸严重受损的归责及修复问题未能达成一致。第四，被申请人认可2008年6月接收了332#楼，通过招投标委托新的施工单位进行修复。根据以上事实仲裁庭认为，尽管332#楼在完工后双方未办理竣工验收交接手续，但是，在被申请人已经事实上接收了332#楼的情况下，应当视为验收合格，验收的时间应当确定为2008年6月30日。那么，关于332#楼的质量责任承担问题如何确定呢，是否可以确认申请人主张的不再承担“任何质量责任”呢，答案是否定的。理由是，根据上述分析认定，被申请人未经与申请人协商一致，未经验收擅自接收使用了332#楼，且被申请人也认可已经另行委托施工单位对意外损坏的332#楼进行施工修复，在此情形下申请人不应再承担的是本案合同项下保修期内的质量责任。其他质量责任是否承担问题不是本案争议解决应当涵盖的。

（二）关于本案工程的结算问题

1. 关于工程结算问题的争议内容

仲裁庭注意到，申请人是在2007年9月份向被申请人提交的工程结算资料，被申请人于2007年12月17日出具了工程结算初步审核报告。在结算问题上，双方存在哪些争议问题呢？申请人的说法是：申请人向被申请人申报的结算价款为43094372元，被申请人审核后工程结算价款为36156112.72元，申请人对被申请人同意支付的36156112.72元所对应的各项结算价款不持异议，对被申请人不同意支付的部分，有些达成了一致，只有三项被申请人不同意支付的价款，申请人表示了异议。换言之，除了三项争议，双方对其他结算款项达成了一致意见。被申请人在庭审中认可申请人的说法，认为双方在结算数额上仅存在三项争议，三项争议的总额为4605385.73元。按照双方提交的证据材料及双方在庭审中的陈述，双方所指的三项争议为：第一，332#楼电缆YJV-4*95+1*50沿桥架敷设、电缆头制作安装工程价款争议，争议金额为3957991.35元；第二，333#楼吊车钢梁结构制作安装分部分项工程价款争议，争议金额为468594.38元；第三，总包服务费争议，争议金额为178800元。以上三项争议金额共4605385.73元。

2. 审理工程结算争议的模式

仲裁庭注意到，由于申请人基于在结算问题上，除上述三项外，双方已经达成了一致的判断，在提交解决争议问题上，申请人采取了仅提交现存的三个争议项的做法。因此，申请人未向仲裁庭提交被申请人审核同意支付且己方也认可的相关部分的结算资料；也未向仲裁庭提交被申请人经审核不同意支付且己方同样认可的相关部分的结算资料。仲裁庭基于双方对“仅存在三项争议”问题的一致表述，采取了相应的工程价款审理模式：对双方均表述达成一致的部分，仲裁庭直接认可双方达成一致的数额，对这部分工程价款，仲裁庭因未得到相应资料，既没有启动重新判断的依据，也没有重新判断的可能和必要。仲裁庭在审理中向双方明确了如下审理模式：以被申请人初审数额36156112.72元为基础，仅就双方三项争议作出判断，三项争议判明的数额加上双方无争议部分，即为双方工程结算总额。庭审中，申请人与被申请人对仲裁庭明确的工程结算价款审理模式表示认同。

3. 对三项争议金额的判断

对上述三项争议，双方均发表了详尽的意见，仲裁庭依据相关法律法规，双方提交的本案合同、《招标文件》及相关证据材料，庭审中查明的事实，对上述三项争议分析判断如下：

第一项：对 332# 楼电缆 YJV-4*95+1*50 沿桥架敷设、电缆头制作安装分部分项工程价款争议（简称电缆结算）的分析判断。

第一，争议描述。双方的主张：被申请人认为，申请人在此项上的报价有误，仅认可 36016.1 元，其余 3921975.25 元部分不应当支付。申请人认为，3957991.35 元电缆结算价是依据招投标文件，双方签订的合同计算出来的，被申请人应当支付。双方都提出了各自主张的理由。

被申请人不同意支付的理由：被申请人认为，根据招投标文件及施工图，被申请人有理由不支付。根据被申请人招标文件及施工图纸和申请人的投标书，双方已经共同确认“电缆 YJV-4*95+1*50 沿桥架敷设、电缆头制作安装”分部分项工程量为 94 米，申请人在结算书中也确认实际施工工程量是 94 米；工程使用的材料是评标委员会审定的天津市电缆总厂生产的电缆，综合单价为 383.15 元；所以，计价应为 94×383.15=36016.1 元，而不是申请人主张的 3818468 元。申请人的主张之所以与事实不符，是由于申请人在 332# 楼工程投标书中将“电缆 YJV-4*95+1*50 沿桥架敷设、电缆头制作安装”一项报价为：工程数量为 94 米，每米综合单价为 21464.97 元；综合单价中材料费单价在分部分项工程量清单综合单价分析表中报价为 20010.12 元，该项材料费计价单价是申请人在报价的单位工程主材表及清单项目工料机分析表中将工程量扩大 100 倍所至。申请人在 332# 楼工程结算书中将“电缆 YJV-4*95+1*50 沿桥架敷设、电缆头制作安装”一项的结算报价为：工程数量为 94 米，综合单价为 40622.9 元；综合单价中材料费在分部分项工程量清单综合单价分析表中报价为 38315.68 元，该项材料费计价单价又是申请人将单位工程主材表中工程数量扩大 100 倍即 9520.563 米所至。申请人该项工程结算报告中的材料费计价与实际发生的材料费价款差额特别巨大。

根据合同专用条款第 23 条和招标文件规定，“结算时按招标方确认的单价只调整暂估价部分，即用经招标人认可的单价，计入综合单价，自主报价部分不作调整。”本项材料单价必须按被申请人认可的价款 378.77 元调整后方可计入综合单价。

申请人主张应当支付的理由：申请人认为，本案合同是以工程量清单为计价基础的固定总价合同。招标文件明确规定电缆分部分项工程综合单价中材料费用单价按暂估单价计价，其他为自主报价，结算时只对暂估单价部分进行调整，据此申请人按照给定的暂估材料单价 198.12 元，确定综合单价为 21464.97 元，被申请人确认了中标价格。施工中电缆单价经过认质认价单价调整提高至 378.77 元，相应将综合单价调整为 40622.9 元，总价为 3957991.35 元。申请人在被申请人中标人认可综合单价的基础上，按照原计价办法和招标文件规定进行调价，符合双方的约定，被申请人以该项报价中申请人自主报价不合理为由，在实际暂估价材料单价调增情况下，反而主张推翻已经认可的综合单价，提出比投标报价更低的综合单价作为结算价格，没有任何依据。

申请人列出的电缆结算综合单价，报价与结算价的公式分别为：（1）电缆报价及合同综合单价构成 = 人工费（自主报价）+ 材料费（暂估价和自主报价构成）+ 机械费（自主报价）+ 综合费（暂估价和自主报价构成）= 人工费 +（电缆材料暂估单价 × 自主申报电缆数量 + 其他辅助材料费用）+ 机械费 +［人工费 +（电缆材料暂估单价 × 自主申报电缆数量 + 其他辅助材料费）+ 机械费］×5.35%=227.27 元 +（198.12 元 / 米 ×101 米 +65.06 元）+72.87 元 +［227.27 元 +（198.12 元 / 米 ×101 米 +65.06 元）+72.87 元］×5.35%=21464.97 元。申请人对上述计算的解释为：其中，电缆材料暂估单价是可变费用，根据《北京市建设工程施工招标文件》第 71 页第 6 条第 12.1

款 5 项：对于报价中的暂估价的调整的约定：结算时按招标方确认的单价只调整暂估价部分，即用经招标方认可的单价，计入综合单价，自主报价部分不作调整。施工中电缆材料经过甲方认质认价调整为 378.77 元，因此以被申请人确认价 378.77 元替代上述计算公式中的暂估价格 198.12 元。（2）申请人计算的电缆结算综合单价构成 = 人工费（自主报价）+ 材料费（确认调整价和自主报价构成）+ 机械费（自主报价）+ 综合费（确认调整价和自主报价构成）= 人工费 +（电缆材料确认单价 × 自主申报电缆数量 + 其他辅助材料费用）+ 机械费 +［人工费 +（电缆材料确认单价 × 自主申报电缆数量 + 其他辅助材料费）+ 机械费］×5.35%=227.27 元 +（378.77 元 / 米 ×101 米 +65.06 元）+72.87 元 +［227.27 元 +（378.77 元 / 米 ×101 米 +65.06 元）+72.87 元］×5.35%=40622.9 元。

仲裁庭注意到，双方在此项上的争议金额近 400 万元，通过招投标程序后双方在报价结算上发生如此大的争议是不多见的。那么，争议是如何发生的呢？仲裁庭首先要了解的是，双方争议的问题是什么。仲裁庭注意到，申请人在电缆争议项中，投标报价的材料单价报价为 20010.12 元；综合单价报价为 21464.97 元；按照清单中给出的 94 米，投标报价合价金额为 2017707.18 元。结算报价的材料单价为 38315.68 元；综合单价调整为 40622.9 元。按照清单中给出的 94 米，结算报价合价金额为 3818552.6 元。两者之间的变化原因是，将经确认的材料单价替代暂估价引起的。被申请人对申请人上述两次报价情况的真实性不持异议，也认可申请人的投标报价通过了评标委员会评审，被申请人对申请人的投标报价也未提出异议，被申请人于 2005 年 8 月 9 日向申请人发出中标通知书，双方按中标价签订了施工合同。合同履行进入结算阶段后，被申请人委托 P 会计师事务所有限公司对申请人所报结算进行审核，被申请人收到该会计师事务所于2008年4月27日出具的《B大学试验区330#、331#、332#、333#、335#楼工程结算审核情况说明》，在说明中，有对本案电缆争议项的审核情况的描述："依据B大学提供的招标工程量清单及施工图纸内容，该项电缆确认的工程量为94米，而施工方所报结算书中该项电缆工程量为9400米，记取1%的损耗后主材量为9494米，因工程量多计，审计核减金额3917781元。"仲裁庭概括双方庭审及代理意见中所发表的主要观点如下，被申请人提出核减款项理由与上述审计理由一致。申请人不同意被申请人的理解，认为清单给出的94米并没有改变，申请人不认为增加了工程的确定量，在申请人报出的投标材料中，材料数量仍然是94米，申请人认为，己方所报出综合单价之所以与被申请人的说法有几百万元的差距，是因为材料的数量虽然不能变动，但是施工一米所用的材料价的计算，是属于申请人有权自主报价的部分，因此申请人用相当于材料暂估单价198.12元的101倍的材料价生产一米电缆工程成品。这一计算方式或者说"自主报价"的价款，已经经过了招投标程序，且已经得到被申请人的认可，因此申请人坚持认为报价是符合行业规范的，是合法有效的，应当得到支持。被申请人认为，申请人是将工程量扩大了100倍，双方确认的工程数量仅为94米，申请人称安装1米的电缆需用101米的电缆材料，且不论这种说法是否符合规定和行业惯例，但申请人事实上根本没有购置9520.563米的电缆，显然申请人在投标和结算时用了一个虚构的材料用量计算材料价款。申请人主张这种高出同类工程项目报价百余倍的做法是其报价技巧，并将其称之为行业惯例，但是不管是申请人所谓的技巧或是惯例，申请人毕竟使用了虚构事实的方法进行报价和结算，显然是违法的、是无效的。不论被申请人当初同意与否，也应当因虚构事实损害国家利益而无效。

仲裁庭注意到，双方对同一事实有不同的理解：申请人认为，申请人“是在自主报价部分申报使用电缆单价 101 倍的材料价款完成 1 米的电缆施工”，这是申请人的不平衡报价技巧；被申请人认为，“申请人是用虚构材料用量 101 倍的方法计算材料价款”，这是虚构的用量，也是因违法而无效的。仲裁庭注意到，双方在电缆问题上的此类争议，并不具有普遍性，其特殊性有：“单价乘以 101 倍”的“自主报价”的理解与适用；报价方式的“不平衡报价技巧”说、“错报、误报”说、“故意虚构事实”说的不同理解结果；投标报价时按暂估价申报 200 余万元，结算时因暂估单价提高近一倍，使用上述计算公式后绝对值又高出投标报价近一倍，最终结算价近 400 万元，这一对因调整暂估价直接导致“不平衡报价”近乎翻倍的现象的理解等。双方的争议问题究竟属于什么性质？仲裁庭在作出自己的判断之前，建议双方接受专业鉴定机构的判断，双方同意仅对此项争议进行鉴定，双方共同选定了鉴定单位。

第二，关于本案鉴定与判断此项争议的关系。

为了更加准确把握双方争议解决方案，妥善处理纠纷，仲裁庭在征得双方同意后委托鉴定单位对电缆所涉工程造价进行鉴定。鉴定单位于 2008 年 8 月出具了《工程造价鉴定报告》（以下简称《鉴定报告》）。鉴定结论为：332# 楼电缆 YJV–4*95+1*50 沿桥架敷设、电缆头制作安装分部分项工程造价含税为 40087.95 元。被申请人认可鉴定报告结论。申请人针对造价鉴定报告于 2008 年 8 月 25 日，书面提出了三点异议。1. 鉴定报告内容自相矛盾；《鉴定报告》在确认申请人投标报价合法无误的情况下，又在第 4 页中用了三个“理论上”的推论来证明“申请人在投标时对计量单位的换算错误”，从而得出错误结论；2.《鉴定报告》抛开合同和招标文件的约定，错误地采用 2001 年定额进行鉴定；3. 电缆工程综合单价即构成作为合同文件有效组成部分，在结算时必须得到遵守。鉴定单位针对申请人提出的异议，于2008年9月10日出具了《工程造价鉴定复审回复》。鉴定单位对申请人的三项异议给出了相应的回复意见，复审结论为：鉴定工程造价与原鉴定报告相同。仲裁庭于2008年9月28日再次开庭，在有鉴定人员出庭的情况下，双方就造价鉴定相关问题向鉴定人员进行了询问。鉴定单位就上述鉴定意见回答了双方及仲裁庭的问题。仲裁庭认为，鉴定单位在鉴定过程中，听取了双方的意见，鉴定程序符合相关规定，鉴定报告中的分析意见和结论，应当作为解决本案争议的重要参考依据。但是，由于本案具体情况的特殊性及鉴定范围的有限性，仲裁庭不应当将40087.95元的造价，直接作为解决本项争议的结算价款。对双方争议问题的判断，应当既考虑到鉴定报告中分析判断所体现的普遍性，又要考虑到双方履行合同的具体事实情节，公平合理解决争端。

第三，电缆结算争议解决方案的确定及理由。

仲裁庭注意到，公平合理解决此项争议，与下面两个重要因素有关：一个是，申请人以暂估价确定的报价经过了合法有效的招投标程序，报价及价款的组成得到了被申请人的确认；另一个是，申请人将“自主报价”理解为：可以用主材单价扩大101倍的方法计算综合单价，从而实现不平衡报价的说法，既不符合专业造价人员的判断，也不符合投标报价的常理。那么，如何在解决此项争议中，既维护合约的有效性，又体现公平、公正；既考虑到双方的意思表示，又能引导合理的风险、利润报价行为，仲裁庭将依据相关法律规定，以及本案争议事实情节，对相关证据的采信情况作出如下分析判断。

（1）关于对申请人投标报价合价金额2017707.18元的判断。

仲裁庭认为，对申请人投标报价合价金额2017707.18元，在结算中不应当予以核减。理由如下：第一，就有效性而言，申请人以暂估价确定的报价经过了合法有效的招投标程序，报价及价款的组成得到了被申请人的确认，这种确认赋予了申报价款的有效性。第二，就合理性而言，本案工程中标价即为合同价，没有理由认为是高价中标，对于中标价，应当推定被申请人认为是合理的、可以接受的，在正常的招投标程序中，不可能存在申请人的报价数额对招标人确定中标价款产生影响的情况，因此，不管是申请人的报价有此消彼长的情况，还是属于申请人所说的不平衡报价，2017707.18 元的争议金额，无疑是组成合理中标价的一部分，被申请人关于支持这部分价款就会影响其重大利益的说法显然缺乏充足的理由。因此，作为固定总价“承包”性质的合同，在结算时扣减标底价款依据不足。第三，退一步讲，如果申请人的确是误报，将 01 定额软件中的计量单位换算错了，应当用 1.01 代入公式计算，而申请人错将 101 代入公式计算了，那么有两个事实不可回避，一是从招投标的操作程序上看，评标委员会发现了投标人的这一问题，应当向其发出询问，作出适当解决方案；二是被申请人在发现或者应当发现此重大误解的一年除斥期间内，可以向仲裁机构主张撤销或变更合同履行，被申请人在有机会处置这一问题时，没有提出异议，在合同履行完毕的结算阶段提出扣减 2017707.18 元的结算款，将对诚实信用与信赖利益构成影响。第四，如何理解本案工程造价鉴定数额。首先，仲裁庭有权根据案件情况决定是否采信鉴定意见以及是否部分采信鉴定意见；再有，如仲裁庭前面所述，由于双方认可在结算上仅有二项争议，而双方同意交由鉴定机构判断的仅此一项争议，鉴定机构只是对该项争议的造价提出了两方面的专业性判断意见：一是按照正常情况下，电缆一项应当如何报价与结算；二是申请人的非正常报价“理论上可理解”的成因是什么。因此，仲裁庭将部分采信鉴定报告中的内容，以便更科学合理地解决争议。综上理由，仲裁庭不支持被申请人扣减2017707.18元工程结算款的主张。

（2）关于对申请人结算报价合价金额3957991.35元的判断。

仲裁庭认为，对申请人结算报价合价金额3957991.35元中高出2017707.18元的部分，在结算中应当予以核减。为什么是高出部分核减，而不是全部核减呢？为什么不能支持全部合价金额3957991.35元进入结算呢？理由如下：第一，依据鉴定报告的分析，申请人结算“综合单价在理论上可理解为是申请人在投标时对计量单位的换算错误”。仲裁庭认为，鉴定单位的分析理解是很有参照价值的，因此，如果申请人是计算错误，依照前述分析，2017707.18元的价款有不应当扣减的理由，那么，只扣减高出部分有什么理由呢？仲裁庭注意到，这部分价款有着与投标报价不同的情况。从被申请人对这部分价款异议提出的时间上看，因为投标报价已经经过确认，但是对于确认电缆单价由198.12元/米变更为378.77元/米，价差为180.65元，被申请人不应当有明确的预知；至于价格调高了180.65元就将意味着继续把两个数的差额（378.77–198.12）=180.65元扩大100倍，目前没有任何证据证实被申请人有理由预见到或者曾经表示认可。因此，仲裁庭认为，如果是申请人报价错误，双方对此都没有预期，既不属于达成了一致协议，也不属于双方的真实意思表示，因此应当核减。第二，退一步讲，按照申请人的说法是不平衡报价，高出2017707.18元的结算报价也应当调整。理由是：首先，即便按照不平衡报价，其不平衡部分也因缺乏合理性应当调整。通常的不平衡报价是指一个工程项目的投标报价，在总价基本确定后，通过调整内部个别项目的报价，以期既不提高总价，不影响中标，又能在结算时得到更理想的经济效益。但是这种报价最基本的特征是要将报价控制在合理幅度内，一般应当控制在

10%以内，以免引起招标人反对，甚至导致个别清单项报价不合理而废标。本案中，申请人的报价中电缆材料损耗量比社会平均水平高出了近100倍，按照申请人的说法，不平衡报价是追求企业应得的利润，那么，应当看到本案中电缆这一单项的报价，不应当简单地认为是对这一单项适当调增价款的问题，应当看到是选择了电缆一项作为承载利润或者风险的载体。换言之，“电缆本身的价款”与“电缆承载利润或风险”两项，是完全可以分开的两部分，两个部分各有不同的性质和功能。电缆之所以承载了两项功能，是由于申请人的自主选择，是偶然因素所致，并不具有不可分开理解的必然性。也可以说只不过报价时是申请人选择了电缆一项承担了如此的“不平衡”。即便按照申请人的思路，被申请人认可了这一报价，就不仅认可了电缆通常应有的工程价款（1.01倍耗材的生成价），同时也认可了电缆承载的利润或风险（101倍耗材的生成价），由此可知，申请人依照投标报价已经得到了预期应得的利润。对于承载利润风险的电缆的暂估价，属于“调增”的调整，没有任何理由继续将“调增”部分再次按照“101倍耗材生成价”公式继续扩大利润所得。因为，价款“调增”，在结算阶段显然又加大了申请人的利润，又有什么理由继续扩大其所承载的“利润或风险包”呢？第三，如何理解招标文件中关于结算时只调整暂估价，自主报价部分不作调整的规定呢？如上分析，“用101米价款的耗材完成1米的工程量”是无法令人信服的。“电缆自身”与“电缆载体”是不同的两部分。当申请人报价时，可以推定双方对承载的风险也好，利润也罢是有条件了解的，但是，到结算阶段，对于电缆的暂估价的调整确定情况，双方没有一方可以断定其价款只是升，不是平，也不是降。同时，双方更不知道变动的多与少。从这点看，被申请人不可能对此有预见，“电缆自身”与“电缆载体”应当是可以分开理解与分别处理的。对这一不常见的非常规报价，不应当完全按照正常的报价规定、约定去简单套用。因此，仲裁庭认为有理由不再将180.65元继续套用计价公式，而只将被申请人认可的电缆价格调增部分即180.65元，乘以工程清单量94米的所得数额16981.1元，计入结算价款。

第二项：对333#楼吊车钢梁结构工程价款争议的分析判断。

双方此项争议的焦点是，333#楼吊车钢梁结构工程价款（简称吊车钢梁款争议）是否属于应当调整的“漏项”。申请人认为，根据本案合同和《招标文件》的约定，2006年11月被申请人委托C公司进行工程量清单漏项或多项核查工作，即清标。审核发现333#楼吊车钢梁工程在原招标文件中存在漏项，申请人因此据实作出调整增加工程量的确认，并约定以审核结果作为最终结算依据。被申请人认为，合同专用条款第6条第12.1款第3项规定，招标方提供的工程量清单施工阶段证实确有漏项或多项，经招标方和监理方确认，按实增、减及相应工程量调整。被申请人在招标文件所示的333#楼发包范围中明确规定报价必须包括该工程价款。申请人在333#楼投标报价文件总说明中也已经明确表示吊车钢梁已按图纸要求报价。申请人属于总价中标，除能证明招标方提供的工程量清单施工阶段证实确有漏项或多项并经招标方和监理确认，才能根据合同约定按照漏项调整工程量进行结算。但是，申请人未提交任何证据证明被申请人提供的工程量清单确有漏项，也未提交被申请人和监理确认333#楼吊车钢梁工程属于漏项或增项的证明。因此，不能依申请人的主张按漏项或增项调整纳入结算。仲裁庭注意到，双方此项争议的焦点，不在于C公司在清标时，是否认为吊车钢梁工程属于“不包括的项”，而是在于依据招标文件、合同约定及双方对合同的实际履行，即便属于清单中“不包括”的项，是否属于可以调整的“漏项”，这才是双方争议的焦点。仲裁庭认为，对这一问题的判断，应当依据双方签订的合同文件以及双方对合同的实际履行情况具体分析。仲裁庭认为，认定该争议价款应当调增的理由不充足。第一，双方合同专用条款第 23.2 条第 1 项中有双方手写的风险范围以外合同价款调整方法：“按招标文件 70、71 页第 6 条相关条款执行。”在按照招标文件 71 页第 6 条中（3）是有关漏项的处理规定：“招标方提供的工程量清单施工阶段证实确实有漏项或多项，经招标方和监理确认，按实增、减项及相应工程量调整。”上述双方经确认的关于漏项的调整方法应当得到双方的执行。申请人所提出的应当予以调整的“漏项”，显然不满足上述约定的条件。第二，受托单位 C 公司 2006 年 11 月出具了《B 大学工程工程量清单审核对比表》（简称《审核对比表》），其中“土建工程”部分对 333# 楼的审核第 12 条有“本清单中不包括吊车梁上钢轨”的表述；C 公司出具的《333# 楼分部分项工程量清单审核明细表》（简称《明细表》），其中审核前清单显示“金属结构工程”量为零；审核后显示“金属结构工程”一项量差为 100%；2006 年 11 月 22 日，申请人与被申请人及 C 公司三方签署了《B 大学工程工程量清单审核确认单》（简称《确认单》），对《审核对比表》《明细表》进行了确认，申请人认为，既然双方确认了原清单中不含“吊车钢梁结构”部分，而被申请人也认可申请人施工了这部分工程，就应当按照漏项进行调整。被申请人认为，即便是上述情况，被申请人也不同意调整。被申请人的理由主要有：C 公司是对整个工程的审核，针对吊车钢梁结构一项，招标文件关于本次招标并发包的范围说明中有“吊车钢梁按图纸要求报价和安装”的要求，申请人在投标报价总说明中响应了招标文件的这一条款，“投标范围包括吊车钢梁按图纸要求报价和安装”，另外，申请人没有在施工中提出过“漏项”问题的证据，因此被申请人认为，“吊车钢梁结构”一项，应当包含在报价中不应当调整。对比双方的主张，仲裁庭认为，被申请人的理由更为充分。因为，证据显示申请人在投标报价时，响应了“吊车钢梁”一项，这将直接影响到该项属于“漏项”性质的判断。因为对可称之为“漏项”的调整，是对应当承包的风险以外情况的处理，如果报价时考虑到了“吊车钢梁结构”一项，虽然清单中没有，但是，申请人既未在招投标阶段向招标人提出须澄清的疑问，也没有在此项工程施工时及时向甲方或监理提出“漏项”的确认，仲裁庭在被申请人不认可此项工程价款调增的情况下，没有足够的理由认定这项价款不属于申请人应当承担的风险。因此，仲裁庭不支持申请人的主张。

第三项：关于投标人指定分包项目总包服务费问题。

庭审中，双方就总包服务费的结算数额达成了一致，被申请人当庭确认应当向申请人支付 84449 元的总包服务费，申请人对此予以认可。

4. 工程款结算数额（这里的“结算数额”不包括双方已达成一致结算意见，未向仲裁庭提交的部分）

（1）工程款“结算数额”=36156112.72 元 +2017707.18 元 +16981.1 元 +84449 元 =38275250 元。

（2）被申请人欠付工程款 =38275250（应付款）–31305868（已付款）=6969382（未付款）。

（3）质保金的扣除数额

由于申请人提起仲裁时不包括 330#、331#、333#、335# 楼的质保金 1039555.79 元，本案的应付工程款还应当扣除这部分质保金。

（4）本案应付工程款数额为 5929826.21 元。

（三）关于工程款利息

申请人的第三项请求是由被申请人支付逾期付款利息。被申请人不同意支付。仲裁庭认为，被申请人应当向申请人支付其请求范围内的利息损失。由于申请人未将330#、331#、332#、333#、335#楼的工程款分别计算，又由于申请人起算的时间是以2006年年底的接收使用工程时间作为起算时间，以2008年3月15日为终止时间，而332#楼的确认接收时间是在仲裁案件审理中的2008年6月，不在申请人的请求范围内，因此，仲裁庭只计算除332#楼以外的四个楼的利息损失。基数的计算：扣除申请人认可的，合同附件1工程造价列表中的332#楼的工程造价，占列表中总造价的45.68%；用应付工程款5929826.21×45.68%=2708744.61元；因此不包含332#楼的利息计算，其余各楼的计算基数为：5929826.21元–2708744.61元=3221081.6元。

经上述计算，3221081.6元应当作为申请人请求工程款利息损失的计算基数。天数为：从2007年1月1日至2008年3月15日共440天；仲裁庭认为按年利率6.57%计算是合理的，因此，被申请人应向申请人支付工程款利息258652.85元（具体计算公式为3221081.6×6.57%×440/360=258652.85元）。

（四）关于本案律师费

申请人主张由被申请人向申请人支付聘请律师的费用500000元，被申请人不同意支付此笔费用。依据相关仲裁规则的规定以及本案具体情况，仲裁庭认为，由被申请人向申请人支付300000元为宜。

（五）关于本案鉴定费

本案鉴定费19790元，已由申请人和被申请人各预交50%，根据案件具体情况，仲裁庭决定由申请人承担50%，由被申请人承担50%。

（六）关于本案仲裁费

鉴于前述仲裁庭对案件分析判断情况，本案仲裁费由申请人承担40%；由被申请人承担60%。

三　裁决

（一）被申请人向申请人支付工程款 5929826.21 元；

（二）被申请人向申请人支付 2007 年 1 月 1 日至 2008 年 3 月 15 日逾期付款利息 258652.85 元；

（三）确认 332# 楼于 2008 年 6 月 30 日由被申请人转移占有，应视为已验收合格，申请人不再承担合同项下质量责任；

（四）被申请人向申请人支付聘请律师的费用 300000 元；

（五）本案鉴定费 19790 元，由申请人承担 50%（已交纳），由被申请人承担 50%（已交纳）；

（六）本案仲裁费 89779.6 元（已由申请人全部预交），由申请人承担 40%，即 35911.84 元；由被申请人承担 60%，即 53867.76 元。被申请人应直接向申请人支付代其垫付的仲裁费 53867.76 元。

以上被申请人应向申请人支付的款项，被申请人应于本裁决书送达之日起 15 日内支付完毕。逾期支付，按照《中华人民共和国民事诉讼法》第 229 条规定办理。

评析

本案的争议焦点主要围绕工程竣工结算款如何确定展开，同时涉及对程序不规范的工程验收效力的认定，其核心实质在于两个方面，一是针对不平衡报价项应如何结算，二是对工程量清单漏项项目（下称清单漏项）是否应调整增加工程款。不平衡报价和清单漏项是建设工程竣工结算中困扰双方、发生较为频繁的主要争议事项。

一、关于程序不规范的工程验收效力

本案中，双方当事人的争议之一涉及申请人承包的工程是否已经竣工验收合格及时间，从而确定100%工程款的支付条件是否成就，其核心是对程序不规范的验收效力应如何认定。

《最高人民法院关于审理建设工程施工合同纠纷案件适用法律问题的解释》（下称司法解释）第14条规定："当事人对建设工程实际竣工日期有争议的，按照以下情形分别处理：（一）建设工程经竣工验收合格的，以竣工验收合格之日为竣工日期；（二）承包人已经提交竣工验收报告，发包人拖延验收的，以承包人提交验收报告之日为竣工日期；（三）建设工程未经竣工验收，发包人擅自使用的，以转移占有建设工程之日为竣工日期。"本案中，申请人负责施工的五栋单位工程虽然均未经过正式的竣工验收程序，但根据被申请人要求，双方及其他参与验收方对其中四栋单位工程进行了验收，完成了全部五栋单位工程的移交手续，根据实质重于形式及司法解释规定，在各参与验收方对工程质量作出"经验收工程质量合格"的实质性判断、全部工程均已经事实上移交被申请人、导致程序和方式不规范验收情况发生的责任方也是被申请人的情况下，应认定工程在交付被申请人时已经竣工验收合格，本案裁决中对此进行了准确的分析认定，恰当地分清了双方当事人的责任。

从管理角度，建议建设工程各参与单位，应根据相关法律法规规定和合同约定，认真做好工程的竣工验收工作，尽量避免不规范验收情形出现。同时，组织竣工验收是建设单位的权利也是义务，建设单位应依法依规依约做好竣工验收的组织工作。如发生工程非正常移交情形，相关各方应书面确认移交的原因、时间，并对移交时已经完成的工作内容、质量和后续的责任义务、费用承担等予以说明，以分清各方责任。

二、关于不平衡报价

因申请人中标的投标报价中存在不平衡报价，从而导致结算时双方利益失衡，是本案中涉及金额最大的争议项。

不平衡报价，是指投标方在工程项目投标总价确定后，结合招标文件的付款条件等内容，对分部分项工程报价作出适当调整，在不抬高总价以免影响中标（商务得分）的前提下，争取在实施项目时能够尽早、更多地结算工程款，并获取更多利润的一种投标报价方法。建筑施工企业往往都会不同程度地采取不平衡报价的投标策略，这种策略对建设方来讲，可能导致投标单位低价中标、高价结算。通常的不平衡报价，是投标方通过调整个别子目中的自主报价单价来达到多结算、早收款的目的，本案的特别之处在于，申请人并非简单地调整了个别子目中的自主报价单价，而是超常规地调整了暂估价子目的单位主材（电缆）消耗量而引起的争议，具有一定的特殊性。

对于不平衡报价，在国家相关部委和地方的规范性文件中大多规定，投标文件中如存在严重不平衡报价，在评标时应予废标。可见，一方面，不平衡报价应控制在合理的幅度范围内；另一方面，在评标过程中，评标委员会负有对投标文件是否存在严重不平衡报价进行审核的责任。根据《招标投标法》及相关法律规定，一旦经过合法的招投标程序，投标人的投标文件经评审通过并确定中标后，包括投标报价及其具体构成在内的投标文件即成为合同文件的组成部分，合同各方均应尊重其有效性并受其约束。另外，在无相反证据证明的情况下，在正常的招投标程序中，中标价通常均为合理的低价。这就意味着，在存在不平衡报价的情况下，招标人享有了不平衡报价中低价部分的利益，自然也应承担支付高价部分款项的风险和责任。本案中，对双方就发生争议的不平衡报价事项的中标价予以确认的裁决，充分体现了尊重当事人意思自治、维护合约有效性的原则。但与此同时，民事审判中，在尊重意思自治原则的基础上，也应考虑公平和诚实信用的民法基本原则。本案中，投标报价时自主申报的电缆数量本应是由主要材料（电缆）基本使用量加材料在采购及使用过程中必须考虑的因意外或人为原因造成的合理损耗量构成，但申请人在投标报价书中却将电缆数量报为基本使用量的101倍，严重偏离了正常的施工损耗量，从而导致在电缆暂估价发生调整后，使申请人获得高出投标报价近一倍的不当利益，如对其高出投标报价总额的部分按照投标文件中的价格组成方式进行调整，则违背了公平和诚实信用原则。本案裁决中对该部分价款按照通常的计算方法予以调整，起到了平衡当事人之间利益，正确引导建设施工企业追求合理报价方式、开展公平竞争的良好示范作用，有利于促进招投标市场的规范发展。

从管理角度，建设单位应注重做好招标前的准备工作。对难于确定价格的大宗材料，可提供适中的暂估价，并在招标文件中明确暂估价项目的调整方法。同时，在招标文件的评标办法中，将严重不平衡报价作为废标条件，将尚未达到严重情况的不平衡报价作为综合评审的量化因素；在开展评标的过程中，对投标单位商务标报价中的不平衡项目认真地逐一分析，对其中含糊不清的问题，应要求投标单位以书面澄清或承诺，尽量不留隐患，避免低价中标、高价结算的情况发生；在工程实施过程中，则要严格把好工程变更和索赔关。做到对偏差较大的不平衡项目，在施工过程中及时发现，并尽量在施工过程中妥善解决，避免竣工后扯皮。施工企业则应恰当、合理地运用不平衡报价策略，以既有利于增加收益，又避免废标情形发生。

三、关于工程量清单漏项

工程量清单漏项一般是指施工图纸上有但工程量清单里没有包

括的项目。对采用工程量清单计价模式的工程，招标工程量清单作为计价基础，是编制招标控制价、投标报价、计算和调整工程量、索赔等的依据之一，是招标文件的组成部分，其准确性和完整性应由招标人负责。如果是单价合同，当发现招标工程量清单中出现缺漏项时，应按承包人在履行合同义务中完成的实际工程量计量、计算。如果是采用经审定的施工图纸及预算方式发包形成的总价合同，除工程变更规定的工程量增减等特定事项外，总价合同中各项目的工程量即为承包人用于结算的最终工程量，对缺漏项不予调整。

本案中，双方争议的实质并非“333#楼吊车钢梁”是否为漏项，而是是否为“应调整的漏项”。对此，虽然招标工程量清单中显示的相应内容工程量为零，但是招标文件关于发包工程范围的说明部分明确提出“吊车钢梁按图纸要求报价和安装”；申请人在投标报价说明中作出“投标范围包括吊车钢梁按图纸要求报价和安装”的响应性内容，投标报价说明也是投标文件的重要内容之一，与已标价工程量清单共同构成具有法律效力的投标报价组成文件。招标文件和投标文件又均是合同文件的组成部分，招标文件与中标人投标文件不一致的地方，应以投标文件为准。故对于本案中所涉及的清单漏项，在申请人通过投标报价说明作出投标响应的情况下，应视为投标人对相应内容已在投标报价中予以综合考虑，在招标图纸未发生变化的情况下，与此相关的费用不应予以调整增加。对此，2013年版《建设工程工程量清单计价规范》中增加了相关规定，强调在发生工程量清单缺漏项事项时，承包人应在事项发生后14天内提交合同价款调增报告及相关资料，否则视为承包人对该事项不存在调增价款请求。本案中，申请人既未在招投标阶段提出澄清要求，且通过投标报价说明响应了相关清单漏项内容，也未在工程施工过程中及时提出合同价款调增的请求，本案不予支持申请人此部分仲裁请求的裁决与《建设工程工程量清单计价规范》规定相符合。

从管理角度，工程量清单缺漏项是建设工程合同中常见的引致纠纷发生的原因之一。对此，承包人在招投标过程中应注意对招标人制作的工程量清单进行必要的审核，及时提出需要澄清的疑问，认真编制好包括投标报价说明在内的投标文件；同时，在工程施工过程中，当发现需要调整合同价款的事项时，应在相关法律法规规定和合同约定的时间内，及时行使权利，做好施工过程中合同价款的变更调整工作。

（评析人：辛松梅）

14. 超越资质等级签订合同及业主方擅自使用工程的处理

裁决要旨 施工方超越资质等级签订的合同无效；在难以证明及划分责任的情况下，除了地基基础工程或主体结构工程外，建设工程未经验收合格，发包方擅自使用，又以部分质量不符合约定为由主张权利的，不予支持。

关键词 超越资质 擅自使用 质量抗辩

申 请 人：A 建筑装饰工程有限公司

被申请人：B 置业集团有限公司

一 案情

（一）仲裁请求和答辩

申请人称：

2007 年 11 月 9 日，申请人与被申请人签订了合同约定：由申请人对被申请人位于北京市的被申请人单位的办公室进行装修；工程造价（该造价以报价单为准）：1900000 元（指人民币，下同）；工程价款的支付与结算：1. 合同签订后 1 日内，被申请人支付不少于合同总价 30% 的预付款，计 600000 元；2. 施工 10 日内，被申请人向申请人支付占合同金额20%的工程款，计380000元；3.工程竣工验收完毕后1日内，被申请人向申请人支付占合同金额50%的工程款，计920000元；4.如被申请人拖欠工程款或尾款，应向申请人支付拖欠金额日千分之五的违约金。后来，申请人按约定进场施工并完成了相关工程项目。2008年1月23日，申请人与被申请人又签订了一份《补充协议》，约定：合同第6条工程价款的支付与结算之第3条约定的工程竣工验收完毕后1日内，被申请人向申请人支付占合同金额50%的工程款，计920000元，更改为工程竣工验收完毕后当日内，被申请人向申请人支付工程款830000元。同时还约定，工程竣工验收完毕半年，被申请人向申请人支付工程款90000元（该90000元作为质量保证金）。同日，工程经过竣工验收。随后，被申请人向申请人支付工程款830000元。被申请人先后已向申请人支付了工程款1810000元，尚欠90000元至今未付。为维护申请人合法权益，特向本会申请仲裁，其仲裁请求如下：

1.裁决被申请人向申请人支付装修工程款90000元，自2008年7月24日起至2009年3月9日止的逾期支付工程款90000元的违约金100800元（90000×5‰×224天=100800元）及自2009年3月10日起至实际付清工程款90000元之日止的逾期付款违约金（标准按未付金额每日千分之五计算）；

2.裁决被申请人承担本案受理费、处理费。

针对申请人的仲裁请求，被申请人答辩如下：

1.申请人不具有签订《施工合同》资质，合同无效。

2007年11月9日，被申请人与申请人签订合同，约定由申请人对被申请人办公室进行装修，工程造价为1900000元。但被申请人取得的北京市建设委员会（以下简称北京市建委）资料显示，申请人于2009年2月23日才取得北京市建委颁发的三级资质证书，承包的工程造价限定在600000元及以下建筑室内、室外装修装饰工程（建筑幕墙工程除外）的施工。因此，申请人在与被申请人签约并履行时，不具有施工资质，其与被申请人签订的合同无效。

2. 申请人签约时隐瞒无施工资质，施工时恶意欺骗被申请人，其存在明显的欺诈行为，合同应依法撤销，被申请人有权扣除尾款，并追究其法律责任。

除前述欺诈行为外，被申请人在使用办公室后，还发现申请人所做装修存在诸多问题。最恶劣的是，申请人所做回风口和送风口均无管道设施，这是严重的欺诈行为。因此，合同应予撤销，被申请人有权扣除尾款90000元。

综上，被申请人认为，申请人的仲裁请求无事实和法律依据，不能成立，要求驳回申请人提起的仲裁。

（二）仲裁庭查明的本案事实

根据双方当事人的当庭陈述、提交的证据材料及当庭对证据材料的举证说明、仲裁庭关于案件事实的调查询问，仲裁庭现将本案查明的事实列明如下：

2007年11月9日，被申请人作为甲方，申请人作为乙方，双方签订合同，约定工程名称为B集团办公室装修，工程造价为1900000元。关于工程期限，合同第3条第1款约定，工程总施工期为20天（以物业核发施工许可证之日起），自2007年11月12日开工至2007年12月1日，12月2日竣工验收。关于工程价款的支付与结算，合同第6条第1款约定，合同签订后1日内，被申请人支付不少于合同总价30%的预付款，计600000元；该条第2款约定，施工10日内，被申请人向申请人支付占合同金额20%的工程款，计380000元；该条第3款约定，工程竣工验收完毕后1日内，被申请人向申请人支付占合同金额50%的工程款，计920000元；

该条第 4 款约定，如被申请人拖欠工程款或尾款，应向申请人支付拖欠金额日千分之五的违约金；该条第 5 款约定，确因被申请人拖欠工程款而影响工程进度，造成申请人停、窝工损失的，应由被申请人承担一切经济损失；该条第 6 款约定，如申请人拖延工期，应向被申请人支付装修金额日千分之五的违约金。关于工程验收，合同第 8 条第 1 款约定，工程施工中地下工程、结构工程必须具有隐蔽验收签证、试水、抗渗等验收合格记录，被申请人须及时办理验收签订手续；该条第 2 款约定，工程竣工验收后，被申请人方可使用，在规定的保修期内，凡因施工造成的质量缺陷应由申请人无偿保修。关于违约责任，合同第 9 条乙方的责任第 1 款约定，工程质量不符合合同规定的，负责无偿修理和返工；第 2 款约定，工程不能按合同规定的工期交付使用的，按合同中关于建设工期提交或拖后的奖罚规定偿付逾期罚款。关于违约责任，合同第 9 条甲方的责任第 1 款约定，未能按照合同的规定履行自己应负的责任，除竣工日期得以顺延外，还应赔偿申请人由此造成的实际损失；第 2 款约定，工程中途停建、缓建或由于设计变更以及设计错误造成的返工，应予采取措施弥补或减少损失；第 3 款约定，工程未经双方验收，被申请人提前使用或擅自动用，则视为验收合格；第 4 款约定，申请人验收通知书送达 3 日内，不进行验收的，视为验收合格。另，合同还对施工准备、工程质量、施工与设计变更等条款进行了约定。

2008 年 1 月 23 日，申请人与被申请人签订了《补充协议》，对合同第 6 条第 3 款约定变更为：工程竣工验收完毕后当日内，被申请人向申请人支付工程款 830000 元；工程竣工验收完毕半年，被申请人向申请人支付工程款 90000 元（该 90000 元作为质量保证金），申请人承诺在保修期内发现在保修范围内的保修项目，接到通知当天内跟被申请人协商好修复时间，三天内修复完毕（特殊情况则由双方另行协商修复时间），如因产品质量问题无法修复，则按双方协商后的折旧价按全价赔偿；如申请人不按此协议执行，则被申请人扣除尾款90000元。

合同签订后，申请人按合同约定装修内容进行了装修施工，装修工程完成后，被申请人已进驻办公。至本案申请仲裁之日，被申请人已支付合同项下工程款1810000元。

另查明，2009年2月23日，申请人取得北京市建委颁发的建筑装修装饰工程专业承包三级资质证书，可承担单位工程造价600000元及以下建筑室内、室外装修装饰工程（建筑幕墙工程除外）的施工。

以上事实，有申请人提交的施工合同、补充协议、装饰装修汇总表、发票记账联等证据，以及被申请人提供的建筑企业资质证书查询记录、施工合同、补充协议、Z物业管理有限公司证明等证据在卷佐证。

二　仲裁庭意见

根据本案当事人提交的全部证据材料、结合当庭陈述和辩论意见，仲裁庭就与本案仲裁请求相关的基本事实阐明意见如下：

（一）关于合同及《补充协议》的效力

仲裁庭确认：现有证据能够证明，申请人于2009年2月23日才取得北京市建委颁发的建筑装修装饰工程专业承包三级资质证书。根据该资质证书记载，申请人承包工程范围应为承担单位工程造价600000元及以下建筑室内、室外装修装饰工程（建筑幕墙工程除外）

的施工。合同签订于2007年11月，装修工程实际完成于2008年1月，申请人虽在庭审中提出其当时具有装修装饰工程专业承包二级资质，但未提供相应证据加以证明，仲裁庭不予采信。根据《建筑业企业资质等级标准》相关规定，装修装饰工程专业承包企业所需的最低资质为三级，因申请人于2009年2月23日才取得三级资质，仲裁庭有理由认为在此日期之前，申请人尚未取得装修装饰专业承包资质。申请人在未取得专业承包资质的情况下与被申请人签订并履行合同，其行为显然违反了《中华人民共和国建筑法》（以下简称《建筑法》）第26条第1款“承包建筑工程的单位应当持有依法取得的资质证书，并在其资质等级许可的业务范围内承揽工程”及第26条第2款“禁止建筑施工企业超越本企业资质等级许可的业务范围或者以任何形式用其他建筑施工企业的名义承揽工程”之规定，结合《中华人民共和国合同法》（以下简称《合同法》）第52条第（五）项之规定，仲裁庭确认申请人与被申请人签订的合同无效。双方于2008年1月23日签订了《补充协议》，对合同第6条相关工程款支付约定进行了变更，由于合同与《补充协议》系主从合同关系，在合同已被仲裁庭认定为无效的情况下，《补充协议》亦应认定为无效。仲裁庭将结合本案其他事实，参照合同及《补充协议》约定对本案双方争议的实体权利义务进行审理。

（二）关于本案装修工程是否已验收合格

仲裁庭认为，建设工程的竣工验收关系工程是否符合国家相关质量规范、标准，关系工程能否正常投入使用，是工程建设过程中必不可少的环节，我国相关法律对工程验收、使用均有明确规定。

本案中，没有直接证据证明在装修工程完工后，申请人与被申请人双方办理了验收手续。但参照《补充协议》关于“工程竣工验收完毕后当日内，甲方（即被申请人，下同——仲裁庭注）向乙方

（即申请人，下同——仲裁庭注）支付工程款计人民币捌拾叁万元整（RMB 830000）”之约定，并结合被申请人已于2008年1月23日向申请人支付830000元工程款的事实，仲裁庭认为双方在2008年1月23日对装修工程进行了验收。由于被申请人按双方所签《补充协议》的约定在验收当天支付了830000元工程款，从企业经营常理推断，应视为被申请人验收后未对装修工程质量提出异议。另，《合同法》第279条规定，“建设工程竣工后，发包人应当根据施工图纸及说明书、国家颁发的施工验收规范和质量检验标准及时进行验收。验收合格的，发包人应当按照约定支付价款，并接收该建设工程。建设工程竣工经验收合格后，方可交付使用；未经验收或者验收不合格的，不得交付使用。”《建筑法》亦有类似约定。由于庭审中被申请人陈述在装修工程完工后其已迁入办公，并结合上述法律规定进行判断，被申请人开始使用装修工程的行为亦应视为其已认可装修工程验收合格。综上，仲裁庭确认本案装修工程已于2008年1月23日验收合格。

（三）关于本案工程结算原则

由于仲裁庭已认定申请人与被申请人双方签订的合同及《补充协议》无效，同时认定本案装修工程已经验收合格，故参照《最高人民法院关于审理建设工程施工合同纠纷案件适用法律问题的解释》（法释〔2004〕14号）第2条“建设工程施工合同无效，但建设工程经竣工验收合格，承包人请求参照合同约定支付工程价款的，应予支持”之规定，仲裁庭确认，被申请人应参照合同及《补充协议》约定向申请人支付装修工程款。

（四）关于双方争议装修工程相关质量问题

庭审中被申请人提出申请人所完成的装修工程存在墙面起泡、电动窗帘打不开、壁纸开裂、层顶墙面开裂、回风口和送风口均无管道设施等质量问题，由于被申请人并未就上述装修质量问题提出反请求，故仲裁庭不予审理。

（五）关于申请人的仲裁请求

1. 关于支付工程款 90000 元本金部分

综上所述，申请人与被申请人双方签订的合同及《补充协议》虽因违反了法律的强制性规定被认定为无效，但申请人完成装修施工后，被申请人以其行为表示认可该装修工程验收合格，故参照最高人民法院相关司法解释的规定，申请人关于支付余款 90000 元的仲裁请求，应予支持。

2. 关于支付逾期付款违约金 100800 元部分

由于合同及《补充协议》无效，在本案装修工程被仲裁庭认定为验收合格、除参照合同与补充协议及相关司法解释规定由被申请人向申请人支付相应工程尾款外，申请人关于支付违约金的请求无法律依据，仲裁庭不予支持。

（六）关于本案费用的负担

根据本案实际情况，仲裁庭决定，本案仲裁费由申请人和被申请人各负担 50%。

三　裁决

现仲裁庭依据本案所认定的基本事实，根据法律相关规定，裁决如下：

（一）被申请人支付申请人工程款 90000 元；

（二）驳回申请人其他仲裁请求；

（三）本案仲裁费用 12274 元（已由申请人全额预交），申请人承担 50%，即 6137 元，被申请人承担 50%，即 6137 元，被申请人应直接向申请人支付申请人代其垫付的仲裁费 6137 元。

以上被申请人应向申请人支付的款项，被申请人应自收到本裁决书之日起 10 日内支付完毕。如逾期支付，应按照《中华人民共和国民事诉讼法》第 229 条的规定办理。

本裁决为终局裁决，自作出之日起生效。

评析

本案的焦点问题之一是，本案装修工程是否已验收合格，以及承包人提出的质量抗辩是否成立？本案中没有直接证据证明在装修工程完工后，申请人与被申请人办理了验收及移交手续。被申请人提出其在使用后发现工程存在不少质量问题。仲裁庭依据被申请人已经支付了竣工验收款的事实，以及依据被申请人在装修工程完工后已迁入办公的陈述，推定被申请人认可装修工程验收合格。

本案涉及了实践中一个常见的工程施工合同纠纷问题，即：工程未经竣工验收程序，发包人实际使用后，又以工程存在施工质量问题为由，对承包人结算工程款的主张进行抗辩或要求追究承包人的工程质量责任（非指保修责任），应如何认定及适用法律？

关于此问题，在诉讼案件中，《最高人民法院关于审理建设工程施工合同纠纷案件适用法律问题的解释》（以下称 14 号司法解释）第 13 条的规定是：建设工程未经竣工验收，发包人擅自使用后，又以使用部分质量不符合约定为由主张权利的，不予支持；但是承包人应当在建设工程的合理使用寿命内对地基基础工程和主体结构质量承担民事责任。一些地方高院，比如北京市高级人民法院也在其《关于审理建设工程施工合同纠纷案件若干疑难问题的解答》中表达了类似的意见：建设工程已经竣工验收合格，或虽未经竣工验收，但发包人已实际使用，工程存在的质量问题一般应属于工程质量保修的范围，发包人以此为由要求拒付或减付工程款的，对其质量抗辩不予支持，但确因承包人原因导致工程的地基基础工程或主体结构质量不合格的除外；发包人反诉或另行起诉要求承包人承担保修责任或者赔偿修复费用等实际损失的，按建设工程保修的相关规定处理。

如果进一步概括上述两种司法观点，即是除了地基基础工程或主体结构工程外，建设工程如果未经验收合格，被发包人使用的话，将免除承包人的瑕疵担保责任（或产品质量保证责任）。基于建设工程的复杂性，笔者认为在此问题上，尚有很多地方值得商榷。

我们可以先对工程竣工验收的法律意义作一点考察。工程竣工验收是指建设工程全部建成后而进行的一项工作程序，目的是为了检查工程是否符合设计要求和法定质量标准。根据我国关于工程竣工验收的一系列规范规定，工程的验收分为检验批验收、分部分项工程验收（含隐蔽工程验收）、单位工程验收（综合验收）几个层次。检查是否符合设计要求主要是解决双方合同履约的充分性问题，而检查是否符合法定质量标准既是合同要求，也是工程能否交付使用的法定前提。《建筑法》第61条明确规定未经验收或验收不合格的，不得交付使用。

竣工验收的法律标志性很强，至少意味着：（1）关于承包人履行合同的事实确认，以验证承包人履行工程承包合同是否全面合格。如果验收合格，意味着承包人完成了核心合同义务，整个工程合同的履行进入到后合同义务阶段。如果验收不合格，需要返工或重做，那么承包人将面临被追究工程合同重大违约责任的风险。（2）意味着一系列法律责任的终止和另一系列法律责任的启动。如工程验收合格，工程合同的主合同义务履行终结，工程进入保修阶段，承包人的责任从工程施工责任转变为工程保修责任。也意味着一系列工程价款结算程序的开始和工程担保责任的转换。（3）竣工验收还意味着工程实体可以移交，且实体工程的风险转移到发包人方面承担。

正是因为竣工验收的法律意义如此重要，所以，不可简单地将竣工验收视为一种仪式性的程序。未经验收的工程被发包人使用，最重要的问题是模糊了上述一系列法律效果产生转换的事实界面。因为这些重要事实问题没有得到确认，使依赖这些事实而作的很多法律判断失去基础。如果工程未经验收即被发包人使用，这个问题的法律解读就是承包人履行工程合同的结果没有在特定时点得到事实确认。发包人使用会一定程度改变工程的状态，这种改变将使部分工程的质量问题难以归责，对于难以进行事实证明和认定的情况，只能用推定的方法解决。从这点出发就容易理解 14 号司法解释和北京高院的司法见解的有关规定了。

所谓法律概念上的推定，实际上都是对于某些不确定状态的推断与假定，它并不是根据确凿的证据来加以认定的，而是根据情理和逻辑推断出来的。该概念强调“法律上的推定”是对一些不确定状态的推断与假定，目的是解决一些证明上的困难。根据工程的特点，很多系统工程的使用功能一经使用即有改变，或难以分清责任，用推定的方式确定责任归属比较适宜。如电梯工程，一旦未经验收即投入使用，电梯出现不能安全运行的状况，就需要找出电梯不能安全运行的原因，并进而归责。但是电梯不能安全运行或可区分为两大类原因：一是设备、材料本身的问题；二是安装或调试不当的问题。前者属于硬件设备问题，后者属于施工工艺问题。如果经检查不属于硬件设备及材料问题，那么电梯工程未经竣工验收即被发包人投入使用后发现的这些质量问题到底是承包人在安装调试中施工不当造成的呢？还是发包人投入使用后，因使用不当造成的呢？将难以区分。此时适用推定来归责比较合适。因为法律规定建设工程应该经过验收合格才能交付使用，发包人未经验收即将电梯工程投入使用的行为存在过错，所以推定由发包人承担电梯质量问题的责任是适宜的。但是同样是电梯工程，如果出现的质量问题是设备或材料问题，承包人采购的设备或材料不符合合同约定标准或规格，这个合同违约问题容易证明也容易查明，再以发包人未经验收即使用为由推定发包人对工程质量满意，进而免除承包人的责任，这样的归责方式是不公平的，难以令人信服。

运用推定来确定案件事实，应该受到一定的限制。这个限制就是，如果案件事实可以证明，则不能用推定的方法。在对 14 号司法解释第 13 条的理解上，值得商榷之处正在于此。是不是未经竣工验收，发包人使用工程就会使发包人主张的所有质量问题的责任方变得不可证明？这是笔者本篇评述希望讲清楚的地方。

如果我们换一个类型化的方法来认识工程质量的责任方问题，进一步对工程施工质量问题作一个划分，工程施工质量问题也可以分为使用后难以查明责任方的施工质量问题和使用后仍能够查明责任方的施工质量问题。前者的特点是：（1）多为一些功能性质量问题，属于建筑里的功能系统存在的问题，比如门窗工程、消防工程、楼宇中控系统和空调系统等；（2）其施工质量问题多是因施工工艺不当造成的；（3）发包人的使用和保管不善等，也很可能造成相同或相似的质量问题。后者的特点是：（1）多为一些地基基础工程和主体结构存在的结构件质量问题，或者是一些隐蔽工程的质量问题、未完工程问题或工程漏项问题以及材料设备等“货不对板”的质量问题；（2）发包人的使用一般不会对该部分工程造成改变；（3）发包人的使用和保管不善等，不易造成相同或相似的质量问题。

在难以证明及划分责任的情况下，裁定由作为过错方的发包人

（未经验收合格擅自使用）来承担相关质量责任是合理和适宜的，比如本案案例。本案工程是某集团办公室装修工程，工程的装饰装修界面往往也是使用人接手后直接使用的界面，如果装修的结果未经验收确认，经使用后再提出质量问题，难以区分责任方，所以裁定发包人提出的施工质量问题不成立可以理解。

而对于那些虽然发包人未经验收合格即使用的工程，如果发包人提出的质量问题可以查明质量责任方的，笔者认为，此时如仍机械地适用前述最高院的 14 号司法解释，就有很多道理讲不清楚：

第一种情况，《建筑法》第 61 条规定“建筑物在合理使用寿命内，必须确保地基基础工程和主体结构质量”，因为建筑物的地基基础工程和主体结构工程是建筑工程的重要基础和主体，这些部分出现问题，则附着于此基础上的其他系统工程、设计功能和使用界面的质量难以保障，严重的会危及人民生命及财产安全，因此《建筑法》作了强制性的规定。不会因为未经验收合格发包人使用而对承包人免责，并且 14 号司法解释在免责问题上也对此作了专门的排除，这点比较好理解。

第二种情况，属于工程材料和设备一类，存在以次充好、采购质量低劣的问题；或者属于隐蔽工程，如空调管道工程的质量问题。这些都不会因为发包人未经验收即使用而改变状态，其施工不当，设备材料采购不符合合同约定或设计要求的责任容易查明。对这些问题，以未经验收即使用而免除承包人的工程质量担保责任，其法理依据不充分。

细观《建筑法》第 61 条规定，建设工程未经验收合格，不得交付使用，其立法本意应该是从保护人民生命财产安全的角度出发而拟定的。建设工程绝大部分都是与人民的生产、生活活动密切相关的，不合格工程程度严重的，会危及人的生命安全，发生的惨痛案例可以说比比皆是。发包人违反法律规定使用未经验收合格的工程，应该承担法律责任及后果，这个法律责任及后果应该是违反行政管理法的责任及后果，严重的应该承担刑事责任。除刑事责任外，笔者理解，对责任方处以行政处罚应该更合适一些。而工程质量问题属于发包人和承包人履行工程合同的法律责任范畴，发包人违反行政管理法的后果以免除承包人在民事合同项下的法律责任方式来承担是不是合适？这个问题是值得思考的。

广东省高级人民法院在（2011）粤高法民二提字第47号判决书中，并不支持承包人适用14号司法解释第13条的规定不承担因工程质量问题导致的赔偿责任的主张，其理由即是涉案工程质量鉴定结论表明该工程所存在的质量问题与工程使用并无直接关联、尚有部分合同工程未予完成等，由此可见司法界已经意识到这个问题，并且在裁判适法上作了细分责任并进行归责的尝试。

笔者经手处理的另一件屋面防水工程质量争议，证据显示承包人没有按照合同约定采购国外进口的屋面材料（含防水功能），斜屋面的支撑钢架施工工艺也有问题等一系列原因导致屋面漏水，但是工程未经验收发包人即投入使用。承包人以14号司法解释第13条抗辩发包人的质量问题的主张。如果以未经验收即使用而免除承包人的质量责任的话，是不是同时免除了承包人依施工合同采购建筑材料的违约责任？同时免除显然不公平；不免除的话，势必要对发包人的主张分别处理，这个分别处理的原则是什么呢？笔者理解就是要看事实能不能得到清晰的证明，并能够明确归责。就这个例子而言，采购材料货不对板，以及斜屋面钢架的施工工艺都是容易得到证明的事实，不会因为发包人未经验收即使用而被改变，也不应该因为发包人未经验收而使用工程，而免除承包人的材料采购违约责任。

第三种情况，对于14号司法解释第13条的仅就使用部分可以免责的规定，也有值得商榷之处。这个使用部分有时很难界定。最高院民一庭编著的14号司法解释的理解与适用一书中已经将使用部分作了区别，比如，发包人就一片小区数栋楼只使用了一栋，这一栋楼属于使用部分；就一栋楼而言，发包人只使用了其中几层，这几层就是属于使用部分等。笔者的疑问是，结合以上所引案例和最高院民一庭关于14号司法解释的解读文章，发包人使用了一栋楼的其中几层，这几层算是使用部分，那么该栋楼的屋面防水工程应该不算使用部分，发包人应该可以就其质量问题主张权利。如果整栋楼都用了，屋面防水工程是不是就算作已经使用部分，发包人就不能就屋面防水工程的质量问题主张权利了？就屋面防水工程而言，发包人使用几层楼或整栋楼并没有什么区别，其质量问题是客观存在的。尤其是存在建材采购违约等容易查明责任方的情况下。

是否竣工验收合格是个单一事实问题，而判断承包人施工是否存在质量问题及应否承担法律责任，很多情况下要依赖一系列事实和法律关系才能作出判断。14号司法解释第13条的规定引起疑问的原因，就在于过于简单地把法律责任分配系于单一事实，而忽视其他也有影响力的事实存在，并忽视对这些有影响力的事实的查证。笔者认为遇到这类问题时，仔细分析该质量问题的成因，理清法律关系，将高度关联有影响力的事实证明清楚，将有利于自己提出的法律主张。民商事司法裁判和商事仲裁应以公平适用法律为依归，这就要求在能够查明事实，并能够确定责任方的情况下，慎用推定的方法进行裁判。最高院14号司法解释出台十余年了，十余年来，无论是工程争议的实践还是工程法律规范的思考都有很大的进步，对有关司法解释进行必要的反思和完善正是时候。

（评析人：朱茂元）

15. 履约过程中丧失相应资质的合同效力及结算效力认定

裁决要旨 承包方在工程招投标阶段具有相应资质，且双方已办理完竣工结算手续，发包方仅以实际履行过程中承包方因相关政策变化丧失资质为由，主张合同无效的，不予支持。

关键词 丧失资质 合同效力 结算效力

申 请 人：A 总公司

被申请人：B 开发有限公司

一 案情

（一）仲裁请求与答辩

2002 年 4 月 26 日，申请人与被申请人签订一份《建设工程施工合同》，约定由申请人为被申请人承建 Y 大厦（以下简称本案工程），承建范围包括“土建、电气、采暖空调、给排水、消防工程等”。工期为 600 天，从 2002 年 4 月 20 日至 2003 年 12 月 10 日。合同价款为 113886063 元（指人民币，下同），同时约定合同价款采用可调价合同方式确定，计量和计价依据为北京市 96 概算定额及北京市建设工程间接费及其他费用定额。

申请人在仲裁申请书中陈述：

在合同签订后，申请人于 2004 年年底完成了全部施工任务。合同履行过程中，被申请人经常拖延支付工程进度款，致使申请人不得不垫资施工，给申请人造成重大的利息损失，而且被申请人还多次对施工图纸、施工方案进行变更，致使工期一再拖后。双方于 2005 年 11 月 22 日会同设计部门、监理部门进行了竣工验收工作，认定工程质量为优良；申请人于 2005 年 12 月 9 日向被申请人递交了工程结算书。在被申请人审核期间，四方又按照北京市建设管理部门规定，对于 Y 项目进行了分户验收，确认质量全部符合要求。被申请人对该结算书审核后签字盖章予以确认，2006 年 5 月 10 日申请人在该结算书上签字盖章。该结算确认本工程总结算为 128000000 元。但被申请人在未付清所欠工程款的情况下，于 2006 年 6 月擅自使用 Y 商住楼，将裙楼一至三层出租给他人开办了 N 餐饮有限公司，取得每年 8000000 元的巨额租金，但其仍然以各种理由拒不清偿所欠工程款，已经给申请人造成极大的经济损失。

本案审理过程中，申请人又增加了仲裁请求。申请人变更后的仲裁请求为：

1. 被申请人立即支付所欠的工程款 71670000 元；

2. 被申请人承担上述欠款的银行利息 1968004.2 元（从 2006 年 5 月 10 日暂计算至 2006 年 10 月 29 日），并承担直至付清全部欠款之日的银行利息；

3. 被申请人承担延期支付工程进度款而产生的银行利息损失 5794055.24 元；

4. 被申请人承担本案律师代理费用 1482500 元；

5. 被申请人承担本案财产保全费用；

6. 被申请人承担本案仲裁费用。

针对申请人的仲裁请求，被申请人先后向仲裁庭提交了两份书面答辩书，概括如下：

1. 申请人的仲裁请求违反有关规定。

北京市建设委员会于2002年3月4日颁发关于执行《北京市建设工程预算定额》的规定，2002年4月1日起，凡在北京市行政区域内新开工的建筑、安装、市政工程，均按预算定额编制招标标底、投标报价、工程预算、工程结算。双方于2002年4月26日签订的《建设工程施工合同》显然应执行2001预算定额，申请人仍按96概算计算的工程款数额违反了上述规定。

2. 申请人不具备法律规定的建设工程承包资质。

申请人没有房屋建设工程承包施工的资质，违背了建筑法的相关规定，依据《最高人民法院关于审理建设工程施工合同纠纷案件适用法律问题的解释》第1条的规定，本案合同应为无效合同。

3. 申请人已将Y工程转包，没有要求结算Y工程款的主体资格。

申请人将其承包的Y工程转包给A集团北京有限公司。虽然申请人称其为申请人下属子公司，但实际施工单位并非申请人，A集团北京有限公司与申请人也不存在上下级关系。根据相关司法解释，被申请人有权要求解除双方签订的合同，并要求对工程整体进行评估，被申请人将按照评估的价款进行结算。

4. Y工程结算进度产生的责任应由申请人承担。

本案工程建设系被申请人与Q房地产开发公司（以下简称Q公司）合作进行的，在双方签订的合作开发协议书中明确约定，由被申请人提供开发建设用地，由Q公司提供开发建设资金并负责工程建设，双方各分得50%的建筑面积。在Q公司向申请人借得前期建设资金的情况下，申请人也就顺利取得了Y工程的总包权。在Y工程的施工过程中,Q公司同步销售其应分得的房屋面积，其销售价委员会的116号文，应该用2001概算，计价依据是错误的。此外，从施工到竣工，人员和施工队伍包括分包订货都是A集团北京有限公司履行的，只有文件上有申请人盖章。

证据1-2：《单位工程验收记录》。证明工程质量符合合同约定，被申请人也盖章确认。被申请人对该证据的真实性没有异议，对合法性也给予认可。

证据1-3：精装修“一户一验”汇总表及附件。证明双方按照北京市相关部门规定，进行了一户一验的验收工作，被申请人签字认可。被申请人认为该证据分户验收记录表中建设单位一栏中的签字大部分都不是被申请人签的，而是施工单位的人签的。

证据1-4：《Y工程决算书》及《北京市建筑安装工程结算书》。主要内容是对方经过审核后认可结算价格为128000000元，证明对方经过审核后，确认了工程最终结算价款。被申请人对该证据的真实性没有异议，但对所要证明的目的不认同，认为该证据实际上是一个阶段性的概算，并不是结算，之后还会发生工程，该证据上代表被申请人签字的全部内容都是不真实的，被申请人被欺骗了。

证据1-5：《房屋建筑工程质量保修书》。证明按照双方约定对方可以暂扣1130000元保修款项。被申请人对该证据的真实性没有异议，但认为申请人实际上无法履行保修义务。

第二组证据：证明被申请人延期支付上述工程款本金应当赔偿因此给申请人造成的利息损失。其中：

证据2-1：Y工程收款情况的说明及附件，证明对方已经支付76270000元，尚欠51730000元。被申请人认为实际已经支付的工程款的数额将近79000000元，且全部是工程款，不包括给A集团北京有限公司的借款。

证据2-2：Y项目甲方已经签认而欠付工程款利息计算表，证明对方签认尚欠 50600000 元，利息计算时间是从 2006 年 5 月 11 日开始的。被申请人认为该证据为申请人单方制作，数额也不对，不予认可。

第三组证据：证明被申请人延期支付工程进度款，应当赔偿因此给申请人造成的利息损失。

证据 3-1：《建设工程施工合同》之《通用条款》第 24、25、26 条及《专用条款》第 24、25、26 条。被申请人对该证据的真实性没有异议。

证据 3-2：2002 年部分月完成工程量金额的报告及审核时间、审核后的金额。被申请人对该证据的真实性没有异议，但认为应当是由 Q 公司支付相关款项。

证据 3-3：2003 年部分月完成工程量金额的报告及审核时间、审核后的金额。被申请人对该证据的真实性没有异议，但认为应当是由 Q 公司支付相关款项。

证据 3-4：2004 年部分月完成工程量金额的报告及审核时间、审核后的金额。被申请人对该证据的真实性没有异议，但认为应当是由 Q 公司支付相关款项。

证据 3-5：2005 年部分月完成工程量金额的报告及审核时间、审核后的金额。被申请人对该证据的真实性没有异议，但认为应当是由 Q 公司支付相关款项。

证据 3-6：Y 项目甲方签认与拨付工程款差额利息计算表。被申请人认为该证据是申请人单方制作的，不予认可。

第四组证据：律师代理费的赔偿依据。

证据 4-1：委托代理合同；证据 4-2：发票。此组证据证明律师费用已经支付。

被申请人对上述两份证据的真实性无异议，但是认为申请人的的事实和工程款结算主体为A集团北京有限公司。申请人核实了证据原件，认为该证据不是申请人发出的，对其证明目的不认可，因为该证据内容不符合客观事实，该证据显示A集团北京有限公司于2002年5月承接了本案工程，这与被申请人证据2矛盾。

证据7：《建设工程施工合同》通用条款第33条第1项。证明依据合同约定，还未到竣工结算的时间。申请人对该证据的真实性没有异议，但不同意其证明目的，合同并没有说要一次性进行结算，当事人双方自愿对主体工程进行结算，没有违反法律，是有效行为。

证据8：工程造价咨询报告及说明。证明申请人所主张的结算依据是错误的。申请人对该证据真实性和证明目的均有异议，认为是被申请人单方委托第三方作出的，不能认可。被申请人未能出示该证据原件。

证据9：企业询证函。证明截至2004年12月31日，申请人账目记载欠款数额与本案中申请人所主张的数额不相符。申请人对该证据真实性没有异议，但不同意其证明目的，其中已经说明"以上数据以最终核实数额为准"，现双方已经有结算书，应该以结算书确认价格为准。

证据10：三方协议书。证明本案工程款筹措与支付由申请人负责。申请人对该证据真实性和证明目的均有异议。被申请人未能出示该证据原件。

证据11：部分洽商样本。证明申请人擅自确认工程变更，被申请人在不知上述变更的情况下签署洽商函，显然是无效的，据此作出的结算协议也应是无效的。申请人对该证据真实性和证明目的均有异议，变更事项有各方签字，应为有效变更记录。被申请人未能出示该证据原件。

证据12：判决书。证明申请人拒绝交楼，给被申请人造成巨大损失。申请人对该证据真实性和证明目的均有异议。被申请人出示了该证据原件。

证据 13：关于请求解决 Y 业主入住问题的报告。证明申请人拒绝办理竣工验收备案手续，致使被申请人损失进一步扩大。申请人对该证据真实性和证明目的均有异议，认为系被申请人单方面制作，不符合客观实际，不能作为证据。

证据 14：Y 项目部人员组成名单。证明项目被转包，项目部是 A 集团北京有限公司成立的。申请人对该证据真实性无异议，对证明目的有异议，认为该证据并不能证明该项目存在转包。

证据 15：实际付款统计表。证明申请人所主张的金额不准确，收款主体实际为 A 集团北京有限公司，申请人对该证据部分内容有异议，其中有几笔存在争议，但 A 集团北京有限公司是按照申请人指示以借款名义收取工程款，被申请人也同意上述做法，发票是由申请人开具，不存在转包。

证据 16：申请人结算说明。证明其不是结算报告，其已经注明以后发生数额据实结算。申请人对该证据真实性没有异议，但认为不能证明对方证明目的，反而可以证明已经进行过结算。

证据 17：北京市建设委员会文件。证明申请人转包工程的事实。申请人对该证据真实性没有异议，但对其证明目的有异议，该文件并没有显示存在转包。

证据 18：派出所函。证明申请人拒绝交楼，导致矛盾激化，影响社会安定。申请人对该证据真实性和证明目的均有异议。申请人主张该函是发给京安印刷厂的，与本案及申请人无关。被申请人未能出示该证据原件。

证据 19：合作开发协议书。证明全部建安费由 Q 公司支付。申请人对该证据真实性和证明目的均有异议，认为与本案合同没有关系。申请人核实了证据原件。

证据 20：协议书。证明 Q 公司与申请人在本案工程招标前已经确定申请人为签约单位。申请人对该证据真实性和证明目的均有异议。被申请人未能出示该证据原件。

补充证据 1：《铝合金门窗施工合同》《买卖合同》《关于 Y 分包队伍催款问题的函》《协议书》、决算报告中关于铝合金门窗部分和配电箱部分。证明部分材料采购和施工的付款人并不是申请人，申请人要求被申请人支付该部分工程款没有依据，同时结算报告和协议范围与实际施工范围不同，应在确定实际施工范围后计算结算数额。申请人对该组证据中《铝合金门窗施工合同》的真实性有异议，对其他证据真实性认可。对该组证据的证明目的有异议，认为申请人主张权利的依据是被申请人审核后认可并签字的结算书，其中是否存在数字不实，责任全部在被申请人。

补充证据 2：项目部经理（《投标资格预审通知书》以及合同专用条款第 17 页——仲裁庭注）。证明申请人指定的项目经理从未在施工现场，组织施工的不是申请人。申请人对该证据的真实性和证明目的无异议，认为项目经理发生变更是正常的，被申请人知道后并没有提出异议。

补充证据 3：临时设施费交费证明。证明现场发生的费用并非申请人交纳，申请人从未到达和使用现场。申请人对该证据的真实性无异议，对其证明目的有异议，认为现场费用由谁缴纳，不能证明就是谁在实际施工。

补充证据 4：被申请人与施工单位往来函。证明现场施工不是申请人。申请人对该证据的真实性没有异议，但对证明目的有异议，认为与申请人项目经理部和被申请人之间大量存在的往来函和结算报告文件矛盾。

补充证据5：询证函。证明申请人任意索要工程款。申请人对该证据的真实性没有异议，对其证明对象有异议，申请人已经更正过，双方在庭审中已经确认，欠款是71670000元。

补充证据6：同时出现两个章的文件。证明项目部是代表A集团北京有限公司。申请人对该证据的真实性没有异议，但对证明目的有异议，两个单位的公章同时出现在同一个文件上，不能证实这两个单位是隶属关系，这种文件出现多次，被申请人从来没有提出异议。

补充证据7：《关于仲裁案管辖权的决定》。证明李明、张红、赵华为A集团北京有限公司员工。申请人对该证据的真实性和其证明目的均无异议，但认为这几个人均是Y项目部的负责人，是接受申请人的委托参加仲裁的。

补充证据8：企业信息查询结果。证明A集团北京有限公司与申请人没有参股和行政隶属关系。申请人对该证据的真实性有异议，对其证明目的无异议，但认为该证据与本案没有关系。

补充证据9：仲裁费发票。证明申请人没有缴纳仲裁费用。申请人对该证据的真实性无异议，对该证据的证明对象有异议，是申请人指示A集团北京有限公司代为支付有关费用的。

（三）当事人双方代理意见

申请人向仲裁庭提交了书面代理意见，被申请人未向仲裁庭提交书面代理意见。申请人的书面代理意见归纳如下：

1. 申请人与被申请人之间存在合法有效的建设工程施工合同法律关系。双方之间的建设工程施工合同法律关系是经过合法的招标投标程序而建立的，是双方的真实意思表示，没有违反法律和行政法规的强制性规定，内容上真实有效，具有法律效力，对合同双方具有约束力，双方均应按照合同约定履行自己的合同义务。

2. 申请人已按照合同约定履行了自己的合同义务，双方已经作出了真实有效的建设工程结算书，被申请人应当向申请人支付剩余工程款并承担延期付款的违约责任：

（1）申请人保质保量完成了合同约定的施工义务

在双方签订《建设工程施工合同》后，申请人积极开展施工工作。施工期间及施工完成后，双方先后完成了基础结构部分、首层至第十五层主体结构、第十六层至第二十五层、屋顶机房主体结构部分和整体竣工等验收，以及“一户一验”的验收工作，结果符合国家规范和合同约定。

（2）双方已经就工程款最终结算

申请人与被申请人分两次对 Y 项目的工程价款进行了结算，该两份结算书上均有被申请人的公章和刘伟的签字，应为有效结算。根据该两份结算书，完全可以确认以下基本事实：即被申请人认可申请人完成了工程的全部内容，最终本工程总结算为 128000000 元。

（3）被申请人违约，应当承担延期付款利息

第一，延期支付工程进度款。按照《建设工程施工合同》专用条款第 25 项及第 26 项的约定，在申请人提交工程计量结果并由工程师审核后的 14 日内被申请人应当支付审核后的工程款。在实际履行过程中，申请人提交的工程计量结果都是由被申请人委托的监理公司工程师签认的，但是绝大多数的工程款都没有按时支付给申请人。

第二，迟延支付剩余结算工程款。本案中，被申请人在核实了申请人提交的结算报告后加盖了公章、法定代表人签字，即为确认相关价款的明确表示，而时至今日，仍有 71670000 元未能支付。按照《最高人民法院关于审理建设工程施工合同纠纷案件适用法律问题的解释》第 17 条的规定，被申请人应当承担利息损失。

3. 被申请人应当承担因本次仲裁而给申请人造成的其他经济损失。申请人为本案支付的其他费用包括申请人指示第三人代付的仲裁费用、财产保全费用，以及申请人支付的律师代理费，上述费用的证据经过质证，被申请人没有异议。因此，由被申请人承担该笔费用理所当然。

4. 申请人在参加投标期间具有法定的一级民用房屋建筑资质，在双方 2002 年 4 月 26 日签订《建设工程施工合同》时依然具有该资质，直至 2002 年年底时因没有申报该资质才被取消，但是申请人在同时保留了特一级铁路工程建筑资质，而该资质除了包括铁道建设、路基建设，还包括车站建设、候车楼、办公大楼的建设。

5. 申请人没有将该工程转包给任何第三人。

本案合同履行过程中，大量的文件往来以及现场实际管理工作，均显示申请人是该《建设工程施工合同》的履行主体。在工程施工期间，由申请人专门设立的项目经理部向被申请人发出各种施工文件、变更签证、通知等，而被申请人发出的文件也一直指向申请人的项目经理部；其次，被申请人委托的诸多监理公司也始终以申请人项目经理部作为施工单位代表进行监理工作。最为重要的是，在被申请人签字认可的两次阶段性工程结算书上，被申请人均以申请人为施工单位进行决算，说明被申请人对是否存在转包、施工主体是否变化等基本事实没有任何异议。

二 仲裁庭意见

（一）关于本案合同的效力

本案合同的效力是当事人双方的争议焦点之一。被申请人认为，申请人不具备现行法律法规规定的本案工程所要求的施工企业资质，并向仲裁庭提交了证据4证明申请人只具有铁路工程总承包特级资质，依据《最高人民法院关于审理建设工程施工合同纠纷案件适用法律问题的解释》第1条之（一）的规定，本案合同应当是无效的。

申请人对其目前具备铁路工程总承包特级资质的事实表示认可，但是认为，本案合同签订时，申请人是具备相应的民用建筑施工资质的，申请人提交的投标书经过了被申请人的认真审查，是双方真实意思的表示，是真实有效的，并向仲裁庭提交了经过北京市建设工程招标投标管理办公室备案的施工合同作为佐证。

经仲裁庭审理查明，尽管申请人并未向仲裁庭出具其具备相应资质的资质证书的原件，但是，被申请人向仲裁庭提交的补充证据2《投标资格预审通知书》清楚地显示，申请人具备建筑安装工程一级企业资质。该证据是由被申请人向仲裁庭提交的，其内容经过当事人双方的盖章确认，且经过北京市建设工程招标投标管理办公室的备案，申请人亦对其真实性给予了认可，仲裁庭应当予以采信。仲裁庭认为，按照现行有关的法律法规，建设工程招标投标的过程即是建设工程合同形成和订立的过程，被申请人补充证据2《投标资格预审通知书》能够说明一个事实，即在经过被申请人投标资格审查后，被申请人已经确认，在投标本案工程时，申请人具备本案工程所需的企业资[illegible]是本案工程合格的投标人。能够进一步佐证的是，被申请人补[illegible]据2《投标资格预审通知书》的备案日期为2002年3月28日，[illegible]提交的证据7-1《北京市建设工程施工合同备案登记表》标明[illegible]备案日期为2002年4月26日，而在北京市，行业内一个共知[illegible]是，当时北京市建设工程招标投标管理办公室对建设工程招[illegible]的监管实行的是审查性备案，投标人资质及其等级是备案审[illegible]内容，没有资质或者资质等级不符合要求的企业不可能通过投标资格备案，也不可能通过中标后的合同备案。因此，仲裁庭认定，在本案合同形成和订立时，申请人是具备建筑安装工程一级资质的，并未超越其资质等级许可的业务范围签订建设工程施工合同。

仲裁庭审理同时查明，由于建设部于2001年颁布并实施了新的建筑业企业资质等级标准，2001年始按照新颁发的建筑业企业资质管理规定和资质标准陆续对建筑业企业的资质进行重新就位，原施工企业资质名称和资质等级分类均发生了变化。在合同履行过程中，申请人的企业资质也因此变更为铁路工程施工总承包特级。根据建设部《建筑业企业资质管理规定》及其配套的《建筑业企业资质等级标准》（2001年7月1日起施行）的规定，铁路工程施工总承包特级企业可承担各类铁路综合工程及通信、信号、电力工程施工，并不能承担房屋建筑工程施工。因此，仲裁庭认定，申请人在合同履行过程中确已不具备房屋建筑施工资质，按照本案合同履行阶段适用的资质标准规定，已经失去符合法规要求的承揽本案工程施工承包所需的资质条件。

但是，仲裁庭注意到下列事实：

1. 建设部新的资质标准是从2001年7月1日起施行，但是，建设部《关于建筑业企业资质就位期间资质证书使用问题的通知》（建办市〔2002〕第42号）还规定，对尚未取得新资质证书的企业，原资质证书和2000年资质年检结论有效期延长到2002年7月31日为止。在申请人投标本案工程以及本案合同订立时，我国建筑业处于新旧资质标准交替的时期。

2. 2007年3月13日，建设部发布了《关于印发〈施工总承包企业特级资质标准〉的通知》（建市〔2007〕72号），对原《建筑业企业资质等级标准》（建建〔2001〕82号）中施工总承包特级资质标准进行了修订，并规定取得房屋建筑、公路、铁路、市政公用、港口与航道、水利水电等专业中任意一项施工总承包特级资质，可承接各专业工程的施工总承包业务，按照该最新的资质等级标准，申请人所具备的铁路工程施工总承包资质允许承揽房屋建筑工程施工总承包业务。

3. 被申请人在向仲裁庭提交的补充证据2《投标资格预审通知书》中确认申请人在投标承揽本案工程时具备有效的民用建筑资质。

4. 申请人向仲裁庭提交的证据1-2《单位工程验收记录》证明，本案工程已经通过竣工验收，工程质量“符合国家规范要求，符合设计要求”，被申请人对此表示认可。

5. 申请人向仲裁庭提交的证据1-4《Y工程决算书》及《北京市建筑安装工程结算书》，证明当事人双方已经办理竣工结算，被申请人对该证据的真实性没有异议（仲裁庭在下文中对该证据有进一步阐述）。

6. 申请人和被申请人均以证据形式向仲裁庭提交了《建设工程施工合同》，两份证据是同一份合同，双方均对其真实性表示认可。

7.《最高人民法院关于审理建设工程施工合同纠纷案件适用法律问题的解释》第1条之（一）规定的合同无效情形是指承包人未取得建筑施工企业资质或者超越资质等级的情况，而本案中的实际情况是，在合同订立时工程承包人具备相应建筑施工企业资质，在合同履行过程中，实际资质发生变化，特别是本案工程已经竣工验收且质量合格，双方当事人也办理了竣工结算手续。

综上，仲裁庭认为，申请人企业资质的变更起因于国家政策的变化等特殊情况，并非由于企业实力下降或者发生违法违规行为所致。本案中，当事人双方已经就本案工程办理了竣工验收，且认定质量符合国家规范和合同约定，并办理了竣工结算手续，此种情况并不符合《最高人民法院关于审理建设工程施工合同纠纷案件适用法律问题的解释》第1条之（一）规定的情形。因此，仲裁庭认为，被申请人以申请人没有符合法定要求的资质为由而主张本案合同无效，既缺乏明确的法律根据，也不符合维护合同严肃性和稳定性的司法理念，仲裁庭不予支持。

仲裁庭认为，本案合同是双方当事人真实意思的表示，符合《中华人民共和国民法通则》和《中华人民共和国合同法》有关合同效力的相关规定，因而，是合法、真实和有效的，对双方当事人均具有约束力，申请人与被申请人均应本着诚实信用的原则，切实履行合同义务。

（二）关于Q公司作为本案第三人

被申请人在其书面答辩中主张，本案工程系由被申请人与Q公司共同开发，并由Q公司负责建设资金投入和工程结算，仲裁结果将由该公司直接承担，Q公司对于本案的解决有直接利益关系，应当追加Q公司作为第三人，并为此向仲裁庭提交了相关证据。在第三次开庭前，被申请人向仲裁庭提交了相关书面申请。对此，仲裁庭认为，本案合同是由申请人和被申请人签订，其中并未约定Q公司的任何责任和义务，Q公司并不是本案合同的当事人，亦不受本案合同约定的仲裁条款的制约，被申请人的该项主张于法无据，仲裁庭不予支持。

（三）关于结算书的效力

本案中，工程款是否已经最终结算或者结算书是否有效是当事人双方的另一个争议焦点。

申请人认为，当事人双方已经就本案工程竣工结算达成了一致意见，并签署了书面结算文件，为此，申请人向仲裁庭提交了证据1-4《Y工程决算书》及《北京市建筑安装工程结算书》，用以证明经过当事人双方确认的工程最终结算价款。被申请人对该证据的真实性没有异议，但认为该证据实际上是一个阶段性的概预算，并不是结算，该结算存在诸多错误，应当为无效结算。其主要理由：一是结算的主体错误，申请人已将其承包的Y工程转包给A集团北京有限公司。二是提出的时间和程序错误，本案合同约定，竣工结算应当在承包人向发包人提供竣工验收报告之后进行，而事实上承包人并未提供竣工验收报告。三是使用的依据错误，该工程的结算应当依据2001预算定额（指《北京市建设工程预算定额（2001）》，以下简称2001预算定额——仲裁庭注），而不适用96概算定额（指《北京市建设工程概算定额（1996）》，以下简称96概算定额——仲裁庭注）。四是计算原则和数字错误，结算价款不真实，存在重报、未施工未扣除、工程量多计、价格虚高等现象。五是申请人向被申请人发出的询证函前后数据矛盾，与申请人仲裁请求差距很大，可见其仲裁请求是随意编造的。六是申请人对施工过程中的工程变化和材料采购等付款责任的处理不了解，其单方面制作的工程决算更没有依据。七是本案合同因申请人没有规定的资质而无效，依据无效合同作出的结算无效。

关于本案工程结算书的效力，仲裁庭认为：

1. 关于申请人结算主体资格

本案合同当事人是申请人和被申请人，仲裁庭已经认定，本案合同是在当事人双方之间订立，合同真实有效。

庭审查明，就本案工程施工承包而言，被申请人与A集团北京有限公司之间并没有订立相关合同，不存在直接合同关系，本案合同约定的权利义务关系仍限于申请人和被申请人双方；申请人提交的证据1–2《单位工程验收记录》清楚地表明，本案工程已经通过竣工验收，工程质量“符合国家规范要求，符合设计要求”，施工单位为申请人“A 总公司”，该证据证明本案合同约定的工程仍是由申请人交付验收的，合同约定和法律规定的工程质量责任仍在申请人。

此外，申请人证据 1–4 之《北京市建筑安装工程结算书》中，有“最终本工程总结算为 ¥12800 万元（壹亿贰仟捌佰万元）”的文字表述，该文件由本案合同当事人双方分别签署盖章，其中申请人于 2005 年 12 月 9 日签字盖章，被申请人法定代表人刘伟于 2006 年 5 月 10 日签字并加盖被申请人法人印章，被申请人对其真实性予以认可，尽管被申请人认为其是在受到欺骗的情况下签署的该文件，但被申请人并未能提交足够的证据证明其曾经受到欺骗或者胁迫。该证据能够说明，被申请人认可申请人已经按合同约定履行了其义务，并以签认最终结算文件的方式承诺给予申请人履行合同义务后应当得到的工程款。

据此，仲裁庭认为，本案工程合同订立、工程竣工验收到工程款最终结算均是在当事人双方之间进行的，该事实说明被申请人实际承认申请人一直是履行本案合同的主体，被申请人亦未能举证证明其签署最终结算文件时受到欺诈或者胁迫，被申请人在签署最终结算文件的情况下，以申请人转包为由否定申请人结算主体资格的抗辩主张，于法无据，仲裁庭不予支持。

2. 关于竣工结算程序和时间

仲裁庭注意到，在被申请人向仲裁庭提交的书面答辩书中，被申请人认为“申请人已经于 2005 年 10 月完成施工”，被申请人向仲裁庭提交的证据 13 亦有类似说明。申请人提交的证据 1–2《单位工程验收记录》标示的竣工验收日期则为“11.22”，庭审中，当事人双方均认可该日期表示为 2005 年 11 月 22 日。如上文所述，申请人证据 1–4 之《北京市建筑安装工程结算书》由申请人于 2005 年 12 月 9 日签字盖章。由此可以认定，该结算文件是在工程竣工验收后递交。

仲裁庭认为，合同要求承包人提交竣工验收报告的主要目的是为了组织进行竣工验收，既然本案工程竣工验收已经实际发生，且在结算文件递交之前，办理竣工结算的程序和时间与本案合同约定并无实质性抵触。因此，被申请人以合同通用条款第33.1款为根据认为申请人未提交竣工验收报告，本案工程还未到竣工结算的时间，并以此认为结算书无效的抗辩主张，仲裁庭不予支持。

3. 关于结算依据

关于本案工程是适用96概算定额还是2001预算定额问题，仲裁庭注意到，本案合同订立日期为2002年4月26日，其中专用条款第23.2款之（2）关于合同价款调整方式约定："按北京市96概算定额及北京市建设工程间接费及其他费用定额调整。"该约定并没有执行北京市建设委员会"关于执行《北京市建设工程预算定额》的有关规定"（被申请人证据3）有关2002年4月1日后执行2001预算定额的规定，按照该规定，被申请人在招投标阶段就应明确以2001预算定额为计量和计价依据发出要约邀请，本案中被申请人备案投标人投标资格为2002年3月28日，被申请人发出招标文件应当在该日期之后，而本案合同仍约定采用96概算定额的事实足以说明被申请人在订立合同时是认可采用96概算定额的，特别是，该约定并没有违背法律和行政法规的强制性规定。

本案合同是通过招标人依法组织的招标投标活动形成和订立的，根据《中华人民共和国招标投标法》第46条规定，合同应当根据招标文件和中标人的投标文件订立，合同订立后双方当事人不得再行订立背离合同实质性内容的其他协议，建设工程施工承包中的工程计量和计价的依据与合同价款关系重大，应当属于合同的实质性内容，合同订立后已不存在更改的可能。

此外，2001预算定额计价体系实行的是"定额量、市场价、竞争费”的计价模式，其实施需要当事人双方预先协商确定各种主要生产要素的市场价格、其他直接费用以及各种取费的比例，否则按2001预算定额计价是不可操作的。被申请人并未举证证明当事人双方之间在合同订立、履约和结算时，曾经达成过采用2001预算定额作为结算依据以及相关必要约定的协议。

本案中，被申请人在申请人所递交的竣工结算文件上签字盖章的行为表明，双方当事人对竣工结算依据96概算定额是认可的，本案工程按照96概算定额结算符合合同约定，也不违背相关法律和行政法规的强制性规定，因此，仲裁庭认为，被申请人以结算依据错误为由否定当事人双方均签字认可的最终结算书效力的主张不能成立，仲裁庭不予支持。

4. 关于申请人结算数据不真实

被申请人认为，申请人编制的结算书中存在多报、重报、价格虚高、数据不真实等问题，并向仲裁庭提交了若干证据予以佐证。申请人则认为，结算书经过了被申请人的审核，且经过双方当事人签字和盖章。仲裁庭注意到，申请人证据1–4由两份文件构成，其一为《Y工程决算书》，该文件中申请人申报金额为113865837元，被申请人签署的意见为：“截至2004年12月30日，已确认费用和待确认费用最终审核确定为113000000元（壹亿壹仟叁佰万元）”；其二为《北京市建筑安装工程结算书》，该文件中被申请人申报金额为24876392元，被申请人签署的意见为：“经双方友好协商，本结算认定，结算价款为¥1500万元人民币（壹仟伍佰万元整），最终本工程总结算为¥12800万元人民币（壹亿贰仟捌佰万元）”。仲裁庭认为，后一份证据中“经过双方友好协商”的文字措辞表明，本案工程结算是经过双方协商的结果，而所谓“协商”无外乎是指当事人双方综合考虑多方面因素后的相互妥协，这一点可以从两份证据文件中申请人所申报的金额，被申请人均未完全认可并有一定的金额扣减这一事实得到佐证。结合仲裁庭在上文意见中有关结算书效力的阐述，仲裁庭认为，被申请人以申请人结算数据不真实为由否定结算书效力的抗辩主张，显然不能成立。

5. 关于合同效力

鉴于仲裁庭已经认定本案合同真实有效，因此，被申请人以合同无效为由否定结算书效力的主张同样不能成立。

6. 关于结算文件是否最终结算

关于被申请人有关本案工程只有阶段性概算，并未最终结算的主张，仲裁庭注意到，申请人证据 1–4 之《Y 工程决算书》中，被申请人签署的意见为："截至 2004 年 12 月 30 日，已确认费用和待确认费用最终审核确定为 113000000 元（壹亿壹仟叁佰万元）"，该意见措辞并没有为最终结算的表示，由于仲裁庭已经认定本案工程竣工验收时间为 2005 年 11 月 22 日，因此，可以认定申请人证据 1–4 之《Y 工程决算书》为阶段性结算。但是，仲裁庭注意到，申请人证据 1–4 之《北京市建筑安装工程结算书》中，被申请人签署意见的日期为 2006 年 5 月 10 日，是在本案工程竣工验收日期之后，且被申请人签署意见中"最终本工程总结算为 ¥12800 万元人民币（壹亿贰仟捌佰万元）"的文字表述亦清晰地表明，该 128000000 元为最终结算金额。据此，仲裁庭认为，被申请人有关本案工程结算只是阶段性概算的主张不能成立，仲裁庭不予支持。

综上，仲裁庭认为，被申请人有关结算无效的主张和提交的相关证据均不足以否定双方当事人已经签字盖章的结算书的效力，本案工程结算书真实、合法，为有效竣工结算文件。

（四）关于本案工程款的付款人

被申请人认为，本案工程建设系被申请人与 Q 公司合作进行的，为使Y工程的施工和结算能协调进行，申请人与被申请人及Q公司于2004年3月18日签订协议书，三方成立了工程建设指挥部，申请人指派王刚负责资金总协调，付款责任应由申请人承担。为此，被申请人向仲裁庭提交了证据10——三方协议书。但是，被申请人未能出示该证据原件，申请人对该证据真实性和证明目的亦表示有异议，不认同被申请人的该项主张。

仲裁庭认为，被申请人是本案合同的发包人，本案合同约定的付款责任和义务均在被申请人，并且，当事人双方已经就最终工程结算价款签订了竣工结算文件，本案合同通用条款第33.2款也约定："发包人确认竣工结算报告后通知经办银行向承包人支付工程竣工结算价款。"关于本案合同和竣工结算文件的效力，在上文仲裁庭意见中已经进行了阐述，不再赘述。因此，仲裁庭认为，被申请人有关付款责任应由申请人承担的抗辩主张不能成立，仲裁庭不予支持，被申请人应当承担本案合同项下工程款的付款责任和义务。

（五）关于是否需要进行工程造价鉴定

被申请人在其书面答辩中主张对本案工程造价进行评估，并在第三次开庭前，向仲裁庭提交了相关书面申请。对此，申请人在庭审中明确表示反对，申请人认为工程已经结算，结算书真实有效，不需要重新鉴定。在上文的仲裁庭意见中，仲裁庭已经认定本案工程结算书的效力，本案工程最终结算金额已经确定为128000000元。因此，仲裁庭认为，重新进行工程造价评估或者鉴定对解决本案争议并无实际意义，对被申请人对工程造价重新进行评估的主张，仲裁庭不予支持。

（六）关于已付款和拖欠款项

本案合同履行过程中被申请人实际已经支付给申请人的工程款数额也是当事人双方争议的焦点。被申请人认为，其项目支出的款项共计是82960750.79元，其中支付给申请人的工程款项为60382750.79元。申请人认为，其实际收到的工程款是76270000元，其中55200000元直接支付给申请人，申请人为此已经开具工程款发票，另21070000元由被申请人按照申请人指示以借款名义（见申请人对被申请人证据15的质证意见）支付给了A集团北京有限公司。关于该笔款项，庭审中，被申请人认为借款凭证所显示的借款人不是本案申请人，不认可借款给申请人的事实，并称其主张的已付款不包括该笔借款。根据被申请人的上述主张，申请人追加了仲裁请求，就其原来认为属于本案合同项下已付工程款21070000元的工程借款作为被申请人的欠付工程款项，追加要求被申请人支付，并支付相应利息。在申请人变更仲裁申请后，被申请人在其对申请人变更仲裁请求的书面答辩意见中，又提出该部分“借款”属于本案工程款。仲裁庭认为，参照《最高人民法院关于民事诉讼证据的若干规定》第74条的规定：“诉讼过程中，当事人在起诉状、答辩状、陈述及其委托代理人的代理词中承认的对己方不利的事实和认可的证据，人民法院应当予以确认，但当事人反悔并有相反证据足以推翻的除外。”本案中，被申请人就借款是否属于本案合同项下已付工程款的主张出尔反尔、前后不一致，且未提供充足证据予以支持。相反，根据双方的现有陈述及所提交的证据，无法证明被申请人与A集团北京有限公司之间的借款纠纷属于本案合同项下争议，应列入已付工程款范围。因此，仲裁庭不予审理和考虑。就其余部分款项，在仲裁庭主持下，经过当事人双方核对，双方当事人共同确认被申请人已支付的工程款为55200000元，另有三笔款项双方当事人不能达成一致意见。被申请人主张，另有三笔款项也支付给了申请人，一是2003年5月22日，被申请人支付了4000000元，申请人只开具了3000000元的发票，相差1000000元；二是2003年11月6日，被申请人支付了4000000元，申请人没有开具发票；三是2004年9月24日，被申请人支付了182750.79元，申请人没有计算在已付工程款内。关于该三笔费用，申请人承认，其确实收到了其中第一笔中的3000000元（已经包括在55200000元中——仲裁庭注）和第三笔的182750.79元，但对第一笔所差的1000000元和第二笔的4000000元，申请人确实没有收到，而第三笔182750.79元是被申请人支付给申请人的资金使用费，并不是工程款。经仲裁庭审理查明，当事人双方存在争议的第三笔182750.79元，申请人是按借款资金占用费名目向被申请人开具的收据，对此事实，被申请人在庭审中给予了确认，该事实也可以从被申请人向仲裁庭提交的证据15"实际付款统计表"中得到证实，尽管被申请人坚持认为该笔款项属于工程款，但被申请人并未能提交相关证据予以证明，因此，仲裁庭认为，应当支持申请人的主张，该笔款项属于被申请人所支付的资金使用费，不应纳入已经支付的工程款总额中。

鉴于仲裁庭已经认定本案工程最终结算工程款为128000000元，被申请人已付工程款为55200000元，则被申请人仍须支付给申请人的工程款为：128000000元－55200000元＝72800000元。

本案中，当事人双方在依法订立的《房屋建筑工程质量保修书》中约定的质量保修金1130000元，该保修金从结算款中折扣。现返还保修金的付款条件尚未成就，申请人亦未主张予以返还。因此，仲裁庭认定，被申请人应向申请人支付的工程款数额为：

72800000元－1130000元＝71670000元

（七）关于拖欠结算工程款利息

关于拖欠工程款利息，申请人认为，根据《最高人民法院关于审理建设工程施工合同纠纷案件适用法律问题的解释》第17条的规定，并根据本案合同通用条款第33.3款的约定，被申请人应当按照申请人同期向银行贷款利率支付拖欠工程款的利息。被申请人则认为，本案工程款数额并未确定，造成欠款的责任在申请人，被申请人不应支付欠款利息。仲裁庭认为，本案中当事人双方已经就最终结算工程款达成一致意见，并形成了有效的书面竣工结算文件，根据本案合同通用条款第33.2款的约定："发包人确认竣工结算报告后通知经办银行向承包人支付工程竣工结算价款。"被申请人应当在其于2006年5月10日确认最终结算金额后办理相关支付手续，被申请人未按期支付结算款项违背了合同的约定，构成违约。参照《最高人民法院关于审理建设工程施工合同纠纷案件适用法律问题的解释》第17条的规定，仲裁庭支持申请人的该项主张，被申请人应当按照中国人民银行发布的同期贷款利率向申请人支付拖欠工程款利息，仲裁庭认为，适用一年期贷款利率是合理的。

关于利息的起算时间，考虑到被申请人办理支付手续需要合理的准备时间，仲裁庭认为，从2006年5月25日起算拖欠工程款利息应属公平合理。当时，中国人民银行发布的一年期同期贷款利率为5.85%，此后，因利率标准发生变化，被申请人应承担的拖欠工程款利息数额应分段进行计算：

2006年5月25日至2006年8月18日，共计85天：

71670000元×85天×5.85%/365＝976381元

2006年8月19日至2007年3月17日，共计211天：

71670000元×211天×6.12%/365＝2535586元

2007年3月18日至2007年5月18日，共计62天：

71670000元×62天×6.39%/365＝777924元

2007年5月19日至2007年6月15日，共计28天：

71670000元×28天×6.57%/365＝361217元

以上暂计算至裁决作出之日的利息合计为4651108元。最终利息金额计算至被申请人实际付清所拖欠工程款之日。

（八）关于延期支付进度款的利息损失

关于延期支付进度款利息问题，申请人认为，被申请人没有按照合同约定及时支付经过被申请人审核批准的工程进度款，应当承担违约责任，并根据合同通用条款第 26 条的约定，主张被申请人按照中国人民银行发布的同类同期贷款利率向其支付利息。被申请人认为，因为是申请人承诺给被申请人贷款，给被申请人垫资，所以，被申请人不应当支付利息。仲裁庭认为，合同通用条款第 26.3 款约定："发包人超过约定的时间不支付工程款（进度款），承包人可向发包人发出要求付款的通知，发包人收到承包人通知后仍不能按要求付款，可与承包人协商签订延期付款协议，经承包人同意后可延期付款。协议应明确约定延期支付的时间和从计量结果确认后第 15 天起计算应付款的贷款利息。"仲裁庭注意到，本案中，尽管被申请人也承认未及时支付工程款的事实，但是，申请人并未向仲裁庭提交证据证明其曾在被申请人超过约定的时间未支付工程款（进度款），向被申请人发出要求付款的通知，亦未证明当事人双方曾经签订过上述合同条款要求的"延期付款协议"，也未举证证明在双方没有达成延期付款协议的情况下，申请人曾因被申请人拖欠工程款而停止施工并遭受任何损失。因此，仲裁庭认为，申请人根据合同通用条款第 26 条要求被申请人支付拖期工程进度款利息的主张不能成立，仲裁庭不予支持。

就上述仲裁庭意见（六）中所提到的 182750.79 元资金占用费的问题，该费用是在本案工程竣工之前支付的，应属于进度款的利息。鉴于该部分费用双方已履行完毕，属双方合意的行为，仲裁庭对此不予反对。

（九）关于律师费

根据本案的案情，本案发生的纠纷主要责任在被申请人，依据本会仲裁规则第42条之（三）的规定，申请人所主张的律师费，仲裁庭认为，支持其中的500000元应属合理。

（十）关于财产保全费

本案中，申请人依法向人民法院申请对被申请人的部分财产进行保全，并要求被申请人承担保全费用。为此，申请人向仲裁庭提交了证据5-4：北京市第一中级人民法院《民事裁定书》和补充证据：北京市第一中级人民法院诉讼费交款通知书和人民法院诉讼收费专用票据（一审结算）。被申请人认为，尽管人民法院依法进行了财产保全，且收取了保全费用，但该费用并非申请人缴纳，因此，不应当由被申请人承担。仲裁庭认为，在申请人补充证据交费票据上明确注明了交款人为“A总公司（A集团北京有限公司代交）”，被申请人也核实了相关证据的原件，在此情况下，被申请人以并非申请人缴纳相关费用为由而不同意承担保全费用的主张显然不能成立。依据本会仲裁规则第42条之（三）的规定，仲裁庭认为，应当支持申请人的主张，本案发生的财产保全费用300520元全部由被申请人承担。

（十一）关于本案的仲裁费用

综上，仲裁庭认为，申请人的仲裁请求并没有全部被仲裁庭支持，因此，本案仲裁费应当由当事人双方共同承担。根据本案的案情，本案发生的纠纷主要责任在被申请人，仲裁庭认为，由被申请人承担其中的85%，申请人承担其中15%应属公平合理。

三　裁决

基于上述的案情与理由，本案仲裁庭裁决如下：

（一）被申请人向申请人支付拖欠工程款71670000元；

（二）被申请人向申请人支付上述欠款的银行利息，利息标准按照中国人民银行发布的一年期同期贷款利率，从2006年5月25日起算，直至付清全部欠款之日止（计算至本裁决作出之日为4651108元）；

（三）被申请人向申请人支付律师代理费用500000元；

（四）被申请人向申请人支付本案发生的财产保全费用300520元；

（五）本案仲裁费411278.24元（已由申请人全部预交），由申请人承担61691.74元，由被申请人承担349586.5元，被申请人直接支付申请人代其垫付的仲裁费349586.5元；

（六）驳回申请人的其他仲裁请求。

上述被申请人应向申请人支付的款项，被申请人应自收到本裁决书之日起15日内支付完毕。

评析

本案为因欠付工程款引发的施工合同纠纷，该类争议实践中最为常见。本案涉及的法律问题和专业问题主要包括施工企业资质与合同效力的关系问题、结算文件的效力问题和追加第三人问题等。本案裁决对双方当事人争议的焦点问题从案件事实及法律规定分别进行了详细的论证，观点层层递进，体现了较强的工程专业性，裁决书风格细致周到，反映了裁决书撰写人对工程资质和工程造价等方面的造诣，以下从案件焦点问题出发，对裁决思路和裁判结论予以点评。

一、关于本案合同效力与施工企业资质的关系问题

在中国的工程建设管理制度体系中，资质管理作为重要的行政

管理手段，在建设工程领域发挥了其应有的作用，但实践中，发包人以承包人欠缺资质为由主张施工合同无效，以及法院以欠缺资质为由认定合同无效的案件较为常见。本案中，施工合同的有效性是双方当事人争议的焦点之一，且申请人是否具有相应施工企业资质亦为判断施工合同有效性的关键。

关于合同效力与施工企业资质之间的关系，《最高人民法院关于审理建设工程施工合同纠纷案件适用法律问题的解释》第 1 条规定："建设工程施工合同具有下列情形之一的，应当根据合同法第 52 条第（五）项的规定，认定无效：（一）承包人未取得建筑施工企业资质或者超越资质等级的。"

本案中，被申请人即以上述规定为由，主张申请人不具备现行法律法规规定的本案工程所对应的施工企业资质，本案合同应认定为无效合同。而申请人对其目前具备铁路工程总承包特级资质的事实表示认可，但同时认为，本案合同签订时，申请人具备相应民用建筑施工资质，申请人提交的投标书经过了被申请人的认真审查，属于双方真实意思的表示，且真实有效，同时施工合同已经过北京市建设工程招标投标管理办公室备案。

仲裁庭针对该问题从事实、政策、法律和行业惯例等方面进行了层层分析，最终认定施工合同有效，其核心观点包括：

首先，本案申请人通过了涉案工程组织的招标投标资格预审，且被申请人已经确定，建设工程招标投标过程即是建设工程合同形成和订立的过程，由此可以推定申请人具备招标文件规定的资格条件。

其次，鉴于招标投标活动的监管实行的是审查性备案，涉案工程招标合同经过行政机关审查备案，由此推定申请人具备相关资质条件。

再次，根据前述两点，申请人在签订合同时具备相应资质条件，合同履行时确实因国家资质政策改革转为铁路工程总承包特级，不属于《最高人民法院关于审理建设工程施工合同纠纷案件适用法律问题的解释》第1条规定的没有资质和超越资质导致合同无效的情形。

最后，结合2007年原建设部《关于印发〈施工总承包企业特级资质标准〉的通知》（建市〔2007〕72号）的规定，即取得房屋建筑、公路、铁路、市政公用、港口与航道、水利水电等专业中任意一项施工总承包特级资质，可承接各专业工程的施工总承包业务的规定。

因此，综合前述观点，仲裁庭认为申请人企业资质的变更起因于国家政策的变化等特殊情况，并非由于企业实力下降或者发生违法违规行为所致，且当事人双方已经就本案工程办理了竣工验收，质量符合国家规范和合同约定，并办理了竣工结算手续，此种情况不属于《最高人民法院关于审理建设工程施工合同纠纷案件适用法律问题的解释》第1条规定的没有资质和超越资质导致合同无效的情形。故仲裁庭认为，被申请人以申请人没有符合法定要求的资质为由而主张本案合同无效，既缺乏明确的法律根据，也不符合维护合同严肃性和稳定性的司法理念，仲裁庭不予支持。

笔者认为，仲裁庭对于被申请人认为申请人不具备资质条件的主张未能支持的认定，既符合资质相关法律规定的原则，也符合工程建设的实际现状，本案裁决书对该问题的处理体现了仲裁员对行业的独到理解，亦尤显理论结合实际。

此外，关于以是否具备资质认定施工合同效力的问题，笔者有以下观点分享：

第一，从时间上来看，合同效力的判断，原则上应以合同缔结时当事人所具备之资质条件是否满足为认定依据。如以事后之法律规范认定当事人不具备相关资质，进而认定合同无效，违反法不溯及既往原则，同时也与认定合同无效须持谨慎判断之司法精神相违背，本案仲裁庭对效力问题的最终裁决亦体现了该思想。

第二，从合同补正原则来看，资质许可的后期完善可以补正合同效力。《最高人民法院关于审理建设工程施工合同纠纷案件适用法律问题的解释》第5条规定："承包人超越资质等级许可的业务范围签订建设工程施工合同，在建设工程竣工前取得相应资质等级，当事人请求按照无效合同处理的，不予支持。"该规定清晰地表明，资质缺失可以通过一定的方式补正。

笔者认为，《建筑法》对建筑施工企业实施资质管理的目的是保证建设工程质量和社会公共安全，建筑施工企业超越资质等级承揽工程，但在工程竣工前取得与承揽工程相适应的资质等级的，表明其已经具备对承揽工程进行建设的施工能力，资质管理的目的已经实现，由此认定施工合同有效与保证工程质量目的并不矛盾。另结合《合同法司法解释一》第9条[①]规定，如承包人在签订施工合同时不具有相关资质，但是工程办理竣工验收，质量符合国家规范和合同约定，且在仲裁辩论环节结束前取得相关资质的，可以适用合同效力的补正原则，即当事人事后取得相关资质的，可以认定合同有效合法。

鉴于承包人资质与施工合同有效性之间存在紧密联系，实践中由此引发的争议也极为常见和典型。资质管理是现行建设工程行业体系中的重要行政监管手段，但是随着市场经济的进一步发

---

① 最高人民法院关于适用《中华人民共和国合同法》若干问题的解释（一）第9条："依照合同法第44条第2款的规定，法律、行政法规规定合同应当办理批准手续，或者办理批准、登记等手续才生效，在一审法庭辩论终结前当事人仍未办理批准手续的，或者仍未办理批准、登记等手续的，人民法院应当认定该合同未生效。"

展，越来越多的专家呼吁放开资质管理。值得关注的是，2014年11月6日，住建部颁布了新版《建筑业企业资质标准》（建市〔2014〕159号），为贯彻落实新的资质标准，2015年1月22日住建部颁布《建筑业企业资质管理规定》，并自2015年3月1日起施行。在新版建筑业企业资质标准和管理规定中，企业资质条件、申报、行政审批程序均进行了相应简化，不仅充分体现了去行政化思想，而且进一步提高了企业的市场竞争力和经营管理水平，促进了建筑行业产业结构的调整和升级。从上述不断变化的企业资质标准来看，未来企业资质的管理以及行政许可将呈开放态势，并直接对施工合同效力带来影响，在此建议关注未来企业资质发展的立法动态。

二、关于对已签认结算书提起异议问题

建设工程施工合同纠纷中，结算协议的效力对于认定工程结算价款具有重要作用。本案申请人认为，当事人双方已经就本案工程竣工结算达成了一致意见，并签署了书面结算文件，在该结算文件中双方已经确认工程最终结算价款，且被申请人对该证据的真实性没有异议，但认为该证据实际上是一个阶段性的概预算，并非竣工结算，且该竣工结算在主体、时间、程序、依据、原则和金额等方面均存在错误，依据无效合同作出的结算也应当为无效结算。仲裁庭从结算主体资格、结算程序和时间、结算依据、结算数据、结算书合同效力和最终结算效果等六个方面对结算书的效力进行了裁判分析，最终认定被申请人有关结算无效的主张和提交的相关证据均不足以否定双方当事人已经签字盖章的结算书的效力，即认为本案工程结算书真实合法，为有效竣工结算文件。

笔者认为，仲裁庭从六个方面对工程结算书的约束力进行层层分析，最终认定本案工程已签认结算书真实合法，且为有效之竣工

结算文件，可谓细致和严谨，笔者亦赞同仲裁庭的裁判观点。

值得注意的是，实践中，在已经签订结算书的情况下，当事人一方对结算协议效力提出异议，并申请鉴定的情形也是较为常见的纠纷，笔者认为，仲裁庭在处理此类争议时应慎重处理。同时从禁止反言的诚实信用角度，应当对于承诺给予法律认定。结算协议的性质是双方关于工程合同价款的合意，在双方已经签订结算协议的情况下，一方不能仅以数据不真实或存在错项等为由而否认其整个效力。故本案双方当事人已经签订结算书，双方当事人对结算书真实性无异议，且结算书记载了全部工程内容结清等类似文字含义，表明双方已经就竣工结算达成一致，事后一方当事人仅以时间、程序和数字等存在错误主张结算书无效的，仲裁庭对此抗辩应不予以支持。

此外，笔者认为，本案中被申请人以合同无效为由主张结算书无效的理由亦不能成立。首先，《合同法》第 52 条[①]规定了合同无效的具体情形，符合无效情形的，结算书当然无效，但被申请人并未主张结算书存在合同法规定的无效情形。其次，北京高院《关于审理建设工程施工合同纠纷案件若干疑难问题的解答》中，“7. 当事人在诉讼前已就工程价款的结算达成协议，一方要求重新结算的，如何处理？当事人在诉讼前已就工程价款的结算达成协议，一方在诉讼中要求重新结算的，不予支持，但结算协议被法院或仲裁机构认定为无效或撤销的除外。建设工程施工合同无效，但工程经竣工

① 《合同法》第 52 条［合同无效的法定情形］有下列情形之一的，合同无效：
（一）一方以欺诈、胁迫的手段订立合同，损害国家利益；
（二）恶意串通，损害国家、集体或者第三人利益；
（三）以合法形式掩盖非法目的；
（四）损害社会公共利益；
（五）违反法律、行政法规的强制性规定。

验收合格，当事人一方以施工合同无效为由要求确认结算协议无效的，不予支持。”本案中，工程已经办理竣工验收且质量符合国家规范和合同约定，因此，被申请人不能以合同无效为由主张结算书无效。

三、关于本案第三人问题

在民事诉讼过程中，原被告之间的诉讼有时会直接或间接地涉及原被告以外其他人的民事权益。为彻底解决彼此有联系的纠纷，避免法院在同一问题或相关联的问题上作出互相矛盾的判决，我国《民事诉讼法》设立了第三人参加诉讼的制度。而仲裁中的第三人制度，仍是当前国际商事仲裁领域理论界与实务界争议的热点。

本案中，被申请人主张，本案工程系由被申请人与Q公司共同开发，并由Q公司负责建设资金投入和工程结算，仲裁结果将由该公司直接承担，Q公司对于本案的解决有直接利益关系，应当追加Q公司作为第三人。仲裁庭认为，本案合同是由申请人和被申请人签订，其中并未约定Q公司的任何责任和义务，Q公司并不是本案合同的当事人，亦不受本案合同约定的仲裁条款的约束，故被申请人的该项主张于法无据，仲裁庭不予支持。

笔者认为，尽管本案中可能存在联营合作开发问题，但该合作之第三人与其他合作方之间未能达成有效仲裁协议，故无法用仲裁方式管辖第三人与其他方之间的争议，裁决书的认定符合仲裁法相关规定，并无不妥。

值得注意的是，实践中，仲裁争议解决过程中第三人制度的缺失，给多主体间商事争议的全面解决带来了一定的影响。为解决该问题，2012 年《国际商会仲裁规则》中的第 7 条[①]规定，允许当事人在仲裁庭组庭之前向秘书长提出追加第三人的申请。在 2015 年 4 月 1 日起实施的《北京仲裁委员会仲裁规则》（以下简称北仲新规则）第 13 条[②]中也规定了追加当事人的相关内容，其目的是，在一个已经依据仲裁规则启动的仲裁程序中，为当事人意图追加一个或多个新的当事人进入仲裁程序提供规则依据，并明确相关的程序安排事宜。

当然，对北仲新规则中关于追加当事人制度的理解，还需要解决以下问题：

（1）时间规则。追加当事人应当在仲裁庭组成前，这一要求与《国际商会仲裁规则》的规定相同。此外，北仲新规则和《国际商会仲裁规则》同时规定，仲裁庭组庭后不允许追加第三人，但例外情形是“除非全部当事人，包括被追加的当事人都同意”。

（2）批准规则。追加当事人需要经北京仲裁委员会 / 北京国际仲裁中心同意，这一要求强调的是机构的裁量权。

---

① *Rules of Arbitration of the International Chamber of Commerce, 2012* Article 7: A party wishing to join an additional party to the arbitration shall submit its request for arbitration against the additional party (the “Request for Joinder”) to the Secretariat. The date on which the Request for Joinder is received by the Secretariat shall, for all purposes, be deemed to be the date of the commencement of arbitration against the additional party. Any such joinder shall be subject to the provisions of Articles 6(3)–6(7) and 9. No additional party may be joined after the confirmation or appointment of any arbitrator, unless all parties, including the additional party, otherwise agree. The Secretariat may fix a time limit for the submission of a Request for Joinder.

② 《北京仲裁委员会仲裁规则》第 13 条：追加当事人（一）仲裁庭组成前，经本会同意，当事人可以依据相同仲裁协议在案件中申请追加当事人。（二）申请追加当事人应当提交追加当事人申请书，申请书的内容及受理、答辩等事项，参照本规则第七条至第十条的规定办理。（三）仲裁庭组成后，除非申请人、被申请人及被追加的当事人均同意，否则不再接受追加当事人的申请。

（3）仲裁依据规则。追加当事人需要依据相同的仲裁协议。此处有三重含义：

第一，追加当事人需要有仲裁协议为基础，表明本条文中的“追加当事人”区别于广义的仲裁第三人，避免了实践中可能产生的管辖混乱；

第二，需要基于相同的仲裁协议，需要注意的是，基于多份仲裁协议开始的仲裁案件，当事人基于部分仲裁协议提出追加当事人申请的，也视为满足相同仲裁协议的要求；

第三，被追加的当事人应当亦为诉争合同项下的主体，并非合同外第三人。

此外，还需要注意的是，申请追加当事人的主体为已经开始的仲裁程序中的“当事人”（任意申请人或被申请人或者申请人与被申请人），案外人不能向本会提出追加当事人的申请。[①]由此可以看出，追加当事人和追加第三人存在天壤差别。

笔者认为，在房地产或其他投融资的系列合同中，如果选择仲裁方式，则对于争议解决条款需要进行仲裁机构、仲裁事项和仲裁地点等方面的统一筹划，确保争议解决的范围完整，亦即保证当事人权益主张的便利性和程序与实体全面处理的可行性。

本案裁决书中的亮点还有很多，在此不一一赘述。

（评析人：谭敬慧）

① 参考北仲新规则释义。

16. 合同约定结算以“审计为准”的认定

裁决要旨 双方就审计部门出具的结算审核报告予以盖章确认，应视为双方履行了结算以“审计为准”的合同约定。

关键词 结算 审计 双方确认

申 请 人：A 工程有限公司

被申请人：B 医院

一 案情

（一）仲裁请求和答辩

申请人称：2006 年 4 月 19 日，申请人与被申请人签订了一份建设工程施工合同，合同主要内容为：1. 被申请人作为 B 医院旧楼消防自动报警改造工程的发包人，将该工程发包给申请人；2. 合同第一部分协议书第 2 条规定，工程承包范围包括综合楼、综合门诊楼、中医中药楼、高压氧楼、医技楼、病理楼、住院二部地下一层、工字楼消防自动报警系统改造工程；3. 协议书第 4 条规定，工程质量标准为合格；4. 协议书第 5 条规定，合同价款为 1035535 元（指人民币，下同）。合同第三部分专用条款第 24 条规定，合同签订后预付 30%（一周内），检测合格后支付到合同价款 95%，一年后支付

5% 保修款；5. 合同第二部分通用条款第 33.3 条规定，被申请人收到工程竣工结算报告及结算资料后 28 天内无正当理由不支付工程竣工结算价款，从第 29 天起按申请人同期向银行贷款利率支付拖欠工程价款的利息，并承担违约责任；6. 合同第三部分专用条款第 47 条第 1 款规定，针对原投标图纸，若发生与原图纸不符部分需办理洽商另计取费用，价格依据原投标价格；第 3 款规定，工程量以实际发生安装为准，结算款以审计值为准。上述合同生效后，申请人按约定完成了 B 医院工程的消防工程施工并通过了合同约定的消防检测达到合格标准。由于实际工程量大于双方预期的工程量，根据合同专用条款第 47 条的规定，双方以及被申请人聘请的 C 会计师事务所有限责任公司（以下简称 C 公司）三方于 2008 年 1 月 14 日经实地审核，确认 B 医院工程最终审计结算价款为 1058382.76 元。截至申请仲裁，被申请人仅向申请人支付 300000 元，尚拖欠申请人工程款 758382.76 元一直未予支付。

为此，申请人依法向本会申请仲裁，仲裁请求如下：

1. 被申请人支付逾期工程款 758382.76 元；

2. 被申请人按中国人民银行同期贷款利率支付欠付工程款利息，计息时间自 2007 年 3 月 15 日起至实际支付全部逾期工程款为止（暂计至 2008 年 6 月 30 日，为 65397.46 元）；

3. 被申请人赔偿申请人支付的律师费等费用支出，暂计 100000 元；

4. 被申请人承担全部仲裁费用。

针对申请人的仲裁请求，被申请人当庭答辩如下：

1. 该工程未按照合同约定竣工。合同第 3 条约定工程竣工日期为 2006 年 9 月 1 日，第 32.1 条、第 32.4 条约定工程竣工承包人向发包人提供完整竣工资料和竣工验收报告，承包人送交竣工验收报告的日期为实际竣工日期，但是申请人于 2007 年 2 月 14 日才完工，且至今未提交完整的竣工资料（关于竣工图，申请人只提供了平面工程图，未提供完整的系统图和管线图）和竣工验收报告，根据施工合同该工程还未竣工，申请人未能按约定时间竣工构成了违约，所以被申请人不应向其支付全额工程款。

2. 工程款还未到支付时间，被申请人不应当支付申请人利息。根据施工合同第 47 条补充条款第 3 款约定，结算款以审计值为准。现在被申请人仍在审计期间，审计结果还未出来，因而无法支付工程款。C 公司是被申请人委托的社会审计机构，根据《北京市卫生局关于印发〈北京市医疗卫生单位委托社会审计的指导意见〉的通知》第 9 条规定："社会审计机构审计结束后，应直接向内部审计机构提交审计报告和相关资料。内部审计机构对社会审计机构出具的审计报告进行复核，并就审计报告中提到的被审计对象存在的问题进行分析，提出改进和加强管理的意见和建议，经单位负责人批准后，送被审计对象执行。"被申请人审计处对 C 公司出具的审计报告进行了复核，发现申请人没有提交完整审计需要的资料，尚缺少竣工验收报告、竣工资料、竣工结算资料，被申请人正在讨论如何解决该问题。被申请人认为，在审计处的复核结果出来以前，不应当向申请人支付工程款，所以工程款还未到支付时间，当然也不应当支付利息。

被申请人于庭审后提交的答辩书中认为，被申请人拒付申请人工程款是因为申请人没有履行合同的主要义务，造成工程至今不能投入使用，具体原因如下：

1. 拖延工期半年多，至今未办理竣工。《投标文件》中"售后服务承诺书"第 2 条"我公司按甲方要求工期内确保提前完工"。但至今为止，申请人未提交竣工报告和竣工资料，只能按照监测报告监测时间 2007 年 3 月 14 日推定其完工时间，已经拖延工期半年多。根据通用条款第14.2条规定，因承包人原因不能按照协议书约定的竣工日期或工程师同意顺延的工期竣工的，承包人承担违约责任。

2. 未提供竣工验收报告和竣工资料，没办理竣工手续。承包方未提交完整的图纸，仅提供被申请人两份平面图，没有设计图、施工图，竣工图中没有竖向管线布线及系统图，而且只给了两份。根据《投标文件》中“售后服务承诺”第7条，工程完工后提供全套有关的设备管线的竣工图以及各自设备的详细操作说明、保养说明、操作及维修手册和设备说明书；合同通用条款第28.1条规定承包人负责采购材料设备的，应提供产品合格证明，上述资料均未提交给被申请人。

3. 被申请人无法组织验收。被申请人至今未收到承包方的竣工验收报告，因此既不能组织单位内部的初步验收，也无法向消防主管部门办理相关申请验收手续。

4. 为承包工程，承包方对被申请人作出了重要承诺，事后却不予履行。《投标文件》中“编制说明”第3条规定，承包方负责消防报审、报验工作，确保一次通过消防验收合格。本工程整个方案、图纸都是申请人设计提供的，由申请人负责施工并确保通过消防验收，但最后这些记入合同的重要承诺申请人都没有履行。

5. 被申请人拒绝接受该项工程。由于该项工程未通过被申请人内部初步验收，也没有经过国家消防主管部门验收，因此被申请人一直拒绝接受该工程，也未投入使用。

6. 工程结算款必须经过审计后方可支付。根据《建设工程价款结算暂行办法》（财建〔2004〕369号）第12条、第13条、第14条规定，付款到95%的这笔款项属于工程结算款，工程结算款必须经过审计方对该工程的真实性、合规性和合法性进行审计以后方能支付。

7. 没有提供完整的竣工结算报告和竣工结算资料，导致审计工作无法顺利开展。申请人提供的结算资料仅为工程结算书、工程洽商记录、施工合同、投标文件、平面图纸、检测报告，缺少图纸会审记录、施工图纸、变更修改图纸、工程竣工资料、竣工图的竖向管线布线及系统图、隐蔽工程验收记录、会议纪要、现场签证单、被申请人鉴证的材料清单及供货商鉴定的合同和相关材料的产品合格证、工程施工日记等重要结算资料。

8. 经过审计，被申请人认为申请人没有履行合同的主要义务，造成了工程现在和今后都无法投入使用，因此不应该支付工程结算款。审计部门对该工程的真实性、合法性、合规性进行了审计，认为该工程确实存在，且工程量、工程取费及价格可以认定，但该工程的合法合规性存在严重问题，申请人对合同主要义务没有履行，导致工程无法通过国家验收，也无法转为固定资产，可能导致国有资产的流失。为保护国有资产的安全，被申请人认为不能支付工程结算款。

9. 申请人无权要求利息。被申请人拒付工程款是因为申请人不履行合同主要义务造成的，合同专用条款第 35.1 条对发包人应承担的违约责任在空白处都用横线划掉了，可见签订合同时已经约定在付款方面对发包人的惩罚措施是没有的，发包方不用承担任何惩罚。

最后被申请人在该份答辩书中要求：（1）对被申请人迫于奥运和安全需要拆除的一部分消防工程的材料费按市场同类价格予以支付，由于被申请人已经预付 30 万元工程款，就从该预付款进行结算；或被申请人按市场价购买实物予以偿还，申请人退回被申请人 30 万元预付款。（2）对于没有拆除的消防工程，请申请人进行拆除，并恢复原状。

（二）仲裁庭查明的本案事实

根据申请人、被申请人各自向仲裁庭提交的证据材料及其质证意见、当事人的当庭陈述及仲裁庭关于案件事实的调查询问，仲裁庭现将本案查明的事实列明如下：

2005 年 3 月 19 日，为承接 B 医院旧楼消防自动报警系统改造工程，申请人向被申请人报出《投标承建 B 医院旧楼消防自动报警系统改造工程投标文件》，内含投标函、工程预算书、售后服务承诺书、消防设计方案、施工组织设计方案等文件。申请人在投标函中明确按投标范围投标总价为 1035535 元。工程预算书编制说明第 1 条明确“报价范围：综合楼、综合门诊楼、中医中药楼、高压氧楼、医技楼、病理楼、住院二部地下一层、工字楼”；第 2 条指出“本报价已包含室外部分”；第 3 条明确“负责消防报审、报验工作，确保一次性通过消防验收合格”。在售后服务承诺书之“售后服务承诺”第 1 条承诺“我公司随时按甲方要求联系主管部门并负责办理审、验手续，保证我公司所做工程一次通过消防验收”；第 2 条承诺“我公司按甲方要求工期内确保提前完工”；第 7 条承诺“工程完工后提供全套有关的设备管线的竣工图及各种设备的详细操作说明、保养说明、操作及维修手续和设备说明书”。

2006 年 4 月 19 日，申请人为承包人、被申请人为发包人双方签订了本案合同。

关于合同第一部分协议书：第 1 条约定工程名称为 B 医院旧楼消防自动报警系统改造工程；第 2 条约定工程承包范围为综合楼、综合门诊楼、中医中药楼、高压氧楼、医技楼、病理楼、住院二部地下一层、工字楼的消防自动报警系统改造工程；第 3 条约定合同工期为 2006 年 6 月 5 日至 9 月 1 日共 87 天；第 4 条约定工程质量标准为合格；第 5 条约定合同价款为 1035535 元；第 6 条约定组成合同的文件为组成本合同的文件包括本合同协议书、中标通知书、投标书及其附件、本合同专用条款、本合同通用条款……；第8条约定承包人向发包人承诺按合同约定进行施工、竣工并在质量保修期内承担工程质量保修责任；第9条约定发包人向承包人承诺按照合同约定的期限和方式支付合同价款及其他应当支付的款项。

关于合同通用条款：第2.1条约定“合同文件应能相互解释、互为说明。除专用条款另有约定外，组成本合同的文件及优先解释顺序如下：（1）本合同协议书、（2）中标通知书、（3）投标书及其附件、（4）本合同专用条款、（5）本合同通用条款……”第32.1条约定“工程具备竣工验收条件，承包人按国家工程竣工验收有关规定，向发包人提交完整竣工资料及竣工验收报告；双方约定由承包人提供竣工图的，应当在专用条款内约定提供的日期和份数。”第33.1条约定“工程竣工验收报告经发包人认可后28天内，承包人向发包人递交竣工结算报告及完整的结算资料，双方按照协议书约定的合同价款及专用条款约定的合同价款调整内容，进行工程竣工结算。”第35.1条约定“发包人违约，当发生下列情况时：（1）本通用条款第24条提到的发包人不按时支付工程预付款；（2）本通用条款第26.4条提到的发包人不按合同约定支付工程款，导致施工无法进行；（3）本通用条款第33.3条提到的发包人无正当理由不支付工程竣工结算价款……发包人承担违约责任，赔偿因其违约给承包人造成的经济损失，顺延延误的工期。双方在专用条款内约定发包人赔偿承包人损失的计算方法或者发包人应当支付违约金的数额或计算方法。”第35.2条约定“承包人违约，当发生下列情况时：（1）本通用条款第14.2条提到的因承包人原因不能按照协议书约定的竣工日期或工程师同意顺延的工期竣工；（2）本通用条款第15.1条提到的因承包人原因工程质量达不到协议书约定的质量标准；（3）承包人不履行合同义务或不按合同约定履行义务的其他情况。承包人承担违约责任，赔偿因其违约给发包人造成的经济损失。双方在专用条款内约定承包人赔偿发包人损失的计算方法或者承包人应当支付违约金的数额或计算方法。”

关于合同专用条款：第3.3条约定本工程适用标准为GB50166-92火灾自动报警系统施工及验收规范；第5.3条约定发包人派驻的工程师为王强；第24条约定“合同签订后预付30%（一周内），检测合格后支付到合同价款95%，一年后支付5%保修款”；第32.1条约定由承包人提交竣工图三套；第35条关于发包人和承包人按本合同通用条款应承担的违约责任，双方未具体约定，均在应填写的横线上划了一道斜线；补充条款第47条第2款约定“本工程保修期壹年”，第47条第3款约定“工程量以实际发生安装为准，结算款以审计值为准”。

合同签订后，申请人按约进行本工程施工。2007年3月14日，北京D检测有限公司依据国家有关消防规范和标准，对本工程进行了即时检测，检测结论为合格。2007年6月18日，申请人向被申请人提交了《（B医院老楼消防报警系统改造）工程（结）算书》，报出结算总价为1082456元，被申请人派驻现场工程师王强于2007年7月4日在该结算书上签注意见同意本工程预算工程量。2007年7月17日，申请人向被申请人发出《通知函》，要求被申请人按合同约定支付工程款并接收消防报警系统；同年11月8日，申请人向被申请人发出《通知函》，称双方相关人员已顺利办理了结算手续，但被申请人仍未支付结算工程款，要求被申请人在收到该函7日内答复；2008年1月28日，申请人又发出《通知函》，要求被申请人立即支付全部拖欠工程款。2008年4月24日，被申请人委托的C公司就本消防自动报警系统改造工程（以下简称本工程）结算出具《基本建设工程结算审核报告》，确认消防报警系统工程审定造价为1050885.65元，确认零星装修工程审定造价为7497.11元（庭审中双方同意由仲裁庭对该零星装修工程一并审理），合计结算总价为1058382.76元；在审核报告附件《基本建设工程结算审核定案表》中，被申请人作为委托单位和建设单位、申请人作为施工单位、C公司作为审计单位予以盖章确认。至本案申请仲裁之日，被申请人于2006年7月18日向申请人支付工程款300000元。

另查，本消防自动报警系统工程施工前，申请人与被申请人双方未到公安消防监督机构申请消防设计审核，工程完工、通过检测后，双方亦未向公安消防监督机构提出验收申请。本工程至今未通过公安消防监督机构的消防验收。

以上事实，有申请人提交的《建设工程施工合同》《北京D电气消防安全检测有限公司消防检测报告》《（B医院老楼消防报警系统改造）工程（结）算书》、C会计师事务所有限责任公司声明、《基本建设工程结算审核报告》、北京银行进账单、2007年7月17日《通知函》、11月8日《通知函》、2008年1月28日《通知函》，以及被申请人提供的《投标承建B医院旧楼消防自动报警系统改造工程投标文件》、消防烟感自动报警系统清单、《A公司在旧楼消防自动报警系统改造中存在的问题总结》《建筑工程竣工资料清单》《工程审计结算资料》《建设工程价款结算暂行办法》（财建〔2004〕369号）、《建筑工程消防监督审核管理规定》（公安部令第30号）、合同专用条款、《审计机关对国家建设项目竣工决算审计实施办法》（审投发〔1996〕346号）、《北京市卫生局关于印发〈北京市医疗卫生单位委托社会审计的指导意见〉的通知》（京卫审字〔2007〕19号）、《建设工程竣工验收条件及程序》等证据在卷佐证。

二　仲裁庭意见

根据本案双方当事人提交的全部证据材料，结合其当庭陈述、质证和辩论意见，仲裁庭就与本案仲裁请求相关的基本事实及双方争议问题阐明意见如下：

（一）关于本案中合同效力

在庭审中，双方当事人对本案合同的真实性不持异议。仲裁庭认为，本工程为B医院旧楼消防自动报警系统改造工程，申请人具备消防设施工程专业承包一级资质，故双方签订的合同没有违反法律的强制性规定，系双方真实意思表示，应视为合法有效，双方均应按合同约定履行各自义务。仲裁庭确认，合同中约定的双方当事人各自的权利义务将作为本案实体审理的依据。

（二）关于双方当事人各自在合同中的主要义务

仲裁庭认为，消防自动报警系统改造工程亦应属于建设工程项目。建设工程合同是承包人进行工程建设、发包人支付价款的合同，建设工程合同的客体是工程，承包人的主要义务就是按工程合同约定完成工程建设，发包人的主要义务就是按照合同约定支付价款。关于本案中双方当事人签订合同的主要目的，从被申请人方面分析是完成被申请人旧楼消防自动报警系统改造施工，从申请人方面分析是通过完成该工程获取相应报酬。从合同协议书第8条和第9条约定亦可以认定，在本合同项下，申请人的主要义务是按照合同约定完成被申请人旧楼消防自动报警系统改造施工，被申请人主要义务是按照合同约定支付工程价款。被申请人关于申请人未履行合同主要义务、未提交完整的竣工验收报告和竣工结算资料导致工程现在和今后都无法投入使用的答辩意见，仲裁庭不予认可。

（三）关于工期

仲裁庭注意到本工程合同约定工期是2006年6月5日至9月1日，申请人指出其按合同约定日期完成了工程，而且有所提前。关于检测日期滞后合同完工日期半年，申请人指出工程完工后其及时要求被申请人对工程予以检测，但被申请人认为医院中有心脏病病人、开颅病人等，不宜马上进行消防检测（检测中要拉响警报，声音较大可能惊扰病人），故直到2007年3月14日才进行检测。仲裁庭认为申请人陈述符合医院管理相关规定。被申请人虽然在补充答辩书中认为从检测日期推断申请人工期拖延，但未具体指出拖延到何时，亦未举证证明工期存在拖延，且在两份答辩书中对工期说法不一，故仲裁庭认为不能从检测日期推断工期存在拖延，对此条答辩意见仲裁庭不予认可。

（四）关于申请人承诺负责办理报审、报验手续，保证工程一次通过消防验收问题

仲裁庭注意到申请人在投标文件中的报价编制说明及售后服务承诺中作出了承诺，即负责办理报审、报验手续，保证工程一次通过消防验收。仲裁庭认为，前述报价编制说明及售后服务承诺无疑属于投标书的附件，根据合同协议书及通用条款关于合同组成文件的解释顺序可以确认，该承诺应属于申请人的合同义务，且其解释顺序仅次于合同协议书及中标通知书，优先于合同专用条款和通用条款。本工程报审、报验相关程序与方式应按申请人投标书附件中关于报审、报验的承诺执行。同时要考虑到，本工程属于消防工程，相关报审报验工作还应符合消防主管部门的规定。根据《中华人民共和国消防法》相关规定，县级以上各级公安机关对本行政区域内的消防工作实施监督管理。《建筑工程消防监督审核管理规定》（公安部令第30号）第4条规定，建设单位应当将新建、改建、扩建、建筑内部装修以及用途变更工程项目的消防设计图纸和资料送公安消防监督机构审核，并填写相应的《建筑消防设计防火审核申报表》《自动消防设施设计防火审核申报表》或者《建筑内部装修设计防火审核申报表》，经审核批准后，方可开工兴建；第9条规定，建设单位应向公安消防监督机构提出工程消防验收申请，送达建筑消防设施技术检测报告，填写《建筑工程消防验收申报表》，并组织验收。从上述消防行业主管部门规章可以确定，提出消防工程报审、报验的主体是建设单位，故本案中应由被申请人提出本工程的报审、报验工作。申请人虽在投标时对报审、报验作出了书面承诺，由于其并不是办理消防工程报审、报验的法定申报主体，该承诺应理解为申请人依托自身优势，在开工前和竣工通过检测后，其指导、协助被申请人整理消防工程报审、报验所需资料，指导被申请人填写相应报审、报验表格并联系公安消防监督机构及时办理完成报审、报验手续，使本工程最终通过验收。但现有证据不能证明申请人履行了上述义务。

仲裁庭认为，本工程未通过公安消防监督机构的审核即进行施工，工程竣工并通过检测后又未申请验收，使工程至今未通过验收，申请人与被申请人双方均应承担责任。被申请人认为就本工程的报审、报验申请人已作出承诺，而忽视了自身作为申报主体的责任，放任由申请人去办理报审、报验。申请人在投标文件中作出负责报审、报验承诺后，不能因消防工程相关报审、报验手续由建设单位负责办理而无视其承诺，消极等待被申请人提供相关资料再去联系公安消防监督机构办理手续。申请人本应主动协助、及时敦促、认真指导被申请人整理、提供相关资料，积极联系公安消防监督机构并协助被申请人通过报审、报验手续。申请人未履行投标承诺，未积极推动本工程报审、报验进展，应视为申请人未履行该合同义务，对此要承担相应责任。

（五）关于申请人提交竣工资料和结算资料问题

被申请人虽举证认为按《建筑工程竣工资料清单》（以下简称《资料清单》）及《工程审计结算资料》（以下简称《结算资料》），申请人尚有大量竣工资料及结算资料未提交。仲裁庭认为，被申请人提交的证据不能证明《资料清单》和《结算资料》是施工单位提交竣工资料和结算资料应遵守的强制性规范。同时，《资料清单》和《结算资料》亦非合同文件的组成部分，其中涉及的相应资料均属于总承包工程在竣工和结算时可以提交的资料，而本工程属于专业工程中的分项改造工程，申请人作为专业工程承包人，有些工程资料无法提供。故仲裁庭认为，本案中竣工资料和结算资料的提交应按合同约定执行。关于竣工资料，合同文件有两处具体约定，其一申请人在投标书附件售后服务承诺第 7 条承诺“工程完工后提供全套有关的设备管线的竣工图及各种设备的详细操作说明、保养说明、操作及维修手册和设备说明书”，其二在合同专用条款第 32.1 条约定承包人提供竣工图 3 套，除上述两处外合同文件并未具体约定申请人应向被申请人提交何种内容的竣工资料。

仲裁庭注意到 C 公司出具的《基本建设工程结算审核报告》中提到，“工程结算书、建设单位与施工单位签订的施工合同、协议、洽商变更、施工组织设计、监理记录、竣工图纸等资料的真实性、完整性、准确性均由编制和签章单位负责”；在审核依据中提到，“……2. 施工承包合同、洽商变更及甲乙双方签订的施工工作量；3. 施工单位编制的竣工图纸”。仲裁庭认为从 C 公司在审计报告中的陈述可以证明在审计时申请人提交了相应竣工资料和结算资料，该些资料的提交保证了审计工作的顺利进行。故现有证据能够证明申请人提交了竣工图，但不能证明申请人向被申请人提交了各种设备的详细操作说明、保养说明、操作及维修手册和设备说明书。该些操作、保养说明、维修手册等资料系申请人承诺要提交，且在本消防工程以后的使用、维护中起着重要作用，申请人未提交该些资料，应视为申请人未按合同约定履行义务，对此申请人要承担相应责任。

（六）关于本工程结算价款

从合同专用条款第 47 条第 3 款约定“结算款以审计值为准”可以认定，本工程最终结算价款要经过审计确定。2008 年 4 月 24 日，被申请人委托的 C 公司就本工程结算出具结算审核报告，确认本工程合计结算总价为 1058382.76 元，被申请人和申请人均盖章确认。仲裁庭认为，被申请人委托 C 公司对工程造价进行审计、审计结论出具后双方及 C 公司予以盖章确认的行为，应视为双方履行了专用条款第 47 条第 3 款的约定，通过审计对本工程结算价款予以了确认。被申请人依《审计机关对国家建设项目竣工决算审计实施办法》（审投发〔1996〕346 号，以下称《审计实施办法》）及《北京市卫生局关于印发〈北京市医疗卫生单位委托社会审计的指导意见〉的通知》（京卫审字〔2007〕19 号，以下称《指导意见》），认为工程结算还应经其内部审计方为有效，仲裁庭认为合同文件中并未约定《审计实施办法》和《指导意见》是本工程的结算依据，且《审计实施办法》已于 2001 年 8 月 1 日由国家审计署令第 3 号予以废止，双方已通过 C 公司的审计对结算价款进行了确认，再由被申请人内部审计机构对结算进行审计确认无法律和合同依据，对此条答辩意见仲裁庭不予认可。

仲裁庭同时认为，虽然经过审计的工程结算价款为 1058382.76 元，但由于申请人未履行其在投标书附件中的承诺，存在未主动协助指导被申请人整理、提供相关资料，未积极联系公安消防监督机构并协助被申请人通过报审、报验手续，以及未向被申请人提供各种设备的详细操作说明、保养说明、操作及维修手册和设备说明书的违约行为，本工程最终结算价款应从审计确定的 1058382.76 元中适当扣减。综合本案情况并充分考虑上述违约行为的性质，仲裁庭决定扣减 40000 元，本工程最终结算价应为 1058382.76-40000=1018382.76 元。

（七）关于申请人的仲裁请求

1. 关于支付逾期工程款本金部分

仲裁庭注意到关于工程款支付，仅有合同专用条款第 24 条对此有约定，即合同签订后于一周内预付 30%，工程检测合格后支付到合同价款 95%，一年后支付 5% 保修款。仲裁庭认为该条约定意思表示清楚、明白，据此条约定，2007 年 3 月 14 日工程检测合格后，扣除此前已支付的 30% 预付款，被申请人应于该日支付工程款至合同价 95%，即该日应支付申请人工程款金额为 1035535×95%-300000=683758.25 元。至 2008 年 3 月 14 日，被申请人将应剩余款付清，即被申请人此时还应支付工程款 1018382.76-300000-683758.25=34624.51 元。综上，被申请人应支付申请人逾期工程款本金 683758.25+34624.51=718382.76 元。

2. 关于支付逾期工程款利息部分

被申请人在答辩书中认为本工程未经过内部审计、结算款未确定，工程款未到支付时间而不应向申请人支付利息；在补充答辩书中认为合同专用条款第 35.1 条在发包人的违约责任处用斜线划了一道，视为双方约定在付款方面对发包人是没有惩罚的，故不应支付利息。仲裁庭认为，合同专用条款第 35.1 条规定的三种情形分别是发包人不按通用条款约定，不支付预付款、工程进度款及工程竣工结算款时双方可以协商由发包人承担何种违约责任；从合同专用条款第 24 条对工程价款支付方式及期限约定可以证明，本工程无工程进度款，检测合格后支付至合同价 95%，一年后支付 5% 保修款，且专用条款第 47 条第 3 款约定结算款要经审计确认而非双方确认，合同中工程进度款支付和工程竣工结算款确认均不同于合同通用条款的相关约定，故合同专用条款第35.1条约定的违约金条款不适用于本案。双方当事人应按合同专用条款第24条的约定办理工程款支付，即被申请人应在工程检测合格后支付至合同价款95%，一年后支付完毕。时至本案申请仲裁之日，上述应支付的工程款被申请人仍未支付，客观上占用了申请人资金，使申请人不能自由支配该资金从而丧失了投资、运用该资金产生收益的可能。综上分析，并从公平原则出发，被申请人应支付申请人逾期付款利息。申请人要求被申请人按照中国人民银行同期贷款利率支付利息应获得支持，具体利息计算，结合本案情况，仲裁庭认为应按中国人民银行一年期贷款利率计算如下：

（1）被申请人应于2007年3月14日支付工程款683758.25元，自2007年3月15日起支付利息，因自2007年3月18日起至本案申请仲裁之日，中国人民银行六次调整贷款利率，分段计算如下：

计息本金	计息时间	同期一年期贷款利率（%）	利息计算金额（单位：元）
683758.25	2007.3.15—3.17 共3天	6.12	683758.25 × 6.12% × 3 天 ÷ 365 天 =343.94
	2007.3.18—5.18 共62天	6.39	683758.25 × 6.39% × 62 天 ÷ 365 天 =7421.68
	2007.5.19—7.20 共63天	6.57	683758.25 × 6.57% × 63 天 ÷ 365 天 =7753.82
	2007.7.21—8.21 共32天	6.84	683758.25 × 6.84% × 32 天 ÷ 365 天 =4100.3
	2007.8.22—9.14 共24天	7.02	683758.25 × 7.02% × 24 天 ÷ 365 天 =3156.13
	2007.9.15—12.20 共97天	7.29	683758.25 × 7.29% × 97 天 ÷ 365 天 =13246.74
	2007.12.21—2008.6.30 共192天	7.47	683758.25 × 7.47% × 192 天 ÷ 365 天 =26867.77
此部分利息共计			62890.4

（2）被申请人应于2008年3月14日付清余款34624.51元，自3月15日起支付利息，计算如下：

计息本金	计息时间	同期一年期贷款利率（%）	利息计算金额（单位：元）
34624.51	2008.3.15—6.30共108天	7.47	34624.51×7.47%×108天÷365天=765.3
此部分利息共计			765.3

（3）被申请人应支付的利息截至本案申请仲裁之日计算总计应为62890.4+765.3=63655.7元。

3. 关于赔偿申请人支付的律师费等费用支出

申请人要求被申请人赔偿其律师费等费用100000元，并提供了相应发票。虽然依仲裁规则第45条第（三）款规定，仲裁庭有权根据当事人的请求在裁决书中裁定败诉方补偿胜诉方因办理案件支出的合理费用，但仲裁庭认为支持此请求的前提是胜诉方有证据证明为办理案件支出了合理费用。本案中申请人只提供了律师费发票，未提供其他证据充分证明其确为处理本案支出了律师费100000元，仅律师费发票不能证明申请人此项请求，且该发票中付款单位为“北京X消防工程有限公司”，该单位名称与申请人名称不符，故仲裁庭对此项请求不予支持。

（八）关于本案费用的负担

鉴于被申请人应向申请人支付逾期工程款及相应利息，故被申请人应承担仲裁费用，但申请人对其仲裁请求中未获支持的部分，应承担部分的仲裁费用。据此，仲裁庭确定，由被申请人承担本案仲裁费的85%，申请人承担本案仲裁费的15%。

三　裁决

现仲裁庭依据本案所认定的基本事实，根据《中华人民共和国合同法》第60条、第109条之规定，裁决如下：

（一）被申请人支付申请人工程款718382.76元；

（二）被申请人支付工程款利息63655.7元（按中国人民银行一年期贷款利率，其中本金683758.25元自2007年3月15日开始计息，本金34624.51自2008年3月15日开始计息，暂计算至2008年6月30日，被申请人应支付至工程款实际支付之日）；

（三）驳回申请人其他仲裁请求；

（四）本案仲裁费28787.8元（已由申请人向本会全额预交），由被申请人承担24469.63元，申请人承担4318.17元。被申请人应直接向申请人支付代其垫付的仲裁费24469.63元。

以上被申请人应向申请人支付的款项，被申请人应自收到本裁决书之日起十日内支付完毕。如逾期支付，应按照《中华人民共和国民事诉讼法》第229条的规定办理。

评析

本案仲裁庭论述的争议问题有六个，被申请人提出了九个抗辩理由，但案情并不复杂，核心问题应是如何诚实信用地努力实现合同目的，尽管仲裁庭未在裁决书中对此问题进行有针对性的评价，但从整个裁决中我们可以看到仲裁庭对于诚实信用履行合同的重视。

本案涉及的消防自动报警系统改造工程属于建设工程项目，双方签订的合同是建设工程合同。建设工程合同是承包人进行工程建设、发包人支付价款的合同，承包人的主要义务就是按工程合同约定完成工程建设，发包人的主要义务就是按合同约定支付价款。本案中双方当事人签订合同的主要目的，被申请人方面是完成被申请人旧楼消防自动报警系统改造施工，申请人方面是通过完成该工程获取相应报酬，签订合同的当事人都应当努力实现双方的合同目的。为了实现各自的合同目的，双方当事人应当诚实履行自己的合同义务，申请人应当按合同约定完成被申请人旧楼消防自动报警系统改造施工，被申请人应当按合同约定支付工程价款。

下面围绕被申请人的抗辩理由即本案主要争议点作简要评析。

一、关于工期

本案仲裁庭判断不能以检测日期推断工程延期是正确的。当然，从工程管理的角度分析，申请人在完工后应当保留申请检测或者竣工的书面证据，否则，在工期是否拖延的争议中，作为施工单位的申请人将处于被动地位，特别是双方对拖期都负有责任时，管理好的一方当事人必然占据主动。但在本案中，双方均没有完全做到良好的管理，在这种情况下，被申请人提出 2007 年 3 月 14 日检测日期为完工日期，但其又并没有就工期延误提出反请求，且存有在两份答辩书中对工期说法不一的情况；相反，申请人虽然没有直接的证据，但却陈述了符合现实经验和逻辑的事实，被申请人就此不能提供更加合理的解释。由此可见，被申请人真实目的不是追究申请人的违约责任，而是想以工期延误来抗辩工程款的支付请求，拒绝对申请人已经完成工作支付价款。但延误工期并不一定导致合同目的的落空，本案消防工程并非特殊工程项目，申请人完成的工程就算有所延迟，并不会导致其无法实现合同目的，被申请人完全也可以主张工期延误责任，且从本案来讲并不能证明存在工期延误以及工期延误的责任在申请人，所以仲裁庭没有支持被申请人的这一抗辩理由。

二、关于申请人承诺负责办理报审、报验手续，保证工程一次通过消防验收问题

申请人在投标文件中的报价编制说明及售后服务承诺中作出了承诺，即负责办理报审、报验手续，保证工程一次通过消防验收。该承诺应属于申请人的合同义务。但是，依据《中华人民共和国消防法》《建筑工程消防监督审核管理规定》（公安部令第30号）规定，被申请人作为建设单位应当是提出消防工程报审、报验的主体责任单位。申请人的承诺，应理解为申请人依托自身优势，在开工前和竣工通过检测后，其指导、协助被申请人整理消防工程报审、报验所需资料，指导被申请人填写相应报审、报验表格并联系公安消防监督机构及时办理完成报审、报验手续，使本工程最终通过验收。所以，在办理报审、报验手续方面，双方当事人都应积极配合履行。

被申请人开工前应当向消防主管部门报审，但被申请人没有主动积极报审，也没有及时书面通知申请人报审，并未尽到自身的义务和责任。反过来，申请人作为有资质的专业施工单位，应该清楚报审对于通过最终验收的重要性，开工前也应当书面提醒、指导被申请人报审，但申请人也怠于提醒、指导，没有尽到自身的合同义务和责任。在此问题上，双方都没有尽到努力实现合同目的。

但从诚实信用的角度，作为报审、报验的主体责任单位的被申请人，如果因为其自身的消极行为导致无法报审报验的结果而使其有权利拒绝申请人已经完工工程的工程款请求，则明显不公，因此，仲裁庭对该项抗辩不予支持是合理的。

三、关于申请人提交资料问题

被申请人要求申请人提供资料，即使合同约定的资料相对“竣

工备案”要求的资料不全面，对作为实现合同目的很重要的“各种设备的详细操作说明、保养说明、操作及维修手册和设备说明书”，被申请人也可以依据相关规定要求申请人补充提供资料，在工程检测结束到申请人提出仲裁申请的一年多的时间里，被申请人并没有积极主张索要资料，即使是开庭时，被申请人也未提出反请求，而是提出“因为申请人没提交资料，所以不应支付工程款”。如果是因为工程竣工备案需要，作为建设单位的被申请人完全可以就此提出反请求，一般都会得到仲裁庭的支持。

相反，法律上，以未提交资料拒绝给付工程款不能得到支持，北京市高级人民法院《关于审理建设工程施工合同纠纷案件若干疑难问题的解答》第 23 条第 2 款规定 :“发包人以承包人未移交工程资料为由拒绝支付工程款的，不予支持，但合同另有约定的除外。”故仲裁庭一方面驳回被申请人的抗辩，同时认定申请人要承担未履行合同义务的相应责任。

四、关于本工程结算价款

本案申请人上报了结算书，被申请人负责人签字确认了工程量，2008 年 4 月 24 日，被申请人委托的 C 公司就本工程结算出具结算审核报告，确认本工程合计结算总价为 1058382.76 元，被申请人和申请人均盖章确认。这已经是按合同专用条款第 47 条第 3 款“结算款以审计值为准”的约定，经过了审计程序。被申请人认为，依《审计机关对国家建设项目竣工决算审计实施办法》《审计实施办法》及《北京市卫生局关于印发〈北京市医疗卫生单位委托社会审计的指导意见〉的通知》应经其内部审计方为有效，是没有法律和合同依据的。首先，上述这些规章制度不具有国家法律、行政法规的法律效力，不能作为强制性法律予以适用；其次，在最高人民法院《关于建设工程承包合同案件中双方当事人已确定的工程结算价款与审计部门审计的工程决算价款不一致时如何适用法律问题的电话答复意见》（2001民一他字第2号）中也否定了被申请人的观点，况且本案被申请人所谓的“内部审计”既不是合同约定，也是申请人所不能控制和预见的，仲裁庭对被申请人的抗辩不予认可是正确的。

当然，在处理本案过程中，仲裁庭考虑到申请人也在履约中存在一定过错，如，未积极履行自己的报审报验义务，以及未履行向被申请人提供各种设备的详细操作说明、保养说明、操作及维修手册和设备说明书的义务等，而被申请人坚决不提出反请求，从利益平衡角度，仲裁庭扣减申请人40000元工程款也是公平的。

五、关于支付逾期工程款利息

利息本身是法定孳息，支付欠款利息本身是合法的、公平的，支付欠款利息并不必然带有惩罚性。本案双方合同专用条款第24条约定办理工程款支付，被申请人应在工程检测合格后支付至合同价款95%，一年后支付完毕。时至本案申请仲裁之日，被申请人仍未支付，客观上占用了申请人资金，使申请人不能自由支配该资金从而丧失了投资、运用该资金产生收益的可能。因此，仲裁庭从公平原则出发，裁决被申请人按照中国人民银行一年期贷款利率支付申请人逾期付款利息是合适的。

本案的裁决，体现了仲裁庭对契约精神的尊重，强调了合同的严肃性，任何当事人都应当积极努力实现合同目的，履行合同义务。

（评析人：尚晓民）

款项支付及违约责任

17. 工程款支付条件、期限的认定及约定保修期低于强制性规定的处理

裁决要旨 承包方完成合同约定义务，合同约定付款条件成就时，发包方应当按照合同约定期限支付工程款；未经双方洽谈且未取得双方同意的合同外价款不应认定为洽商工程款；合同约定保修期低于强制性规定无效。

关键词 付款条件 付款期限 合同约定 洽商合意 保修期

申 请 人：A 建筑安装工程有限公司

被申请人：B 有限公司

一 案情

2005 年 11 月，申请人与被申请人签订了本案合同，工程承包范围为生产线简易厂房的水电安装及室内装修工程，开竣工时间为 2005 年 11 月 2 日至同年 11 月 24 日，合同工期 23 天，工程质量标准为合格，合同价款 284121 元（指人民币，下同）。2005 年 12 月 5 日申请人和被申请人双方共同对本案工程进行了竣工验收，综合验收结论为“满足甲方使用要求，合格”。工程竣工后，由于当事人双方在工程款支付、工程质量及保修等方面发生争议，申请人遂向本

会申请仲裁，被申请人亦提出了仲裁反请求。

申请人称，工程竣工后，被申请人至今未按合同约定支付工程款，申请人多次催款，但被申请人以种种理由不给，始终协商不成，故申请人提出仲裁。申请人的仲裁请求为：

1. 被申请人支付工程款及保修金 71030.2 元；

2. 被申请人支付工程洽商款 14235 元；

3. 被申请人支付滞纳金 170472.48 元。

针对申请人的仲裁请求，被申请人口头答辩称，被申请人没有支付剩余工程款的义务，申请人没有完成合同义务，没有办理消防许可和卫生许可，被申请人可以行使先履行抗辩权。在保修期间，工程质量出现很多问题，被申请人提出保修多次，申请人也没有给予解决，因此被申请人不同意支付保修金。洽商款没有发生过。被申请人无付款义务，不存在滞纳金问题。

同时，被申请人也提出了仲裁反请求（以下仍旧称为被申请人）。其称，2005 年 12 月 1 日申请人才完工，比合同工期迟延 7 天，按照合同约定，每迟延工期一天，向被申请人支付工程总价 1% 的违约金。工程投入使用后，发现车间房顶材料不能符合生产需要，出现了严重胀裂，同时由于输气管道安装有误，无法正常生产使用，被申请人多次要求解决，但申请人一直不予解决。另外，按照合同约定，申请人应当负责取得工程的环保许可证和消防安全许可证，而申请人也不作为，被申请人不得不另外聘请其他公司完成此工作，支付劳务费 31000 元。为解决此争议，被申请人不得已聘请律师，支付律师费用 16000 元。被申请人的仲裁反请求为：

1. 由申请人向被申请人支付违约金 19888 元；

2. 由申请人更换不合格的房顶材料，重做输气管道；

3. 由申请人支付被申请人为办理环境保护许可证、卫生许可证而支出的费用共计 23000 元；

4. 由申请人支付律师费 16000 元及本案仲裁费。

庭审中，被申请人以笔误为由，将第 3 项反请求变更为：由申请人支付被申请人为办理环境保护许可证、消防许可证而支出的费用共计 31000 元。仲裁庭接受了被申请人的变更申请，并征询了申请人的答辩意见。

针对被申请人的反请求，申请人答辩称，第一，申请人的工程是按时完工的，被申请人提出延误工期，原因是被申请人当时不在北京，不给验收造成的。第二，屋顶材料申请人购买时征求过被申请人的意见，其是同意的，原始资料上面有被申请人公司的章；输气管道已使用一年多一切正常。第三，卫生许可证申请人已办完；至于环保许可证未能办成的原因是被申请人生产工艺达不到我国政府环保要求，政府部门要求整改，被申请人迟迟不改，造成资料提供不全，申请人当时已致函被申请人如不及时改正拿不出合格资料就由被申请人自行办理；关于消防许可证，申请人一直努力在为被申请人代办消防验收，早在 2005 年 11 月 21 日就要求被申请人提供相关材料，但被申请人迟迟未向申请人提供，故不应由申请人承担责任。第四，被申请人的请求没有合法依据，其律师费不应支持。

在仲裁庭的主持下，双方当事人对下列证据进行了说明和质证：

1. 申请人对其提交证据材料的说明和质证情况

证据 1 是当事人双方于 2005 年 11 月 2 日签订的《北京市建设工程施工合同（小型工程本）》，证明双方存在合同关系。被申请人对该证据真实性无异议。

证据 2 是当事人双方于 2005 年 12 月 5 日签字的《单位（子单位）工程质量竣工验收记录》，证明工程已完成，双方验收合格。被申请人对该证据真实性无异议。

证据3是施工图，证明施工前双方交底时说明了改造的范围，吊顶铝扣板0.6mm，普通地面砖。被申请人对该图纸上所盖公章的真实性无异议，但认为“C先生”几个字不是自己签的（申请人当即表示图纸上“C先生”几个字是申请人自己写的）；“铝扣板”几个字认为当时没有。

证据4是《卫生许可证》，证明申请人办理了相关手续并交给了被申请人。被申请人对该证据真实性无异议，但认为卫生许可证是自己办理的。

证据5是《工程维修记录表》，证明申请人对工程进行了维修，有被申请人方的操作工的签字。被申请人对该证据真实性不认可，认为是申请人单方记录，没有被申请人签字，但随后承认当时修过一次，就是更换灯泡和电线。

证据6是申请人于2007年4月30日拍摄的5张现场照片，证明被申请人正常运行。被申请人对该证据真实性无异议，但认为该证据与本案无关，自己从未说过没有正常运行。

证据7-1是申请人于2005年12月5日编写的《关于工地值班事宜的说明》，证明两个人值班，发生费用计10800元；证据7-2是《整改内容及费用》，证明洽商增加的内容，增加费用计3435元。被申请人认为，证据7-1不属于本案管辖范围；证据7-2是申请人单方面作出的，没有被申请人签字，对该证据不予认可。

证据8是申请人于2006年2月15日编写的《关于生产线工程手续办理及交工的通知》，证明工程完工及未办理许可证手续是由于被申请人提交材料不合格。被申请人对该证据不认可，认为自己从未收到过该通知。

证据9是《北京市环保局建设项目环境影响登记表》，证明被申请人提供的手续不齐全，办不了环保手续，环保局从窗口直接退回了该表。被申请人对该证据不认可，认为与本案无关联性。

证据 10 是《工程总报价》及其电气、燃气、给水、排水、设备安装、装修等专业工程报价附件，证明预算总价与合同价款一致。被申请人提出要对该证据进行核实，认为当时见过类似的文件，但不知是哪一份。

补充证据 1 是黄宏、马建等 8 人于 2007 年 5 月 19 日签名的《证明》，证明申请人一直看护现场，工程质量没有问题。被申请人对该证据真实性有异议，认为黄宏、马建等证人没有出庭作证，不知道是否为本人签字。

补充证据 2 是王刚于 2007 年 5 月 19 日在《关于工地值班事宜的说明》文件上所写的意见，证明工程按时完工，有留守人员值班。被申请人对王刚签字的真实性有异议，认为王刚没有出庭作证，不知道是否为本人签字，同时该证据与本案无关联性。

补充证据 3 是王刚于 2007 年 5 月 19 日在两份《关于生产线工程手续办理及交工的通知》文件上所写的意见，证明卫生许可证是申请人办理的。被申请人对王刚签字的真实性有异议，认为王刚没有出庭作证，不知道是否为本人签字，同时该证据与本案无关联性。

补充证据 4 是王刚于 2007 年 5 月 19 日在《整改内容及费用》文件上所写的意见，证明王刚确认该事实。被申请人对王刚签字的真实性有异议，认为王刚没有出庭作证，不知道是否为本人签字。

补充证据 5 是消防局要求提供的资料清单及《消防安全检查申报表》，证明申请人为被申请人代办消防验收，曾于 2005 年 11 月 21 日要求被申请人提供相关材料。被申请人认为自己没有收到过该证据，申请人也没有要求自己提供相关材料。

2. 被申请人对其提交证据材料的说明和质证情况

证据1是与申请人证据1相同的《北京市建设工程施工合同（小型工程本）》及工程结算目录，证明支付工程尾款的前提条件是申请人办理完毕合同第13条第2项约定的相关许可证。申请人对该证据真实性无异议。

证据2是与申请人证据2相同的《单位（子单位）工程质量竣工验收记录》，证明实际竣工日期是2005年12月1日，比约定日期晚7天。申请人对该证据真实性无异议。

证据3是被申请人与D登记注册代理事务所于2006年4月5日签订的《代理协议》及与E信息咨询有限公司于2006年4月5日签订的《代理协议》及其3张税控发票，证明被申请人自己办理环保和消防审批手续及其支出的费用。申请人对该证据不认可，认为这是被申请人与第三方签订的，申请人不知道。

证据4是《备忘录》，证明工程存在质量问题，并且没有得到解决。申请人对该证据真实性无异议。

证据5是2006年8月23日被申请人发出的《致：A建筑安装工程有限公司》，证明被申请人要求申请人更换吊顶，并且将被申请人自行办证事宜告知了申请人。申请人对该证据真实性无异议，但强调其没有同意更换吊顶。

证据6是被申请人拍摄的18张本案工程现场照片，证明屋顶开裂，流水小，电线裸露等问题。申请人承认该证据是本案工程现场照片，但认为其中的空调打孔及室外空调机安装不是自己干的。

证据7是北京市F律师事务所2007年4月27日出具的律师费《专用发票》，证明被申请人已支付律师费16000元。申请人对该证据真实性无异议。

补充证据1是被申请人提供的20张本案工程现场照片，证明吊顶掉下来了。申请人对该证据不认可，认为在2007年6月29日申请人派人检查过，与照片反映的情况不一致，这是被申请人破坏的结果。

二　仲裁庭意见

（一）关于被申请人是否应当支付剩余工程款问题的意见

申请人认为，被申请人应当支付剩余工程款 56824.2 元。

被申请人认为，按照约定，申请人只有办理完本案工程的食品卫生许可、消防许可、环保许可等文件后才有权利向被申请人要求支付相应的款项。而事实上申请人始终没有履行办理消防许可、环保许可等合同义务，因此其无权要求被申请人支付相应款项。

仲裁庭注意到以下合同条款和事实：合同第 8 条约定工程款拨付的时间及金额为 2005 年 11 月 2 日付 85236.3 元、同年 11 月 9 日付 71030.25 元、同年 11 月 16 日付 56824.2 元、同年 11 月 24 日付 56824.2 元、2006 年 11 月 30 日付 14206 元；合同第 13 条第 2 款约定“承包方负责办理食品卫生许可证、消防及环保机关相应证件，并保证不因施工方影响发包方生产。发包方在承包方办理完相关证件及手续后，才向承包方支付 2005 年 11 月 24 日应付的 20% 工程款”；合同第 13 条第 6 款约定“办理国家机关相关手续过程中所发生的费用由甲方（指被申请人——仲裁庭注）承担”；北京市 G 卫生局已于 2005 年 12 月 9 日签发了《卫生许可证》；被申请人确认自己已经委托第三方办理了消防许可及环保许可等审批文件；本案工程已经过当事人双方竣工验收合格并投入使用；当事人双方均认可被申请人没有支付 2005 年 11 月 24 日第四期工程进度款 56824.2 元。

仲裁庭认为，从相关事实看，被申请人对于工程款 56824.2 元尚未支付的事实并无异议，双方争议的焦点问题是：在申请人没有履行办理消防许可、环保许可等合同义务的情况下，其是否有权要求被申请人支付第四期工程款56824.2元的问题。要解决这个焦点问题，仲裁庭必须首先回答下列问题，即：申请人办理卫生许可、消防许可及环保许可（以下简称三个许可）等审批文件的行为是法定义务还是约定义务？申请人没有完成三个许可文件的行为是否构成违约？本案合同付款条件是否成就？

1. 关于申请人办理三个许可文件是否属于法定义务的问题。合同第13条第2款约定，由申请人办理完成三个许可文件，并将此作为被申请人向申请人支付2005年11月24日第四期工程款56824.2元的前提条件。但是，根据《中华人民共和国消防法》第10条、公安部令第30号《建筑工程消防监督审核管理规定》第4条和第9条、《中华人民共和国食品卫生法》第27条、卫生部（2005年12月25日）《食品卫生许可证管理办法》第2条、《中华人民共和国环境影响评价法》第16条等相关法律和规章的规定，申请办理三个许可文件应当是作为建设（生产）单位的被申请人的义务，并且其应当提供办理各项审批手续的必备文件。由此可见，申请人办理三个许可文件的行为，并非是其履行施工合同的法定义务，而是接受被申请人委托的附加代理行为。

2. 关于申请人没有代理完成全部三个许可文件的行为是否构成违约的问题。合同虽然约定三个许可文件由申请人办理，但根据相关法律和规章的规定，办理三个许可文件需要被申请人提供大量的必备文件。由于本案合同没有约定被申请人应当提供哪些必备文件，且被申请人也不能证明自己已经提供了全部办证文件，更不能证明是申请人不履行义务导致三个许可文件无法办理完毕。因此，在合同约定不明的情形下，不能认定申请人未能完成全部三个许可文件的行为构成违约。

3. 关于本案合同付款条件是否已经成就的问题。由于本案工程已经竣工验收投入使用，而且现有证据证明被申请人已经取得了三个许可文件，这就表明被申请人按照合同第 13 条第 2 款的约定“支付 2005 年 11 月 24 日应付的 20% 工程款”56824.2 元的条件已经成就。另外，从申请人提供的证据 10《工程总报价》及其相关专业工程报价附件来看，其报价即合同价款中不包含办理三个许可文件的费用，合同第 13 条第 6 款也约定“办理国家机关相关手续过程中所发生的费用由甲方承担”，这些证据都说明申请人办理三个许可文件是无偿的，被申请人也不能证明申请人办理三个许可文件是有偿行为。因此，被申请人不能以申请人未办理完毕三个许可文件为由，拒绝支付合同条件已经成就的工程款。

综上 1、2 和 3 所述，鉴于当事人双方在办理三个许可文件中的权利义务约定不明、申请人没有完成三个许可文件的行为不构成违约、三个许可文件已经办理完毕等情形，合同约定的“支付 2005 年 11 月 24 日应付的 20% 工程款”56824.2 元的条件已经成就。因此，对于申请人要求支付该第四期工程款 56824.2 元的请求，仲裁庭予以支持。

（二）关于被申请人是否应返还质量保证金 14206 元问题的意见

申请人认为，被申请人应当返还质量保证金 14206 元。

被申请人认为，在工程质量存在严重问题的情况下，申请人无权要求返还质量保证金。

仲裁庭注意到以下合同条款和事实：合同第 8 条及第 13 条第 4 款都约定质量保证金 14206 元于 2006 年 11 月 30 日付清；被申请人提出工程完成投入使用后发生许多质量问题，申请人对此予以否认；

被申请人要求仲裁庭到现场勘验，仲裁庭明示工程质量问题需要委托专门机构进行鉴定，问其是否申请工程质量鉴定时，被申请人明确表示不申请工程质量鉴定。

仲裁庭认为，本案工程在竣工并投入使用后发生的损坏是否属于工程质量问题，当事人双方对此是有争议的。在此情形下，被申请人仅仅用照片来支持自己的观点是不够的。而且合同约定的“于2006年11月30日付清”质量保证金的时间已经届满，因此，对于申请人要求返还质量保证金14206元的请求，仲裁庭予以支持。

（三）关于被申请人是否支付工程洽商款14235元问题的意见

申请人认为，工程竣工后被申请人不来接收，申请人一直派人看护，发生现场看护费，另外还发生了电器整改工程费用，应属洽商款。

被申请人认为，双方就此没有进行过任何洽商。申请人的洽商没有向被申请人提出过，也没有被申请人的确认，被申请人不予认可。

仲裁庭注意到：申请人主张的工程洽商款14235元由现场看护费用10800元和电器整改费用3435元组成；申请人提供的《关于工地值班事宜的说明》《关于生产线工程手续办理及交工的通知》《整改内容及费用》等证据中没有被申请人的签字确认；看护现场工人黄宏、马建等8人于2007年5月19日在其签名的《证明》中证明申请人在工程竣工后一直看护现场，但相关证人无一出庭接受质询，被申请人对证人签字的真实性有异议；原被申请人驻工地代表王刚于2007年5月19日在《关于工地值班事宜的说明》《关于生产线工程手续办理及交工的通知》《整改内容及费用》等文件上签署意见，证明工程按时完工，发生了现场看护和电器整改等事实，但王刚亦未出庭接受质询，被申请人对王刚签字的真实性有异议。

仲裁庭认为，申请人第一次提交的关于现场看护费用和电器整改费用的《关于工地值班事宜的说明》《关于生产线工程手续办理及交工的通知》《整改内容及费用》等证据中，均没有被申请人的签字确认，该证据不能证明被申请人同意支付现场看护费用和电器整改费用的事实。在第一次庭审后，申请人补充提交了原被申请人驻工地代表王刚于2007年5月19日在前述证据上签字确认的证据，同时还提交了看护现场工人黄宏、马建等8人于2007年5月19日签名的证明申请人在工程竣工后一直看护现场的《证明》。从前述王刚、黄宏、马建等人于2007年5月19日签名的证据来看，该种类证据应当属于证人证言，但是，申请人的证人却无一出庭接受质询，被申请人也对证人证言的真实性有异议。根据《中华人民共和国民事诉讼法》第64条和第70条及其相关规定，证人应当出庭作证，接受当事人的质询，无正当理由未出庭作证的证人证言，不能单独作为认定案件事实的依据。总之，由于申请人提交的关于现场看护费用和电器整改费用的证据没有被申请人签字确认，而且申请人的证人无正当理由未出庭作证，申请人无其他证据证明确实发生了现场看护费用和电器整改费用，而且被申请人也不同意支付该费用，因此，对于申请人要求支付现场看护费用和电器整改费用等洽商费用的请求，仲裁庭不予支持。

（四）关于被申请人是否承担逾期付款违约金170472.48元问题的意见

申请人认为，被申请人未按期支付第四期工程款和质量保修金共计71030.2元，应当按照合同第1条第1.3款的约定，从2005年12月5日起至2007年3月30日止共480天，支付逾期付款违约金170472.48元。

被申请人认为，在申请人没有履行其在先义务的情况下，被申请人没有支付后续款项的义务，所以不存在被申请人支付违约金的问题。

仲裁庭注意到：合同第1条第1.3款约定被申请人未按期支付工程款，则每天按合同额的5‰支付违约金；合同第13条第2款约定申请人办理完三个许可文件后被申请人才“支付2005年11月24日应付的20%工程款”即第四期工程款56824.2元；合同第13条第4款约定质量保证金14206元于2006年11月30日付清；被申请人至今未支付第四期工程款和质量保证金共计71030.2元；申请人证据4表明在2005年12月9日北京市朝阳区卫生局已经发放了《卫生许可证》；被申请人证据3——两份《代理协议》及其3张税控发票表明，代理人办理完毕相关许可文件后，被申请人支付相应尾款，最后一次开具付款发票的时间是2006年4月25日；申请人计算违约金是以工程欠款71030.2元为基数，未以合同额为基数。

仲裁庭认为，仲裁庭在前述（一）和（二）中已经表明，被申请人向申请人支付第四期工程款56824.2元和质量保证金的条件已经成就。但是，被申请人应从何时开始支付第四期工程款和质量保证金？是否存在逾期付款的问题？回答这两个问题是解决本项争议的关键所在。仲裁庭分别对工程款和质量保证金予以论述：

1. 关于第四期工程款支付日期及逾期付款违约金问题。要确定第四期工程款的支付日期，关键是要确定取得三个许可文件的最后日期。从相关证据看，北京市朝阳区卫生局已在2005年12月9日签发了《卫生许可证》，但由于被申请人没有提供取得消防和环保许可文件的相关证据和日期，因此，仲裁庭只能根据关联证据来推断被申请人取得消防和环保许可文件的时间。在被申请人证据3即两份《代理协议》中已写明，代理人办理完毕相关许可文件后，被申请人支付相应尾款；而从被申请人提供的3张税控发票来看，最后一次开具代理费尾款发票的时间是2006年4月25日。由此可以推定，被申请人已在 2006 年 5 月 1 日前取得了消防和环保许可文件。因此，仲裁庭认为，从 2006 年 5 月 1 日起计算被申请人向申请人应支付的第四期工程款 56824.2 元的违约金是合理的。由于被申请人至今未支付到期的第四期工程款，从 2006 年 5 月 1 日起至申请人提出的截止日期 2007 年 3 月 30 日止，共计逾期付款 11 个月即 330 日（每月按 30 日计算），已构成违约。另外，申请人计算逾期付款违约金是以工程欠款额为基数，该计算基数未超过合同约定，仲裁庭予以确认。根据合同第 1 条第 1.3 款按每日 5‰支付逾期付款违约金的约定，逾期付款违约金的计算公式为：欠款 56824.2 元 × 逾期天数 330 日 ×5‰ =93759.93 元。

2. 关于质量保证金支付日期及逾期付款违约金问题。由于被申请人不能举证申请人存在施工质量问题，而且合同约定的“于 2006 年 11 月 30 日付清”质量保证金的时间已经届满，因此仲裁庭认定被申请人应当于 2006 年 11 月 30 日付清质量保证金 14206 元。由于被申请人至今未支付到期质量保证金，从 2006 年 12 月 1 日起至申请人提出的截止日期 2007 年 3 月 30 日止，共计逾期付款 4 个月即 120 日（每月按 30 日计算），已构成违约。另外，申请人计算逾期付款违约金是以质量保证金欠款额为基数，该计算基数未超过合同约定，仲裁庭予以确认。根据合同第 1 条第 1.3 款按每日 5‰支付逾期付款违约金的约定，逾期付款违约金的计算公式为：

欠款 14206 元 × 逾期天数 120 日 ×5‰ =8523.6 元

综上 1、2 所述，根据合同约定的违约金条款和欠款数额，计算出的违约金额明显过高，但由于被申请人在本案审理过程中未按照《中华人民共和国合同法》第 114 条的规定向仲裁庭提出适当减少违约金的请求，而且被申请人在仲裁反请求中也是按照该违约金条款来主张权利，因此，仲裁庭对计算出的逾期付款违约金额 102283.53

元（93759.93 元 +8523.6 元）予以支持。

（五）关于本请求案仲裁费用承担问题的意见

鉴于仲裁庭对申请人大部分仲裁本请求予以支持的情形，根据本会仲裁规则第 42 条第（二）款的规定，仲裁庭认为，本案本请求仲裁费 14779.5 元，由被申请人承担 68%，即 10050.06 元，由申请人承担 32%，即 4729.44 元。

（六）关于申请人是否应当支付违约金 19888 元问题的意见

被申请人认为，合同约定工程于 2005 年 11 月 24 日竣工，逾期一天按工程总价 284121 元的 1% 支付违约金。事实上申请人于 2005 年 12 月 1 日才竣工，应当支付逾期 7 天的违约金 19888 元。

申请人认为，工程是按时竣工的。推迟 7 天验收是由于被申请人不在北京，不给验收造成的。

仲裁庭注意到以下合同条款和事实：合同约定的开竣工日期为 2005 年 11 月 2 日至同年 11 月 24 日，合同工期 23 天；合同第 1 条第 1.3 款约定申请人不能按期竣工，每延期一天按合同额的 1% 向被申请人支付违约金；《单位（子单位）工程质量竣工验收记录》写明竣工日期为 2005 年 12 月 1 日。

仲裁庭认为，从当事人双方于 2005 年 12 月 5 日签字确认的《单位（子单位）工程质量竣工验收记录》来看，写明竣工日期为 2005 年 12 月 1 日。由于申请人既不能证明是被申请人的原因导致工期顺延，也不能证明填写日期有误，因此，仲裁庭确认申请人实际竣工日期为 2005 年 12 月 1 日，比合同工期延期 7 天，已构成违约。根据合同第 1 条第 1.3 款申请人每延期一天竣工，按合同额 1% 向被申请人支付违约金的约定，申请人延期竣工 7 天支付违约金的计算公式为：合同金额 284121 元 × 逾期天数 7 日 ×1%= 违约金额 19888.47 元。

因此，对于被申请人要求支付延期竣工违约金 19888 元的仲裁反请求，仲裁庭予以支持。

（七）关于申请人是否应当更换房顶材料、重做输气管道问题的意见

被申请人认为，工程完成投入使用后，发现车间房顶材料不符合生产要求，出现严重胀裂，输气管道安装有误，无法正常生产使用，被申请人多次要求解决，但申请人一直不予解决。

申请人认为，屋顶材料购买时征求过被申请人的意见，输气管道已使用一年多一切正常。

仲裁庭认为，本案工程在竣工并投入使用后发生的损坏是否属于工程质量问题，当事人双方对此是有争议的。由于被申请人明确表示不申请工程质量鉴定，使得仲裁庭无法仅仅根据被申请人的陈述和照片，对相关情形作出是否属于工程质量的技术认定。因此，在本案工程已于 2005 年 12 月 1 日经验收投入使用至今已逾一年的情况下，对于被申请人以工程质量不合格为由要求更换房顶材料、重做输气管道的仲裁反请求，因证据不足，仲裁庭对此不予支持。

但是，本案工程从 2005 年 12 月 1 日竣工至今尚不满两年。虽然合同第 13 条第 3 款约定质量保修期为一年，但是，根据国务院《建设工程质量管理条例》第 40 条第 1 款第（四）项的规定，在正常使用条件下，装修工程的最低保修期限为 2 年。本案合同第 13 条第 3 款约定的质量保修期限违反了行政法规的强制性规定，根据《中华人民共和国合同法》第 52 条第 1 款第（五）项的规定，合同约定的一年期保修条款是无效的。因此，申请人仍应按照合同及法律的规定履行保修义务。对于在保修期内出现的施工质量问题，被申请人有权依照合同和法律规定，要求申请人进行维修，以维护自己的合法权益。如申请人未尽保修义务，被申请人有权依据法律及合同的规定要求申请人承担相应的法律责任。

（八）关于申请人是否应当支付办理环境保护许可和消防许可文件而支出的费用 31000 元问题的意见

被申请人认为，申请人没有按照合同取得环保许可和消防许可文件，被申请人不得不委托其他公司完成此项工作，支付劳务费 31000 元，该费用应当由申请人承担。

申请人认为，卫生许可证申请人已经办完，环保许可证未能办成的原因是被申请人生产工艺达不到国家环保要求，政府部门要求整改，被申请人迟迟不改，造成资料不全，申请人已致函被申请人，如拿不出合格资料就由被申请人自己办理。

仲裁庭认为，仲裁庭在前述（一）中已论述，办理三个许可文件应当是被申请人的法定义务，申请人是接受委托无偿为被申请人办理三个许可文件的，而且由于合同约定不明，也不能证明是申请人违约而未办理消防和环保许可文件。因此，被申请人以另行委托他人办理消防和环保许可文件为由，要求申请人承担相关代理费用 31000 元，缺乏合同和法律依据，仲裁庭对此不予支持。

（九）关于被申请人律师费 16000 元是否应当补偿问题的意见

被申请人认为，为了此次仲裁，被申请人聘请了律师，按照相关规定，律师费应当由申请人承担。

申请人认为，被申请人的请求无合法依据，其律师费不应支持。

仲裁庭注意到以下事实：被申请人提供了北京市 F 律师事务所出具的 16000 元律师代理费发票。

仲裁庭认为，鉴于被申请人在仲裁本请求中的大部分抗辩理由以及部分仲裁反请求没有得到支持的情形，根据本会仲裁规则第 42 条第（三）款的规定，对于被申请人要求补偿律师费的请求，仲裁庭确定按 2000 元予以支持。

（十）关于反请求仲裁费用承担问题的意见

鉴于仲裁庭对被申请人部分仲裁反请求予以支持的情形，根据本会仲裁规则第42条第（二）款的规定，仲裁庭认为，本案反请求仲裁费10145元，由申请人承担33%，即3347.85元，由被申请人承担67%，即6797.15元。

三　裁决

基于上述事实和理由，仲裁庭裁决如下：

（一）被申请人向申请人支付工程欠款56824.2元及质量保证金14206元；

（二）被申请人向申请人支付逾期付款违约金102283.53元；

（三）申请人向被申请人支付延期竣工违约金19888元；

（四）申请人向被申请人支付律师费补偿金2000元；

（五）本案本请求仲裁费14779.5元（已由申请人全额预交），由被申请人承担10050.06元，由申请人承担4729.44元；本案反请求仲裁费10145元（已由被申请人全额预交），由申请人承担3347.85元，由被申请人承担6797.15元。本请求和反请求仲裁费相抵后，被申请人应直接向申请人支付申请人代其垫付的仲裁费6702.21元；

（六）驳回申请人的其他仲裁请求，驳回被申请人的其他仲裁反请求。

上述款项相抵后，被申请人向申请人支付的款项为158127.94元，被申请人应自本裁决书送达之日起20日内支付完毕。逾期未付的，按照《中华人民共和国民事诉讼法》第232条之规定，加倍支付迟延履行期间的债务利息。

本裁决为终局裁决，自作出之日起生效。

评析

建设工程施工活动许多方面涉及证书事宜。有些证书例如资质证书，是判断合同是否有效的重要标准。还有一些证书则对工程是否合格起着重要作用。能否取得此类证书可能与发包方、承包方双方的行为都有关。例如，消防许可证书的取得，不仅看发包方的建设用途及设计是否符合要求等，也要看承包方的施工是否合格。本案的争议，则是合同约定了一方负有办理证书的责任，且责任未能履行，对此能否按违约责任对待的问题。

一、办理工程合格类证书的法定义务与合同义务

申请人称，经多次催要工程款，被申请人以种种理由不给。

被申请人主张，申请人没有完成合同义务，合同约定由申请人办理完成消防许可、卫生许可、环保许可三个许可文件。但是申请人没有办理消防许可和卫生许可，被申请人可以行使先履行抗辩权。被申请人并提出反请求，由申请人支付被申请人为办理上述许可而支出的费用。

申请人认为，卫生许可证申请人已办完；环保许可证未能办成的原因是被申请人生产工艺达不到我国政府的环保要求，政府部门要求整改，被申请人迟迟不改，造成资料提供不全，申请人当时已致函被申请人如不及时改正拿不出合格资料就由被申请人自行办理；关于消防许可证，申请人一直努力在为被申请人代办消防验收，早在 2005 年 11 月 21 日就要求被申请人提供相关材料，但被申请人迟迟未向申请人提供，故不应由申请人承担责任。

双方之间的合同约定有“承包方负责办理食品卫生许可证、消防及环保机关相应证件”之条款。双方都主张对方违反这一条款。申请人举出被申请人未提供完备办证手续的证据，被申请人则提供自己办证及发生费用的证据等。

有时，当事人争执最激烈之处，不一定是争议的关键。仲裁庭需要掌握庭审，由当事双方陈述、举证的基础上，围绕主要争议充分发表意见。这不仅因为仲裁员只有充分听取双方意见才能得出正确判断，还在于，当事人也需要一个整理思考的过程才能充分认识程序与实体权利义务。

本案仲裁庭具有丰富的建设工程施工经验和法律知识。没有因双方在办证责任方面争执激烈而将分析范围停留为一场办证手续争议。仲裁庭经过分析认为，双方争议的焦点问题是：申请人没有履行办理消防许可、环保许可等合同义务，是否有权要求被申请人支付剩余工程款。并指出，解决此问题须首先回答：申请人办理许可的行为是法定义务还是约定义务？申请人没有完成该行为是否构成违约？合同付款条件是否成就？

上述有关争议焦点的概括，不仅使审理能够公正、有效率地进行，也使仲裁法律关系各方的活动逐渐集中于主要争议，还使所形成的裁决书叙述流畅，重点明确，逻辑清楚。

仲裁庭继续分三个方面分析：

1. 申请人办理许可文件是否属于法定义务的问题。虽然合同约定，由申请人办理许可，并作为被申请人支付工程余款的条件。但是，根据消防法、公安部令、食品卫生法、卫生部卫生许可证管理办法等相关法律和规章的规定，申请办理有关许可文件应当是作为建设(生产)单位的被申请人的义务，并且其应当提供必备文件。由此可见，申请人办理许可文件，并非是履行施工合同的法定义务，而是接受被申请人委托的附加代理行为。

仲裁庭的上述分析从法律性质上分清了法定义务、合同义务、代理行为之间的区别。虽然合同约定了由申请人负责办理完成消防许可、卫生许可、环保许可三个许可文件，但按照法律、规章的规定，办理该证书的义务人应当是建设（生产）单位即被申请人。那么，合同的约定内容形成什么关系？只能是代理关系。在代理关系中，代理人的行为后果由被代理人承担。未完成全部三个文件的行为是否构成违约及被申请人是否可以行使先履行抗辩，就能够进行更深入的分析了。

2. 申请人没有代理完成许可文件的行为是否构成违约。合同没有约定被申请人应当提供哪些必备文件，且被申请人也不能证明自己已经提供了全部办证文件，更不能证明是申请人不履行义务导致三个许可文件无法办理完毕。因此，合同约定不明，不能认定申请人未能完成全部三个许可文件的行为构成违约。

3. 关于本案合同付款条件是否已经成就。工程已经竣工验收投入使用，被申请人已经取得了三个许可文件，合同约定的支付余款条件已经成就。另外，申请人工程报价中不包含办理三个许可文件的费用，合同也约定有办理国家机关相关手续费用由甲方承担。说明申请人办理许可文件是无偿的，被申请人也不能证明是有偿的。不能以申请人未办理完毕三个许可文件为由，拒绝支付工程款。

仲裁庭综合分析认为，双方对办理三个许可文件中的权利义务约定不明、申请人没有完成三个许可文件的行为不构成违约、许可文件已经办理完毕等情形，支付剩余工程款的条件已经成就。申请人主张支付工程余款之请求成立。

仲裁庭的叙述，使用了多角度分析的方法，厘清合同约定义务与代理行为等，不只体现分析方法的深入，更是反映了对庭审重心的把握。是为解决当事人的请求事项，对应否支付剩余工程款问题而进行的判断。在整个案件处理中占有重要地位。

二、结合建设工程施工特点分析权利义务，恰当解决具体争议

仲裁庭很讲究对具体争议的区别，本案涉及的争议从剩余工程款的支付、质量保证金的返还、工程洽商款的确定、逾期违约金的计算，到对工程质量问题的主张、应否减少逾期违约金的考虑等，几乎涉及建设工程施工的大部分领域。仲裁庭使用的分析判断方法包括了直接按照三段论逻辑判断，直接采纳和按照证明力大小采纳证据，严格限制下的合理推定，根据建设工程施工活动中的惯常做法公平合理裁量等。并且，对每一项判断都说明了根据和理由。

仲裁庭对被申请人应支付工程余款作出判定之后，对其他争议事项一一作出判断。根据本案情况，仲裁庭没有按当事双方请求顺序说明裁决意见及理由。毕竟申请人提出三项仲裁请求，被申请人提出四项反请求，再加双方答辩，若按请求顺序，仲裁庭的叙述不容易连贯。更重要的是，仲裁庭必须对双方的权利义务关系进行分析以说明裁决的根据和理由，则按现在的顺序安排叙述仲裁庭意见，不仅对法律关系的分析深入，且易于为当事人理解，增加裁决书的说服力。

1. 连续叙述的两项。这部分对其他争议的意见共九项。第（二）项被申请人是否应返还质量保证金。第（三）项被申请人是否应支付工程洽商款。该两项都属于总计工程款，且都存在证据不足的情况。第（二）项，被申请人提出工程完成投入使用后发生许多质量问题，不同意返还质量保证金，但没有确实证据证明质量问题，并表示不申请工程质量鉴定。仲裁庭以证据不足为由对被申请人此主张未予采纳。第（三）项，申请人主张洽商费用，但相关证人无一出庭接

受质询。所提交的关于现场看护费用等证据中，均没有被申请人的签字确认。被申请人不予认可。仲裁庭以证据不足驳回申请人此项请求。此（二）（三）两项，仲裁庭对双方存在的证据不足的情况都进行了分析，说明了不予采纳的理由。对两项连续叙述，更易理解仲裁庭对双方权利义务关系的分析判断。

2. 违约金问题单独叙述。第（四）项逾期付款违约金问题。仲裁庭已经确定，被申请人向申请人支付剩余工程款和质量保证金的条件已经成就。仍另列一项叙述违约金问题，既为分清层次，也因问题的分析角度有不同。再是，仲裁庭首先明确当事人在这一问题上的主张和争议，再逐层分析，体现对当事人的尊重，也体现了仲裁庭、仲裁员对自己承担之权利义务的尊重。

被申请人的主要主张和理由是，申请人没有履行在先义务，被申请人无支付后续款项的义务，不存在被申请人支付违约金的问题。

仲裁庭认为，须重点回答两个问题：被申请人应从何时开始支付？是否存在逾期付款的问题？

关于剩余工程款的支付日期和逾期付款违约金，关键是要确定取得三个许可文件的最后日期。从相关证据看，有关部门已在2005年12月9日签发了卫生许可证。由于被申请人没有提供取得消防和环保许可文件的相关证据和日期，仲裁庭只能根据关联证据推断被申请人取得消防和环保许可文件的时间。从被申请人提供的3张税控发票来看，最后一次开具代理费尾款发票的时间是2006年4月25日。由此可以推定，被申请人已在2006年5月1日前取得了消防和环保许可文件。

仲裁庭认为，从2006年5月1日起计算被申请人向申请人应支付的剩余工程款的违约金是合理的。被申请人已构成违约。申请人计算逾期付款违约金是以工程欠款额而不是合同额为基数，该计算基数未超过合同约定，仲裁庭予以确认。

关于付清质量保证金逾期违约金。由于被申请人不能举证申请人存在施工质量问题，而且合同约定的付清质量保证金的时间已经届满，因此仲裁庭认定被申请人应当于合同约定的付清质量保证金的时间付清，被申请人已构成违约。申请人计算逾期付款违约金是以质量保证金欠款额为基数，该计算未超过合同约定，仲裁庭予以确认。

但被申请人未提出适当减少违约金的请求，而且被申请人在仲裁反请求中也是按照该违约金条款来主张权利的，因此，仲裁庭对计算出的逾期付款违约金额予以采纳。

仲裁庭对于违约金问题的分析，严格限制于当事人请求范围之内，运用了推定等方法，说明了根据和理由，遵守对于此类方法的严格限制，经得起检验。

仲裁裁决书作为处理当事人之间争议的法律文书，至少包括两个最基本的要求：对争议作出判断；说明判断的根据和理由。当事人出于各自利益，受看问题角度的限制，对争议事项（争议焦点、争点）常常认识不一，强调对自己有利而淡化对自己不利的方面。处于居中公断地位的仲裁员为获得正确认识，须保持公正、冷静分析，通过审理理清脉络，逐渐形成内心确信，正确适用法律，最终拿出有说服力的裁决。

仲裁员不可只作旁观者，听任争辩而不去组织引导。相反，应在当事人之间分清主要争议和次要事项，才能做到公正办案，避免偏听偏信。仲裁法律关系是由当事双方和仲裁庭（仲裁员）三方形成的法律关系，本案仲裁庭正是在充分保证各方行使权利履行义务的基础上，明确争议，确定方向。

（评析人：张建华）

18. 工程款支付条件的认定及工程竣工验收的理解

裁决要旨 当事人对工程款支付条件有明确约定的，合同支付条件成就时，应当按照合同约定支付工程款。在无特别注明时，双方约定的工程竣工验收应为建设工程施工合同关系的参与方共同对工程竣工情况的验收。

关键词 付款条件 合同约定 合同关系方 竣工验收

申 请 人：A有限公司

被申请人：B有限责任公司

一 案情

双方于2007年8月10日订立《建设工程施工合同》。申请人为承包人，被申请人为发包人。约定由申请人承包位于X市H区M村的"涉外甲类住宅消防系统工程"。工程内容为"消防系统设备供货、安装、调试、检验及验收"，承包范围："消防自动报警及联动、消防广播、消防通讯、消火栓系统、自动喷淋灭火系统、正压送风系统、防排烟系统等与消防有关的全部工程的施工、调试、检测及验收。"开工日期2007年8月10日，竣工日期2007年11月30日，合同工期总日历天数112天。工程质量标准“达到验收规范合格标准并通过消防部门验收合格”。合同价款4600000元（指人民币，下同）。双方约定工程款（进度款）支付的方式和时间为：“每月15日前按上月完成工程量的50%支付进度款，工程完工经消防部门验收合格并取得消防验收证明（即X市公安局消防局建筑工程消防验收意见书）后五日内付至合同总额的80%，工程整体竣工验收并交付使用后三个月内完成决算，付至合同总额的95%。余5%质保金自消防验收批文时间后，交付甲方使用之日起两年后一周内支付。”2008年11月6日，双方签订《涉外甲类住宅消防系统工程结算单》，注明“消防系统工程合同价4600000.00（元）”，“消防系统工程洽商增加362133.00（元）”，“总包服务费甲方承担部分38000.00（元）”，“合计5000133.00（元）”。并注：“此结算价含保修款，扣保修款5%（250006元）。贰年保修期满后支付。”

申请人认为，工程于2008年5月如约竣工，2008年5月15日通过X市消防局验收合格，当月工程整体竣工验收。申请人即要求被申请人依约进行决算并支付工程进度款项，然被申请人迟至2008年11月6日方完成决算工作（决算的工程价款为5000133元），并拖延支付3680000元后的工程余款1070126.35元至今（不包括质保金）。申请人要求被申请人依约支付。

申请人的仲裁请求为：（1）被申请人向申请人支付工程款等款项计1070126.35元；（2）被申请人向申请人支付自应当支付日至实际支付日期间的利息损失，以中国人民银行同期贷款利率计算；（3）被申请人向申请人支付合理追偿费用计52800元；（4）本案仲裁费等费用由被申请人承担。2009年4月14日庭审时申请人明确，仲裁请求第（2）项的利息起算日期为2008年7月10日，仲裁请求第（3）项所指的追偿费用为其聘请律师的费用。

被申请人答辩认为，依双方签订的《建设工程施工合同》第6条第26项的约定，款项的支付须具备工程总体竣工验收的条件，但工程到目前为止尚未通过整体竣工验收，规划部门的验收正在办理。H区建委质量监督站也尚未对工程进行竣工验收，工程至今未能取得X市建设委员会颁发的《工程竣工验收备案表》。申请人主张的款项尚不具备支付条件。再是，双方签订的《涉外甲类住宅消防系统工程结算单》表明双方提前完成了消防系统的结算，并不意味着被申请人同意先于合同约定的条件支付，仍须待工程整体竣工验收后才能支付。三是，因申请人所主张的工程款尚未具备支付条件，申请人提出的利息损失、追偿费用和仲裁费用等请求无事实依据和法律依据。

申请人提供的证据为：（1）《建设工程施工合同》，证明双方的合同关系，约定的工程款金额与支付方式。被申请人对本证据的真实性无异议，对于合同第6条第26项约定的付款条件提出了自己的意见。（2）《涉外甲类住宅消防系统工程结算单》，申请人依此证据证明双方最终确认的工程量及工程价款，说明申请人全部适当履约，被申请人逾期未全部履行。被申请人对此证据的真实性无异议，但认为不能证明被申请人未及时履约。（3）委托代理合同及律师费发票，证明申请人提出的部分追偿费。被申请人对该证据真实性不持异议，但认为该证据不能证明律师的法律服务，而且合同并没有约定承担律师费用，不同意承担该项律师费用。

被申请人提供的证据为：《X市规划委员会建设工程规划验收合格通知书》2009规竣字0050号，制作日期2009年1月23日，以证明在2009年1月23日只是通过了X市规划委员会的验收，还没有通过整体竣工验收。申请人认为这是X市规划委员会对被申请人的验收，与本案无关。

二　仲裁庭意见

仲裁庭对全部案情进行审理后认为，申请人与被申请人2007年8月10日订立的《建设工程施工合同》，已经履行了相当部分的合同内容。本次仲裁的争议，集中于支付部分。作为公平处理双方争议的第三方，也须依据双方的请求与主张范围，对争议作出判断。因此，仲裁庭意见集中于以下几个方面：

（一）付款条件

本案当事双方对于尚未支付的工程余款1070126.35元（不包括质保金）的数额并无争议。争议在于，上述款项的支付条件是否成就。仲裁庭认为，双方的无争议事项按照双方的一致认可；争议事项，按照双方之间的合同确定。合同基于意思自治，以权利义务约束双方，仲裁庭严格按照合同条款的字面含义对双方争议进行分析。

款项支付条件约定于合同第二部分“专用条款”第26条“工程款（进度款）支付”：“每月15日前按上月完成工程量的50%支付进度款，工程完工经消防部门验收合格并取得消防验收证明（即X市公安局消防局建筑工程消防验收意见书）后五日内付至合同总额的80%，工程整体竣工验收并交付使用后三个月内完成决算，付至合同总额的95%。余5%质保金自消防验收批文时间后，交付甲方使用之日起两年后一周内支付。”对于本条约定中的“工程整体竣工验收并交付使用后三个月内完成决算”一句中的“决算”，申请人提供证据2008年11月6日双方签订的《涉外甲类住宅消防系统工程结算单》，认为该结算单即是本条所指“决算”，对此被申请人亦予认可。仲裁庭按照双方的一致意见，确定合同第二部分“专用条款”

第 26 条“工程款（进度款）支付”中“工程整体竣工验收并交付使用后三个月内完成决算”，所指的“决算”，即指 2008 年 11 月 6 日双方签订的《涉外甲类住宅消防系统工程结算单》。本条约定的“决算”已经完成。

上述合同第二部分“专用条款”第 26 条“工程款（进度款）支付”，关于剩余款项支付条件的约定，“工程整体竣工验收并交付使用后三个月内完成决算，付至合同总额的 95%”，所约定付款至合同总额 95% 的条件，包含“工程整体竣工验收”，“并交付使用”及“交付使用后三个月内完成决算”，如上所述，“完成决算”的条件经双方认可已经实现。而“交付使用”的条件，申请人提出工程于 2008 年 5 月 15 日通过 X 市消防局验收合格，被申请人也无异议，作为消防工程，消防验收合格后交付使用，双方都无异议，仲裁庭确定该项条件也已实现。

至于“工程整体竣工验收”这一条件，申请人提出 2008 年 5 月当月工程整体竣工验收。对此被申请人认为，工程到目前为止尚未通过整体竣工验收，规划部门的验收正在办理。H 区建委质量监督站也尚未对工程进行竣工验收，工程至今未能取得 X 市建设委员会颁发的《工程竣工验收备案表》。申请人主张的款项尚不具备支付条件。仲裁庭分析双方约定的付款条件后认为，双方所约定的“工程整体竣工验收”没有特别注明须以取得规划部门、质量监督站的验收手续及取得建委《工程竣工验收备案表》为工程整体竣工验收，则应按照一般情况下建设工程施工合同关系对“工程整体竣工验收”的情况认识。在建设工程施工合同关系中，工程整体竣工验收是建设方、施工方的重要行为，并有设计方、监理方等共同参加，对工程整体竣工情况进行验收并由此确定相应的权利义务关系。政府有关部门不是合同关系的参加方。因此，在没有特别注明的情况下，双方在合同中所指的“工程整体竣工验收”，只能确定为建设工程施工合同关系的“工程整体竣工验收”。双方对于本种验收已经进行并无异议。

并且，付款条件约定的“工程整体竣工验收并交付使用后三个月内完成决算，付至合同总额的95%”，存在时间上的顺序，这一顺序的最后一个条件“完成决算”已经实现，“交付使用”也已实现。对此，被申请人提出，双方提前完成了消防系统的结算，并不意味着被申请人同意先于合同约定的条件支付，仍须待工程整体竣工验收后才能支付。仲裁庭认为，被申请人的这一主张，仍然不能对抗“完成决算”的最终付款条件性质。而且，如前所述，没有特别注明竣工验收是指完成政府备案行为，应当按一般情况确定为工程合同关系的竣工验收，而对于此种竣工验收已经进行这一点并没有异议。应当认为付款条件已经成就。结算是双方对于履行建设工程施工合同而产生的债权债务的确认，这一确认对双方产生拘束力。被申请人应当按照《涉外甲类住宅消防系统工程结算单》支付工程余款。

（二）关于利息

被申请人应自合同约定的应付款之日履行支付义务，未能按时支付，应当承担对方的利息损失。按照双方的约定，“工程整体竣工验收并交付使用后三个月内完成决算，付至合同总额的95%”，完成决算之日为应付款之日。双方的《涉外甲类住宅消防系统工程结算单》签订于2008年11月6日，仲裁庭按照双方认可的此一完成决算日计算被申请人应付利息。按照同期中国人民银行一年期贷款利率，计算至裁决作出之日为34514.25元（计算公式：$1070126.35\times 6.66\%/360\times 21+1070126.35\times 5.58\%/360\times 26+1070126.35\times 5.31\%/360\times 165=34514.25$）。

（三）律师费用

申请人说明仲裁请求第（3）项所指的追偿费用为其聘请律师的费用，并提供委托代理合同及律师费发票，以证明申请人提出的该部分费用。申请人在被申请人未按约定履行支付义务的情况下聘请律师以进行追偿，为正当费用；该费用数额未超出合理范围；仲裁庭予以支持。被申请人应支付申请人追偿费用 52800 元。

（四）仲裁费用

按照对仲裁请求的支持情况，本案仲裁费用由被申请人承担。

三　裁决

根据前述意见，经合议，仲裁庭裁决如下：

（一）被申请人给付申请人工程款 1070126.35 元；

（二）被申请人给付申请人利息 34514.25 元；

（三）被申请人给付申请人追偿费用 52800 元；

（四）本案仲裁费用共计 35410.49 元（已由申请人预交），由被申请人承担；被申请人应直接给付申请人代其垫付的仲裁费 35410.49 元。

上述被申请人应给付申请人的款项共计 1192851.09 元，被申请人应自本裁决送达之日起 15 日内付清；逾期按《中华人民共和国民事诉讼法》第 229 条规定，加倍支付迟延履行期间的债务利息。

评析

本案中，基于申请人的请求，主要分析如下两个请求权基础：

一、申请人得否请求被申请人支付工程款 1070126.35 元

根据《合同法》第 269 条，如果申请人得请求被申请人支付工程款，首先必须存在有效合同。当事人双方于 2007 年 8 月 10 日订立《建设工程施工合同》。申请人为承包人，被申请人为发包人。约定由申请人承包位于 X 市 H 区 M 村的“涉外甲类住宅消防系统工程”。该合同有效，双方并无争议。

其次，被申请人给付工程款的义务到期。依照《建设工程施工合同》第 26 条约定，每月 15 日前按上月完成工程量的 50% 支付进度款，工程完工经消防部门验收合格并取得消防验收证明（即 X 市公安局消防局建筑工程消防验收意见书）后五日内付至合同总额的 80%，工程整体竣工验收并交付使用后三个月内完成决算，付至合同总额的 95%。2008 年 11 月 6 日，双方签订《涉外甲类住宅消防系统工程结算单》，工程款合计 5000133 元。但之后一直拖欠工程余款 1070126.35 元。就此拖欠工程款，应当于 2008 年 11 月 6 日全部到期。

最后，被申请人提出抗辩，认为拖欠工程余款支付条件并未成就。根据上述《建设工程施工合同》第 26 条的约定，付至工程款 95% 的条件有“工程整体竣工验收”、“交付使用”和“交付使用后三个月内完成决算”三项。仲裁庭首先确定本条约定的“决算”已经完成。而“交付使用”的条件，申请人提出工程于 2008 年 5 月 15 日通过 X 市消防局验收合格，被申请人也无异议，作为消防工程，消防验收合格后交付使用，双方都无异议，仲裁庭确定该项条件也已实现。

有争议的是应如何解释“工程整体竣工验收”，申请人主张由 2008 年 5 月 15 日通过 X 市消防局验收合格，当月工程整体竣工验收；而被申请人主张须经过规划部门、质量监督站的验收、完成工程竣

工验收备案并取得《工程竣工验收备案表》才算验收完成。根据《合同法》第 125 条规定，须按照合同所有词句、其他条款、合同目的、交易习惯以及诚实信用原则解释合同条款。

从合同条款文意来看，工程整体竣工验收的主题并不明确。但从合同其他条款来看，工程验收应是合同中提到的当事人以及设计方、监理方参与的验收。而从合同目的来看，建设单位一方签订建设工程施工合同的目的在于获得质量合格的建设工程，那么在合同中约定验收环节的目的就应在于确认建设工程是否符合质量要求。而备案的目的与验收并不相关，根据《房屋建筑工程和市政基础设施工程竣工验收备案管理暂行办法》第 3 条以下的规定，备案制度是对建设单位竣工验收的监督，所审查的是建设单位的竣工验收行为是否符合法律规定，并不直接涉及建设工程的质量问题。

另外，根据《建设工程质量管理条例》第 16 条规定，建设单位收到建设工程竣工报告后，应当组织设计、施工、工程监理等有关单位进行竣工验收。根据《合同法》第 279 条规定，建设工程竣工后，发包人应当根据施工图纸及说明书、国家颁发的施工验收规范和质量检验标准及时进行验收。验收合格的，发包人应当按照约定支付价款，并接收该建设工程。建设工程竣工经验收合格后，方可交付使用；未经验收或者验收不合格的，不得交付使用。由法律规定可知，经发包人（建设单位）组织验收合格是交付使用的前提。

另根据《最高人民法院关于审理建设工程施工合同纠纷案件适用法律问题的解释》第 13 条、第 14 条第 3 项规定，通过交付使用这一事实就可推定发包方对验收合格的认可，而验收合格之后发包人即应当按照约定支付价款。

从交易习惯上来看，一般情况下，都是由建设工程施工合同当事人以及设计人、监理人进行验收，通常不包括规划部门、质量监督站的验收，而合同中又没有特别注明竣工验收包含政府行为，所以，应当按照一般情况确定工程的竣工验收。

综上所述，被申请人支付工程款的条件也已成就，其抗辩不成立。

所以，申请人得向被申请人请求支付工程款1070126.35元。

二、申请人得否向被申请人请求支付拖欠工程款的逾期利息

申请人的利息损害赔偿请求权可能基于《合同法》第107条、《民法通则》第106条第1款。根据这两条规则，要构成损害赔偿，需要"不履行合同义务或者履行合同义务不符合约定"这一要件，这里包括了所有类型的违反债务的情况，也包括了没有按约定时间进行给付的情况，即债务人迟延。

具体来看，要构成债务人迟延，在客观构成上，须满足如下要件：首先要存在一个有效的合同关系。而且，该给付是可能的。在本案中，申请人与被申请人合同有效，被申请人给付工程款的义务是可能的。其次，给付必须已经到期。对于给付有确定期限的，自期限届满时起，请求权到期。在本案中，依照约定，被申请人应支付的工程款的到期日为2008年11月6日。再次，请求权必须是可实现的，本案中，并无债务消灭或阻碍的抗辩。

另外，要构成债务人迟延，尚需要对债务人催告。由于本案，仲裁庭认为支付工程款的期限是确定的，故无须催告，债务人，即被申请人即应支付工程款。

再次，要构成债务人迟延，需要债务给付期经过而债务人未给付。本案中，B公司在给付期经过后，并未给付。

债务人迟延损害赔偿责任的最后一个要件是债务人具有过错，原则上推定债务人具有过错，但债务人能够证明其不具有过错的除外，本案中被申请人无法证明自己迟延给付工程款没有过错，故此

这一要件也满足。

综合上述，被申请人已经构成迟延履行工程款，应承担迟延履行责任。

根据《合同法》第 113 条，债务人迟延的情况下，应赔偿债权人期待利益，恢复到如果负有损害赔偿义务的情况没有出现所应具有的利益状况，在本案中，申请人并未提出相应的请求，但提出了支付逾期利息的请求。

对于金钱之债，债权人的请求依照法定利率计算迟延利息；有约定的，按照约定请求利息。本案中，并无约定，类推适用《合同法》第 207 条之规定，借款人未按照约定的期限返还借款的，应当按照约定或者国家有关规定支付逾期利息。被申请人应向申请人支付逾期支付工程款利息，起算点是 2008 年 11 月 6 日，利率为中国人民银行同期贷款利率。

综上所述，B 公司的行为已经构成债务人迟延。依据《合同法》第 107 条、《民法通则》第 106 条第 1 款，申请人得向被申请人请求赔偿逾期利息。

（评析人：王洪亮）

19. 监理合同之履行期限及诉讼时效认定

裁决要旨 监理合同的实际服务期限应以工程竣工时间为准。在监理职责未履行完毕前，双方仍处于合同履行状态中，监理方对对方不予支付监理费而侵害其权利非属明知或应知之情形，故诉讼时效应不早于竣工之日起算。

关键词 竣工 实际服务期 监理 诉讼时效

申 请 人：A 工程管理公司

被申请人：B 有限公司

一 案情

申请人提起仲裁称，2005 年 1 月 4 日，申请人与被申请人就某煤矿复合发电示范工程的监理业务签订了《北京市建设工程委托监理合同》（以下简称合同）。合同约定由申请人承担合同专用条件中议定工程范围内的监理业务，监理服务期限为十一个月（2005 年 1 月 5 日至 2005 年 12 月 4 日），监理报酬总金额为 82 万元（指人民币，下同）。在申请人按照合同约定履行完工程监理义务后，被申请人迟迟未按合同约定全部支付合同工程监理款，只支付了工程监理款 51.9 万元，尚欠工程监理款 30.1 万元。除此之外，根据工程进展的实际情况，该工程监理又延期服务了八个月整，从2006年1月直至2006年8月。根据合同第三部分专用条件第39条的约定，延长期报酬为82万元/11个月×8个月=59.64万元，两项合计被申请人共计拖欠工程监理款89.74万元。申请人多次请求付款，被申请人都以各种理由拒绝支付。为了维护申请人的合法利益，根据合同的约定，申请人向本会提起仲裁。申请人变更后的仲裁请求为：

1. 被申请人立即支付所欠的工程监理款89.74万元；

2. 被申请人支付逾期付款利息至实际支付之日止，暂计算至2008年7月31日为127235.36元；

3. 被申请人承担本案全部仲裁费用。

被申请人答辩称，按照合同，付款期限为2005年3月30日至2005年12月30日。至2007年12月31日止的两年期间里，申请人未以任何形式向被申请人主张要求支付该项目的余款，故依《民法通则》及相关法律规定，申请人要求支付原合同工程监理余款30.1万元已经超过了法定的诉讼时效期间，且法定期间未出现法定诉讼时效中止、中断等事项，依法已丧失胜诉权。就申请人主张的增加工作期限的附加工作报酬共计59.64万元，从申请人提供的证据看，其最后签字工程质量签证单日期应为2006年4月20日，其将附加工作量及计算的工作报酬计算至2006年8月4日，无双方协议更无明确依据。而如果以签证单日期进行推算，则其法定诉讼时效应至2008年4月21日止。但是在此期间，申请人同样未向被申请人主张权利，故申请人现在主张被申请人应支付上述费用同样丧失胜诉权。造成双方之间争议事项源于申请人违约及不尽职行为。申请人在履行其承担设计图纸范围内施工阶段监理工作时，对设计图纸范围内工程进行质量控制、进度控制、造价控制、安全控制、合同管理、信息管理、组织协调等工作中，未尽职履行监督造价控制，使得被申请人多付工程款，直接或间接造成了被申请人的不可挽回的巨大损失。在施工阶段、工程质量监理业务中申请人存在重大过失，在项目中的窑头炉发生漏水事故上，未尽其应对工程上使用的材料和施工质量的检验权，未依约履行相关合同义务，并因其严重的失职行为给被申请人造成了重大损失。申请人在履行合同过程中存在不客观独立的行为，还存在其他诸如现场监理人员与合同约定人员不符等违约行为。综上所述，被申请人拒付款的理由也在于申请人实际履行合同过程中不断给被申请人造成经济和信誉方面的损失，而申请人也因深知其行为有重大违约情形，并未在法定时效期内向被申请人提出付款请求。被申请人请求仲裁庭驳回申请人的所有仲裁请求。

经审理查明：

双方当事人于2005年1月4日就该煤矿复合发电示范工程的监理业务签订合同，约定由申请人承担监理业务，服务期限为十一个月（2005年1月5日至2005年12月4日），报酬总金额为82万元。被申请人至今已经支付了工程监理款51.9万元。涉案工程实际验收时间为2006年9月，申请人提出要求多支付八个月的服务费用59.64万元，被申请人予以拒绝。目前双方对监理款的支付存在争议。

二 仲裁庭意见

仲裁庭认为，申请人与被申请人签订的合同是双方真实意思的表示，且不违反法律和行政法规的强制性规定，应属有效，对双方均有约束力。双方均应按照上述合同文件的约定履行自己的义务。本案争议的焦点为：申请人的仲裁请求是否已经过了诉讼时效？是否存在因申请人工作失误扣减申请人合同约定的监理款的事实及理由？申请人提出的工期延长八个月而要求额外支付监理款是否合理及是否有合同依据？

（一）**时效问题**

被申请人提出：合同服务期限内监理款支付最迟日期应为2005年12月30日，延长期最迟支付日期应为2006年4月20日，申请人期间从未向被申请人主张过监理费用，因而已经过了法定的诉讼时效。仲裁庭认为：建设工程项目上的监理服务，属于项目实施全过程中法定的部分。合同约定的监理服务期限只是工程开始前对工期的预测，实际服务期限应以工程竣工的时间为准。在同一项工程项目上，不论合同约定的监理服务期限是多少，只要工程未结束，监理的服务及责任在法律规定上必须是持续的。因而不应将监理服务以原合同期限及延长期分割看待。按照双方提交的证据判断，涉案工程的实际竣工验收时间为2006年9月。那么监理职责应不早于该时终止。依照《中华人民共和国民法通则》第137条，诉讼时效期间从知道或应当知道权利被侵害时起计算。在申请人监理职责未履行完毕之前，双方仍处于合同履行状态中，申请人对于被申请人不予支付监理费而侵害其权利非属明知或应知之情形。因而诉讼时效应不早于2006年9月起算。由于申请人提起仲裁请求的时间为2008年8月7日，故尚未超过法定诉讼时效。仲裁庭不支持被申请人的此项抗辩。

（二）**扣减监理费的问题**

申请人提出仲裁请求，要求被申请人支付合同项下的尚欠工程监理费30.1万元。被申请人辩称，申请人在工作中存在严重失职的情况，导致被申请人多付工程款，直接或间接造成了被申请人的不可挽回的巨大损失。申请人在施工阶段的工程质量监理业务中存在重大过失，在项目中的窑头炉发生漏水事故上，未尽其应对工程上使用的材料和施工质量的检验权，未依约履行相关合同义务，并因其严重的失职行为给被申请人造成了重大损失。申请人在履行合同过程中存在不客观独立的行为，还存在其他诸如现场监理人员与合同约定人员不符等违约行为。被申请人因而主张不再支付申请人的上述监理费用。

仲裁庭注意到合同专用条件第26条约定："监理人员在责任期内如果失职，同意按以下办法承担责任，赔偿损失［累计赔偿额不超过监理报酬总数（扣税）］：赔偿金＝直接经济损失 × 报酬比率（扣除税金）。"这说明，在发生申请人作为监理失职的情况下，申请人应当承担相应的赔偿责任，但是赔偿以被申请人实际遭受"经济损失"为前提。

被申请人所称的因申请人失职导致被申请人多付工程款的事项上，被申请人称：其与承包商签订的安装合同的价款为1300万元，约定在安装工程结束时付款总额不应超过80%，即1040万元，而申请人实际签字同意支付的款项为1137万元，超付97万元，这是申请人的严重过错，给被申请人造成了经济损失。被申请人因此向仲裁庭提交了安装合同作为证据。申请人则辩称：被申请人对安装合同的支付条款理解有误。按照正确的理解，在工程结束时，应支付的款项为工程款的90%，即1170万元，而实际由监理签字支付的仅为1137万元，尚不足工程款的90%。因而不存在申请人有过错的情况。仲裁庭注意到，从安装合同支付条款的字面意思表示，无法得出被申请人在工程结束时付款不应超过工程款80%的推论，因而也无法得出由于申请人的原因造成被申请人超付工程款的结论。被申请人委托J工程监理有限公司所作的《该煤矿发电示范工程设备安装工程结算汇总表》表示被申请人应支付工程总款为8275796.56元，以此证明申请人签字支付的工程款远远超付。但是这份《安装工程结算汇总表》仅为被申请人单方面证据，缺少佐证材料，仲裁庭无法采纳其作为该项工程的工程价款的依据。被申请人另提出在施工期间，承包商的水电费应由被申请人向承包商收取，但是申请人从未将水电费从工程款中扣除，给被申请人造成了损失。仲裁庭认为，被申请人与承包商的结算并未结束，因而即使存在水电费应该扣除的情况，也无法得出申请人已经给被申请人造成经济损失的结论。综上，由于无证据证明申请人作为监理工程师的支付签字确实给被申请人造成了经济损失，因而仲裁庭不支持被申请人的此项抗辩。

被申请人提出申请人未能认真监督和计算各种工程签证单，对施工单位不规范行为纵容，未尽质量控制、信息管理之责，违反合同约定私自更换监理团队人员。对此申请人均予以否认。仲裁庭认为，由于被申请人的上述抗辩均未提出其由此而遭受了实际的经济损失，因而仲裁庭不支持被申请人的上述抗辩。

就被申请人提出的锅炉漏水问题，被申请人认为属严重的施工责任问题，申请人作为监理单位有着不可推卸的责任。仲裁庭认为，按照合同及相关法律，监理工程师在项目实施过程中有义务对施工质量进行监督，以确保其所监理的工程质量合格。但是监理工程师并不能保证在工程施工过程中不发生任何质量问题，而是在发生质量问题时及时纠正并监督承包商对其工程质量缺陷进行修复，使得工程验收合格。因而仲裁庭不支持被申请人的此项抗辩。

综上，仲裁庭认为不存在扣减申请人监理费的理由。被申请人应向申请人支付尚欠的监理费 30.1 万元。

（三）延长工期的问题

申请人提出仲裁请求，要求被申请人支付因工程延期竣工验收而产生的八个月的监理服务费共计 59.64 万元。具体计算方法为按照合同专用条件第39条的约定，延长期报酬为82万元÷11个月×8个月=59.64万元。被申请人辩称，验收延误的原因部分在申请人的工作失误。而且申请人最后签字的文件日期在2006年4月，因而不能证明申请人直至2006年8月仍在施工现场。而且按照合同的约定，分期支付就是附期限的，不是附条件的。附加工作须经被申请人作为委托人认可方能支付，而被申请人并未同意申请人延长其工作时间。

仲裁庭注意到，按照双方提交的证据判断，涉案工程的实际竣工验收时间为2006年9月。按照法律，监理在其承担监理工作项目上的工作应至工程验收合格并移交业主后终止。因而不论延期验收的责任归属，监理在延长期限内仍然承担监理义务应该属实。从被申请人提交的证据及庭审时双方的表述来看，并无证据充分表明工程验收晚于计划的八个月完全属申请人的责任，因而不能以申请人的工作失误为由拒不支付监理款。如果真是应由申请人承担部分的延期责任，被申请人亦仅应扣减部分款项，而非分文不付。但是被申请人并未说明申请人的工作失误造成了哪些工作延误，应该承担何种责任以及应该扣减多少监理款。另外被申请人在整个延长过程中，同申请人一起在相关文件上签字，则说明了当时被申请人对申请人仍然履行其监理职责并无异议。综上，仲裁庭认为申请人在延长工期中仍然承担其监理责任，故被申请人应该支付相应的监理款。但是考虑到在延长的服务期限内，由于施工已经结束，因而申请人的工作内容必将大大缩减，且申请人未能说明在延长期间其是否仍然按照合同约定的人数在施工现场，仲裁庭酌情将延长期间的监理费确定为15万元。

（四）利息问题

鉴于被申请人未能及时履行其支付监理费用的义务，故应该承担相应的利息。申请人提出的利息请求系按中国人民银行一年期贷款利率分段进行计算，其于2009年1月5日提交了《利息计算表》，说明自2005年12月5日暂计至2008年12月31日的利息为150990.63元。仲裁庭认为，因工程延长期间的监理费双方之间存在争议，故利息计算以合同工期内未付的监理费30.1万元为基础，按照年利率6%自2006年1月1日起计算至2009年1月23日应该是合理的。该逾期付款利息具体计算方式如下：2006年1月1日至2009年1月23日，共计1118天，利息应为30.1万元×6%÷365×1118=55318.03元。故被申请人应向申请人支付逾期付款利息55318.03元。

（五）关于本案仲裁费用的承担问题

鉴于本案是因被申请人不能按约履行其支付监理费的义务所产生的，结合本案审理的实际情况，本案的仲裁费用应由申请人承担30%，由被申请人承担70%。

三　裁决

基于上述事实和理由，仲裁庭裁决如下：

（一）被申请人向申请人支付监理费45.1万元；

（二）被申请人向申请人支付逾期付款利息55318.03元；

（三）本案仲裁费34722.45元（已由申请人向本会预交），由申请人承担30%，为10416.74元；由被申请人承担70%，为24305.71元。被申请人应直接向申请人支付代其垫付的仲裁费24305.71元。

以上各项被申请人应向申请人支付的款项共计530623.74元，被申请人应自本裁决书送达之日起十五日内支付完毕。逾期未付，按照《中华人民共和国民事诉讼法》第229条的规定执行。

评析

本案集中了建设工程监理费欠款类纠纷案件通常会涉及的一些典型争议，争议聚焦于三个方面：一、关于诉讼时效；二、关于扣减监理费；三、延长工期的问题。下面结合本案的实际情况，就涉及裁决书中的以上三个问题逐一作出评析：

一、关于诉讼时效

建筑工程欠款问题是典型的民事请求权的行使问题，在《民法通则》第135条，对诉讼时效的客体作了民事权利规定。笔者认为，设立“诉讼时效”的法律目的，一个是惩罚怠于行使权利者，另外一个是避免证据灭失，节约诉讼成本。本案裁决书很好地诠释了利用调查、认定工程节点时间等方式来确认诉讼时效的法律起算时间，提出了有说服力的裁决意见。

本案中，仲裁庭对于诉讼时效的起算时间就作了相应的分析，并未采纳被申请人以合同约定付款期限作为起算时间的意见，而是结合建设工程监理工作的特点，认为在工程实际尚未竣工之前，监理服务实际上并未结束，监理职责未履行完毕之前，双方仍处于合同履行状态中，申请人对于被申请人不予支付监理费而侵害其权利非属明知或应知之情形，不能起算诉讼时效。这一判断既符合工程实践情况，也符合诉讼时效的制度本意。

从本案还反映出诉讼时效在建设工程争议解决中存在着泛用和乱用的情形。特别是在“专业分包施工、委托监理服务、委托工程咨询服务”等建设工程争议解决司法实践中，由于当事人对工程竣工时间、工程结算时间、总承包款结付时间等都具有先天的信息不对称，处于被动地位；同时，债权人往往对应付款索要的自我保护意识淡薄，法律知识欠缺，很少有定期通过书面联系形成有效证据的。在与本案相似情况下，仲裁庭可通过监理日志或竣工验收表监理签认时间等确认监理工作的最早结束时间，或通过项目监理工作总结报告提交时间确定监理工作的完成时间；但对于有些项目，不需要纳入竣工备案的（如涉密项目、装修改造项目、不具规模的小型项目等），此问题尤为突出。此时，运用诉讼时效应当在维护社会基本交易秩序基础上，基于公平原则，对各方权利进行衡量。为了避免不当地扩大诉讼时效适用而损害权利人的合法权益，笔者认为对诉讼时效的适用范围应进行限缩的解释，对诉讼时效抗辩权的行使阶段进行限定，对诉讼时效障碍事由的认定进行合法的扩张解释。

另外，在仲裁实践中，还应充分理解“时效中止、中断”的立法目的并加以合理运用，保护权利人的权利。适用中止、中断制度时，如果既可以作有利于权利人的解释，也可以作有利于义务人解释的情况下，笔者认为应当本着保护权利人权利的原则，作出有利于权利人的理解。只有这样才能达到诉讼时效的立法目的，保护当事人的合法权利。

二、关于扣减监理费

本案是一种典型的发包方以监理人“在工作中存在严重失职，导致发包人多付工程款，直接或间接造成了发包人巨大损失”为扣减监理费的抗辩理由，也是参与工程建设的各方主体应注意重点加强管理的事项，包括合同条款的恰当约定、合同义务的妥善履行以及对履约过程中权利行使、义务履行方面证据资料的及时制作保存等。在工程监理类争议解决的实践中，是否存在应当扣减监理费用情形的法律依据主要是《中华人民共和国建筑法》和《建设工程质量管理条例》中的五种情形，其中如若存在“将不合格的建设工程、建筑材料、建筑构配件和设备按照合格签字的”，对监理人可处以“50万元以上100万元以下的罚款，降低资质等级或者吊销资质证书，有违法所得的，予以没收；造成损失的，承担连带赔偿责任”的处罚。当然，如若存在这样的情形，也构成一种合同违约的行为，但确认的前提条件是有证据证明“建设工程、建筑材料、建筑构配件和设备”存在经依法确认的不合格产品。

对于本案被申请人提出的监理人应负有“监督和计算各种工程签证单，对施工单位不规范行为纵容，未尽质量控制、信息管理之责，违反合同约定私自更换监理团队人员”等责任造成损失的追索赔偿问题，一是要有支持其追索的事实与理由，二是要有确凿的证据呼应。被申请人并未提供足以支撑其意见的证据，而本案仲裁庭意见正是对重证据、明职责、颂诚信很好的诠释，起到了促使建设工程管理良性发展的作用。

三、因监理工程期限延长引发监理费用是否调整的问题

这是建设工程监理市场的常见争议情形。由于监理费用中主要是人员成本即监理工程师智力劳动付出的成本，工作周期长短和工作强度大小是决定监理人投入工程管理的直接成本的两个最大要素构成，所以工作周期长短直接影响监理费用的最终结算。当事人从自身利益出发，往往首先对监理期限的起始时间提出不同的主张，有的主张应遵循监理合同约定的有效期，有的主张应从工程开工日起至实际完工日止，有的主张应算至工程竣工验收日，常因无法达成一致意见而引发诉讼或仲裁。其次，因延期监理费用的计算引发诉讼或仲裁，特别当工期延长、工程量增加时，在监理方继续履行监理义务时是否应获得延期监理费，以及具体金额计算等问题上，若双方当事人在监理合同中没有约定或约定不明则易引发纷争。监理人一般要求按延长的期限，以及工程量增加作为计算依据主张相

应费用；业主方则以仅部分工程竣工验收延迟，而按整个工程延迟时间计算增加监理费用显失公平为由，或以工程延期期间监理人投入较小要求对监理费进行调整。三是因监理服务的优劣也会引发诉讼或仲裁，部分案件中，业主方认为监理方所提供的服务存在瑕疵，如未按约到场监管，未定期记录、报送监理日志，对施工方施工中的不当行为未及时指出，致使工程项目存有严重质量问题等，以此要求监理方赔偿经济损失并拒付监理费；而监理方则认为，工程已竣工验收合格，监理人已尽监理职责，引起工程延期不应由监理方承担责任。

在常见的工程工期延长或延误的索赔案件中，监理人往往是被动的工程管理执行人。工程延期通常可概括为两方面：一是承包方要求或事实造成延长或延误工期（如特殊恶劣气候；政府发布的行政令造成间断性停工；施工承包人投入的人力不足）等原因；二是发包方要求或事实造成延长或延误工期（如设计或工艺重大变更；资金不到位影响工程款支付问题等）。而前述不管哪一种原因引起的工程延期或更多情况下的混合原因引起的工程延期，监理人通常只能按合同约定的职责范围继续执行监理工作职责，承担监理义务。但是除设计增量变更或施工工艺变更的少数情形外，在多数工程延期中监理人的实际付出并不是同比例增加的，如政府令停工，即使较大工程监理人现场也只需一两个监理员维护监理日志等工作即可，而工程浇筑混凝土及工程全面装修等期间，则需要大量现场专业监理工程师旁站。本案裁决书正是仲裁员充分利用对建设工程行业的专业认识，充分考虑了前述原因，给出了一个公平、合理的裁量，本案彰显了仲裁在实体裁判方面对当事人的公平、公正性。

综上所述，一份好的仲裁裁决书不但维护法律的公平和正义，同时有助于合同当事人的诚信、守约精神的培养，从而达到引领建设工程行业健康发展的良好目的。

（评析人：张友良）

20. 工程尾款（含质保金）分期支付之诉讼时效的认定

裁决要旨 当事人约定对工程款（含质保金）进行分期支付的，诉讼时效期间从最后一期履行期限届满之日起算。

关键词 尾款 质保金 分期支付 诉讼时效

申 请 人：A 建筑工程有限公司

被申请人：B 有限公司

一 案情

申请人提起仲裁申请称：2006 年 3 月被申请人与申请人签订《X 市建设工程施工合同》《X 市装饰装修工程施工合同》和《办公楼改造补充协议》共三份合同，申请人已经完成以上并另外增项的全部内容，并于 2006 年 5 月交付被申请人使用，双方在 2006 年 6 月 5 日进行了结算，并最终确定工程总价款和付款计划。

但至今为止，申请人曾经无数次前往被申请人处催要欠款，均被以各种理由拖延和拒绝。

为了维护申请人的合法权益，特请求本会根据事实和法律依据主持正义，作出公正的裁决。

申请人的仲裁请求为：

1. 被申请人支付给申请人工程欠款 64242.64 元（指人民币，下同）；

2. 被申请人支付全部仲裁费用；

3. 被申请人支付 2007 年 4 月 21 日到今的利息 6000 元。

为支持上述请求，申请人提交了共五份证据并申请两名证人出庭作证：

1.《X 市装饰装修工程施工合同》；2.《X 市建设工程施工合同》；3.《办公楼改造补充协议》；4.《工程结算费用报审表》；5.《工程决算书》；6. 证人陈洪出庭作证；7. 证人李明出庭作证。

被申请人提交书面答辩书答辩称：双方是于 2006 年 3 月签订的合同，2006 年 6 月进行的工程结算，结算单上明确规定最后的付款期限是 2006 年 7 月。申请人是在 2009 年 2 月 27 日向本会提出的仲裁申请书，已远远超过了我国法律规定的两年诉讼时效。故请求本会驳回申请人的仲裁申请，维护被申请人的合法权益。被申请人没有向仲裁庭提交任何证据。

二　仲裁庭意见

根据双方的请求与答辩意见，仲裁庭认为本案的焦点问题在于申请人关于剩余工程款的主张是否如被申请人所说的超过了诉讼时效。

下面就围绕这一焦点问题进行事实认定并裁决。

（一）关于本案事实

根据申请人向仲裁庭提交的证据材料和庭审调查，仲裁庭对证据认定如下：

1. 双方签订的《X 市装饰装修工程施工合同》《X 市建设工程施工合同》及《办公楼改造补充协议》，申请人主张此三份证据证明双方就被申请人办公楼、厂房装修改造工程的不同施工内容分别签订了三份合同，三个合同构成一个整体为双方的权利义务基础，且三份合同约定的施工内容已经施工完毕，工程于 2006 年 2 月 24 日开工，同年 5 月底竣工验收合格交付被申请人使用。被申请人认可上述三份合同的真实性，也认可合同约定的工程已经竣工验收合格。仲裁庭认为上述合同及协议为合法有效之合同，对双方当事人具有约束力，双方当事人均应依此协议履行义务、享有权利。而且双方当事人对于三份合同项下的工程已经竣工验收合格并交付被申请人使用这一事实均不持异议，仲裁庭对此予以确认。

2. 关于申请人提交的《工程结算费用报审表》与《工程决算书》，申请人以此证明工程已经结算，双方认可的最终结算金额为 230066.46 元，被申请人于 2006 年 6 月 5 日确认上述结算金额，且承诺于当年 6 月支付 6 万元，7 月支付 41904.14 元，保证金 11503.32 元在 2007 年 4 月 21 日支付。对于上述证据与事实，被申请人均予以认可。而且双方当事人均确认已付款为 165824 元，最后一次付款为 2007 年 2 月 9 日支付了 2 万元，结算单上约定保修金 11503.32 元于 2007 年 4 月 21 日支付。仲裁庭对上述双方当事人均无异议的事实予以确认。

3. 关于申请人申请出庭作证的两位证人的证言

（1）关于申请人提出由证人陈洪出庭作证的申请，仲裁庭予以许可。经核查，证人陈洪陈述他曾经作为工人（油工）在项目施工现场干过活儿。其出庭作证表示他曾于 2007 年 6 月及 2008 年过了年两次陪申请人的项目经理熊伟到被申请人处找被申请人的代表纪工要钱，但均被纪工以各种理由推托。经被申请人代理人询问证人，核实证人陈洪在此项目中为申请人项目经理熊伟所聘用，双方在不同项目上已经合作达七八年。针对证人陈洪的证言，被申请人表示证人陈洪是申请人项目经理熊伟所聘用，本身就在项目上干活，且双方已经合作了七八年，陈洪为申请人的利害关系人，其证言不应被采信。

（2）关于申请人提出由证人李明出庭作证的申请，仲裁庭予以许可。经核查，证人李明陈述他曾为申请人的项目经理熊伟所聘在其他项目上干过装修活儿，且熊伟目前尚欠他款。其出庭作证表示他曾于2007年年底2008年春节之前这期间陪同申请人的项目经理熊伟到被申请人处找被申请人一个姓纪的要钱，但对方以老板不在为由推托而没有结果。经被申请人代理人询问证人，核实证人李明在本项目中与申请人项目经理熊伟没有合作关系，在本项目之外仅有过一次装修合作。针对证人李明的证言，被申请人表示证人李明与申请人项目经理熊伟之间因欠款而存在利害关系，其证言不应被采信。

（3）对被申请人针对上述两位证人证言的意见，申请人表示，陪同申请人要钱的，肯定不是大街上随便找的，必然是有关系的，或者是朋友，或者是同事，不能因为有利益关系就认为存在利害关系，这两个人或多或少与申请人有一定关系，但不是法律上的利害关系。当时被申请人欠申请人钱两年多了，申请人怎么可能不闻不问。其实证人还有许多，他们要么在外地，要么不方便来。而且在三年的时间里，曾打电话无数次催要款项。

（4）关于证人证言是否应被采信的问题，其核心是证人与申请人及其项目经理之间是否存在法律意义上的利害关系。事实上，在证人出庭作证这一环节中，通常法律意义上的利害关系，是指与一方当事人存在某种特殊联系，可能影响其客观公正作证的情形，这种特殊关系，可能是正面有共同利益的关系，也可能是相反有利益冲突的关系，当然还包括其他利害关系，如上下级隶属关系等。本案中两位证人一位是与申请人项目经理熊伟有着多年聘用关系的工人，另一位是与申请人项目经理熊伟有着债权债务关系的施工人，或多或少与申请人及其代理人有着一定的利害关系。当然法律上并不禁止利害关系人出庭作证，其证言也并非一定不被采信；关键是利害关系的存在是否会影响其证言相对其他证据的证明力，以及是否能够仅仅依据利害关系人的证言认定事实并作出裁决。

在庭审质证结束后，申请人表示其对诉讼时效没有新证据了，当时也没有想到把过程保全下来。申请人认为证人能够证明不间断地去要钱，被申请人提到的诉讼时效不成立，且被申请人也没有提交证据证明利害关系影响证明的效力。被申请人表示，申请人没有证据证明其在 2007 年 2 月 9 日被申请人对其最后一次付款后曾经向被申请人主张过债权，其现在的请求已经超过了诉讼时效，因此其请求理应被驳回。

基于对上述证据的认定，仲裁庭认为本案审理的是申请人与被申请人之间基于《X 市装饰装修工程施工合同》等三份合同的结算付款纠纷，合同双方应严格依据合同履行。本案申请人所承包的装修工程已经被申请人竣工验收并投入使用，且双方已经确认了结算金额与付款计划，被申请人应当依据合同及结算文件的约定向申请人支付工程款。但是这仅仅是实体上的权利，本案的重点在于申请人的请求是否超过了诉讼时效从而失去了胜诉的权利。

关于诉讼时效期间的起算点，仲裁庭注意到在申请人提交的且双方当事人均认可的证据《工程结算费用报审表》中，被申请人对剩余应付工程款（113407.46 元）承诺了付款计划，即“在 6 月份支付 6 万元，7 月份支付 41904.14 元，保修金在壹年后支付，即在 2007 年 4 月 21 日支付 11503.32 元”。对于这一付款计划被申请人也表示认可，因此该付款计划应视为双方当事人对工程款分期支付的约定；而由于保修金也属于工程款的一部分，因此对于合计 113407.46 元的各阶段应付工程款，显然全部属于同一债务。参照《最高人民法院关于审理民事案件适用诉讼时效制度若干问题的规定》第 5 条“当事人约定同一债务分期履行的，诉讼时效期间从最后一期履行期限届满之日起计算”的规定，本案的诉讼时效期间应从双方约定的最后一期付款时间 2007 年 4 月 21 日的次日起算，而不是被申请人主张的从 2006 年 7 月起算。

由于利害关系的存在，与一方当事人或者其代理人有利害关系的证人出具的证言证据不能单独作为认定案件事实的依据，因此，仲裁庭对申请人的证人证言不予采信。然而，由于申请人所主张债权诉讼时效的到期日应为 2009 年 4 月 21 日，而在申请人于 2009 年 2 月 27 日向本会对被申请人提起仲裁申请时，其对全部剩余工程款的主张仍在诉讼时效之内。被申请人关于诉讼时效的抗辩主张没有事实和法律依据，不予支持。

（二）关于申请人的仲裁请求

1. 关于要求被申请人给付欠款 64242.64 元的请求

仲裁庭认为：申请人所承包装修的工程已经过被申请人验收并投入使用，且双方已经达成结算意见并约定了付款计划。双方对于目前未支付工程款总额 64242.46 元不持异议，但被申请人以申请人之请求已超过诉讼时效为由予以抗辩。仲裁庭认为申请人的请求仍在诉讼时效期间之内，故其请求应予以支持，因此被申请人应将剩余工程款 64242.46 元支付给申请人。

2. 申请人关于被申请人应给付逾期付款利息的请求

申请人请求裁决被申请人应向申请人支付逾期付款利息 6000 元

（本金为 64242.64 元，期间从 2007 年 4 月 21 日计算至 2009 年 2 月 27 日，利率为中国人民银行同期贷款利率）。

仲裁庭认为被申请人未能支付工程款的行为违反了双方的合同约定及基本的诚实信用原则，理应向申请人支付延迟付款利息。因此，利息计算的本金为 64242.46 元，时段为 2007 年 4 月 22 日至 2009 年 2 月 27 日，利率按中国人民银行同期贷款利率计是合理的。仲裁庭按上述方式计算所得的利息数额超过了申请人的请求 6000 元，因此利息按申请人请求数额 6000 元计，多出部分为申请人自动放弃。

（三）仲裁费的承担

根据本案的案情及审理的结果，全部仲裁费即 8359 元，由被申请人全部承担。

三　裁决

基于上述案情和理由，仲裁庭依法裁决如下：

（一）被申请人给付申请人尚欠工程款 64242.46 元；

（二）被申请人向申请人支付延迟付款利息 6000 元；

（三）本案仲裁费 8359 元（已由申请人全部预交），由被申请人全部承担。

上述裁决第（一）（二）（三）项中被申请人应向申请人支付的款项共计 78601.46 元，被申请人应自收到本裁决书之日起 15 日内向申请人付清。逾期支付，按照《中华人民共和国民事诉讼法》第 229 条之规定执行，承担逾期付款利息。

本裁决为终局裁决，自作出之日起生效。

评析

发包人拖欠工程款是建设工程领域最为常见的一类纠纷。本案即是一起典型的建设工程欠款案件。由于建设工程作为大型不动产的特殊属性，建设工程欠款案件的标的额往往较大。除支付工程款本金外，利息偿付通常也是当事人主要请求之一，对于欠款本金数额较大、拖欠时间很长的案件尤其如此。因此，如何主张及准确认定应付工程款利息，也是仲裁案件当事人和仲裁庭在处理有关建设工程欠款案件时需要关注的一个问题。

一、关于应付工程款利息的性质

大部分工程合同既约定了欠付工程款的利息，同时也约定了违约金条款，有些合同仅仅约定了违约金或利息的一种，也有简单的合同两者都没有约定的。工程争议案件中，对主张了违约金的，能不能同时又主张欠付工程款的利息？对利息没有约定的合同，当事人能不能主张利息？对上述问题还是存在不少不同看法的，本文就讲讲这个问题。

首先，我们需要搞清楚工程款利息的法律属性是什么？对于应付工程款利息的法律属性，实践中存在两种不同的观点，一种观点认为支付应付工程款利息属于承担违约责任的方式，另一种观点则认为应付工程款利息属于法定孳息。笔者倾向于后一种观点。

所谓孳息，指为母物所生之收益。民法上的孳息包括天然孳息和法定孳息两种，其中法定孳息是指依法律关系所产生的收益。我国《合同法》第196条规定，借款合同是借款人向贷款人借款，到期返还借款并支付利息的合同。《合同法》第207条则进一步规定，借款人未按照约定的期限返还借款的，应当按照约定或者国家有关规定支付逾期利息。由此可见，借款利息属于法定孳息应无较大疑问。建设工程施工合同虽不完全等同于借款合同，但是，对于建设工程欠款纠纷而言，尤其是在建设工程已经完工且发包人欠付工程款数额确定的情况下，双方当事人之间往往已经转化为简单的债权债务关系，与借款合同项下的债权债务并无本质区别。因此，发包人逾期支付工程款时，即便合同没有约定，也应当支付欠款利息。该等利息应如同理论通说属于因履行迟延所得请求之利益，应视为法定孳息的范畴。最高人民法院相关司法解释亦采纳了这种观点。①

实践中，与利息属性相关且较为常见的一类问题是，当事人能否在施工合同中同时约定逾期付款利息和逾期付款违约金。有观点认为，《合同法》约定的违约金以补偿性质为主。债务人支付逾期付款利息后，债权人的损失已经得到弥补，故债权人无权再重复要求支付违约金。笔者认为，利息既属于法定孳息，其本身即是债权人应得之物，无论合同是否有所约定，也无论债权人是否存在实际损失。此外，就违约金而言，目前立法及实践通说都认为其兼具补偿性和惩罚性的双重性质。因此，即便逾期付款利息能够覆盖债权人的实际损失，当事人在此之外仍约定逾期付款违约金亦未尝不可。对此，仲裁庭应充分尊重当事人的意思自治。当然，如果承包人主张逾期付款利息与违约金并用，而发包人认为违约金过分高于实际损失请求予以减少的，仲裁庭也可参考《合同法》及相关司法解释有关违约金调整的原则规定作出相应衡量及裁决。②

---

① 《最高人民法院关于审理建设工程施工合同纠纷案件适用法律问题的解释》第 17 条规定：“当事人对欠付工程价款利息计付标准有约定的，按照约定处理；没有约定的，按照中国人民银行发布的同期同类贷款利率计息。”在《最高人民法院建设工程施工合同司法解释的理解与适用》一书中，编者将利息认定为法定孳息。

② 主要指《合同法》第 114 条和《最高人民法院关于适用〈中华人民共和国合同法〉若干问题的解释（二）》第 29 条。

在处理有关欠付工程款事务时，如果可以证明有到期应付工程款，且数额确定，可以考虑提出欠付工程款利息的主张，而无论合同中有无利息的约定，其理论依据如上所述，最高院司法解释第17条的规定亦给予相当的法律支持。而且，笔者认为这并不妨碍继续提出违约金主张，法律规定本身也没有排除，只是规定可以对相对于实际损失过高和过低部分请求调整违约金。实践中，很多工程合同约定违约金有一定比例限制，比如最高不超过工程总价的3%。对于一些拖延付款时间较长的争议，计算得出的违约金很容易高出约定总额，对于被拖欠的工程承包商来说并不公平。而请求调整违约金的主张及被支持的程度存在裁判上的不确定性，因此主张利息并同时主张违约金是稳妥的策略。

我们还应该注意到，违约金是从约定的契约权利，这点从《合同法》第114条规定“当事人可以约定一方违约时应当根据违约情况向对方支付一定数额的违约金，也可以约定因违约产生的损失赔偿额的计算方法”可以看出。如果没有约定违约金，违约金主张即没有合同依据，《合同法》已经立法排除法定违约金制度，即这种主张也无法律依据。在合同约定不明的情况下，恰当的主张利息是保障当事人权利的稳妥策略。

二、如何主张利息

主张利息主要涉及以下三个基本要素：应付工程款明确确定，应付时点明确确定，以及合理的利息支付标准。笔者留意到很多案件中，承包商主张的利息请求并不能被全部支持，其中一项主要的原因就是用于计算利息的应付工程款数额存在争议，包括对期中付款的数额的争议，以及工程结束后，对结算工程款数额的争议。以一项有争议的工程款作为基数来主张利息，会导致案件首先需要花费大量精力审定应付工程款的确定数额。如果审理的结果是和承包商主张的数额有差异的，那意味着承包商主张的利息没有可以依赖的准确计息基数。对一项双方当事人有争议的债权，是无法给付利息的。所以承包商在主张利息时，首先要确定是不是存在一笔确定数额的应付工程款。

一般情况下，一个工程合同会规定四类工程款需要支付，即：预付款、期中付款、最终付款和保留金付款。任何付款都应该有明确的支付期限和支付条件，但是到了支付期限及满足支付条件时，能不能得到支付，还要看应付款金额是不是确定。预付款一般由合同直接约定一笔确定的金额或约定一个合同暂定工程价款的确定比例，是比较容易确定其金额的。但是期中付款和最终付款就复杂多了。

以期中付款为例，99 版 FIDIC 红皮书第 14.3 款规定："承包商应按工程师批准的格式在每个月末之后向工程师提交一式六份报表，详细说明承包商认为自己有权得到的款额，同时提交各证明文件，包括根据第 4.21 款（进度报告），提交当月进度情况的详细报告。"但是由于存在预付款扣回（如适用的话）、扣留保留金比例或数额、物料变化引起的增加或扣减、索赔争端引起的增加或扣减、变更引起的增加或扣减等各项复杂的因素，甚至包括因法律变化引起的调整及因项目成本变化引起的调整等。工程进展中每个月的期中付款都需要经过一个比较复杂的附带证明材料的申报及授权工程师审核的过程，只有等到合同授权工程师审核后，该月份的期中付款准确数额才会确定下来。工程师审核其中付款申请资料的工作时间是 28 天。雇主"在期中支付证书中开具的款额，时间是在工程师收到报表及证明文件之日起 56 天内"，这意味着雇主和工程师均有 28 天的工作时间。

建设部 2013 年版《建设工程施工合同》示范文本第 12.4 款的规定也是类似的。无论是单价合同还是总价合同，承包商都需要按月向合同委任的监理人申报进度付款申请单，并附上已完成工程量报表和有关资料。单价合同中的总价项目按月进行支付分解，并汇总列入当期进度付款申请单。该示范文本第12.4.4款进一步规定了月度进度款的审核程序：除专用合同条款另有约定外，监理人应在收到承包人进度付款申请单以及相关资料后7天内完成审查并报送发包人，发包人应在收到后7天内完成审批并签发进度款支付证书。这意味着有14天的操作期间。发包人逾期未完成审批且未提出异议的，视为已签发进度款支付证书。但是如果发包人或监理人对承包商申报的材料有异议的话，有一轮补充材料的过程。这个时间是7天。这个程序过后，监理人才会对无争议的部分签发审核文件，而有争议的部分可以进入争议解决程序。监理人审核补充材料也有7天的工作时间。也就是说，只要有一定的异议，承包商拿到部分或全部审核的月度进度款的付款审核文件需要28天。

我们暂不考虑各种施工合同特殊的规定，因FIDIC合同条件和建设部示范合同文本是国际、国内有影响力的合同文本，从他们的通用条款规定的机制来看，要想锁定雇主或发包人某个月份的应付工程款的确定数额，承包商必须要做的事情至少有：（1）真实的施工，以累计可供核查的工程量；（2）研究合同中各种价格调整机制，如适用的话，应准备充分扎实的材料支持月度工程款的调整；（3）准时申报，并准备符合合同约定的格式和要求的材料作为证据支持；（4）承包商申报后，如果合同约定期限到期，监理人（或工程师）没有审核完毕，应该及时跟进了解情况；（5）属于需要补充材料的应该尽快补充材料，明确送达监理人（或工程师）并督促审核；（6）获得监理人（或工程师）签发的工程进度款（或期中付款）证书要及时督促发包人（或雇主）付款；（7）在发包人（或雇主）逾期不付款，或部分付款时，承包商在法律上才确定有一笔应付工程款的债权。对这笔确定的债权，承包商立即就有了法律上的利息请求权了。

如果大家注意FIDIC合同条件第14.8款关于“延误的付款”的规定：“如果承包商没有收到根据第14.7款‘支付’应获得的任何款额，承包商应有权就未付款额按月所计复利收取延误期的融资费。延误期应认为是从第14.7款‘支付’规定的支付日期开始计算的。”这些规定暗含着一个前提，就是承包商获得延误付款的补偿费用以确定了延误付款的数额为前提，因为FIDIC合同条件第14.7款规定付款以各期中付款证书确认的金额和以最终付款证书确认的金额为前提。没有这些付款证书的签发就不会进一步启动付款程序。

如果发包人或雇主对工程进度款（或期中付款）一直存在多个月份的连续拖欠，承包商要主张利息，需要证明每个月份拖欠的工程款的准确数额。这个证据就是承包商申报的进度工程款，已经经过发包人或发包人授权的监理人（或工程师）审核确认，其具体数额准确确定的文件。承包商怎样才能得到这个准确确定的数额？承包商需要按照上面七个步骤一步步严谨地梳理证据材料，并督促监理人（或工程师）及发包人及时完成审核工作，这项工作是非常繁杂的。可能正是因为这个原因，很多承包商在施工过程中，没有及时申报，或申报了，没有得到及时审核也没有及时跟进督促，导致月度进度工程款的准确数额一直不能确定。这导致最终对发包人连续的拖欠，无法主张利息。这部分法律权利就白白浪费了。

应付工程款的准确数额一旦确定，以此确定时间为起点，可以按照工程合同规定的程序推算付款期限。期限届满，如发生发包人延误付款的事实，即可以从规定的支付日期的次日开始主张计付利息。而关于利息支付的标准问题，最高院第14号司法解释第17条有明确的规定，即有约定的从约定，没有约定的，按照中国人民银行发布的同期同类贷款利率计算。

关于计息终止日，理论上应当以债务清偿之日为准。但是，对于工程进度款而言，债务清偿日的确定有时会变得相对复杂。由于同一工程项目可能会存在多笔工程进度款，而实践中，在拖欠数期进度款后，发包人有可能会一次性支付一笔工程款，但该笔工程款又不足以清偿此前全部欠付的进度款。在此情况下，如何确定发包人的履行顺序呢？

针对上述问题，可以参考《最高人民法院关于适用〈中华人民共和国合同法〉若干问题的解释（二）》第20条规定，也即：当事人对清偿的债务或者清偿抵充顺序有约定的，从约定；当事人无约定或约定不明的，则发包人支付的工程款应当优先抵充已到期的进度款；几项进度款均到期的，优先抵充对承包人缺乏担保或者担保数额最少的进度款；担保数额相同的，优先抵充债务负担较重的债务；负担相同的，按照债务到期的先后顺序抵充；到期时间相同的，按比例抵充。

三、应该准确充分地主张权利

本案仲裁庭意见中有一段话很有意思，“（2）申请人请求裁决被申请人应向申请人支付逾期付款利息6000元（本金为64242.64元，期间从2007年4月21日计算至2009年2月27日，利率为中国人民银行同期贷款利率）。仲裁庭认为被申请人未能支付工程款的行为违反了双方的合同约定及基本的诚实信用原则，理应向申请人支付延迟付款利息。因此，利息计算的本金为64242.46元，时段为2007年4月22日至2009年2月27日，利率按中国人民银行同期贷款利率计是合理的。仲裁庭按上述方式计算所得的利息数额超过了申请人的请求6000元，因此利息按申请人请求数额6000元计，多出部分为申请人自动放弃。”

这段话反映出申请人主张的计息时段没有充分保护申请人的权

利；申请人对应得利息计算的数额也不准，这种对应得利息的处理方式令人困惑。本案中双方当事人对欠付工程款（该数额主要是保留金）没有异议，双方约定最后的保留金应该在2007年4月21日支付也没有异议。这种情况下，主张利息的两个重要前提都是很确定的，即存在一笔确定数额的应付款，利息起算日也很明确，那么按照央行同期同类贷款利率计算利息能够得到法律支持。为何主张利息只计算到仲裁提起日呢？如果确实是申请人只想主张利息到仲裁提起日也是无可厚非的，申请人有权按照自己的意愿处分自己的民事权利。但是如果申请人熟悉欠付工程款利息保护的法律机制，其主张利息到被申请人实际付清欠付工程款（本案里的部分保留金）之日，是对申请人权利的更加充分的保护。其次，申请人连自己应该获得多少利息都没有算准，就更不应该了。对明明可以得到法律保护的利息作放弃处理也令人难以理解。这个仲裁请求如果是执业律师帮助当事人处理的话，则存在着律师理解法律不当造成当事人法律利益受损的争议，很容易引起当事人与其代理律师之间的纠纷，这个问题值得执业律师注意。

（评析人：朱茂元）

21. 总包以业主不支付质保金为由拒付分包质保金的认定

裁决要旨 分包合同中，总包方仅以发包方直接委托第三人维修为由，认定分包方没有履行保修义务而拒付质保金的，不予支持。

关键词 质保金 保修义务 代扣税金

申 请 人：A 装饰工程有限责任公司

被申请人：B 建筑装饰工程有限公司

一 案情

申请人称：2006 年 1 月 17 日，申请人与被申请人签订《施工合同》，承担甲住宅小区 6# 楼 2、4 单元精装修工程（以下简称工程）施工工作。申请人按约定施工至工程竣工验收。现工程保修金 58864.43 元（结算总金额的 5%，人民币，下同）已经到期，经多次催讨，被申请人仍未按约定支付。另双方在 2008 年 1 月 29 日结算单中约定，被申请人从结算金额中扣除的税金由被申请人向申请人提供完税证明，如被申请人不能提供完税证明则应将扣除的税金退还给申请人。被申请人因其未能向申请人提供完税证明而应返还的税金 49307.95 元也长期催促未果。

据此，申请人依法向本会提出如下仲裁请求：

1. 被申请人支付工程保修金 58864.43 元。

2. 被申请人返还未能提供申请人完税证明的税金 49307.95 元（但在开庭时申请人将该项仲裁请求变更为："要求被申请人提供完税证明或者返还代收税金 49307.95 元。"——仲裁庭注）。

除上述仲裁请求之外，申请人在庭审中又提出要求仲裁庭裁决仲裁费用由被申请人承担。

为支持其仲裁请求，申请人向仲裁庭提交了如下证据材料：

证据 1：申请人与被申请人于 2006 年 1 月 17 日签订的《施工合同》及"甲分包工程 6# 楼 2、4 单元结算单"（日期为 2008 年 1 月 29 日），用于证明申请人施工事实及请求事项；

证据 2：申请人开具的建筑业专用发票共 11 张（日期在 2006 年 4 月 29 日至 2009 年 1 月 9 日之间，合计金额为 1118424.2 元）及中国工商银行进账单共 11 张（日期在 2006 年 5 月 16 日至 2009 年 1 月 23 日之间，金额与上述发票金额相对应），用于证明被申请人拨付施工分包款时，申请人已经向被申请人开具建筑业专用发票，但因被申请人扣除税金后未向申请人提供完税证明导致申请人未能依法退税；

证据 3：北京市工商局档案管理中心查询信息，用于证明 B 建筑装饰工程公司已于 2007 年 11 月 2 日经北京市工商行政管理局核准，名称变更为 B 建筑装饰工程有限公司，B 建筑装饰工程公司与被申请人为同一主体。

针对申请人的仲裁请求，被申请人当庭提交了书面答辩状并称：（一）申请人要求被申请人支付保修金 58864.43 元没有事实依据，理由如下：（1）申请人在保修期内没有履行保修义务，所以无权要求被申请人支付保修金；（2）因为申请人未履行保修义务而导致该工程的发包人（以下简称开发商）至今未向被申请人支付保修金，所以被申请人也不可能向申请人支付；(3) 为查明案件事实，请求仲裁庭将开发商追加为本案的被申请人。(二) 申请人要求被申请人返还税金 49307.95 元没有事实依据，因为被申请人向申请人支付的款项中，被申请人已及时按国家相关规定缴纳了税金，所以不存在向申请人返还税金的问题。

为支持其答辩意见，被申请人当庭提交了如下证据材料：

证据 1：开发商致本会的证明材料，用于证明申请人未能履行工程保修义务，开发商因此委托第三方进行维修并因此支付了维修费用 56652.34 元；

证据 2：物业介入工程维保确认单（共 65 份，日期、维修房号、维修原因等均各不相同——仲裁庭注)，用于证明开发商委托第三方对工程进行维修的情况；

证据 3：由 Z 支行于 2008 年 2 月 19 日打印的缴税凭证，用于证明被申请人已经按规定缴纳税款，不应再向申请人返还税金。

经过当庭举证和质证，被申请人对申请人提交的证据材料的真实性无异议，但申请人对被申请人当庭提交的三份证据材料均不予认可。

另外，关于被申请人在答辩期内提交的书面答辩意见中所称答辩人与被申请人名称不符问题，被申请人当庭表示不再坚持其原答辩意见，承认 B 建筑装饰工程公司与被申请人为同一主体。

二 仲裁庭意见

(一) 仲裁庭认定的事实

根据本案双方当事人提交的有效证据、当事人陈述以及仲裁庭的庭审调查，仲裁庭依法认定如下事实：

1. 仲裁庭对申请人提交的证据 3“北京市工商局档案管理中心查询信息”予以采信，认定 B 建筑装饰工程公司（本案被申请人）已于 2007 年 11 月 2 日经北京市工商行政管理局核准，名称变更为 B 建筑装饰工程有限公司，B 建筑装饰工程有限公司为本案适格的被申请人。

2. 2006 年 1 月 17 日，申请人与被申请人签订的《施工合同》真实有效。根据《施工合同》约定，申请人承担甲住宅小区 6# 楼 2、4 单元精装修工程的施工工作；目前工程已经竣工，工程保修期已经届满。

3. 双方已经于 2008 年 1 月 29 日办理了工程结算，双方共同认可的结算总金额为 1177288.63 元，该结算金额中已经扣除了税金 49307.95 元，但被申请人未向申请人提供相应的完税证明。

4. 在《施工合同》项下，被申请人已经向申请人累计支付了结算总金额的 95% 即 1118424.2 元；剩余 5% 保修金即 58864.43 元尚未支付。

5. 对申请人提交的三份证据，被申请人并无异议，仲裁庭也予以采信。

（二）**仲裁庭就本案焦点问题的意见**

结合仲裁庭对本案事实的认定，仲裁庭认为，本案存在的主要焦点问题有以下四个方面：

1. 申请人是否履行了工程保修义务。

被申请人认为其提交的证据材料可以充分证明因为申请人未能履行工程保修义务而导致开发商直接委托第三方进行维修的事实，因此拒绝向申请人支付保修金并无不当。而申请人则认为由于开发商是被申请人的股东，来自开发商的证据材料并不可信；申请人与开发商之间没有合同关系，即便开发商确实委托第三方进行维修，也只能表明被申请人对开发商违约，而与申请人无关；何况开发商委托第三方进行的维修内容并不一定就是申请人原因造成的，也可能是结构工程施工原因或由他方供应材料的质量原因所致。

仲裁庭意见如下：首先，仲裁庭注意到：（1）被申请人提交的证据1“证明材料”确实来自作为被申请人股东单位的开发商，与被申请人存在利害关系；（2）该“证明材料”中提到的维修费用56652.34元并无详细组成或计算过程，也未见相关支付凭证；（3）该“证明材料”中提到开发商委托第三方进行维修的时间介于2007年10月和2008年2月之间，但被申请人同时提交的65份“物业介入工程维保确认单”（证据2）中，有多份“物业介入工程维保确认单”的报修或验收时间均不在此期间（最早的有2007年5月份，最晚的有2008年10月份），申请人提交的证据1和证据2之间并不完全吻合。综合以上几点，仲裁庭认为被申请人提交的证据1和证据2并不能够充分支持被申请人主张的、因为申请人未能履行其工程保修义务而导致开发商直接委托第三方进行维修并由此拒绝向申请人支付保修金的抗辩。

其次，双方共同认可的工程结算单（见申请人提交的证据2）显示，该工程确实存在大量甲供材料（即指由被申请人供应的材料——仲裁庭注），其价值达120多万元，甚至高于施工结算金额；同时考虑到本案所涉工程的结构和机电安装部分并非由申请人施工，即便开发商确实委托第三方对工程进行过维修，也不能就此简单推断开发商委托第三方所进行的维修工作一定属于或源自申请人的施工缺陷。

最后，虽然被申请人辩称，在2007年10月和2008年2月之间，无法与申请人取得联系，但并未提供相应证据证明被申请人曾就保修事宜与申请人有过联系，或虽有联系但申请人拒绝或怠于履行保修义务的事实。相反，申请人提交的证据2显示，在2007年10月底及2008年1月底左右，被申请人曾两次向申请人支付过《施工合同》项下工程款，表明在此期间双方之间应当存在联系。即便办理工程款支付事宜的人员可能并不同时负责工程保修事宜，但在本案当时所处情况下，被申请人应当有足够的动机和机会与申请人取得联系并要求申请人履行其工程保修义务，而不是任由开发商直接委托第三方进行维修。

综上，仲裁庭认为，没有足够证据能够证明申请人在保修期内未能履行其工程保修义务，也不能仅根据开发商曾经委托第三方对工程进行过维修就判定申请人未履行其工程保修义务。

2. 被申请人向申请人支付保修金是否应以开发商向被申请人支付为前提。

被申请人认为，因为申请人未履行保修义务导致开发商拒绝向被申请人支付保修金；在开发商没有向被申请人支付的情况下，被申请人也不可能向申请人支付。而申请人认为，保修期已经届满，被申请人应按《施工合同》的约定向申请人支付保修金。

仲裁庭认为，申请人与被申请人之间存在《施工合同》，但与开发商之间并无合同关系。《施工合同》既未约定申请人须就被申请人在其与开发商之间合同项下的合同义务对开发商承担连带责任，也未约定申请人替代被申请人履行其与开发商之间合同项下的合同义务。根据合同的相对性，在与开发商之间合同项下的被申请人的合同义务（含工程保修义务）应由被申请人履行；向开发商催讨工程款的责任也应属于被申请人而非申请人；开发商是否向被申请人支付以及何时支付、支付多少等均属于被申请人在其与开发商之间合同项下的风险，与申请人并无关系。另一方面，鉴于《施工合同》并未为申请人设立渠道以知晓开发商对被申请人的支付情况，如果依据开发商对被申请人的支付状况来决定被申请人对申请人的支付义务，对于申请人而言显然有失公平。综上，仲裁庭认为开发商对被申请人支付状况并不以任何形式或在任何程度上免除或缓解被申请人依据《施工合同》应向申请人履行的支付义务。

3. 如果被申请人已经就其向申请人支付的款项缴纳了税金，是否就不再需要向申请人返还税金。

被申请人认为，因为被申请人已经就其向申请人支付的款项缴纳了税金，所以不可能也不需要再向申请人返还税金。而申请人则认为，首先，被申请人提供的证据并不能充分证明其已经就其向申请人支付的款项足额缴纳了税金；其次，被申请人应按照约定在其不能提供完税证明的情况下返还所扣税金。

仲裁庭意见如下：双方在结算时已经同意并约定，被申请人向申请人提供所扣税金的完税证明，如果不能提供完税证明，则被申请人要向申请人返还所扣税金。而申请人的请求亦与此约定完全一致，申请人只是要求在被申请人不能提供完税证明的情况下才按约返还税金。所以仲裁庭认为，问题的关键并不在于被申请人是否已经缴纳了税金，而在于既然在结算时扣除了税金，就应当按照约定提供完税证明，否则就应按约返还所扣税金。而被申请人提出的“因为已经缴纳了税金所以不可能再返还税金”的辩解与申请人的请求以及双方在结算时达成的约定并不一致。此外，被申请人既然已经足额缴纳了税金，就应当可以开出相应的完税证明（即使由任何原因导致无法开出完税证明，其责任亦不在申请人）；而向申请人提供完税证明的行为本身并不意味着被申请人需要重复发生税金支出；只是在其不能提供完税证明而须按双方约定退还税金时才会发生重复支出，而此时重复支出的责任完全在于被申请人不能按约提供完税证明。所以被申请人提出的“因为已经缴纳了税金所以不可能再返还税金”的辩解忽略了“是在不能提供完税证明的情况下才需要返还”的重要前提。综上，仲裁庭认为被申请人的上述辩解并不成立。被申请人应按照约定向申请人提供完税证明，否则应按照约定全额返还代收税金。

4. 是否需要将开发商追加为本案的被申请人。

被申请人认为，为查明案件事实，请求仲裁庭将开发商追加为本案的被申请人。但申请人认为，开发商与申请人之间没有合同关系，与本案也没有关系，不同意将开发商追加为本案被申请人。

依据上述分析，结合本案案情，仲裁庭认为，开发商并非本案《施工合同》的当事人，其与申请人及被申请人之间缺乏仲裁协议，仲裁庭无权管辖。另外，是否将开发商追加为本案的被申请人对于本案裁决应无实质性影响，同时考虑到开发商作为被申请人股东的特殊身份，仲裁庭认为并无必要将开发商追加为本案的被申请人。

综上，仲裁庭认为，被申请人应当向申请人支付工程保修金，并向申请人提供双方结算时被扣除税金所对应的完税证明或者全额返还代收税金。

关于本案仲裁费用，根据本案情况，仲裁庭认为本案仲裁费应当全部由被申请人承担。

三　裁决

根据上述事实与理由，仲裁庭裁决如下：

（一）被申请人于本裁决书送达之日起十日内向申请人支付工程保修金 58864.43 元；

（二）被申请人于本裁决书送达之日起十日内向申请人提供完税

证明，逾期未能提交的则立即向申请人返还代收税金 49307.95 元；

（三）本案仲裁费 9795 元（已由申请人预交），全部由被申请人承担，故被申请人应于本裁决书送达之日起十日内直接向申请人支付申请人代其垫付的仲裁费 9795 元。

上述裁决第（一）（二）（三）项，被申请人逾期履行的，按照《中华人民共和国民事诉讼法》第 229 条的规定办理。

评析

本案系工程保修金及代收税金返还纠纷，要想正确、及时、公平地处理这一纠纷，就得厘清如下法律问题。

一、申请人是否履行了工程保修义务在于双方举证

（一）被申请人对于拒付工程款的抗辩举证不能

被申请人以申请人未能履行工程保修义务而导致开发商直接委托第三方进行维修为由，而拒绝向申请人支付保修金。

而申请人则认为由于开发商是被申请人的股东，来自开发商的证据材料并不可信；申请人与开发商之间没有合同关系，即便开发商确实委托第三方进行维修，也只能表明被申请人对开发商违约，而与申请人无关；何况开发商委托第三方进行的维修内容并不一定就是申请人原因造成的，也可能是结构工程施工原因或由他方供应材料的质量原因所致。

仲裁庭认定被申请人提交的证据并不能充分支持其抗辩，主要在于其在很多问题上都举证不能。

（二）抗辩理由中的因果关系难以证明

依据损害赔偿的传统理论，因果关系是各种自然现象和社会现象之间的一种内在的必然的联系。引起其他现象发生的就是原因，

而被其他现象引起的就是结果。二者之间的这种联系就被称为“因果联系”。[①]

民法中的因果关系是指行为人的行为或其物件与损害事实之间的因果关系，而非违法行为与损害事实间直接的因果关系。因果关系只是确定责任的一个条件，查找因果关系的目的不在于考虑行为人的行为是否违法，而在于确定行为人的行为与结果之间的联系。[②]

作为侵权行为的构成要件的因果关系，其实就是指加害行为与损害结果之间客观的哲学上的因果联系。由于各国立法均对因果关系的具体内容缺乏具体规定，因此法院只能是以既判的案件来判断其他特定案件中的因果关系，依学说和法理来考察具体社会现象间究竟有无因果关系。受害人须对侵权人的行为与损害事实间的因果关系承担举证责任，当然在特殊侵权中法律有特殊规定而实行举证责任倒置的除外。

本案中，被申请人提供了开发商委托第三方对工程进行维修的凭证，但一方面被申请人提供的维修证据本身存在时间对应关系的错乱；另一方面，这些维修凭证与其意欲抗辩事由“申请人未履行工程保修义务”不存在必然或相当的因果关系。故仲裁庭对证据庭审之后认定：即便开发商确实委托第三方对工程进行过维修，也不能就此简单推断开发商委托第三方所进行的维修工作一定属于或源自申请人的施工缺陷。

---

① 李秀林主编：《辩证唯物主义和历史唯物主义原理》，中国人民大学出版社1992年版，第155—159页。

② 王利明：《侵权行为法研究》（上卷），中国人民大学出版社2004年版，第399页。

（三）对双方所举证据须依优势证据规则判断其证明力

优势证据制度就是指在仲裁程序中或民事诉讼中实行优势证据证明标准，即如果全案证据显示某一待证事实存在的可能性明显大于其不存在的可能性，使仲裁员或法官有理由相信它很可能存在，尽管还不能完全排除存在相反的可能性，也应当允许仲裁员或法官根据优势证据认定这一事实。仲裁的采信规则即当证明某一事实存在或不存在的证据的分量与证明力比反对的证据更具有说服力，或者比反对的证据可靠性更高，由仲裁员采用具有优势的一方当事人所列举的证据认定案件事实的规则。

此规则设置是基于在现实仲裁程序或诉讼程序中要求当事人所举的证据都达到确信无疑，有时是客观不能的，而且不同证据的证明力客观上存在差异是很普遍的，在发生抵触时，采信证明力高的证据更可能接近真实。

具体到仲裁或诉讼过程中，若双方当事人所列举的证据都不足以直接证明案件事实，仲裁员或法官就可以考虑适用优势证据制度，其中只要具有优势的一方当事人提供的证据能够达到“合理相信的程度”，符合最低的证明标准，即其举出的证据使仲裁员或法官确信其成立的可能性大于不成立的可能的情况下，仲裁员或法官就可以认定其主张成立。

本案中，申请人一方就其主张“所负担工程已完成竣工结算及被申请人未向申请人提供完税凭证”已提供具有关联性的证据材料；而被申请人一方就其主张“申请人未履行保修义务”提供的证据材料缺乏关联性，且证据来源系被申请人之股东，不具有独立性，证明力不足。所以仲裁庭认为，被申请人没有足够证据能够证明申请人在保修期内未能履行其工程保修义务，不能只根据开发商曾经委托第三方对工程进行过维修而判定申请人未履行其工程保修义务。

二、被申请人向申请人支付保修金是否应以开发商向被申请人支付为前提

（一）合同相对性理论

合同的相对性是传统合同法理论中的一个重要组成部分。在大陆法系称为“债的相对性”或“合同关系的相对性”。其含义是指合同的效力仅及于合同当事人，只有合同当事人才能享有合同约定的权利，或负担合同约定的义务与责任，合同对第三人不产生效力。

合同的相对性强调：合同只在特定缔约双方之间产生法律拘束力，而把第三人排斥于合同效力之外，第三人无权主张合同权利，也不应负担合同义务和责任。如《合同法》第224条第1款规定：“承租人经出租人同意，可以将租赁物转租给第三人。承租人转租的，承租人与出租人之间的租赁合同继续有效，第三人对租赁物造成损失的，承租人应当赔偿损失。”也是这个道理。

（二）因第三人原因造成的违约

违约责任的相对性，是指违约责任只能在特定的当事人之间即合同关系的当事人之间发生，合同关系以外的人不负违约责任，合同当事人也不对其承担违约责任。

违反合同责任的相对性，包括几方面的内容：

首先，违约当事人应对因自己的过错造成的违约后果承担违约责任，而不能将责任推卸给他人；其次，在因第三人的行为造成债务不能履行的情况下，债务人仍应向债权人承担违约责任。债务人在承担违约责任以后，有权向第三人追偿。债务人为第三人的行为向债权人负责，既是相对性规则的体现，也是保护债权人利益所必需的。

《合同法》第121条规定：“当事人一方因第三人的原因造成违约的，应当向对方承担违约责任。当事人一方和第三人之间的纠纷，

依照法律规定或者按照约定解决。”因第三人的原因造成当事人违约的，比如第三人迟延交货造成一方当事人迟延履行的，应由合同当事人承担违约责任。立法者意欲通过该条将第三人尽可能地排除于合同案件诉讼之外，防止实践中第三人过多介入合同关系。

（三）向开发商催款的责任在于被申请人，与申请人并无关系

被申请人认为，因为申请人未履行保修义务导致开发商拒绝向被申请人支付保修金；在开发商没有向被申请人支付的情况下，被申请人也不可能向申请人支付。

而仲裁庭认为，申请人与被申请人之间存在《施工合同》，但与开发商之间并无合同关系。《施工合同》既未约定申请人须就被申请人在其与开发商之间合同项下的合同义务对开发商承担连带责任，也未约定申请人替代被申请人履行其与开发商之间合同项下的合同义务。根据合同的相对性，在与开发商之间合同项下的被申请人的合同义务（含工程保修义务）应由被申请人履行；向开发商催讨工程款的责任也应属于被申请人而非申请人；开发商是否向被申请人支付以及何时支付、支付多少等均属于被申请人在其与开发商之间合同项下的风险，与申请人并无关系。

三、本案中被申请人主张的先履行抗辩请求并不成立

（一）先履行抗辩权有特定的构成要件

先履行抗辩权，是指当事人互负债务，有先后履行顺序的，先履行一方未履行其债务之前，后履行一方有权拒绝其履行请求，先履行一方履行债务不符合债的本旨的，后履行一方有权拒绝其相应的履行请求。规定于我国《合同法》第 67 条。

先履行抗辩权发生于有先后履行顺序的双务合同中，基本上适用于先履行一方违约的场合。其构成要件为：

其一，须双方当事人互负债务。

其二，两个债务须有先后履行顺序，至于该顺序是当事人约定的，还是法律直接规定的，在所不问。

其三，先履行一方未履行或其履行不符合债的本旨，既包括先履行一方在履行期限界至或届满前未予履行的状态，又包括先履行一方于履行期限届满时尚未履行的现象。

先履行抗辩权的成立并行使，产生后履行一方可一时中止自己债务的效力，对抗先履行一方的履行请求。应当注意，合同一方当事人请求另一方承担违约责任时，除非同时解除合同，否则并不排除己方合同义务的履行。而在行使先履行抗辩权的情况下，无论是否主张对方的违约责任，己方的合同义务都可暂时中止履行。

（二）被申请人不符合先履行抗辩权的适用条件

本案中，被申请人以申请人未履行合同项下的保修义务为由，在不主张解除合同的前提下主张己方付款义务的排除，实质为先履行抗辩权的行使，即以对方未履行应先负担的保修义务为前提，主张自己应负担的后给付维修价款义务的中止。

但根据双方提供的证据材料显示，先履行抗辩权行使时的“先履行一方未履行或未全面履行合同义务”这一构成要件在本案中并不具备，被申请人未提供充分的关联证据证明申请人未履行保修义务，因此被申请人中止履行己方支付保修价款义务的抗辩并不成立。

四、既然在结算时扣除了税金，被申请人即应按照约定提供完税证明

（一）合同法律关系中所适用的举证责任分配的例外规则

合同的履行，是指合同生效后，合同当事人按照合同规定的条款全面履行自己的义务，从而使双方当事人的合同目的得以实现的行为。合同是否履行发生的争议，一般情况下是指一方当事人主张合同尚未履行，或者认为合同已不具有履行效力等。根据《民事证

据规则》第5条第2款规定："对合同是否履行发生争议的，由负有履行义务的当事人承担举证责任。"这一规定体现了就合同法律关系中所适用举证责任分配的一种例外规则，即实行举证责任倒置。

按一般规则，凡当事人主张一定的权利，就需要负担举证责任。但是，当将合同是否履行作为一种待证事实时再沿用这种规则，势必加重了合同权利人的举证负担，有违民法上的公平原则，在证明责任负担上也不尽合乎情理。同时又由于执行合同的义务都表现为当事人的积极行为，如执行合同规定的交付、完成合同规定的工作事项等，这些在客观上有条件由履行义务人加以证明。

因此，由主张已经履行合同义务的当事人（被告）负举证责任才符合公平的原则。

（二）被申请人的辩解无证据支持难以成立，故应依约提供完税证明，否则应照约定全额返还代收税金

既然庭审证据可以证明：双方在结算时已经同意并约定，被申请人向申请人提供所扣税金的完税证明，如果不能提供完税证明，则被申请人要向申请人返还所扣税金。而申请人的请求亦与此约定完全一致，申请人只是要求在被申请人不能提供完税证明的情况下按约返还税金。

被申请人坚持，因为被申请人已经就其向申请人支付的款项缴纳了税金，故不可能也不需要再向申请人返还税金。而申请人则坚持，庭审证据并不能充分证明被申请人已经就其向申请人支付的款项足额缴纳了税金；而且，被申请人应按照约定在其不能提供完税证明的情况下返还其所扣的税金。

因此仲裁庭基于合同法律关系中所适用举证责任分配的例外规则，即所谓举证责任倒置原则，认为，案涉这一争执问题的关键并不在于被申请人是否已经缴纳了税金，而在于既然在结算时扣除了税金，就应当按照约定提供完税证明，否则就应按约定返还所扣税金；且根据被申请方的陈述及其提供的证据也证明其既已交税便有能力提供完税证明。

本案仲裁裁决完全是鉴于被申请人的辩解并不成立，所以才裁决由被申请人按合同约定向申请人提供完税证明，否则即应照合同约定全额向申请人返还代收税金。

五、正确认定事实和适用法律是公正仲裁之前提

（一）“证据裁判原则”要求仲裁事实认定应符合客观真相

在事实认定上，仲裁员的自由裁量权大于法官。诉讼一般都有严格的证据规则，而仲裁通常并无明确详细的证据规则，除了受制于程序正义外，仲裁员几乎没有什么约束。国际商事仲裁尤其如此。但为了公正地进行仲裁，提高仲裁的社会公信力，自然就必须努力做到仲裁庭所作出的事实认定须“符合客观真相”。

这里所谓“案件事实客观真相或者称案件本原事实”是指客观存在的案件发生时的事实情况。它不以办案人员的意志为转移，仲裁员既不能否认，也不能改变案件的客观真相，只能对其加以发现、查明和认定。但是案件本原事实是过去发生的东西，故而仲裁员只能以证据作为唯一手段来认定案件事实、还原案件事实真相。依据证据准确认定案件事实，这就是所谓“证据裁判原则”之要义。

本案仲裁过程中，申请人提供法人证据：“北京市工商局档案管理中心查询信息”，用于证明B建筑装饰工程公司已于2007年11月2日经北京市工商行政管理局核准，名称变更为B建筑装饰工程有限公司，B建筑装饰工程公司与被申请人为同一主体。

显而易见，这是“根据法律规定或者已知事实或者日常生活经验能够推定出的另一事实”，自然予以采信，认定B建筑装饰工程公司（本案被申请人）已于2007年11月2日经北京市工商行政管理

局核准，名称变更为B建筑装饰工程有限公司，B建筑装饰工程有限公司为本案适格的被申请人。本案并未发生合同主体的变更。

（二）仲裁范围及于仲裁协议和双方当事人的请求

虽然仲裁程序灵活，可以书面审理或者部分书面审理以及作出若干中间裁决、部分裁决；仲裁员有决定仲裁程序的权力；但是，仲裁严格限于请求的范围，仲裁员的权能仅限于此。

所以，尽管被申请人认为，为查明案件事实，仲裁庭应将开发商追加为本案的被申请人；但鉴于申请人认为，开发商与申请人之间没有合同关系，与本案的处理结果也没有关系，不同意将开发商追加为本案被申请人；再加上习惯在仲裁过程中，答辩也只能是消极地反对当事人的请求，不能抵消当事人的请求，只有提出反请求才能抵消对方的请求。故而结合本案案件事实与法律规定，仲裁庭自然认为，开发商并非本案《施工合同》的当事人，其与申请人及被申请人之间缺乏仲裁协议，故仲裁庭认为其无权予以管辖，申请人反对追加开发商为被申请人的理由成立。

（评析人：李显冬）

22. 逾期支付工程款之利息、违约金的认定

裁决要旨 发包方未按照合同约定支付工程款的，应当按照中国人民银行同期贷款利率向承包方支付利息；合同里对违约金另有约定的，在合理范围内违约金应一并支持。

关键词 工程款 预期支付 利息 违约金

申 请 人：A 建筑集团有限公司

被申请人：B 房地产开发有限公司

一 案情

2003 年 2 月 12 日，申请人与被申请人签订了两份《建设工程施工合同》（该两份《建设工程施工合同》以下统称本案合同）。第一份施工合同（以下称 1# 楼施工合同）约定：由申请人承包被申请人位于北京市“甲小区住宅 1# 楼”工程，建筑面积 18118 平方米，剪力墙结构，地下一层，地上十四层，承包范围为土建、暖卫、电气工程，工期为 408 天，开工日期为 2003 年 2 月 15 日，竣工日期为 2004 年 3 月 29 日；合同价款为 23512000 元（指人民币，下同），采用可调价款方式确定，合同价款的调整方法为洽商变更单次、单项累计在正负 1000 元以内不予调整，正负 1000 元以外允许调整，

暂估价按实调整；合同价款的支付方式为：合同签订后 15 日内支付合同价款的 30%作为工程预付款，当工程进度款支付到 65%时，开始每月抵扣预付款；进度款以按月支付方式，在每月 6 日前支付承包人上月工程进度款；竣工结算款的支付为“发包人确认竣工结算报告后通知经办银行向承包人支付工程竣工结算价款”；工程量的确认为每月 25 日前向发包人提供已完工程量报告；合同并约定了双方的权利义务、工程质量、工程变更、违约责任等内容。第二份施工合同（以下称 2# 楼施工合同）约定的工程内容为“甲小区住宅 2# 楼”工程，建筑面积为 44510 平方米，工期为 450 天，开工日期为 2003 年 2 月 15 日，竣工日期为 2004 年 5 月 10 日；合同价款为 60362500 元；该合同的其他内容同 1# 楼施工合同。

申请人在仲裁申请书中称，合同履行过程中，两栋楼作为整体项目一起拨款结算。由于处理地基和通水通电等原因，工程推迟到 2003 年 5 月 9 日正式开工，被申请人没有支付预付款。2004 年 11 月 16 日工程通过竣工验收，当天双方签订了 1# 楼、2# 楼的《北京市房屋建筑工程质量保修书》。施工期间，申请人按期报送了《工程进度款报审表》及相关材料，报告已完工程量和应付款数额，监理工程师确认申报属实，被申请人工程师提出“以甲方核定为准”，但始终没出具核定结果，依据合同规定，申请人报告的进度款即视为支付进度款的依据。计量的工程量总价 9165 万元。竣工验收时，被申请人实际付款加上供应的建材款和钢材款仅支付了 5916 万余元。双方在 2004 年 12 月 23 日又签订了《甲小区 1#、2# 楼补充协议》，确认了竣工日期、申请人结算资料呈交时间等事实，并约定：被申请人于 2005 年 1 月 25 日前支付申请人 8000 万元（含垫付的材料款），如被申请人不能在 2005 年 3 月底前完成结算审核工作，即按申请人上报的工程结算单为准支付工程款（争议部分除外），在 2005 年

4月30日前除保修款外全部付清。直到2005年9月1日，被申请人才和申请人签订了《甲小区住宅楼结算表》，1#楼、2#楼结算总价为9900万元，被申请人供应的材料价值1450万元，另外还供应钢材222.105吨计728326.6元。截止到2006年1月6日，被申请人已付67129646元，加上材料款，共付82357972.6元。按《工程质量保修书》规定，被申请人按合同价的5%作为质量保证金，工程交付一年后即2005年11月16日被申请人应付保证金3984038.75元。被申请人长期拖欠工程进度款和结算款，在商品房销售良好的情况下，到2005年1月25日前没付清8000万元工程款，到4月30日前没付清无争议的9900万元竣工结算款，严重违反了施工合同和补充协议的约定，应当承担违约责任支付逾期付款利息和违约金。申请人是实行核定企业应税所得率征收企业所得税的纳税人，北京市地方税务局通知，自2007年1月1日起，建筑业应税所得率由原来的6%调整到9%，然后按33%的税率征税，为此因被申请人拖欠结算款、保证金，申请人要多缴税款162680元，应由被申请人承担。申请人克服资金不足等巨大困难建成了工程项目，帮助被申请人顺利完成建设开发售出房屋，获得了经济效益；而被申请人从开工时起至现在，一直拖欠工程款和质量保证金，并为拖延付款制造保修合同纠纷，极大损害了申请人的名誉和利益，申请人多次向被申请人催款，但该公司始终不肯给付，为此申请仲裁。申请人的具体仲裁请求为：

1. 裁决被申请人支付工程结算价款12448302.4元；

2. 裁决被申请人就拖欠的工程结算价款支付逾期付款利息，按申请人同期向银行贷款的利率计算，自2005年5月1日起至付清之日止，计算到2007年1月31日为1443528元；

3. 裁决被申请人就拖欠的工程结算价款支付逾期付款违约金，

按施工合同总价3%的比例，支付2516235元；

4. 裁决被申请人支付因未履行补充协议第一条规定付清8000万元工程款的欠款利息，按人民银行同期贷款利率，从2005年1月26日起至2005年4月30日，为139035元；

5. 裁决被申请人就拖欠的工程进度款，按人民银行同期贷款利率支付逾期付款利息，自2003年8月7日起至2004年12月23日，为2104886元；

6. 裁决被申请人支付工程质量保证金3984038.75元；

7. 裁决被申请人支付逾期给付质量保证金3984038.75元的利息，按人民银行同期贷款利率计算，自2005年11月17日起至付清之日止，计算到2007年1月31日为294410元；

8. 裁决被申请人承担因迟延支付工程款造成申请人多缴税款的损失162680元；

9. 裁决被申请人承担本案仲裁费。

第一次开庭时，申请人称被申请人在本案立案后的2007年2月13日支付了50万元，故在其第1项仲裁请求中相应减少要求被申请人支付的工程结算价款至11948302.4元。

为支持其仲裁请求，申请人提供了本案合同（申请人证据1、2），被申请人验收通知（申请人证据3），甲小区1#、2#楼竣工验收记录（申请人证据4），月工程进度款报审表（申请人证据5），建设单位应付工程进度款明细表（申请人证据6），甲小区1#、2#楼补充协议（申请人证据7），甲小区住宅楼结算表（申请人证据8），被申请人供应钢材的买卖合同、垫资供货及产权抵押协议、钢材调拨单、同期北京工程造价信息（申请人证据9），被申请人付款汇总表及银行进账单等收款凭证（申请人证据10），北京市房屋建筑工程质量保修书（证据11），申请人于2005年、2006年向中国建设银行股份有限公司借款的借款合同（证据12），北京市地方税务局关于调整核定征收企业应税所得率的通知及申请人相应的发票、缴税凭证（证据13），申请人向被申请人发出的费用索赔申请表、催款通知书、欠款催告函（证据14）及特快专递邮件详情单（申请人证据15）等证据材料。申请人并提交了被申请人拖欠工程进度款利息计算表、拖欠补充协议工程款利息计算明细表、拖欠工程结算款利息结算明细表、应返还保修款利息计算说明等以具体说明其仲裁请求。

针对申请人的仲裁请求，被申请人答辩称：1. 本案施工合同有三个部分，第一部分协议书约定的合同价款及合同附件1均为固定价款，第三部分专用条款约定的合同价款为因洽商变更可调价款，而有关合同价款变更的约定都在第二部分通用条款的第6、7、8条，但申请人在没有履行通用条款的第6、7、8条约定的情况下，却在结算过程中要求被申请人调整合同价款，因此申请人所主张的合同总价款及索赔要求均缺乏合同依据。2. 施工合同约定工程应在2004年5月10日竣工，但申请人实际竣工（四方验收）日期却晚了六个多月，实际验收合格竣工日是2005年4月获建委备案表；而且，截至工程竣工时，施工合同约定的8000多万工程款，被申请人已经支付给申请人共计6000多万元，扣除质量保修金，实际付款已达80%；被申请人在双方最终结算前没有拖欠对方的工程款，而申请人延误工期属于违约，应当按合同约定向被申请人承担170余万元的违约金，该款应从被申请人支付申请人的工程款中扣除；施工合同约定的8000多万元总工程款早已超额支付，现在双方之间剩下的就属有争议而没能协商解决的具体细节性问题，如对合同条款的理解、工程变更洽商、工程实际造价、实际付款、工程结算、工期延长、工程质量、质量保修以及经济损失方面，申请人主张的2000多万元工程款毫无道理。3.《甲小区住宅楼结算表》中甲供材料及其备注与实际不符，仅这一项就少算了被申请人400多万元，其中有钢材、中水、密闭阀、两用风机、过滤吸收器、瓷砖等。双方在小部分工程款及其他问题上一直是有争议的，直到2005年9月1日工程总价款才算确定下来，在此之前，根本不存在被申请人拖欠工程款的问题，申请人主张按通用条款第33.3款等主张的利息毫无道理。4. 申请人虽然在2004年11月16日通过竣工验收，但此后工程实际中出现了严重的施工质量问题（漏水、钢筋腐蚀等），导致总价值近4000万元的房屋受到影响而滞销，至今尚有上千万元的受影响房屋没能销售出去，仅这一项给被申请人造成的经济损失就有数百万元，被申请人为给有质量问题的房主解决维修问题花费就超过100多万元，因上述工程质量问题给被申请人造成的全部经济损失理应从被申请人支付申请人的工程款中予以扣除。另外，被申请人实际支付给申请人的款项，申请人还有没有计算进来的。

被申请人的委托代理人在其代理意见中认为：1. 申请人的利息请求缺乏合同、法律及事实依据，违约金请求也没有合同及事实依据。首先，截至2005年4月工程竣工验收时，被申请人支付的工程款（含材料款）已超出双方合同价款300多万元，不存在拖欠总工程款之事；双方合同通用条款第26条以及专用条款第35条都没有关于每月进度款未按时支付时应承担什么贷款利息的约定，本案实际情况也没有通用条款第33.3款以及专用条款第35条所说被申请人违约的事实。其次，申请人所附证据中的利息账表，没有将应付进度款与实际工期进行相应调整，实际工期比原合同延长11个月，而进度款只按延期开工2个月往后顺延2个月；另外，即便要计算利息，申请人也应举出有被申请人签字的每月进度款报告，然后分别每个月计算未付部分的一个月利息，后几个月的付款又有多少分别是抵扣上哪个月的多少进度款以便确定每笔进度款的延付期限，但是申请人均未做到。最后，就是按照申请人的错误账表来算，2003年也只有年底4个月进度款未全部到位，2004年也只有6、7两个月，而自2004年8月往后实际施工九个月，进度款都没有列，但实际付款达几千万元。2. 国家及政府规定了工程总造价5%的质量保证金，现在工程出现严重质量问题且竣工未满5年，申请人主张返还该笔款项，显然不符合规定，也不利于解决关系民生的重大实际问题。3. 被申请人在不算自己损失的情况下，所欠工程款只有7564358元，双方关于付款方面的争议主要集中在被申请人供应材料上，材料实际供应与被申请人欠款700余万元一样都是事实，不能因为双方某个文件就将其否定，否则，双方提交建委的《工程款拨付情况证明》也可说明被申请人不再欠款。4. 申请人工期延长使被申请人赔偿购房客户损失，加上漏水、地砖和瓷砖脱落以及房屋因质量而滞销的损失，申请人应当支付被申请人9286305元，在抵销被申请人欠款后，申请人还应支付被申请人1721947元。

被申请人提供了“各种款项支付结算情况表”以说明其观点，该表称：被申请人已付申请人工程款数额为87479036元，分为：1. 直接支付现金67129646元；2. 提供材料的价款19568890元（含钢材款772730元，混凝土1049万元，M门窗厂供货381万元，瓷砖327万元，中水、人防设备及通风设备等1226160元）；3. 申请人等直接领款130500元；4. 代申请人垫付李强15万元；5. 申请人提起仲裁后付50万元。

被申请人提供了下述证据材料以支持其答辩意见：甲小区1#楼、2#楼的竣工验收备案表（被申请人证据1，备案日期为2005年4月5日）；甲小区住宅楼结算表（被申请人证据2，内容同申请人证据5）；北京市房屋建筑工程质量保修书（被申请人证据3）；建设工程竣工验收工程款拨付情况证明（被申请人证据4，内容有“本工程已经按照合同的约定，按计划、按时、足额支付了该工程竣工验收前应支付的工程款项，不存在拖欠工程款和拖欠农民工工资问题”，并有申请人、监理单位和被申请人盖章）；混凝土供应商的起诉书及合同、结算单，K金属制品有限公司钢材款发票，M门窗厂供货合同、报价单及说明、付款凭证等，楼宇门对讲系统加工合同及报价单，卫浴设备、瓷砖等的供货合同及付款凭证，中水设备、人防设备等的购销合同及付款凭证（被申请人证据5）；申请人王宏于2004年1月9日借被申请人9万元的借据，关于甲小区1号楼电梯被水淹致40500元损失的便函及收款条（被申请人证据6）；被申请人为申请人垫付15万元工程款的协议书（2003年5月30日）及领款人张辉的证明（被申请人证据7）；被申请人在申请人提起仲裁后向申请人支付50万元的票据（被申请人证据8）；被申请人赔偿客户延期交房违约金明细表及客户领款手续（被申请人证据9）；地下室漏水记录、照片及客户、物业管理公司反映地砖、瓷砖脱落和顶层房屋漏水等问题的函件（被申请人证据10）；整个项目2005年、2006年以及目前尚未销售房屋情况表（被申请人证据11）；四方验收后被申请人及监理单位给申请人的通知、移交协议书（被申请人证据12）等。

针对被申请人的意见，申请人发表了如下五个方面的意见：

1. 被申请人在代理意见中说其支付的工程款超过了合同价款300多万元，不拖欠工程款与事实不符。（1）《施工合同》专用条款第6条第23.2款约定，本合同价款采用“可调价款”确定，不是固定价，9900万元是本案合同承包范围结算价。降水、护坡、电梯、人防通道、室外工程等不在招标范围。（2）被申请人说《甲小区住宅楼结算表》上少算了材料款，申请人王宏支取的9万元、付给劳务公司的15万元、因暖气片跑水支付电梯公司的40500元应当计入已付款，这些都没有事实根据。双方在《结算表》中确定，被申请人供应1#、2#楼的材料共计1450万元，备注说明“甲供材料1450万元中，不含甲方供应的钢材价款”，清楚表明结算时未确定金额的材料只有钢材一项，《结算单》加盖了双方公章和法定代表人印章，是双方真实的意思表示，具有法律效力，任何一方不能变更。财政部、建设部在2004年10月20日公布的《建设工程价款结算暂行办法》第14条第（四）项中规定：“发包人根据确认的竣工结算报告向承包人支付工程竣工结算价款”，被申请人必须遵照执行。《甲小区住宅楼补充协议》写得十分清楚，“施工单位的工程结算资料已在2004年9月18日呈交建设单位，依据建设工程施工合同第33.2、33.3款规定，建设单位应当……进行结算核实，并支付竣工结算款额的95%……”，说明双方是按照合同约定程序核对结算资料，经过长时间审查，在平等自愿基础上确定出结算总价和甲供材金额的。被申请人的“各种款项支付结算情况表”上的材料款合同、票证都是被申请人自己掌管的，时间发生在结算以前，被申请人不能证明其对于自己的供料事实不知道、不了解。在这些证据中，水泥款起诉书不是结算依据；人防通道工程材料不属于本案合同承包范围，票证内容不能对应、脱离当时条件无法确定，也证明不了材料款就是19568890元；同样申请人也能举出对自己有利的证据，但是也不能推翻双方确定的竣工结算结果。被申请人代理人在开庭时认可钢材款是728326元，过后又提交两份发票说明是772730元，但是发票上的财务章不一致，不能认可其来源真实。在申请人提交的“钢材供货协议”第3条执行价格上写明30天内付款的，结算价格每吨下调200元;“钢材供货协议”上还写明“每批次钢筋有市场价”、“材质单随车走”。以上内容是买卖双方对执行价格的特殊约定，应当执行。而同期钢材市场价格比30天内付款的下调价格每吨还低120元至330元，所以按照30天内付款的下调价格核算被申请人供应的钢材款是有合理依据的，即使是被申请人没及时付款而多付了价款，也应当由其自行承担，不能把损失转嫁给A集团。因此，甲供材料款一共是15228326.6元。（3）申请人王宏的9万元、代付的劳务费15万元在协商竣工结算价款时已经解决，双方没有其他争议，被申请人从A集团Y项目部报销、借用、支取的款项也不给付，被申请人现在反悔想要这些款违反诚实信用原则，也超过了诉讼时效。暖气爆裂是因为被申请人自己发包的锅炉房和供暖设备到2004年12月24日才供上气，天气寒冷冻坏了暖气管线和暖气片，不是施工质量原因造成的，应由被申请人负责。A集团是总包施工，电梯被淹以后电梯公司找总包方签字是为了证明损失事实存在，《损失单》是发给被申请人的。收条上郭辉关于被申请人代A集团支付损失款40500元的表述不是A集团的意愿，A集团对此没有责任，被申请人现在要钱也超过了诉讼时效。双方在开庭时对9900万元工程结算价款和已付67129646元、提起仲裁后付的50万元没有异议，扣减材料款1450万元、钢材款728326.6元、保修款4193725元，现在欠付竣工结算价款11948302.4元。（4）被申请人的证据“建设工程竣工验收工程款拨付情况证明”是办理工程竣工备案时，备案机关根据北京市政府文件规定要求出具的材料，目的是防止拖欠农民工工资，申请人签订证明是为了帮被申请人完成竣工备案及时售房，因为如果不按照进度支付工程款的，不予以备案，申请人心软给对方盖了章。在该证明出具后，双方又签订了补充协议、结算表，被申请人向申请人支付了1000多万元，被申请人持续付款的行为表明，双方都在按合同和补充协议、结算表执行，用行为推翻了该证明。

2. 申请人要求支付工程欠款利息和违约金都有合同和法律依据。（1）工程量确认和进度款支付。合同专用条款第6条第23.2款规定合同价款为可调价款，第25.1款规定承包人在每月25日前向发包人提供已完工程量报告，第26款规定进度款按月支付、在每月6日前支付承包人上月工程进度款；通用条款第25.1款规定发包人工程师接到报告后7日内按设计图纸核实已完工程量，第25.2款规定工程师收到承包人报告后7天内未按期计量的、承包人报告中开列的工程量即视为工程价款支付的依据，第26.2款规定变更调整的合同价款与工程进度款同期调整支付；第26.4款规定发包人不按合同约定支付工程款（进度款），双方又未达成延期付款协议，导致工程无法进行，承包人可以停止施工，由发包人承担违约责任。因为延期开工，双方未执行支付预付款的约定，A集团从2003年7月开始，按照已完工程量报送《月进度付款表》，每月完成的工程量已经过监理核实，但是被申请人工程师因不能按期付款，始终不予核定进度款月付款额，因此应按A集团报审金额支付。合同第26.4款关于“未达成延期付款协议、导致工程无法进行”的表述，是对承包人停工条件的约定，承包人可以停工，也可以选择不停工，但是发包人逾期付款，承包人实际是垫资施工，拖欠款就是违约，并且造成承包人损失，按照《合同法》第107条的规定，发包人应当赔偿，支付拖欠工程价款利息。通用条款第26条规定的工程款就是进度款，按照最高人民法院《关于审理建设工程施工合同纠纷案件适用法律问题的解释》第17条的规定，当事人对欠付工程价款利息及标准有约定的，按照约定办理，没有约定的，按照中国人民银行发布的同期贷款利率计算；第18条规定利息从应付工程价款之日计付。在本案中，拖欠的进度款应从2003年8月份第一笔付款时限届满次日开始计息，与工期没有关系。（2）工程结算价款利息和违约金。合同通用条款第9条第33.3款规定：发包人收到承包人的竣工结算报告及结算资料后28天内无正当理由不支付工程竣工结算价款，从第29

天起按承包人向银行贷款利率支付拖欠工程款利息，并承担违约责任。合同专用条款第 33.3 款规定：本合同通用条款第 33.3 款规定发包人违约应承担的违约责任：按合同价款的 3% 支付违约金。最高人民法院《关于审理建设工程施工合同纠纷案件适用法律问题的解释》第 18 条规定：利息从应付工程价款之日计付。双方在《甲小区 1#、2# 楼补充协议》中对付款时限作了以下约定：在 2005 年 1 月 25 日前支付 A 集团 8000 万元，其中包括被申请人垫付的材料款；被申请人如果不能在 2005 年 3 月底前完成结算审核工作，就按 A 集团上报的工程结算单为准继续支付工程款（争议部分除外），此工程款在 2005 年 4 月 30 日前除保修款外全部付清。被申请人未按期付清 8000 万元，未付部分从 2005 年 2 月 1 日起支付利息；竣工结算到 2005 年 9 月 1 日才完成，没有争议的是 9900 万元，未付部分应当从 2005 年 5 月 1 日起计算利息，并承担违约责任支付违约金。

3. 支付保修金和利息有合同和法律依据。被申请人说“工程出现严重质量问题且竣工未满五年、保修金是 A 单方承诺”不是事实。《建设工程价款结算暂行办法》第 14 条第（四）项中规定：“发包人根据确认的竣工结算报告向承包人支付工程竣工结算价款，保留 5% 左右的质量保证（保修）金，待工程交付使用一年质保期到期后清算（合同另有约定的从其约定），质保期内如有返修，发生费用应在质量保证（保修）金内扣除。”《房屋建筑工程质量保修书》第 5 条约定：“发包人留合同价款（83874500 元）的 5% 作为质量保证（保修）金，工程交付一年，没有问题全部付清，保证金预留 5% 至保修期满没有问题后付清。”保修金预留比例和支付时间的约定是双方真实意思表示，且不违反国家规定，所以应当按照双方约定在工程交付一年后付清保证金中的 95%，即 3984038.75 元；剩下的 5% 作为一年以后的质量保证（保修）金。漏水争议发生在 2006 年 4 月底，与支付一年期满的保修金无关。关于工程交付时间,《保修书》写明:“交付竣工工程日期2004年11月16日”。竣工后A集团就开始交房,因为被申请人不按约定支付工程款,又在2004年2月23日的《补充协议》上约定“有权保留价值2000万元的房门钥匙,在工程款拨付过程中分批交付”,所以留置部分钥匙是对A集团合法权益的保护。被申请人2007年4月2日提交的证据《交房费用明细表》共有387份,显示从2004年12月2日开始给业主交房,到12月31日交了102户,到2005年5月底交了386户,因此,无论是按照保修书约定还是实际情况,从2005年11月17日起计算保修金利息都是正确的。保修金是从工程价款里预留的,预留期满不付的,属于拖欠工程款,参照司法解释《关于审理建设工程施工合同纠纷案件适用法律问题的解释》第17条规定,应按人民银行同期同类贷款利率计息。

4. 申请人没有延误工期。(1)按照建设部有关规定,建设、勘察、设计、施工、监理等各方签署竣工验收意见之日为工程竣工验收日期,竣工验收后才办理竣工验收备案。2005年4月是竣工备案通过的时间。被申请人在《补充协议》和《建筑工程质量保修书》上也确认2004年11月16日竣工验收。质量监督站是负责对验收的组织形式、验收程序、执行验收标准进行监督,不进行“最终验收”。(2)《施工合同》通用条款第14.1款规定:承包人必须按照协议书约定的竣工日期或工程师同意顺延的工期竣工。被申请人工程师三次顺延工期,在2004年10月30日指示在11月10日验收,最后在16日完成。延期是因为被申请人原因迟延开工83天,由于拖欠款使甲方购买的设备材料迟延进场、发包的项目未按期完成等原因影响进度,申请人在工程款严重不到位的情况下,克服困难完成工程,对延期没有责任,被申请人计算违约金的基数也和约定不符。

5. 延期交房和地下夹层漏水、瓷砖质量等问题与A集团无关。

漏水发生在 2006 年 4 月 21 日，属于工程质量保修范围，应当按照合同约定的质量保修问题对待，维修争议应当依照《房屋建筑工程质量保修办法》等有关规定解决。瓷砖是被申请人采购的，并在监理认为质量有问题时坚持要求使用，所以应由被申请人负责解决。

针对被申请人关于付款金额及工程质量缺陷等的答辩，申请人提交了如下证据材料：就地下室夹层漏水问题申请人给被申请人、W 物业管理有限公司的信函（申请人补充证据 1）；被申请人、W 物业管理有限公司致申请人的信函（申请人补充证据 2）；申请人就地下室夹层漏水保修问题致 T 区建设委员会的报告及 T 区建设委员会的回复（申请人补充证据 3）；W 物业管理有限公司工商企业信息查询结果（申请人补充证据 4)；工程延期审批表等顺延工期的证据（申请人补充证据 5）；催款报告（申请人补充证据 6）；就暖气片冻坏问题申请人致被申请人的函（申请人补充证据 7）；被申请人从申请人项目部报销办公费、医药费等共计 335468.21 元的单据，被申请人从申请人项目部借款 3468853.72 元的借据，被申请人向申请人还款 300 万元的收据（申请人补充证据 8)，申请人以此证明：结算时双方商定，申请人方面王宏的 9 万元借款、付给 L 公司 15 万元劳务费等，被申请人的 468853.72 元欠款、报销的款项，以及代付印花税等都不再支付，甲项目竣工结算就以《结算单》为准；就瓷砖质量问题申请人致被申请人及监理公司的函件（被申请人补充证据 9)，申请人以此证明，被申请人购进的墙砖、地砖部分质量不合格，但其坚持要求使用，出现质量问题由被申请人负责

针对申请人关于被申请人欠款 46 万余元的证据，被申请人称“双方已经解决过”，并补充提交了一份由申请人项目部于 2006 年 3 月 24 日出具的“债务免除单”（被申请人证据 13)，其内容为免除被申请人总经理刘某于 2003—2005 年期间在申请人项目部的借款 50 万

元。对于该证据，申请人的解释为："双方手中的单证都不付了的条件下，我们的50万元就不要了。"

二　仲裁庭意见

（一）关于工程竣工结算价款

1. 双方工程竣工结算价款的确定

双方对于2005年9月1日签署的"甲小区住宅楼结算表"（申请人证据8，以下简称结算表）均不持异议。仲裁庭注意到，结算表载明结算造价为9900万元，并注明"甲供材料1450万元中，不含甲方供应的钢材价款"。因此，结算造价9900万元扣除1450万元及被申请人供应的钢材价款后即为被申请人在本案合同下应付申请人工程款总额。

双方对于被申请人供应的钢材总数量并无争议，争议在于钢材价款。被申请人在第一次开庭时认可申请人计算的728326.6元，但在第一次开庭后提交的"各种款项支付结算情况表"内提出应为772730.45元，并提交了K金属制品有限公司的收款发票佐证。仲裁庭注意到，双方提供的证据均显示各种型号的钢材数量总计约为222.1吨，双方计算出不同价款的原因在于单价不同。被申请人与钢材供应方签署的"垫资供货及产权抵押协议"（申请人证据9）内就钢材价格约定了"以钢材送到工地日期为准，在30天内付款的，结算价格在上述价格基础上下调200元/吨"，申请人是按每吨下调200元计算的单价，被申请人则没有下调，发票显示的价格亦为未下调的单价。仲裁庭认为，被申请人提供了实际的钢材款付款发票，而申请人并不能证明被申请人是按照"在30天内付款的"单价与钢材供应方结算的钢材款，加之本案双方当事人之间并未事先约定申请人供应的钢材单价，故仲裁庭认定被申请人供应的钢材款为实际发生的772730.45元。

至于申请人所称钢材款发票上的财务章不一致的问题，经仲裁庭审核，两张发票上开票单位处的印章分别为“K金属制品有限公司发票专用章”及“K金属制品有限公司财务专用章”，结合该两张发票记载的其他内容，仲裁庭认为，就本案而言，印章的不同尚不致导致发票记载内容的不实，故该两张发票可以作为计算钢材款数额的依据。

2. 被申请人主张应抵扣的材料款数额

被申请人认为应将下述款项记入已付款：混凝土1049万元，M门窗厂供货381万元，瓷砖327万元，中水、人防设备及通风设备等1226160元。

仲裁庭注意到：结算表的签署日期为2005年9月1日，记载“甲供材料1450万元”，但未说明甲供材料的具体内容，且除钢材款外并未注明有其他未结算的材料款；“甲小区1#、2#楼补充协议”（申请人证据7，以下简称补充协议）内双方确认“施工单位的工程结算资料已在2004年9月18日呈交建设单位”；被申请人所主张的混凝土、门窗、瓷砖、中水设备款等的供货时间均在结算表签署之前。

仲裁庭认为，结算表系双方就本案合同下工程竣工结算结果的有效确认，对双方均有约束力，被申请人不应单方否定；被申请人在收到申请人的结算资料后经过了将近一年的审核，且结算表内容包括对被申请人供应的材料款的结算，故被申请人有充分时间和条件对其自身供应于工程的材料进行清算；现被申请人并未提供证据证明前述款项应计入结算表所列甲供材料款而漏计，亦未提供证据证明双方约定了前述款项应在结算表外另行结算。因此，仲裁庭不支持被申请人的意见。仲裁庭确认结算表所列被申请人供应的材料款数额为双方有效结算结果。

因此，被申请人在本案合同下应直接支付申请人的工程竣工结算价款为83727269.55元（结算造价9900万元－被申请人供应的材料款1450万元－被申请人供应的钢材款772730.45元）。

3. 双方其他往来款

被申请人认为已付申请人工程款应包括王宏的借款9万元及其代申请人垫付张辉的15万元。申请人则称王宏的9万元、代付的劳务费15万元在协商竣工结算价款时已经解决，申请人不再支付该部分款项，被申请人的468853.72元欠款也不必再向申请人支付。

仲裁庭注意到，被申请人对申请人提供的、被申请人从申请人项目部借款3468853.72元的借据及向申请人还款300万元的收据（申请人补充证据8）的真实性不持异议，故被申请人曾欠申请人46万余元的事实存在。鉴于王宏借款日期为2004年1月9日（被申请人证据6），申请人与被申请人等关于垫付劳务费15万元的协议落款时间为2003年5月30日（被申请人证据7），均发生在双方签署结算表之前，故仲裁庭采信申请人关于前述款项已与被申请人所欠申请人款项抵销的陈述，不将王宏的借款9万元及被申请人代申请人垫付李强的劳务费15万元计入被申请人已付申请人的工程款。

至于被申请人所称申请人卢晓领款40500元，仲裁庭注意到，被申请人证据6的内容为有卢晓签名的H电梯有限公司致被申请人的函件，内容为暖气爆裂及热水管爆裂致电梯被淹的烧损件损失40500元，以及R电梯公司经手人郭辉于2004年12月26日所写收款40500元的收条，内容为“收到B房地产公司代A集团Y项目部付甲小区 B5B6、E 单元暖气爆裂使电梯被淹电梯配件更换及维修费”，申请人在开庭时认可卢晓是其项目经理。因此，仲裁庭认为，卢晓在函件上签字的行为，应视为申请人认可其承担该电梯维修费 40500 元，被申请人主张以该款抵扣应付申请人的工程款，仲裁庭予以支持。

4. 被申请人欠付申请人的竣工结算价款数额（不含质量保修金）

双方当事人均认可被申请人的货币付款为 67629646 元（其中 50 万元为申请人提起仲裁后支付），故除质量保修金外，被申请人在本案合同下欠付申请人的工程竣工结算价款为 11863398.55 元（结算造价 9900 万元 – 被申请人供应的材料款 1450 万元 – 被申请人供应的钢材款 772730.45 元 – 电梯维修费 40500 元 – 质量保修金 4193725 – 货币付款 67629646 元）。

（二）关于工程质量保修金及利息

1. 质量保修金数额的确定

申请人根据本案合同内约定的总价款 83874500 元计算出质量保修金，即质量保修金的总额为 4193725 元，并根据两份《北京市房屋建筑工程质量保修书》的约定要求被申请人返还质量保修金总额的 95%计 3984038.75 元。

仲裁庭注意到，双方就本案合同下工程签订了两份《北京市房屋建筑工程质量保修书》，其中，1# 楼的保修书内约定“发包人留合同价的 5%作为质量保证金（保修）金”，2# 楼的保修书约定“发包人留合同价的 5%作质量保证金（保修）金”。因此，申请人计算保修金的数额符合两份《北京市房屋建筑工程质量保修书》的约定。

2. 质量保修金的返还

仲裁庭注意到，1# 楼的保修书内约定“工程交付一年没有问题全部付清，保证金留 5%至保修期满没有问题后付清”，2# 楼的保修书约定“工程交付一年全部付清，保证金预留5%至保修期满没有问题后付清”，两份保修书上均载明交付竣工工程日期为2004年11月16日，故本案合同下质量保修金返还的期限已届满。仲裁庭认为，质量保修金为本案合同下工程款的一部分，被申请人并未提交本案合同下工程在交付后一年内出现质量缺陷且须动用质量保修金以修复缺陷的证据，故仲裁庭认为被申请人应当返还质量保修金。仲裁庭支持申请人要求返还质量保修金3984038.75元的请求。

仲裁庭同时注意到，有关证据材料显示，双方就本案合同下工程是否存在质量缺陷及如何确定责任尚存争议，而两份《北京市房屋建筑工程质量保修书》均约定“保修费用由造成质量缺陷的责任方承担”。仲裁庭在此特别说明，仲裁庭支持申请人关于返还质量保修金的请求，并不表示仲裁庭对本案合同下工程是否存在质量缺陷及如何确定责任作出任何结论，亦不意味着仲裁庭免除了申请人对工程的保修义务。

3. 质量保修金的利息

由于双方并未就逾期返还质量保修金是否支付利息作出约定，综合考虑本案具体情节，仲裁庭决定不支持申请人要求被申请人支付质量保修金利息的请求。

（三）关于被申请人未按补充协议支付工程款的利息

申请人认为被申请人未按补充协议第1条的约定于2005年1月25日前支付工程款8000万元，故应支付从2005年1月26日起至2005年4月30日的欠款利息139035元。

仲裁庭注意到，补充协议约定“建设单位同意在2005年1月25日前支付施工单位，包括垫付材料款在内8000万元”，申请人提供了“公司付款汇总表”（以下简称付款汇总表）及银行进账单等收款凭证（申请人证据10）以证明被申请人支付工程款情况，据该表，被申请人至2005年1月25日已付款为53129646元，至2005年4月30日已付款为59129646元。

对于申请人提供的付款汇总表及相应的收款凭证，被申请人表示“这个是对方单方做的，很多现款没有计算在内，本身没有问题，就是不全”，但被申请人并未提交相应证据证明其向申请人付款超出了付款汇总表记载的数额，加之申请人提供的付款汇总表所记载的内容与所附收款凭证一致，故仲裁庭认为该付款汇总表是被申请人向申请人付款情况的真实反映。

仲裁庭认为，付款汇总表反映的仅为被申请人以货币方式支付的工程款，故在确定被申请人实际付款数额时应增加被申请人供应的材料及钢材款，并抵扣电梯维修费40500元。因此，被申请人在2005年1月25日前已付款为68442876.45元（货币付款53129646元＋材料及钢材款15272730.45元＋电梯维修费40500元），在2005年4月30日前已付款为74442876.45元（货币付款59129646元＋材料及钢材款15272730.45元＋电梯维修费40500元）。

双方补充协议关于付款的约定，属于双方对本案合同工程款支付约定的补充，被申请人付款数额未达到约定数额，系被申请人违约，故仲裁庭支持申请人要求被申请人支付欠付款利息的请求。

申请人主张的利率标准为年利率5.58％，相当于同期中国人民银行公布的六个月至一年的贷款利率，亦与申请人提供的其向中国建设银行借款的《人民币资金借款合同》中的利率相当，仲裁庭予以支持。仲裁庭根据本案证据，在135897元范围内支持申请人主张的利息。

利息计算过程如下表：

付款数额（元）	付款时间	欠款额（元，8000万－已付款）	计息期间	天数	年利率（%）	利息（元）
68442876.45	05.1.25前	11557123.55	05.1.26–05.2.1	7	5.58	12368
100万	05.2.2	10557123.55	05.2.2–05.3.23	50	5.58	80697
100万	05.3.24	9557123.55	05.3.24–05.4.6	14	5.58	20455
300万	05.4.7	6557123.55	05.4.7–05.4.19	13	5.58	13032
100万	05.4.20	5557123.55	05.4.20–05.4.30	11	5.58	9345
74442876.45						135897

（四）关于工程竣工结算价款逾期付款利息及违约金

1. 利息

申请人要求被申请人就拖欠的工程竣工结算价款支付逾期付款利息，自2005年5月1日起至付清之日止的利息，计算到2007年1月31日为1443528元。

仲裁庭注意到，双方所签补充协议载明："施工单位的工程结算资料已在2004年9月18日呈交给建设单位"，1#楼施工合同、2#楼施工合同的通用条款第33.2款均约定"发包人收到承包人递交的竣工结算报告及结算资料后28天内进行核实，给予确认或者提出修改意见"，通用条款第33.3款均约定"发包人收到竣工结算报告及结算资料后28天内无正当理由不支付工程竣工结算价款，从第29天起按承包人同期向银行贷款利率支付拖欠工程价款的利息"。因此，仲裁庭支持申请人所主张的工程竣工结算价款利息的请求。

至于计息的本金数，仲裁庭认为，自2005年5月1日至2005年9月1日的本金，由于结算尚未进行完毕，且补充协议内注明双方对部分工程款存在争议，故本金仍应执行补充协议的约定（8000万元－被申请人供应的材料款1450万元－被申请人供应的钢材款772730.45元－电梯维修费40500元－货币付款）；双方签署结算表的日期为2005年9月1日，故被申请人对双方已确定的工程竣工结算价款的欠款部分（即9900万元－被申请人供应的材料款1450万元－被申请人供应的钢材款772730.45元－电梯维修费40500元－货币付款－质量保修金4193725元）应于2005年9月2日起计算利息，至付清之日止。

工程竣工结算价款欠款利息计算过程如下（计至2007年1月31日）：

2005年5月1日至2005年9月1日期间：

付款数额（元）	付款时间	欠款数额（元）	计息期间	天数	年利率（%）	利息（元）
74442876.45	04.4.30前	5557123.55	05.5.1–05.5.19	19	5.58	16142
100万	05.5.20	4557123.55	05.5.20–05.6.30	42	5.58	29260
100万	05.7.1	3557123.55	05.7.1–05.9.1	63	5.58	34259

2005年9月2日至2007年1月31日期间（起始欠款数额18363398.55元＝总造价9900万元－材料款1450万元－钢材款772730.45元－电梯维修费40500元－质量保修金4193725元－截至2005年9月1日已付61129646元，利率自2006年5月20日始按申请人于2006年5月19日向中国建设银行借款的《人民币资金借款合同》中的年利率6.318%计算）：

付款数额（元）	付款时间	欠款数额（元）	计息期间	天数	年利率（%）	利息（元）
76442876.45	05.9.2前	18363398.55	05.9.2–05.9.22	21	5.58	58954
50万	05.9.23	17863398.55	05.9.23–05.9.27	5	5.58	13654
50万	05.9.28	17363398.55	05.9.28–05.10.26	29	5.58	76979
100万	05.10.27	16363398.55	05.10.27–05.11.10	15	5.58	37524
100万	05.11.11	15363398.55	05.11.11–05.11.26	16	5.58	37579
100万	05.11.27	14363398.55	05.11.27–05.12.26	30	5.58	65875
100万	05.12.27	13363398.55	05.12.27–06.1.19	24	5.58	49031
100万	06.1.20	12363398.55	06.1.20–06.5.19	120	5.58	226809
		12363398.55	06.5.20–07.1.31	257	6.318	549994

前述利息合计为1196060元。

2. 违约金

由于被申请人未依本案合同约定的时间支付工程竣工结算价款，据本案合同专用条款第35.1款的约定，被申请人应按合同价款的3%向申请人支付违约金。仲裁庭裁决被申请人向申请人支付工程竣工结算价款逾期付款违约金为2516235元（合同价款83874500元×3%）。

（五）关于工程进度款逾期付款利息

仲裁庭认为，本案工程竣工时间已较长，但申请人并未提供其在施工过程中及竣工结算过程中向被申请人主张工程进度款逾期付款利息的证据，加之申请人签署的“建设工程竣工验收工程款拨付情况证明”（被申请人证据4）内有“本工程已经按照合同的约定，按计划、按时、足额支付了该工程竣工验收前应支付的工程款项”的内容，申请人关于进度款逾期付款利息的主张与该件内容自相矛盾，综合考虑本案具体情况，仲裁庭决定不支持申请人关于进度款逾期付款利息的请求。

（六）关于申请人主张的税款损失

仲裁庭不支持申请人要求被申请人承担税款损失162680元的仲裁请求。仲裁庭的此种判断，主要是基于如下因素：1. 本案合同价款采用的是可调价款方式确定，但双方并未约定申请人应缴税款税率变化可导致合同价款变化，合同价款已包含申请人应缴纳的税款（整个税款损失应当是在结算之后）；2. 本案合同有关被申请人逾期支付工程竣工结算价款违约责任的约定并无被申请人应于利息、违约金外另行赔偿申请人因税率变化而增缴的税款的内容；3. 仲裁庭已裁定被申请人因逾期支付工程竣工结算价款而向申请人支付违约金及利息，足以弥补申请人因增缴税款所致的损失。

（七）关于工程逾期竣工及质量缺陷等问题

被申请人提出了地下室夹层漏水、瓷砖质量缺陷、延期竣工及房屋销售迟缓等问题。由于仲裁庭未受理被申请人的仲裁反请求，故在本案中仅将被申请人的前述主张作为答辩理由考虑。仲裁庭认为，双方签署的本案合同、补充协议及结算表等均明确约定了工程款支付时间及数额，但双方并未就被申请人提出前述问题形成迟延支付或抵扣工程款的意见，故被申请人的前述主张在本案中均不能构成拒绝支付申请人工程款的抗辩理由。

至于被申请人提交“建设工程竣工验收工程款拨付情况证明”（被申请人证据4）以证明其“不存在拖欠工程款的问题”，仲裁庭认为，被申请人在该件开具日期（被申请人落款日期为2004年12月6日，申请人落款日期为2005年3月9日）后向申请人支付的工程款达1000万元以上（申请人证据9），因此，该件不能用以证明被申请人不欠付申请人工程款，亦不能成为被申请人拒绝支付工程款的理由。

（八）关于仲裁费承担

本案系由被申请人不履行合同义务引起，故被申请人应承担仲裁费；申请人的仲裁请求部分未获支持，应承担相应的仲裁费。双方承担仲裁费的数额为：申请人承担仲裁费的15%即24452.34元，被申请人承担仲裁费的85%即138563.24元。

二　裁决

基于上述事实和理由，仲裁庭经合议，依法裁决如下：

（一）被申请人支付申请人工程竣工结算价款欠款11863398.55元；

（二）被申请人支付申请人工程竣工结算价款逾期付款利息

1196060 元（已计至 2007 年 1 月 31 日；以欠付的工程竣工结算价款数额为计息本金，按照中国人民银行公布的同期贷款利率，被申请人向申请人支付利息至工程竣工结算价款全部付清日止）；

（三）被申请人支付申请人工程竣工结算价款逾期付款违约金 2516235 元；

（四）被申请人支付申请人《甲小区 1#、2# 楼补充协议》下工程款逾期付款利息 135897 元；

（五）被申请人返还申请人质量保修金 3984038.75 元；

（六）驳回申请人的其他仲裁请求。

本案仲裁费 163015.58 元，由申请人承担 15％即 24452.34 元，被申请人承担 85％即 138563.24 元，由于仲裁费已由申请人向本会全额预交，故被申请人应直接向申请人支付代其垫付的仲裁费 138563.24 元。

上述被申请人应向申请人支付的款项，被申请人应在收到本裁决书之日起 10 日内支付完毕。

评析

一、建设工程结算书的法律效果

建设工程结算书有狭义理解和广义理解。建设工程结算书狭义理解仅指建设工程发包方（包括建设单位或施工总承包单位，以下同）与承包方（包括施工总承包单位或分包单位，以下同）就承包方施工完成的建设工程价款进行计算并确认的文件。建设工程结算书广义理解不仅指建设工程发包方与承包方就承包方施工完成的建设工程价款进行计算并确认，还包括建设工程发包方与承包方就索赔价款等与建设工程施工相关的、发生在发包方与承包方之间的全部经济利益及债权债务的结算与确认文件。但是，如果建设工程结算书对所包含的内容有具体明确约定的，则以约定为准。

本案中，被申请人与申请人已经签订《甲小区住宅楼结算表》（以下简称《结算表》），载明结算造价 9900 万元并注明“甲供材料 1450 万元中，不含甲方供应的钢材价款”，但对结算造价金额的具体计算过程及组成明细未予附具与说明。虽然，被申请人在《结算表》之外又提出应当扣除其他相关款项（如混凝土 1049 万元，M 门窗厂供货 381 万元，瓷砖 327 万元，中水、人防设备及通风设备等 1226160 元）之主张，但仲裁庭以被申请人未提供证据证明其所主张扣除的款项未包含在《结算表》内为理由，对被申请人的主张未予支持。从本案仲裁庭的裁判理由来看，仲裁庭针对《结算表》是从广义理解的，仲裁庭的裁决有以下积极意义：

（一）倡导了行业诚信原则

本案中，被申请人提出在《结算表》中还应扣除如混凝土、门窗厂供货、瓷砖、中水、人防设备及通风设备等多项款项，这些款项的发生均早于《结算表》的签订时间，仲裁庭认为，被申请人完全有能力，也有充分的时间在双方结算过程中将上述诸多款项计入结算。在《结算表》已经签订后的仲裁过程中，被申请人再主张扣除上述诸多款项，存在不合理因素。此外，也没有任何证据能够证明双方在结算过程中未将上述诸多款项扣除。结合建设工程行业结算的惯例及经验法则，仲裁庭综合判断后，对被申请人提出的扣款主张未予支持，这也充分表明了仲裁庭对行业诚信原则的尊重与倡导。

（二）减少诉累，提高纠纷解决效率

本案中，被申请人提出的相应扣款主张，其后果是导致双方对部分施工内容重新结算，甚至可能会涉及造价鉴定。如果不对抗辩主张进行合理合法的分析判断并果断裁判，而对被申请人提出的抗辩进行深入审理，势必会造成案件久拖不决，给双方造成仲裁成本的浪费。

本案例也对建设工程发包方和承包方提出启示，即建设工程结算书应当内容完整、明确，并对结算价款附具计算明细及必要的说明，以免对结算价款的范围及理解产生歧义。

二、工程款支付的相关法律问题

建设工程施工合同具有内容复杂、履行期限长、突发事件多的特点。关于建设工程施工合同履行过程中工程款的支付问题，也同样存在着许多特殊性。本案中，关于工程款支付，双方也存有争议。被申请人提出相关借款、代垫款、代付劳务费、相关人员的领款等均属已付工程款，然而申请人并不认可。仲裁庭根据审理查明的事实进行了裁决。

结合本案例，关于工程款支付，发包方与承包方应注意以下几点：

（一）尽可能避免付款混同

实践中，有时发包方与承包方之间存在多个正在施工的建设工程施工合同。在工程款支付方面，双方应尽可能地予以区分哪一笔付款针对的是哪一份合同。最好能够在工程款发票或收据中注明所付款项对应的工程名称。以免双方结算或产生争议时，对工程款支付难以区分是哪一份合同项下的，给问题的解决带来困难。

（二）借款应签订借款协议，明确借款用途

在建设工程施工过程中，经常会产生工程借款。一般来讲，承包方向发包方借支工程款，其性质属于工程款的支付，但如果在相应的借据或借条中不明确注明，最终会产生争议，甚至会给当事人造成诉累。因此，在建设工程施工过程中，如需要借款，双方最好能够针对借款签订一份书面的协议，明确借款用途及还款方式。如果借款金额较小，则须在借条或借据中明确写明借款的用途及还款

的方式。

（三）对领取工程款的相关人员的身份应予核实，必要时须要求领款人提供授权委托书

如果小额工程款通过现金支付，那么支付工程款的一方应要求收款方指派的领款人提供授权委托书，明确其具有领取工程款的权利。

三、建设工程价款与工程质量瑕疵之间的关系

《建设工程质量管理条例》第 39 条规定："建设工程实行质量保修制度。建设工程承包单位在向建设单位提交工程竣工验收报告时，应当向建设单位出具质量保修书。质量保修书中应当明确建设工程的保修范围、保修期限和保修责任等。"第 40 条规定："建设工程的保修期，自竣工验收合格之日起计算。"据此，建设工程竣工验收合格后，建设工程就进入了保修期。在建设工程的保修期，承包方对建设工程承担保修责任。

本案工程已经通过竣工验收合格，因此本案工程已经进入保修期，申请人承担的是建设工程的保修责任。被申请人在本案中提出的工程存在严重的施工质量问题（漏水、钢筋腐蚀等），应通过建设工程保修予以解决，而不能成为拒绝支付或减少支付工程款的依据。

关于工程款的支付与工程质量问题的抗辩，一些地方的高级人民法院也作出了指导意见，如北京市高级人民法院《关于审理建设工程施工合同纠纷案件若干疑难问题的解答》（京高法〔2012〕245号）第 3 条第 28 项规定："建设工程已经竣工验收合格，或虽未经竣工验收，但发包人已实际使用，工程存在的质量问题一般应属于工程质量保修的范围，发包人以此为由要求拒付或减付工程款的，对其质量抗辩不予支持，但确因承包人原因导致工程的地基基础工程或主体结构质量不合格的除外。"江苏省高级人民法院《关于审理

建设工程施工合同纠纷案件若干问题的意见》（2008 年 12 月 17 日审判委员会第 44 次会议讨论通过）第 16 条规定："建设工程竣工并经验收合格后，承包人要求发包人支付工程价款，发包人对工程质量提出异议并要求对工程进行鉴定的，人民法院不予支持。"

四、建设工程质量保修金的返还

质量保修金，是指发包方与承包方在建设工程施工合同中约定，在工程竣工验收并交付使用后，从应付的工程款中预留一定的金额，用以维修工程在保修期限内和保修范围内出现的质量缺陷的资金。实践中，发承包方在签订建设工程施工合同时，关于质量保修金的返还期限常常约定为"保修期满返还质量保修金"。仅从此约定来看，发承包双方对质量保修金的返还并没有直接约定一个明确的日期，而是援引"保修期满"的期限，导致质量保修金返还期限等同于建设工程保修期限。

发承包双方对建设工程质量保修期一般不作特别约定，而是按照法定质量保修期。《建设工程质量管理条例》第 40 条规定："在正常使用条件下，建设工程的最低保修期限为：

（一）基础设施工程、房屋建筑的地基基础工程和主体结构工程，为设计文件规定的该工程的合理使用年限；

（二）屋面防水工程、有防水要求的卫生间、房间和外墙面的防渗漏，为 5 年；

（三）供热与供冷系统，为 2 个采暖期、供冷期；

（四）电气管线、给排水管道、设备安装和装修工程，为 2 年。

其他项目的保修期限由发包方与承包方约定。

建设工程的保修期，自竣工验收合格之日起计算。"

由上可见，建设工程不同部位或专业的工程，法律规定了不同的质量保修期。有的质量保修期是一个明确的年限，如屋面防水工程、有防水要求的卫生间、房间和外墙面的防渗漏，为5年；电气管线、给排水管道、设备安装和装修工程，为2年；有的质量保修期是一个明确的期限，如供热与供冷系统，为2个采暖期、供冷期；有的质量保修期未明确规定年限与期限，如基础设施工程、房屋建筑的地基基础工程和主体结构工程，为设计文件规定的该工程的合理使用年限；有的质量保修期，须视双方约定而定，如其他项目的保修期限由发包方与承包方约定。一个完整的建设工程，其不同部位或专业工程的质量保修期并不相同，而且年限相差很大，有的质量保修期甚至无法明确。那么，"保修期满返还质量保修金"之约定的返还期限截止日到底是什么时候？如何具体执行？实践中，发承包双方往往就此产生纠纷。究其根源，是发承包双方在订立合同时，约定不完善。为了避免将来发承包双方针对质量保修金返还期限产生纠纷，发承包双方一定要在订立合同环节，将质量保修金返还期限约定明确，以便操作与执行。本案中，申请人与被申请人在工程质量保修书中明确约定了质量保修金的返还期限，仲裁庭依据约定裁决支持返还质量保修金的请求。

（评析人：彭立松）

工程质量及工期认定

23. 质保金本请求与质量维修费反请求的处理

裁决要旨 在合同约定的质保金期限届满后，质保金的支付条件已成就；经发包方适当方式通知后，承包方怠于履行保修义务，发包方自行委托第三方维修产生损失并提起反请求的，应予以支持。

关键词 质保金 保修义务 维修通知

申 请 人：A 装饰工程有限公司

被申请人：B 装饰设计工程有限公司

一 案情

申请人、被申请人于 2005 年 5 月 16 日就 L 大厦公用部分金属工程一期工程签订了本案合同。约定工程地点：L 大厦公用部分地下一层、首层至五层（共 6 个层面）所有金属有关工作。工程内容：钢架、不锈钢轧压件、地（墙）面不锈钢钢带、不锈钢扶手、不锈钢玻璃槽、不锈钢电梯门套、墙面铝板、滚梯铝扣板、主墙壁、不锈钢百叶轨道、专用螺栓、弧形玻璃幕墙等制作加工安装及部分材料的供应。合同第 54.3 款约定：“如果保修工作是由于下列情况引起的，则乙方应承担此类保修工作所发生的费用：（a）所用材料、设备或工艺不符合合同要求；（b）由乙方负责设计的永久工程或废工程出现的任何失误；（c）由于乙方的疏忽或者未能按照合同约定履行其任何明确的或隐含的义务。”合同第 54.4 款约定：“在甲方以适当的方式通知乙方以后，如果乙方未能在合理的时间内（合同专用条件第 54.4 款将此句修改为“如果未能在保修合同中规定的时间内”）按照本条约定履行其保修义务，甲方可以委托他人按照合同约定的要求进行缺陷修复。在不限制甲方采取其他方式获得补偿的情况下，所发生的费用可以从保留金中扣除，同时甲方应以书面形式将这种情况通知乙方。”双方曾因合同争议经本会甲裁决书裁决。因保留金争议经本会乙裁决书裁决。乙裁决书裁决本案被申请人从其向本案申请人支付的工程款中扣留保留金 746208.17 元至保修期满。

申请人提起仲裁，认为合同约定保留时间为 24 个月，现保留期已到而被申请人并未将上述款项交付。申请人请求：1. 裁决被申请人返还扣留申请人的工程保留金 746208.17 元。2. 仲裁费用由被申请人承担。

被申请人答辩称，根据双方签署的合同，保修期自竣工之日起两年。申请人承包的工程在保修期内发生了保修事项，申请人应履行保修义务。在申请人未履行保修义务的情况下，被申请人有权委托第三方进行维修，维修产生的费用应从申请人工程保留金中扣除。被申请人提出反请求：1. 裁决申请人支付工程保修款 878040.14 元；2. 仲裁费用由申请人承担。

申请人对反请求进行了答辩，认为，按照合同约定，被申请人在发生保修事项时应首先通知申请人进行保修，申请人不履行保修义务的情况下才能请第三方维修。但被申请人并没有就保修事项进行过通知，被申请人所举出的几份通知自己并没有收到。而且被申请人所举证据中有关采购保修材料等费用支出发生在通知之前。被申请人没有按照合同履行。有些工程是C装饰工程有限公司承包的，但被申请人将这部分工程的保修也算到申请人保修范围内，申请人不应承担这些维修费用。

申请人提供的证据主要有：双方之间的合同，乙裁决书。并提供补充证据：被申请人与C装饰工程有限公司的协议书，C装饰工程有限公司的工程结算书。

被申请人提供的证据主要有：双方签订的合同及通用条款、专用条款（证据1）；工程发生保修事项的证据（证据2、3）；申请人不履行保修义务的证据（证据4—10）；证明被申请人委托第三方进行维修并支付了维修费用的证据（证据11—19）。并提供补充证据：（2006年4月24日）被申请人发出的函件（证据20）；维修合同工程范围汇总表及维修的部分相应比对材料（证据21）；金属工程结算清单（B公司出具给A公司）（证据22）；最终工程结算书（D公司出具）（证据23）。

二　仲裁庭意见

仲裁庭认真听取了双方的意见，组织双方对证据进行了质证，确信双方已经充分地进行了举证，并充分表达了对于证据的意见。仲裁庭认为，不能要求当事人重现争议的事实，而只能由当事人举出证据。相应地，判断应当建立在证据的基础上，而不是出于对当事人意愿的理解。因此，仲裁庭对证据进行了综合判断，并分析了当事人应当承担的举证责任，依据符合法律规定、公平合理原则，针对本案争议提出仲裁庭意见，叙述如下：

（一）关于返还工程保留金的主张

申请人请求返还工程保留金的依据是合同约定保留时间为24个月，现保留期已到，而被申请人并未将款项交付。由于双方在保留金问题上出现过争执，并由本会乙裁决书裁决，裁决内容和合同内容均应予以审视。乙裁决书有关保留金的裁决内容是，本案被申请人从其向本案申请人支付的工程款中扣留保留金746208.17元至保修期满。而合同在此方面的约定主要在合同通用条件第54条“保修”，该条“保修期”第54.1款约定：“在本合同条件中，‘保修期’是除非合同中另有约定，保修期限应从按照第53.7款提及的颁发工程竣工移交证书之日开始2年期限。如果双方对于不同区段或分项工程分别约定了不同的保修期限，双方应在投标书附件中分别注明。”合同专用条件第43.10款约定：“在整个工程的竣工移交证书颁发之日24个月后的21天内，甲方应开具付款单通知将剩余的保留金支付给乙方。但如果此时乙方尚有任何甲方已发现的需要保修的保修工作而且尚未完成，则甲方有权在此类工作完成之前扣发与完成此类工作所需费用相应的保留金金额的付款单。”该条并约定：“如果任何指定供应项目是由指定供应商负责完成的，各指定供应合同（如果有）的保留金由甲方直接支付给相应的指定供应商。”仲裁庭在对合同的整体进行了分析之后认为，上述双方有关保修及保留金方面的约定，体现的是双方共同的意思表示，并不与合同的基本内容相冲突，均为合同的有效条款。而且，仲裁庭从乙裁决书和上述合同约定中，可以得出在保留金返还及保修期限问题上的这样几个根据：被申请人从向申请人支付的工程款中扣留保留金746208.17元的期限是至保修期满。双方对于保修期在合同中进行了约定。合同通用条件第54.1款约定的保修期，为颁发工程竣工移交证书之日开始2年期限。合同专用条件第43.10款约定的保留金的返还时间，是在整个工程的竣工移交证书颁发之日 24 个月后的 21 天内。

仲裁庭认为，当事双方都认可按照合同工程保修期为竣工之日起两年，且两年的保修期已过。此为双方不争的事实。而保留金的返还，按照合同的约定应在工程竣工移交证书颁发之日 24 个月后的 21 天内，这一期限也已超过，双方没有异议。仲裁庭对上述事实与根据均予确认。对于申请人要求被申请人支付保留金的请求，仲裁庭予以支持。

（二）保修事项的通知问题

双方对于保修问题的争议焦点之一是被申请人是否就保修事项进行了通知。合同第 54.4 款约定："在甲方以适当的方式通知乙方以后，如果乙方未能在合理的时间内（合同专用条件第 54.4 款将此句修改为"如果未能在保修合同中规定的时间内"）按照本条约定履行其保修义务，甲方可以委托他人按照合同约定的要求进行缺陷修复。在不限制甲方采取其他方式获得补偿的情况下，所发生的费用可以从保留金中扣除，同时甲方应以书面形式将这种情况通知乙方。"被申请人坚持已经进行了通知。所举证据主要有：2006 年 3 月 9 日被申请人致申请人的函件《"L 大厦商场公用部分精装修——金属工程结算催促（2）"事宜》，有关保修部分的主要内容为："因为实际完成工程的 D 公司和 A 公司赵经理现在无法联系，我司不能进行保修工作。所以有一些工程按照业主的正当要求，我司亲自进行了保修。由此发生的费用我司将从贵司的保留金里面扣除。""我司希望贵司积极地参与我司的工作。如果贵司收到此文件后，3 日内没有回复的话，我司认为贵司同意本文件的内容。"附保修费用 5 张，保修照片 3 张。2006 年 12 月 18 日被申请人致申请人的《关于"L 大厦室内商场公用区域保修工作确认函"》，被申请人在该函中重申了 2006 年 3 月 9 日函件中的内容，说明"依据贵我双方所签订的施工合同通用条件第 54 条第 4 款乙方未履行保修义务的约定……”，“现我公司郑重致函贵公司，希望贵公司接到本确认函后于 2006 年 12 月 20 日 18：00 之前到工程现场确认本应由贵公司保修范围内的维修工程及由我公司委托第三方维修后所产生的费用。”附 L 大厦室内商场公共区域保修范围内截至发函之日业主要求的维修工程量及维修费清单（共一份一页），业主《关于 L 大厦保修工作》的全文（共三份六页）。2007 年 2 月 12 日被申请人致申请人的《关于“L 大厦室内商场公共区域保修工作通知书”事宜》，2007 年 2 月 14 日被申请人致申请人的《关于“L 大厦室内商场公共区域保修工作通知书”事宜》，两份函件内容基本相同，2007 年 2 月 14 日函叙述：“我司于 2007 年 1 月 5 日收到业主《关于 L 大厦 B1—5F 商场公用区域保修工作》的函一份（函件详情见附件 1）。依该函件所列内容，贵司分包的工程范围现在出现以下严重的质量问题并直接影响到业主的正常使用。”“1. 一层商场大厅地面不锈钢分割条出现凹陷、断裂等情形。2. 地下一层和五层卫生间、清洁室门、门框出现变形、门框生锈等情形。3. 地下一层、地上五层防火卷帘门周围的不锈钢柱子与吊顶卷帘门不锈钢轨道间的缝隙。4. 地上一层、地上五层走廊内黑色不锈钢柱子变色。5. 地下一层吊顶卷帘门边不锈钢轨道变形。6. 地上一层的扶梯周围栏杆玻璃柱，地上二层、三层、四层、五层天桥两边栏杆出现严重质量问题，直接影响到业主的正常使用，并存在安全隐患。”“请贵司在收到本函后最迟于 2007 年 3 月 9 日前对上述出现的质量问题进行维修，若贵司届时仍未到场进行维修，我司将根据业主要求和质量问题严重程度，以及依照贵我双方合同约定，自行或委托第三方采取维修、更换的方式进行处理。”并附附件 1，业主《关于 L 大厦 B1—5F 商场公用区域保修工作》的公文（共一份一页）。被申请人对 2007 年 2 月 14 日函的送达过程进行了公证。

申请人称从未接到过上述通知。认为2006年3月9日、2006年12月18日的通知正在双方进行第一次仲裁期间。被申请人应当首先通知申请人去修，申请人不去修，才发生被申请人自己或者委托第三方维修的问题。

仲裁庭认为，对于双方在保修事项、保修费用问题上的争议，由于双方没有能够形成共同的现场材料，就需要依据双方提供的证据，分析双方的权利义务和实际情况，按照符合法律规定、公平合理的原则，进行判断。对于某些具体事项也须在确信公平前提下给予必要裁量。关于被申请人的通知，2007年2月14日函进行了送达过程的公证，其他几份中有的存有特快专递、同城速递的邮件详情单、邮件跟踪查询结果等材料。被申请人说明还使用过电话通知等方法。仲裁庭认为，公证文书因其公证力，可以证明通知的送达，而特快专递、同城速递的邮件详情单、邮件跟踪查询结果等材料，也可以说明进行了通知。双方之间是因建设工程施工合同的约定，联系保修期内的保修事宜，对这一固定关系中有关通知事项的履行与法律规定的特别事项的送达不同，当事人之间没有就此特别约定，则一般情况下的正常通知应当认为是进行了通知。被申请人提供的证据能够说明进行了这种通知。申请人是以工程保修期内承担保修责任的工程承包人身份承担保修义务，这一确定身份和义务要求申请人对被申请人的通知应积极接收、积极回应，对自己保修范围事项应有相当注意。当双方就通知的具体手续出现争议时，不仅仅是要求权利方说明自己发出过通知，对于义务方的积极接收、积极回应也应有所要求，不能认为义务方的单纯否认即可免除这种要求。而应当是，保修义务方对自己保修范围事项相当注意，只要能够说明权利方进行了通知，保修义务方就有义务积极了解保修事项。基于以上认识，申请人虽然主张未收到通知，但已有证据表明被申请人进行了通知，被申请人的通知应予以确认。

（三）应扣除的保修费用的确定

申请人对于被申请人委托第三方进行维修不予认可，除前面所述主张自己未收到通知的理由外，还提出被申请人有关保修通知所附的费用发生在通知之前，说明被申请人的通知是事后的补救。而且业主对于保修事项的清单与被申请人向申请人提供的清单不一致。被申请人对此的解释是业主的清单是发给被申请人，被申请人再向申请人发清单时仅含申请人应保修的部分。申请人并提供证据说明被申请人所列保修费用中有一部分是C装饰工程有限公司的承包内容，不应由申请人承担。

关于保修费用发生在通知之前的问题。本案的一个无争议的事实是，申请人没有进行过对保修通知的回答，没有进行过保修，也没有对保修现场进行过检查的可供判断的资料。不能说明申请人对保修义务尽到了注意。申请人对于保修事项的联系、保修现场的检查、保修工作的安排等不能提出证据。仲裁庭在前面的意见中确认了被申请人的通知，尽管这是仲裁的确认，不是申请人的认可，仍然可以说明在24个月的保修期中，申请人没有就此提出过异议。这里，申请人没有收到保修通知的主张，不能成为对于保修责任未尽注意的理由。而且，发生在通知之前的费用已在通知中列出，在能够确认被申请人进行了通知的情况下，没有申请人的异议，可以视为通知已被接受。从承担保修责任的角度，从对通知未提异议的角度，都应确定该保修费用应由申请人承担。但是，费用应当限制在保修范围与保修期限之内。

被申请人提供的通知共4份。2006年3月9日被申请人致申请人的函件《“L大厦商场公用部分精装修——金属工程结算催促（2）”事宜》，有关保修部分的主要内容为：“因为实际完成工程的D公司和 A 公司赵经理现在无法联系，我司不能进行保修工作。所以有一些工程按照业主的正当要求，我司亲自进行了保修。由此发生的费用我司将从贵司的保留金里面扣除。”“我司希望贵司积极地参与我司的工作。如果贵司收到此文件后，3 日内没有回复的话，我司认为贵司同意本文件的内容。”附保修费用 5 张，保修照片 3 张。附件《L 大厦商场公用总价精装修工程保修费用：金属工程》（以下简称费用表）列出费用共 9 项：全层铝板墙面铝板保修（替换）、铝板烤漆费用、1 层—5 层不锈钢伸缩缝保修（替换）、地下 1 层防火卷帘门轨道柱子不锈钢面保修（替换）、1 层东西防火门门框周围铝板报修（替换）、1 层东西防火门门框周围铝板烤漆费用、1 层防火卷帘门轨道柱子不锈钢饰面保修（西北侧 -1，替换）、2 层—5 层防火门门框周围铝板保修（替换）、2 层—5 层防火门门框周围铝板烤漆费用。合计费用 15589.35 元。申请人对此的意见主要是，涉及 3 项费用中的保修单位“G 公司”是申请人的分包单位，不可能是保修单位。以及被申请人在该通知所附费用单据的一份“材料款”2010 元，与费用表中第 2 项“G 公司”没有关联性。所有费用单据均是材料款。仲裁庭认为，本通知在所附费用的发生时间与通知的时间上存在不同，但申请人没有在当时提出异议，也没有进行保修检查和保修工作，如仲裁庭在前面意见中所述，仍应由申请人承担保修费用。申请人所提“G 公司”的分包身份，还不足以否定“G 公司”参加被申请人的保修工作，毕竟这不是一种禁止性行为。至于所附费用单据均为材料款的问题，由于在费用表中还有人工费、管理费内容，本案当事双方也没有约定材料款以外的费用还必须附列单据，按照一般工程保修中的报价情况，可以不附列。这些事项可以在保修结算时解决。双方不能解决而进行仲裁解决，仲裁庭从公平合理原则出发，认为本项通知所涉费用没有充足理由否定，予以认可。但本项通知的费用与后面函件所列费用的项目重复，仲裁庭按后面函件的费用计算保修费用，本项通知的费用不再计入。

2006年12月18日被申请人致申请人的《关于“L大厦室内商场公用区域保修工作确认函”》，附L大厦室内商场公共区域保修范围内截至发函之日业主要求的维修工程量及维修费清单（共一份一页），业主《关于L大厦保修工作》的全文（共三份六页）。申请人对此份通知的主要意见是，未收到该份通知，附件所指保修工作内容在通知之前已经完成。申请人并指出通知所附清单与业主对于保修事项的清单不一致。被申请人对此的解释是业主的清单是发给被申请人，被申请人再向申请人发清单时仅含申请人应保修的部分。仲裁庭认为被申请人的此项理由成立，不再多述。本项通知所附维修费清单列出：金属铝板保修工程、金属铝板氟碳漆工程、扶梯围挡、保洁工程、B1—5F不锈钢条的拆除共5项。仲裁庭在前面的意见中已经叙述了对于通知所附费用的意见，在此不再重复叙述，对于清单所列费用基本上予以确认。但作如下两项排除：本项通知所附维修费清单之“保修内容”第1项“金属铝板保修工程”下含9项，与2006年3月9日被申请人致申请人的函件所附费用表的保修内容的9项相同，说明是同样的保修项目，但费用额有所不同。由于申请人对于2006年3月9日通知未作回答，被申请人于2006年12月18日通知再度提出这些保修问题，符合一般做法，应予认可。但不能重复计算。由于2006年12月18日通知是后发出的通知，费用应按后发出的通知计算。故仲裁庭按本函件所列的上述9项费用14846元确定。再是，2006年12月18日通知所附费用表中第3项“扶梯围挡”在合同的申请人工程内容中并没有体现，双方也没有就此形成文件，仲裁庭按照合同的明确记载，对此项内容计35673.24元不列入保修费用。而第4项“保洁费用”，在维修费清单中列明“B1—

5F 保洁工程量”，不能排除出申请人的工程范围。仲裁庭并认为，在保修工作中，对“室内商场公共区域”承担保洁费用，是合理的，故仲裁庭对此项费用予以确定。本项通知被申请人于维修费清单中列出费用 398171.14 元，可确定的保修费用为 362497.9 元。

2007 年 2 月 12 日被申请人致申请人的《关于“L 大厦室内商场公共区域保修工作通知书”事宜》，2007 年 2 月 14 日被申请人致申请人的《关于“L 大厦室内商场公共区域保修工作通知书”事宜》，两份通知所提到的保修事项是相同内容。仲裁庭在前述意见中对这两份通知已予确定。但该两份通知没有附费用清单，仲裁庭按未再提出费用的情况对待。

仲裁庭对被申请人提供的“证明被申请人委托第三方进行维修并支付了维修费用的证据（证据 11—19）”进行了审查，其中与被申请人的 4 份通知内容一致的，按被申请人的通知所附费用说明确定；与被申请人的 4 份通知内容不一致的，不列入保修费用内容。

申请人提出被申请人所提保修内容中有些是 C 装饰工程有限公司（以下简称 C）的承包范围问题，并提出了证据“被申请人与 C 装饰工程有限公司的协议书”，“C 装饰工程有限公司的工程结算书”。申请人对于被申请人证据 2 的有关保修工程内容，提出其中部分工程是 C 或其他公司所承揽的问题，但被申请人之证据 2 是 L 大厦业主致被申请人的函件，该函件中的工程内容与被申请人向申请人提出的保修问题并不一致，对此仲裁庭不再多述。申请人并提出了被申请人证据 4 中指向的工程保修内容系 C 公司承揽的工程的问题由于被申请人证据 4 的主要内容是被申请人向申请人的函件 4 份，即仲裁庭在本项意见中前面叙述过的函件，应对此进行判断。申请人认为，申请人对被申请人 2006 年 3 月 9 日的函件并不知情，该函件所附保修明细系 C 公司承揽工程（详见 C 公司精算书第 2—5 页）。

仲裁庭的意见是，根据证据能够确定被申请人对申请人进行了保修通知，而且被申请人提出了申请人回答的期限，申请人没有回答，这一行为的后果是丧失了提出异议的机会。若从申请人承担的保修义务方面，申请人负有对保修工作予以相当注意的责任，对于进行的保修活动应当了解。申请人在24个月的保修期内没有提出保修范围方面的问题，也不应再得到支持。再是，申请人所主张的2006年3月9日申请人函件所附明细即C公司精算书第2—5页的内容，仲裁庭经过证据审查并不能得出这样的结论，2006年3月9日函件所附明细与申请人提供的C公司精算书2—5页的内容并不重合。仲裁庭认为，C公司精算书第2—5页内容和申请人与被申请人之间的合同内容的冲突问题，还不能否定合同约定的工程范围与内容，毕竟双方对于申请人已经完成的下列工作没有异议：L大厦公用部分地下一层、首层至五层（共6个层面）所有金属有关工作。工程内容：钢架、不锈钢轧压件、地（墙）面不锈钢钢带、不锈钢扶手、不锈钢玻璃槽、不锈钢电梯门套、墙面铝板、滚梯铝扣板、主墙壁、不锈钢百叶轨道、专用螺栓、弧形玻璃幕墙等制作加工安装及部分材料的供应。那么，在被申请人2006年3月9日的函件及此后2006年12月18日的函件中，所列出的保修项目，经过证据审查并不能排除在上述申请人施工内容之外；申请人所举出的C公司精算书，也不能经过证据审查即可确定前述保修内容是C的施工内容，申请人的本项主张，不能得到支持。

仲裁庭认为，申请人的本项主张所依证据不足，不予确定。申请人对于被申请人的前两份通知还提出了通知的时间正在仲裁程序进行中的问题。仲裁庭认为，此类事项仍属于双方对于保修事项的联系和交往，仲裁程序的进行并不影响通知的发出和对通知的回答。双方对于保修事项的联系仍属民事行为内容，对当事人的行为和本案的审理没有影响。

综上，申请人应向被申请人支付保修费用362497.90元。对于被申请人的反请求，仲裁庭予以部分支持。

（四）仲裁费用

仲裁费用按照败诉比例承担。本请求仲裁费用，由被申请人承担。反请求仲裁费用，由申请人承担40%，被申请人承担60%。

三 裁决

根据上述事实和理由，本案仲裁庭作出裁决如下：

（一）被申请人向申请人支付工程保留金746208.17元；

（二）申请人向被申请人支付保修费用362497.9元；

（三）本案本请求仲裁费27012元（已由申请人预交），由被申请人承担，被申请人应直接向申请人支付代其垫付的仲裁费27012元；本案反请求仲裁费28330.4元（已由被申请人预交），由申请人承担40%，即11332.16元，被申请人承担60%，即16998.24元，申请人应直接向被申请人支付代其垫付的仲裁费11332.16元。

上述（一）（二）（三）三项双方应支付的款项折抵后，被申请人还应向申请人支付399390.11元，被申请人应当在收到本裁决书之日起15日内履行完毕。逾期按中国人民银行关于逾期付款的规定办理。

评析

本案是工程质量保修争议。工程质量保修争议一般存在两个问题，一个是发包人返还保留金，一个是承包人履行保修义务。本案申请人要求退还保留金，而双方当事人在本案之前已经就保留金发生过争议并由另案仲裁庭就此作出了乙裁决，该裁决明确了保留金至保修期满。在此基础上，本案仲裁庭重点就对合同多处约定条款进行了整体分析，依据合同约定，被申请人向申请人支付保留金的期限是至保修期满，而且仲裁庭确认了本案合同约定的保修期期限，保修期为颁发工程竣工移交证书之日开始2年期限，保留金的返还时间是在整个工程的竣工移交证书颁发之日24个月后的21天内。因此，在时间上已经大大超过这些合同约定期限的情况下，对于申请人要求退还保留金争议不大，仲裁庭在本请求中裁决退还保留金是正确的，本案争议的焦点是申请人在没有履行保修义务的条件下是否应当承担被申请人发生的保修费。本案的难点是如何确定保修维修费用的数额。

承担保修义务是建设工程施工单位的法定义务，《中华人民共和国合同法》第275条规定，质量保修范围及质量保修期是建设工程施工合同主要内容；《建设工程质量管理条例》第41条规定，“建设工程在保修范围和保修期限内发生质量问题，施工单位应当履行保修义务，并对造成的损失承担赔偿责任”；《最高人民法院关于审理建设工程施工合同纠纷案件适用法律问题的解释》第27条也作出了相同的规定。

本案双方当事人在合同中对保修也作出了详细的约定，申请人应当按合同第54.3款、第54.4款约定履行保修义务。

被申请人的“维修通知”是本案的核心问题，从这个问题出发，对于申请人，保修是义务，也是权利，如果被申请人不履行通知义务就自己修理或者直接委托第三人完成保修的维修工作，则被申请人无权要求申请人承担保修费用。在本案中，双方合同第54.4款约定：

“在甲方以适当的方式通知乙方以后，如果乙方未能在合理的时间内按照本条约定履行其保修义务，甲方可以委托他人按照合同约定的要求进行缺陷修复。在不限制甲方采取其他方式获得补偿的情况下，所发生的费用可以从保留金中扣除，同时甲方应以书面形式将这种情况通知乙方。”被申请人已经证明其发出了“保修通知”，有一份还是通过公证送达的，应当是完成了“保修维修通知”的义务。仲裁庭的判定合情合理。

应当指出的是，从本案的证据分析判断，可以认为本案申请人对于履行“保修义务”是懈怠的、不积极的。作为分包单位，在完成施工后就与发包人发生了纠纷，双方曾因合同争议经仲裁委员会作出了甲裁决书及乙裁决书。申请人应当提高履行合同义务的意识，这既是履行合同义务的责任，也是保护自己合法权益的有效手段，因为申请人自己完成保修义务，多数情况下会节省费用。然而在被申请人用公证方式送达“保修维修通知”的情况下，申请人依然不积极主动履行保修义务，简单抗辩“没有收到通知”显然是苍白无力的，从加强管理的角度，申请人甚至应当派出专人负责履行保修工作的联系工作，特别是对于装饰装修工程，实践中出现个别瑕疵及保修问题的概率相对较高，申请人更应做到足够的注意。

本案保修费用的确定是难点，被申请人通过第三方维修，发生的材料款是否真实？维修费用是否合理？申请人抗辩提出了“保修费用发生在通知之前”的问题以及超出申请人保修范围的问题，对于这些问题，司法实践中，复杂的建设工程案件甚至需要造价鉴定确定。

本案的一个无争议的事实是，申请人没有进行过对保修通知的回答，没有进行过保修，也没有对保修现场进行过检查的资料。申请人对保修义务是懈怠的。虽然申请人不认可收到“保修维修通知”，但申请人在24个月的保修期中，没有进行任何保修工作，也没有就被申请人的“保修维修通知”提出过异议，仲裁庭在能够确认被申请人进行了通知的情况下，作出了不利于申请人的判断，视为通知已为申请人接受，判定依据被申请人的通知确定维修费用的数额，符合情理。当然，维修费用应当限制在保修范围与保修期限之内，对不合理的费用仲裁庭给予了剔除。仲裁庭用上述判断解决维修费确认的难题，是尊重基本事实和维护公平的体现，同时在客观上能够督促和鞭策当事人积极履行合同保修义务。

（评析人：尚晓民）

24. 合同未约定质保金返还期限及质量修复费用直接抵扣的处理

裁决要旨 建设工程的质量保修期和质保金返还期不等同为一个概念。在合同未对质保金返还期作出约定的情形下，可按照行业惯例进行判定；承包方拒绝履行保修义务，发包方自行委托第三方维修产生的费用，可从质保金中扣除。

关键词 质保金 保修期 缺陷责任期 质量修复费用

申 请 人：A 有限责任公司

被申请人：B 开发有限公司

一 案情

2004 年 3 月 1 日，被申请人为发包人，申请人为承包人，双方签订本案合同，约定由申请人承担被申请人开发建设的位于 X 市 M 县 W 镇的 1#、3#、5#、6#、7#、8#、9# 楼的建筑安装工程施工。工程计划开工日期为 2004 年 3 月 15 日，计划竣工日期为 2004 年 12 月 15 日，合同总工期为日历天数 276 天。本案合同约定为固定总价合同，合同价款为 24449174 元（指人民币，下同）。合同约定：开工前七天预付合同价款 30% 的工程预付款；工程进度款拨付

65%后，开始抵扣预付款，累计拨付95%时停止拨付，预留5%保修费。

申请人称，本案合同项下工程于2006年11月16日竣工验收合格，因被申请人拖欠工程款，申请人于2007年6月29日向本会提出仲裁申请。2008年11月17日，本会依法作出甲裁决书，将质保金1028430元确定为应扣款项，并说明为暂扣款项。两年质保期已于2008年11月16日届满，被申请人应于2008年11月17日向申请人返还质保金1028430元。为此，申请人为维护其合法权益，依据本案合同的约定，向本会提出如下仲裁请求：

1.被申请人向申请人返还质保金1028430元；

2.被申请人向申请人支付自2008年11月17日至质保金实际返还之日的质保金利息，按照同期人民银行贷款利率计算，暂计算至2009年1月31日，金额为12456元；

3.被申请人向申请人赔偿因仲裁产生的合理费用50000元；

4.本案仲裁费用由被申请人承担。

为支持其主张，申请人提供如下证据材料：1.本案合同；2.本会甲裁决书；3.保修单据；4.委托代理合同及发票；5.维修记录。

针对申请人的仲裁请求，被申请人辩称：第一，由于申请人至今不配合办理竣工验收备案手续，致使双方至今未签订《房屋建筑工程质量保修书》，并且，根据《建设工程质量管理条例》第40条之规定，建筑工程的屋面防水工程、有防水要求的卫生间、房间和外墙面的防渗漏保修期限为5年，现申请人所承建的工程保修期尚未届满。第二，申请人所承建的工程存在质量问题，被申请人自2007年1月起多次找申请人维修未果的情况下，被申请人不得已找他人进行了部分维修，已实际支付维修费用250000元，应在质保金中扣除。第三，申请人所承建的建筑工程存在的质量问题（楼门对讲系统、防水、供暖供水系统等）至今没有解决，在现存的质量问题未解决前，不应支付质保金。第四，合同中对质保金未约定利息损失。第五，因仲裁产生的费用不应由被申请人承担。因此，被申请人请求仲裁庭依法驳回申请人的仲裁请求。

为支持其抗辩，被申请人提供如下证据材料：1.《建设工程质量管理条例》；2. 维修证明和费用支付收据；3. 工作联系函；4. 维修协议和费用支付收据；5. 供暖设备维修证明和支付收据；6. 施工协议；7. 结算单（200000 元）；8. 结算单（42000 元）；9. 证明材料。

二 仲裁庭意见

仲裁庭基于申请人的仲裁请求及其针对该等请求所述主张，以及被申请人针对申请人主张提出的主要抗辩理由，坚持符合法律规定、公平合理的判断标准，阐述仲裁庭意见如下：

（一）关于本会甲裁决书

仲裁庭经审理了解到，就本案合同项下工程，申请人曾于 2007 年 6 月 29 日向本会提起仲裁请求，请求被申请人支付拖欠的工程款，本会组成仲裁庭（以下简称前一仲裁庭），于 2008 年 11 月 17 日作出甲裁决书。申请人将其作为证据材料，向本案仲裁庭提交了该裁决书。被申请人对该裁决书的真实性明确表示认可。依据甲裁决书，本案仲裁庭可以确认如下事项：

第一，本案合同项下工程质保金金额为 1028430 元，前一仲裁庭列为暂扣款项；

第二，本案合同项下工程竣工验收时间为 2006 年 11 月 16 日；

第三，被申请人提出的工程竣工验收后的工程维修事项和费用扣除的抗辩，前一仲裁庭未予审理。

（二）关于质保金的返还期限

就申请人主张返还质保金的仲裁请求，被申请人抗辩称，按照《建设工程质量管理条例》的规定，防水工程保修期尚未届满，且，工程至今没有办理竣工备案手续，双方至今未签订《房屋建筑工程质量保修书》，因此，质保金返还尚未到期。仲裁庭审理了解到，双方当事人没有签订质量保修书，也没有在本案合同中具体约定质保金的使用和返还时间、方式等，双方当事人也没有提供证据材料证明曾对质保金的返还作出明确约定。对于被申请人的此项抗辩，仲裁庭认为，第一，《建设工程质量管理条例》并没有规定建设工程质量最低保修期限为质保金的返还时间。如果按照被申请人所述，依据《建设工程质量管理条例》规定的各单项工程的质量最低保修期限届满作为质保金的返还时间，则可推理认为房屋建筑工程的地基基础和主体结构工程部分的质保金要在其设计合理使用年限期满后方能返还，当前永久性房屋建筑的地基和主体结构的设计使用年限一般在 50 年以上或更长，这对申请人显然是不公平的。第二，财政部、建设部 2004 年 10 月 20 日发布的《建设工程价款结算暂行办法》（财建〔2004〕369 号）规定，质量保证（保修）金应在工程交付使用一年质保期到期后清算（合同另有约定的，从其约定）；《建设工程质量管理条例》是此《建设工程价款结算暂行办法》的上位法，且《建设工程质量管理条例》发布实施的时间早于《建设工程价款结算暂行办法》，由此可以看出，按照我国相关行政法规和规章的规定，建设工程的质量保修期和质保金返还期并不等同为一个概念。第三，本案合同项下工程已经完成竣工验收，并交付使用，尽管本案合同项下工程未办理竣工备案手续，未签订质量保修书，但这既不影响申请人承担质量保修责任，也不应该作为返还质量保证金的前置条件。第四，按照建筑行业惯例，房屋建筑工程的质保金的返还时间一般不超过两年。

综合上述意见，鉴于双方当事人没有明确约定质保金返还时间，根据相关法规和部门规章的规定，坚持公平、合理的判断准则，考虑到自本案合同项下工程竣工验收至本裁决书作出之日已经两年多的时间，就本案具体情况而言，仲裁庭认为，本案合同项下工程的质保金返还的期限已届至，被申请人应履行返还质保金的义务。

（三）关于工程维修和费用

针对申请人返还工程质保金的仲裁请求，被申请人抗辩称，本案合同项下工程存在质量问题，曾多次找申请人，而申请人未予解决，为此被申请人委托案外人进行维修，实际支付维修费用250000元，此部分费用应在质保金中扣除，具体包括：委托李明维修供水、供暖管线，发生费用200000元；维修18#住宅楼（原施工号9#楼）5单元502室业主王刚的房屋墙面倾斜、裂缝，发生费用8000元；委托李明维修6#、8#楼供暖设备，发生费用42000元。被申请人还抗辩称，工程至今还有供水供暖、卫生间的防水、单元门禁等质量问题亦没有解决。被申请人就其抗辩提出的具体维修项目和费用提供了相关证据材料，申请人对被申请人的证据4“协议”的真实性无异议，对被申请人的其他相关证据均有异议。同时，申请人主张，在保修期间，其一直有维修人员在现场承担保修义务，被申请人发现有问题通知申请人后，申请人都进行了保修，不存在被申请人再找他人进行维修的情形。申请人提供了保修单据（申请人证据3）和维修记录（申请人证据5）支持其主张。针对申请人的主张和被申请人的抗辩、双方所提供的证据材料以及对对方证据材料所持质证意见，仲裁庭分述意见如下：

1. 关于申请人保修义务履行情况。申请人提供的证据3证明，本案合同项下工程确实发生了需要维修的问题，包括屋顶、阳台等漏水；采暖设施损坏、暖气片、暖气管道和阀门漏水；给水管道漏水；电视、电话、门禁线路不通等多项，被申请人也通知了申请人。而从申请人的证据5只看到对少量的问题进行了维修，申请人也没有提供其他证据证明就被申请人提出的质量维修问题全部进行了维修。根据申请人的证据3和证据5，仲裁庭认为，作为工程的承建方，申请人应履行工程的质量保修义务，就本案合同项下工程发生的多项需要维修质量问题，被申请人曾有效通知了申请人，而申请人并没有充分的证据证明其按照被申请人的要求进行了维修，申请人履行质量保修义务是不完全的，被申请人为此委托案外人进行维修所发生的费用，申请人应承担相应责任。

2. 关于业主王刚房屋质量问题维修。申请人对被申请人与业主王刚签订的协议的真实性是认可的，可以证明王刚的房屋确实存在质量问题，作为房屋的承建方，申请人应承担由此发生的维修费用。因此，仲裁庭支持被申请人的此项抗辩，应从质保金中扣除此项维修费用8000元。

3. 关于被申请人委托李明维修事项的抗辩。申请人对被申请人提交的关于委托李明进行采暖工程等维修的协议、证明、结算单、付款收据等证据材料均不认可。被申请人提供的证据2第1页“报告”用于证明申请人方项目部管理人员赵龙同意扣除委托李明维修采暖工程发生的维修费用200000元。就此，仲裁庭还注意到，在本会甲裁决书中，前一仲裁庭采信了此份证据，从申请人主张的工程款中扣除相关5#、6#楼水暖整修费用56150元。并且，此“报告”注明的时间为2005年10月9日，在工程竣工以前，涉及的仅为5#、6#楼的暖气安装。为此，仲裁庭不能认定此“报告”是针对被申请人证据2第2页“证明”的事项和第3页付款收据所载的200000元费用。

被申请人亦提出委托李明维修 6#、8# 楼供暖设备，发生费用 42000 元。就被申请人此项委托李明维修事项的抗辩，一方面，仲裁庭难以认定李明的身份，被申请人没有证据证明李明确实具备相关工程施工维修的能力，也没有证据使得仲裁庭知晓李明所进行的具体维修内容和是否合理地进行了维修；另一方面，被申请人没有证据证明委托李明维修发生的费用是合理的，也没有规范的付款凭证证明实际支付了这些费用。因此，鉴于申请人对相关证据均不认可，被申请人又没有其他证据印证，仲裁庭难以认定被申请人抗辩所述的委托李明进行维修所产生的费用为 242000 元。

4. 关于被申请人抗辩提出的尚未维修的质量问题。被申请人既没有告知仲裁庭还存在哪些需要维修的具体事项，还需要发生什么维修费用，也没有提供证据证明其此项抗辩，故仲裁庭难以认定。

综上，仲裁庭认为，本案工程在质保期内发生了需要进行维修的项目，被申请人要求申请人在工程质量保修期内承担保修责任符合法律依据，申请人履行保修责任是有缺陷的，被申请人因此自行或委托案外人进行维修，申请人应承担相应责任和费用。但是，根据现有的证据材料和双方的主张及抗辩，仲裁庭很难认定没有及时维修的责任应完全由申请人承担，被申请人也没有充分的证据和理由使仲裁庭能具体认定所发生的维修事项和费用。因此，综合本案实际情况和双方的意见，从符合法律规定、公平合理的原则出发，在大体符合客观事实的情况下，公平作出裁量，仲裁庭认为由申请人承担维修费用 120000 元，是合理的。

综合上述仲裁庭意见，关于申请人要求被申请人返还质保金的仲裁请求，仲裁庭认为，本案合同项下工程的质保金返还的条件已具备，同时，申请人履行保修责任是有缺陷的，申请人应承担一定的责任和费用。因此，仲裁庭认定，被申请人应返还申请人工程保留金 1028430–8000–120000 = 900430 元。

（四）关于利息损失

申请人要求被申请人给付逾期返还质保金的利息损失。如前述仲裁庭意见，申请人没有证据材料证明双方当事人曾对保修金的返还时间作出约定，仲裁庭难以认定被申请人对尚未返还的质保金应承担逾期付款违约责任。因此，对申请人请求的逾期付款利息，仲裁庭不能支持。

（五）关于律师费

申请人请求被申请人赔偿其因提起仲裁产生的合理费用 50000 元。仲裁庭审理了解到，申请人主张的是律师费，并提交了《民事案件委托代理合同》和律师费支付发票。如前述仲裁庭意见，因被申请人拒绝返还工程质保金，申请人支付律师费用聘请律师提起仲裁，是被申请人的原因所致。经过审理，仲裁庭基本支持了申请人要求被申请人返还质保金的仲裁请求，则，根据《中华人民共和国合同法》的相关规定，被申请人也应该承担由此给申请人造成的相关损失。根据本案实际情况，遵循公平合理的原则，仲裁庭认为，申请人发生的律师费 50000 元全部由被申请人承担，不尽公平，而由被申请人承担 30000 元，是合理的。

（六）关于仲裁费

按照上述仲裁庭意见，遵循仲裁费用依败诉比例承担的原则，本案仲裁费由申请人承担 15%，被申请人承担 85%。

三　裁决

仲裁庭依据所认定的争议事实，以及本案合同的约定及相关法律规定，裁决如下：

（一）被申请人返还申请人质保金 900430 元；

（二）被申请人给付申请人因本案支付的律师费 30000 元；

（三）本案仲裁费用 35186.2 元（已由申请人全部预交），由申请人承担 15%，即 5277.93 元；由被申请人承担 85%，即 29908.27 元，被申请人应直接向申请人支付申请人为其代交的仲裁费 29908.27 元；

（四）驳回申请人的其他仲裁请求。

上述第（一）（二）（三）项被申请人应向申请人支付的款项共计 960338.27 元，被申请人应于本裁决书送达之日起 10 日内支付完毕。逾期支付，按照《中华人民共和国民事诉讼法》第 229 条的规定办理。

评析

本案是典型的质量保修金返还争议纠纷。仲裁实践中一般是施工单位（承包人）作为申请人一方，请求返还质量保证金；建设单位（发包人）作为被申请人一方，以工程存在质量问题和承包人拒绝履行保修义务，返还条件未成就作为抗辩。在大多数情况下，发包人还提出因承包人拒绝履行保修义务，其委托第三人维修发生了若干费用，需要从质量保证金中抵扣。本案涉及的法律和专业问题有保修期、保修义务、质量保证金返还期和质量缺陷维修费用的承担等。

一、关于保修期和保修义务

建设工程保修期内施工单位应当承担哪些保修义务和如何承担保修义务是仲裁实践中亟待厘清的典型问题之一。

《建设工程质量管理条例》第 39 条第 1 款规定："建设工程实行质量保修制度。"第 41 条规定："建设工程在保修范围和保修期内发生质量问题的，施工单位应当履行保修义务，并对造成的损失承担赔偿责任。”《建筑法》第 80 条规定：“在建筑物合理使用寿命内，因建筑工程质量不合格受到损害的，有权向责任者要求赔偿。”《侵权责任法》第 41 条规定：“因产品存在缺陷造成他人损害的，生产者应当承担侵权责任。”上述法律法规的规定意味着，一是建设工程实行质量保修制度，即便建设工程竣工验收合格，也可能存在质量不合格，也即质量缺陷问题，需要施工单位及时进行维修；二是施工单位的保修义务是法定义务；三是保修工作的内容是保修范围和保修期内发生的质量问题；四是保修期后，因建筑产品质量问题造成他人损失损害的，责任者应承担赔偿责任，但责任者不限于施工单位，视情况可能是勘察、设计单位，分包人、供应商，也可能是业主使用不当，损害可能是人身的和 / 或财产的，受损害人可能是业主、租户或者路人，不受合同相对性原则的限制；五是损害赔偿责任期是合理使用寿命，该期限区别于下文中的“设计文件规定的该工程的合理使用年限”，建设工程经过大修维护是可能延长设计文件规定的合理使用年限的。

《建设工程质量管理条例》第 39 条第 2 款规定：“建设工程承包单位在向建设单位提交工程竣工验收报告时，应当向建设单位出具质量保修书。质量保修书中应当明确建设工程的保修范围、保修期限和保修责任等。”第 40 条规定：“在正常使用条件下，建设工程的最低保修期限为：（一）基础设施工程、房屋建筑的地基基础工程和主体结构工程，为设计文件规定的该工程的合理使用年限；（二）屋面防水工程、有防水要求的卫生间、房间和外墙面的防渗漏，为 5 年；（三）供热与供冷系统，为 2 个采暖期、供冷期；（四）电气管线、给排水管道、设备安装和装修工程，为 2 年。其他项目的保修期限由发包方与承包方约定。”上述规定意味着，质量保修书明确的地基基础和主体结构、防水、供热、供冷、电气、给排水、装修等工程的保修期不能低于法定的最低保修期限，红线内室外道路和园林绿化等其他项目的保修期也需要在质量保修书中给予明确。实践中经常遇到两种情形，一是当事人有关保修期的约定简化为："执行《质量管理条例》第40条的规定"，该等约定意味着法定应当在质量保修书中明确的"其他项目"保修期没有给予约定；二是约定的保修期低于法定的保修期，根据北京市高级人民法院《关于审理建设工程施工合同纠纷案件若干疑难问题的解答》(京高法发〔2012〕245号)第31条解答，建设工程施工合同中约定正常使用条件下工程的保修期限低于法律、行政法规规定的最低期限的，该约定无效。

建设工程实行质量保修义务有利于保证建设工程的正常使用。对施工单位课以法定的质量保修义务有助于质量缺陷迅速且经济地得到修复，其原因在于，一是原施工单位最熟悉工程的具体情况，有利于迅速查明原因，采取对症措施，工作效率高；二是原施工单位在工程竣工后均有一定的剩余材料或者有成熟的采购渠道，可以避免因市场零星和紧急采购材料而造成的费用增加，更加经济。因此，保修期内发生的任何质量问题，不管是由于何种原因而产生，均应当优先考虑由原施工单位负责进行维修。施工单位为恰当履行保修期内的保修义务，一是企业应当设立专门的售后服务机构，负责竣工交付工程的定期回访，主动发现工程可能存在的质量缺陷并及时组织力量给予修复；二是为特定项目指定专门的联系人并保证联络渠道的畅通，建立收到维修通知后的快速响应机制，以便建设单位或者使用人发现质量问题后能够方便、快捷和有效地通知到施工单位，施工单位收到通知后能够及时组织力量给予修复。为了避免出现因原因不明而相互推诿，施工单位可以根据合同约定先行予以修复，再根据质量问题的情况鉴别具体原因，属于建设单位或者使用人使用不当或者其他不属于施工单位责任的，再向建设单位或者其他责任单位追索修复费用，以保证建设工程的正常使用。在保修期内对质量问题进行维修既是施工单位的法定义务，也是其法定的、不可任意剥夺的权利。在质量保修期内发现质量缺陷需要维修的，建设单位应当首先通知施工单位进行维修并履行通知义务，且通知应当采用可追溯的方式以避免出现争议。实践中，情况紧急下建设单位可先以电话方式通知，另以书面形式进行确认，以便一旦发生争议时能够举证加以证明。对于重大的质量缺陷，为避免通知送达出现丢失等情况，建设单位可以采用挂号甚至公证送达的方式。在施工单位收到通知后仍拒不履行维修义务的情况下，建设单位可以委托第三人进行维修。但应注意，一是第三人应尽量通过竞争方式选择，且最好在第三方见证下，以保证所须支出的相应维修费用的合理性和可信度；二是第三人亦应当具备维修相应质量缺陷所需的资质资格。

需要注意，一是在任何情况下，建设单位应当尽可能为施工单位提供修复缺陷的便利，不可人为设置障碍，更不可借维修之机提高质量标准。二是只要保修期内发生的质量问题，即便保修期已经届满，施工单位也应当给予修复，直至满足设计要求和国家相关规范标准的规定。施工单位对以各种借口或者敷衍手段拖延至保修期届满仍未修复的质量问题依然负有维修义务，以保修期届满为由而拒绝继续履行保修义务并不符合法律法规设立强制保修义务的立法本意。三是根据《建筑法》第58条的规定，施工单位对施工质量的责任是终身的，因此，保修期后发生的质量问题，如果是属于施工单位的责任，施工单位仍负有修复的责任，但失去修复的权利，建设单位可以选择要求施工单位修复、更换，也可以自行雇佣他人修复，发生损失损害的，建设单位可以依法主张损害赔偿，包括雇佣他人修复的费用。

二、保修期与缺陷责任期

“缺陷责任期”（Defect Liability Period）是菲迪克（FIDIC）第4版等国际工程合同文本中常用的合同术语，其本意等同于我国《建设工程质量管理条例》规定的保修期。为了规范质量保证金返还，因应合同中笼统地约定保修金在保修期届满后返还而导致保修金被长期扣留问题，原建设部、财政部制定印发了《建设工程质量保证金管理暂行办法》（建质〔2005〕7号），其第2条第1款规定：“本办法所称建设工程质量保证金（保修金）（以下简称保证金）是指发包人与承包人在建设工程承包合同中约定，从应付的工程款中预留，用以保证承包人在缺陷责任期内对建设工程出现的缺陷进行维修的资金。”该规定将质量保证金定义为“缺陷责任期”内的缺陷维修资金，以便缺陷责任期届满后，施工单位即可得到返还的质量保证金，由此首次引入了“缺陷责任期”的概念。

根据上述规定，缺陷责任期实际上可以简单理解为质量保证金的返还期。在我国现行法律法规框架下，缺陷责任期是《建设工程质量管理条例》规定的保修期的一部分，两者在工程竣工验收合格后至缺陷责任期届满前是完全重合的。因此，缺陷责任期内的质量保修责任应当与缺陷责任期届满后至保修期届满前的质量保修责任完全相同。缺陷责任期届满后，即便质量保证金剩余金额已经返还，如果建设单位因应当由施工单位维修的保修期内发生的质量问题而发生维修费用，建设单位可以依法向施工单位追索。

三、质量保证金返还和维修费用

财政部和原建设部《建设工程价款结算暂行办法》（财建〔2004〕369号）第14条第1款第（四）项规定：“发包人根据确认的竣工结算报告向承包人支付工程竣工结算价款，保留5%左右的质量保证

（保修）金，待工程交付使用1年质保期到期后清算（合同另有约定的，从其约定），质保期内如有返修，发生费用应在质量保证（保修）金内扣除。”原建设部、财政部《建设工程质量保证金管理暂行办法》（建质〔2005〕7号）第9条规定：“缺陷责任期内，承包人认真履行合同约定的责任，到期后，承包人向发包人申请返还保证金。”第2条第3款规定：“缺陷责任期一般为六个月、十二个月或二十四个月，具体可由发、承包双方在合同中约定。”关于缺陷责任期内出现的缺陷的维修，其第8条规定：“缺陷责任期内，由承包人原因造成的缺陷，承包人应负责维修，并承担鉴定及维修费用。如承包人不维修也不承担费用，发包人可按合同约定扣除保证金，并由承包人承担违约责任。承包人维修并承担相应费用后，不免除对工程的一般损失赔偿责任。由他人原因造成的缺陷，发包人负责组织维修，承包人不承担费用，且发包人不得从保证金中扣除费用。”北京市高级人民法院《关于审理建设工程施工合同纠纷案件若干疑难问题的解答》（京高法发〔2012〕245号）第31条解答载明：“当事人就工程质量保修金返还期限有约定的，依照其约定，但不影响承包人在保修期限内承担质量保修责任；没有约定或约定不明的，工程质量保修金返还期限为工程竣工验收合格之日起二十四个月。”其第30条解答载明：“因承包人原因致使工程质量不符合合同约定，承包人拒绝修复、在合理期限内不能修复或者发包人有正当理由拒绝承包人修复，发包人另行委托他人修复后要求承包人承担合理修复费用的，应予支持。发包人未通知承包人或无正当理由拒绝由承包人修复，并另行委托他人修复的，承包人承担的修复费用以由其自行修复所需的合理费用为限。”

本案仲裁庭在审理查明了相关事实后所作出的裁决契合上述规定和京高法发〔2012〕245号解答的精神。仲裁实践中需要把握好两点，一是建设单位（发包人）自行修复或者委托他人修复质量问题所发生的费用是否可以直接从质量保证金中扣除，也即作为被申请人的建设单位，是作为抗辩还是必须提出反请求？本案仲裁庭是根据当事人的抗辩直接从质量保证金中扣除了建设单位发生的合理维修费用，反映了在仲裁审理类似案件时的主流裁决理念。二是建设单位（发包人）主张的维修费用究竟多少才是合理的？京高法发〔2012〕245号解答给出了两个标准，区别了施工单位拒绝修复、在合理期限内不能修复或者发包人有正当理由拒绝施工单位修复，与建设单位未通知施工单位或无正当理由拒绝由施工单位修复，实践中一般由仲裁庭根据案情对合理费用进行裁量。如果施工单位拒绝修复、在合理期限内不能修复或者建设单位有正当理由拒绝施工单位修复，只要施工单位不能举证说明建设单位所主张费用的不合理之处，一般可以全额认定建设单位主张的费用即为合理费用。如果建设单位未通知施工单位或无正当理由拒绝由施工单位修复，则相对比较复杂一些，有造价常识的仲裁员可以根据当事人双方的主张和案情进行裁量，在争议金额过大的情况下，也不排除委托鉴定机构根据工程所在地计价办法和市场价格，通过造价鉴定的方式确定合理费用。

（评析人：冯志祥）

25. 业主擅自使用后提出质量不合格抗辩的处理

裁决要旨 在难以证明及划分责任的情况下，除了地基基础工程或主体结构工程外，建设工程未经验收合格，业主擅自使用，又以部分质量不符合约定为由主张权利的，不予支持。

关键词 验收 擅自使用 质量瑕疵 质量鉴定

申 请 人：A 建筑工程有限责任公司

被申请人：B 通信设备有限公司

一 案情

申请人与被申请人签订了《建设工程施工合同》（以下简称施工合同），约定：申请人承包由被申请人作为发包方的甲路东侧灯杆工程，工程地点在甲路东，工程承包造价为 51000 元（指人民币，下同）。工程定于 2006 年 2 月 11 日开工，2006 年 3 月 25 日竣工。合同第 6 条对工程质量检查及验收进行了约定，当工程具备覆盖、掩盖条件或达到中间验收部位前，承包方自检，并于 48 小时前通知发包方参加，验收合格，发包方在验收记录上签字后，方可进行隐蔽或继续施工。工程具备竣工条件，承包方按国家和本市工程竣工有关规定，向发包方提供完整竣工资料和竣工验收报告，发包方10日内组织验收。发包方不能按约定日期组织验收，应从约定期限最后一日的次日起承担工程保管责任及应支付的费用。发包方、承包方办理工程竣工验收手续后，发包方于5日内按有关规定向质量监督机构申报竣工工程质量备案，本合同即告终止。承包人应按法律、行政法规或国家关于工程质量保修的有关规定，对交付发包人使用的工程在质量保修期内承担质量保修责任。施工合同第8条约定了工程价款及结算：2006年2月10日，被申请人付15300元；2006年4月25日，被申请人付30600元；2006年9月25日，被申请人付5100元。施工合同第13条约定要确保质量，在承包范围内，五年保修。施工合同附件是安装施工质量保证准则及报价单。

申请人称，上述合同签订后，申请人按合同约定完成了自己的义务，但被申请人仅支付了15300元，尚欠款35700元。申请人多次催要，被申请人以种种理由拒付。申请人为维护自己的合法权益，向本会提出仲裁申请。申请人的仲裁请求如下：

（一）要求被申请人支付工程款35700元；

（二）要求被申请人支付利息3759元；

（三）要求被申请人承担本案全部仲裁费用。

被申请人未提交书面答辩，在庭审中答辩称本案合同申请人不具有相应建筑资质，故本案合同为无效合同；涉案工程未竣工验收且质量不合格，施工过程中存在大量违规、违约行为，特别是工程中的钢筋及标杆垂直度严重不合格，申请人至今未提交使用材料的合格证、竣工图纸、竣工文件，致使被申请人无法及时向他方履行相关义务；申请人的上述行为给被申请人造成损失81000元，依据最高人民法院关于建筑工程的司法解释第3条，被申请人有权拒付，因此要求驳回申请人的三项仲裁请求，并提出反请求。被申请人的反请求如下：

（一）请求裁定申请人依法对承包工程进行整改，以达到工程合格；

（二）请求裁定申请人与被申请人针对承包的工程进行工程竣工验收；

（三）请求裁定申请人向被申请人依法提交和移交一套完整的工程用料合格证及承包工程竣工资料；

（四）请求裁定申请人赔偿因施工质量不合格、拒绝对工程进行整改、拒绝进行竣工验收、拒绝提供工程竣工资料等违约行为给被申请人造成的经济损失共计 81000 元。

对于被申请人的反请求，申请人在庭审中答辩称被申请人没有任何通知要求申请人进行整改，工程质量是合格的；工程已经验收并使用，现在仍在使用；相关资料已经移交给被申请人。

申请人向仲裁庭提交了下述证据：

证据一：施工合同。申请人用以证明双方的合同关系，申请人如约履行，被申请人未按约支付。

被申请人对该证据的真实性无异议，但认为不能证明申请人的请求，合同虽然签署，但申请人没有提供关于施工电信工程的建筑资质证明；实际履行中存在很多问题，工程质量不合格，没有竣工验收，申请人未提交使用材料的合格证。

证据二：利息计算说明书，申请人计算的利息是 3759 元。申请人用以证明请求的利息的计算方式，计算时包括了复利。第二次庭审中，申请人修正了该说明书，取消了复利的计算，重新计算后的利息是 3614 元。

被申请人认为合同无效且合同中没有约定违约金的计算，申请人的计算既无依据也不合理。

证据三：张华证言。申请人称张华是被申请人当时的项目经理，用以证明本案工程合格，交工后被申请人未提出过任何整改通知；双方已经进行了竣工验收，目前本案工程正在被最终用户 C 公司使用；工程用料合格证及竣工资料已经交给被申请人；本工程为临时构筑物。

被申请人认为没有相关手续证明张华的身份，项目经理必须有授权，否则不能代表公司；证人对很多事实含糊其辞，但钢架的陈述和申请人的说法相反。

第一次庭审后申请人提交了一份补充证据。

补充证据一：申请人的资质证书。申请人用以证明自己有承包本案工程的资质。

被申请人认为本证书中显示发证机关的发证时间是 2007 年 2 月 27 日，不能证明申请人施工时的资质。

被申请人向仲裁庭提交了下述证据：

证据一：供应框架协议及基站天线美化隐藏产品采购合同两份。由被申请人与 C 公司分别于 2006 年 7 月 5 日、2006 年 7 月 20 日、2006 年 10 月 9 日签署。被申请人用以证明这是为 C 公司建设的工程，申请人施工质量不合格，且没有竣工验收，使得被申请人要对第三方承担严重的违约责任。

申请人认为这些合同签署前本案合同已经履行完毕，所以上述合同与本案无关。

被申请人解释虽然签约时间晚于本案合同，但这是后来与 C 公司统一签订的合同，涉及本案工程。

证据二：结算书。被申请人用以证明工程未竣工验收，没有相应的合格证件，被申请人因此要向 C 公司承担法律责任，需要拆除重建，费用是 36490.59 元。

申请人认为这是被申请人单方编制的，没有实际意义。工程合格，不会发生这个费用。

证据三：李明的证言。李明现为被申请人商务部经理兼总经理助理，证明涉案工程当时的项目部经理是王宏，张华为项目工程师，没有见到过公司给张出具的关于签收和接收工程资料的授权书；并证明若工程未竣工验收被申请人将对最终用户承担的责任；申请人未提请被申请人进行竣工验收，也未给被申请人竣工资料或其他工程资料，本案工程质量不合格；申请人的证人张华利用职务之便，自行组建工程队伍挂靠在工程公司名下承接被申请人公司工程，从中牟利，但没有书面证据，因此公司没有追究其法律责任，只与张华解除了劳动合同。张华离职后，曾经多次与公司联系，索要涉案工程费，这与常理不相符，从这点上也可以反映出张华与施工单位有着特殊的关系。

证据四：赵龙的证言。赵龙现为被申请人工程运营部经理，证明涉案工程当时的项目部经理是王宏；证明本案工程为杆塔工程，其具体的施工工序和施工安装程序，并证明若工程未竣工验收被申请人将对最终用户承担的责任；申请人未提请被申请人进行竣工验收，也未给被申请人竣工资料或其他工程资料，本案工程质量不合格；并提交公司对工程进行验收、竣工移交及不合格工程需要填写的规范表格。

申请人认为李明和赵龙是被申请人现在的在职员工，他们之间有利害关系，其证言不应采信。但李明说的工程已经交付使用，申请人和被申请人之间没有交涉过不合格的问题，是和事实相符的。

仲裁庭于 2008 年 4 月 22 日向 C 公司发出调查函，调查涉案工程验收与否？验收结果如何？如未验收，是否已经使用，使用了多久？至今有无质量问题？ 2008 年 6 月 13 日，C 公司对上述调查函进行了回复，称涉案工程于2007年7月24日交维，已经投入使用，基站整体验收合格，已经正式交维使用。该基站的天线为天线美化方式，天线美化部分由被申请人整体负责提供，包括前期的勘察、设计，产品的生产、安装、调试，直至交维。基站交维后，未收到过维护部门关于天线杆塔质量问题的反馈。

对于前述复函，申请人无异议，认为这说明基站验收合格，说明技术资料也交付了，该函的最后一句也说明没有任何问题。

被申请人对该函提出如下意见：

（一）C公司出具的复函中，本案工程的交维日期是2007年7月24日，晚于涉案工程完工日期，很明显复函仅能证明C公司针对涉案工程验收合格，即应交维使用。这显然是C公司内部的验收和交维，不能证明该工程的施工方申请人对该工程进行了竣工验收，更不能因此就证明该工程在申请人交付给被申请人时质量合格，也不能证明该工程中使用的材料（钢筋和水泥）质量合格。

（二）该复函中，说明的是C公司针对3个基站“整体验收”。C公司的验收针对的是基站的外观、基站系统功能和状态，但不是对涉案工程的建设质量、地基质量、钢筋和水泥等建筑材料合格与否进行的验收。

（三）该复函也不能证明申请人向被申请人移交了工程竣工资料及材料合格证。

（四）涉案工程设计使用寿命、建设使用寿命是20年，被申请人需要承担5年保修责任，因申请人没有提交施工材料的合格证，涉案工程没有进行竣工验收，没有提交竣工验收资料，被申请人保修责任起算时间将无法确定。在被申请人不能确保工程质量的情况下，特别是所使用的钢筋和水泥不确定质量合格的情况下，承担的责任将是不可预见和不可控制的。

（五）正常使用不等于工程的建设质量全部合格，也不等于工程所使用的材料质量合格。

综上，被申请人认为复函不能证明涉案工程施工质量合格，工程使用的材质合格，因此希望仲裁庭对涉案工程委托专业鉴定部门进行工程质量鉴定，并针对工程材料进行质量鉴定。

二　仲裁庭意见

（一）关于施工合同的效力

被申请人提出申请人不具有相应建筑资质，故本案合同为无效合同；申请人提交了资质证书，证明自己有承担高度 120 米及以下的构筑物的资格。被申请人提出该资质证书是主管部门于 2007 年 2 月 27 日核发的，不能证明申请人施工本案工程时具有相应资质。

仲裁庭认为，虽然申请人未提供充分的证据证明在施工本案工程时具有相应的资质，仲裁庭依据现有证据无法确认本案施工合同的效力，但依据最高人民法院《关于审理建设工程施工合同纠纷案件适用法律问题的解释》的相关规定，只要建设工程经竣工验收合格，承包人请求参照合同约定支付工程价款的，应予支持，故本案合同的效力不影响双方当事人结算工程款。

（二）关于本案工程的质量

被申请人提出本案工程未经竣工验收，且工程质量不合格，由自己的商务部经理兼总经理助理李明和运营部经理赵龙对此作证，且申请人没有相关文件（竣工验收报告）证明双方对本案工程进行了验收且验收合格。申请人称本案工程已经竣工验收且工程质量合格，并已经交付最终用户使用，由原被申请人员工张华对此作证。

对于双方当事人提交的证人证言，仲裁庭认为，李明和赵龙均为被申请人的现任职员，与被申请人有利害关系，因此其提供的对被申请人有利的证言，其证明力小于其他证人证言。李明作证申请人的证人张华利用职务之便，自行组建工程队伍挂靠在工程公司名下承接被申请人公司工程，从中牟利，公司因此与张华解除了劳动合同；张华离职后，曾经多次与公司联系，索要涉案工程费，并据此推断张华与施工单位有着特殊的关系。在庭审质询中，李明称是公司总经理和人事部告知其张华的离职原因为前述原因；赵龙在庭审中则称张华离职是因为张华作为项目工程师，没有按公司的规范要求做事。被申请人的两位证人在张华的离职原因上说法不一，且李明对张华利用职务之便，自行组建工程队伍挂靠在工程公司名下承接被申请人公司工程，从中牟利的事实并非自己了解，只是听公司总经理和人事部所说，属于传闻证据，证明效力更低，况且也称公司对此并无证据；至于张华与施工单位有着特殊的关系，是李明自己的推断，并非对事实的了解，故对于李明的张华因利用职务便利牟利而离职及与申请人有特殊关系的证言，仲裁庭不予采信。张华作为本案工程施工时被申请人负责现场的员工，对此被申请人并无异议，李明的证言亦可证实，虽张华已从被申请人处离职，但无证据证明其与申请人有利害关系，故仲裁庭认为其所陈述的相关内容，其证明力要高于李明和赵龙的证言。

关于本案工程的验收及质量问题，仲裁庭认为，施工合同第6条对工程质量检查及验收进行了明确约定，包括隐蔽工程的验收程序及工程竣工后的验收程序。根据庭审中双方当事人的陈述及双方提供的证人证言可以确认，双方当事人没有按照合同约定的程序进行隐蔽工程的验收及竣工验收。根据申请人的陈述、李明的证言及本案工程最终用户C公司的复函，本案工程已经交付最终用户使用，对此被申请人未提出异议，故仲裁庭认定，本案工程双方当事人未按照施工合同的约定程序进行竣工验收，被申请人已经将工程交付最终用户使用。经仲裁庭审理查明，本案工程最终用户C公司迄今为止未因工程质量问题向被申请人索赔过，被申请人亦未举证证明在本案提起之前，曾与申请人就工程质量问题进行过交涉或向申请人主张过工程质量不合格。根据本案工程最终用户C公司的复函，本案工程于2007年7月24日交付，已经投入使用，基站整体验收合格。虽然被申请人提出C公司的验收针对的是基站的外观、基站系统功能和状态，不是对涉案工程的建设质量、地基质量、钢筋和水泥等建筑材料合格与否进行的验收，但仲裁庭认为，C公司的复函明确写明是“基站整体验收合格”，从中无法得出仅仅是“基站的外观、基站系统功能和状态”验收合格，故对于被申请人的主张仲裁庭不予支持，仲裁庭认定本案工程最终用户C公司已经确认工程质量合格。另依据最高人民法院《关于审理建设工程施工合同纠纷案件适用法律问题的解释》第13条的规定，建设工程未经竣工验收，发包人擅自使用后，又以使用部分质量不符合约定为由主张权利的，不予支持；但是承包人应当在建设工程的合理使用寿命内对地基基础工程和主体结构质量承担民事责任，故被申请人现在主张本案工程质量不合格，据此主张权利，仲裁庭无法支持。综上，对于被申请人要求对本案工程质量及工程用料进行鉴定的申请，仲裁庭认为在本案中没有必要。

（三）关于申请人的仲裁请求

申请人的第一项仲裁请求是要求被申请人支付工程款35700元。

根据前述仲裁庭意见，本案工程虽然未按照施工合同的约定程序进行竣工验收，但已由被申请人交付最终用户使用，被申请人即应向申请人支付工程款。

根据施工合同约定，工程承包造价 51000 元，申请人称被申请人已经支付 15300 元，对此被申请人并未提出异议，故本案工程项下被申请人尚欠申请人 35700 元工程款。故被申请人应向申请人支付的工程款为 35700 元。

申请人的第二项仲裁请求是要求被申请人支付利息 3759 元。由于 3759 元的利息中有复利的计算，申请人在第二次庭审中重新计算了利息，重新计算后变更为 3614 元。

被申请人认为施工合同中没有约定违约金，所以不认可申请人的利息主张。

仲裁庭认为，虽然施工合同中没有违约金的约定，但依据最高人民法院关于逾期付款违约金应当按照何种标准计算问题的批复，对于合同当事人没有约定逾期付款违约金标准的，可以参照中国人民银行规定的金融机构计收逾期贷款利息的标准计算逾期付款违约金。故申请人按照中国人民银行同期贷款利率计算违约金，不违反上述规定，仲裁庭予以支持。

（四）关于被申请人的反请求

被申请人的第一项反请求是请求裁定申请人依法对承包工程进行整改，以达到工程合格；第二项反请求是请求裁定申请人与被申请人针对承包的工程进行工程竣工验收。

根据前述仲裁庭认定的事实，被申请人已经将工程交付最终用户使用，最终用户 C 公司已经确认工程质量合格，故被申请人的第一项反请求没有事实依据，仲裁庭不予支持，第二项反请求已经没有必要，仲裁庭亦不予支持。

被申请人的第三项反请求是请求裁定申请人向被申请人依法提交和移交一套完整的工程用料合格证及承包工程竣工资料。

根据张华的证言，申请人将工程用料合格证及工程竣工资料交给了张华，张离职时将上述资料交给了被申请人公司职员赵龙。赵龙否认收到过上述资料。根据前述仲裁庭对张华和赵龙证言效力的认定，结合最终用户C公司已经确认基站整体验收合格的事实，仲裁庭决定采信张华的证言，认定申请人已经将工程用料合格证及工程竣工资料交给了被申请人负责现场的员工张华。根据被申请人的陈述及被申请人两位证人的证言，被申请人对于谁为工程项目经理及项目经理和项目工程师各有什么样的权利，并没有给予申请人任何文件予以说明，故申请人有理由认为现场负责的张华可以代表被申请人接收工程资料，申请人将工程用料合格证及工程竣工资料交给被申请人现场负责人张华可以视为交给了被申请人。至于张华离职时是否将工程资料交给了赵龙，则属于被申请人公司内部问题。故对于被申请人的第三项反请求，仲裁庭不予支持。

被申请人的第四项反请求是请求裁定申请人赔偿因施工质量不合格、拒绝对工程进行整改、拒绝进行竣工验收、拒绝提供工程竣工资料等违约行为给被申请人造成的经济损失共计81000元。

根据前述仲裁庭认定的事实，最终用户C公司已经确认工程质量合格，申请人已经将工程用料合格证及工程竣工资料交给了被申请人；另被申请人未提供充分的证据证明曾经要求过申请人进行整改而申请人拒绝对工程进行整改；双方当事人虽然没有按照合同约定的程序进行隐蔽工程的验收及竣工验收，但被申请人未提供充分的证据证明是因为申请人拒绝进行竣工验收造成的；被申请人对经济损失81000元亦未提供充分的证据予以证明，故被申请人的第四项仲裁请求没有事实依据，仲裁庭不予支持。

（五）关于本案仲裁费用

鉴于本案中申请人的仲裁请求没有得到全部支持，被申请人的反请求全部没有得到支持，本案中本请求的仲裁费用应由申请人承担 1%，被申请人承担 99%；本案中反请求的仲裁费用应全部由被申请人承担。

三　裁决

基于上述案情与理由，仲裁庭依法裁决如下：

（一）被申请人向申请人支付工程款 35700 元。

（二）被申请人向申请人支付欠付的工程款利息 3614 元。

（三）驳回被申请人的全部仲裁反请求。

（四）本案本请求仲裁费 7022.95 元，由申请人承担 1%，即 70.23 元，被申请人承担 99%，即 6952.72 元。鉴于申请人已向本会预交了全部本请求仲裁费用，被申请人应向申请人支付代其垫付的仲裁费用 6952.72 元。本案反请求仲裁费 14790 元（已由被申请人全额预交），由被申请人承担。

上述被申请人应向申请人支付的款项，被申请人应自收到本裁决书之日起十日内付清。

评析

本案双方的争议焦点主要在于工程未经竣工验收，但已交付第三人使用，被申请人能否以工程未经竣工验收，质量不符合约定为由主张权利。案例涉及质量瑕疵的认定及其违约责任的承担。

关于建设工程纠纷中质量瑕疵的认定及其违约责任的承担，主要涉及三个方面的问题：一是对司法解释的理解；二是承包人提起仲裁要求发包人支付工程款，发包人主张工程质量不合格，应当主张抗辩还是提起反请求；三是关于工程质量鉴定问题。

一、关于对司法解释的理解

《最高人民法院关于审理建设工程施工合同纠纷案件适用法律问题的解释》第 11 条、12 条和 13 条对质量瑕疵的认定及其违约责任的承担进行了规定。

司法解释第 11 条规定："因承包人的过错造成建设工程质量不符合约定，承包人拒绝修理、返工或者改建，发包人请求减少支付工程价款的，应予支持。"第 12 条规定："发包人具有下列情形之一，造成建设工程质量缺陷，应当承担过错责任：（一）提供的设计有缺陷；（二）提供或者指定购买的建筑材料、建筑构配件、设备不符合强制性标准；（三）直接指定分包人分包专业工程。承包人有过错的，也应当承担相应的过错责任。"第 13 条规定："建设工程未经竣工验收，发包人擅自使用后，又以使用部分质量不符合约定为由主张权利的，不予支持；但是承包人应当在建设工程的合理使用寿命内对地基基础工程和主体结构质量承担民事责任。"

对司法解释第 11 条的理解，要注意以下几个方面：

（1）因承包人的过错造成建设工程质量不符合约定，承包人拒绝修理、返工或者改建，发包人可以工程质量不符合约定为由提出抗辩，请求在工程价款中扣减修理、返工或改建的合理费用，也可以提起反请求，要求承包人支付修理、返工或改建的合理费用。

（2）实践中如果质量缺陷尚未修复，一般应首先请求承包人予以修复，而不能直接请求要求赔偿修复费用。发包人还可以先通知承包人修复，在承包人拒绝修复或者发包人有正当理由拒绝承包人修复的情况下，委托他人修复，然后对于产生的修复费用提起请求要求承包人承担。

（3）发包人未通知承包人或无正当理由拒绝由承包人修复，并另行委托他人修复的，承包人承担的修复费用以由其自行修复所需的合理费用为限。因另请他人而增加的费用不应由承包人承担。

对司法解释第12条的理解，主要涉及其中第2款“承包人有过错的，也应承担相应的过错责任”的理解和适用。一般认为承包人具有下列情形的，可以认定其有过错：

（1）承包人明知发包人提供的工程设计有问题或者在施工中发现设计文件和图纸有错误，而没有及时提出，并继续施工的；

（2）对发包人提供的建筑材料、建筑构配件、设备等未按规定进行检验或检验不合格仍继续使用的；

（3）对发包人提出的违反法律、法规和建设工程质量、安全标准，降低工程质量的要求未拒绝而进行施工的。

对司法解释第13条的理解，要注意以下几个方面：

（1）建设工程未经验收擅自使用的，由发包人承担责任，发包人擅自使用后，又以质量不合格为由请求减少支付工程价款的，不予支持；

（2）发包人仅就擅自使用部分出现的质量问题承担责任；

（3）承包人仍应在合理使用寿命内对地基基础工程和主体结构质量承担民事责任；

（4）未经验收擅自使用的，承包人仍需要根据合同约定承担保修义务。

二、承包人提起仲裁请求要求发包人支付工程款，发包人主张工程质量不合格，应当抗辩还是应当提起反请求？

申请人提起仲裁申请，请求被申请人支付工程款，被申请人认为工程质量存在问题，要求减少价款、给予修复或赔偿修复费用，是提起反请求还是进行抗辩？

北京市高级人民法院《关于审理建设工程施工合同纠纷案件若

干疑难问题的解答》第28条规定：

承包人要求支付工程款，发包人主张工程质量不符合合同约定给其造成损害的，应按以下情形分别处理：

（1）建设工程已经竣工验收合格，或虽未经竣工验收，但发包人已实际使用，工程存在的质量问题一般应属于工程质量保修的范围，发包人以此为由要求拒付或减付工程款的，对其质量抗辩不予支持，但确因承包人原因导致工程的地基基础工程或主体结构质量不合格的除外；发包人反诉或另行起诉要求承包人承担保修责任或者赔偿修复费用等实际损失的，按建设工程保修的相关规定处理。

（2）工程尚未进行竣工验收且未交付使用，发包人以工程质量不符合合同约定为由要求拒付或减付工程款的，可以按抗辩处理；发包人要求承包人支付违约金或者赔偿修理、返工或改建的合理费用等损失的，应告知其提起反诉或另行起诉。

（3）发包人要求承包人赔偿因工程质量不符合合同约定而造成的其他财产或者人身损害的，应告知其提起反诉或另行起诉。

北京市高院的以上规定可以作为当事人和仲裁庭处理该类问题的参考。

三、关于工程质量鉴定

工程质量是否存在质量问题，涉及专业技术问题，一般情况下必须通过进行工程质量鉴定才能作出判断。因此，工程质量鉴定是解决工程质量争议的常见方法。关于工程质量鉴定，涉及申请质量鉴定的主体和鉴定内容、当事人的质量鉴定申请能否被接受，以及对质量鉴定意见的质证和采纳等问题。

（一）关于申请质量鉴定的主体和鉴定内容

通常情况下，申请鉴定的主体一般是发包人。鉴定申请应当包括如下内容：

（1）是否存在质量问题？质量问题产生的原因？质量问题存在的范围、分布情况等？

（2）存在质量问题下的修复方案鉴定。

（3）关于修复方案的造价鉴定。

具体的鉴定内容要根据个案的实际情况来考虑。

（二）关于当事人的质量鉴定申请能否被接受的问题，要考虑以下几个方面

（1）建设工程竣工并经验收合格后，承包人要求发包人支付工程价款，发包人对工程质量提出异议并要求对工程进行鉴定的，一般不予支持；

（2）建设工程竣工但未经验收，承包人要求发包人支付工程价款，发包人对工程质量提出异议并要求进行鉴定的，一般应予支持；

（3）当事人在申请仲裁之前或在仲裁过程中已经共同选定具有相应资质的鉴定机构对建设工程作出了鉴定结论，仲裁中一方当事人要求重新鉴定的，一般不予支持，但有证据证明鉴定结论具有《最高人民法院关于民事诉讼证据的若干规定》第27条第1款规定的情形除外。

仲裁庭在考虑是否同意当事人的鉴定申请时，还通常要考虑以下几个因素：

（1）双方的争议是否属于一个专业的技术质量问题？

（2）双方的争议是否属于对存在质量问题的争议，还是对引起质量问题的原因存在争议，或者二者兼而有之？

（3）是否具备进行质量鉴定的条件，能否作出明确的鉴定结论？

（三）关于对质量鉴定意见的质证和采纳

《最高人民法院关于民事诉讼证据的若干规定》第29条规定：“审判人员对鉴定人出具的鉴定书，应当审查是否具有下列内容：

（一）委托人姓名或者名称、委托鉴定的内容；（二）委托鉴定的材料；（三）鉴定的依据及使用的科学技术手段；（四）对鉴定过程的说明；（五）明确的鉴定结论；（六）对鉴定人鉴定资格的说明；（七）鉴定人员及鉴定机构签名盖章。”

参照最高院《证据规则》第29条的规定，实践中，对于质量鉴定意见的质证和采纳，要重点考虑以下几个方面的问题：

（1）鉴定单位的主体资格？

（2）实际鉴定的内容是否符合委托鉴定书的要求，是否存在超范围鉴定？

（3）委托鉴定的材料是否具有真实性、合法性、关联性？

（4）鉴定的依据是否存在问题？

（5）是否出具了明确的鉴定结论？

本案中，被申请人主张申请人完成的工程存在质量问题，并提出反请求，要求申请人对承包的工程进行整改并赔偿因质量不合格造成的经济损失，被申请人并提出了工程质量及工程材料鉴定申请。仲裁庭根据双方的举证情况和查明的事实，虽然认定涉案工程双方当事人未按照合同约定的程序进行竣工验收，但是被申请人已经将工程交付最终用户使用，且最终用户也未向被申请人主张过工程质量问题，被申请人也未在本案仲裁之前向申请人主张过工程质量问题，故认定涉案工程的最终用户已经确认工程质量合格，并据此驳回了被申请人的鉴定申请以及被申请人的反请求。这样的裁决无疑是正确的。

（评析人：檀中文）

26. 未验收工程竣工日期与质量风险转移的认定

裁决要旨 建设工程未竣工验收，发包方擅自使用的，视转移占有之日为工程竣工之日，工程质量风险转移至发包方。发包方怠于行使保修权利，未能保留足够证据，其质量抗辩不予支持。

关键词 竣工日期 质量风险 保修

申 请 人：A有限公司

被申请人：B工程总公司

一 案情

申请人称，双方于2005年5月23日签订了《建设工程施工合同》（以下简称本案合同）及《通风空调改造工程补充合同条款》各一份，约定由被申请人承揽申请人位于S市场的冷暖空调安装，合同金额为2379397元。被申请人施工后空调至今一直无法供热，且调试故障频繁，不能正常使用。由于冬季空调不能正常供暖，造成申请人白白支出电费却不能正常使用空调，申请人市场商户因无法忍耐寒冷大量退租，给申请人带来极大的经济损失。故诉至贵委依法裁判。

申请人的仲裁请求为：

1. 请求被申请人全面调试空调，在 2008 年 11 月份前达到空调制热等方面的验收标准；

2. 被申请人承担不当履行造成的电费损失 572151.16 元，商户退租损失 550397 元，合计 1122548.16 元；

3. 由被申请人承担仲裁费用。

被申请人当庭进行了答辩，被申请人辩称，双方确实签订了本案合同和补充合同，合同的总价款应该是 2379397 元，后来工程增加量为 309729 元，合计 2689106 元。2006 年 8 月 30 日双方办理了验收手续。申请人一直正常使用，从来没有通知过被申请人质量有问题，被申请人要求付款时，申请人仅付了一小部分工程款，大部分工程余款没有给付。本案空调质量没有问题，请求仲裁庭驳回申请人的请求。

二　仲裁庭意见

本案涉及的是《建设工程施工合同》纠纷，工程承包范围是暖通空调设备，通风系统。双方争议的焦点问题是：被申请人是否应当就申请人所称“空调无法供热”承担责任。涉及的主要争议问题有：工程验收问题；工程质量问题；工程的保修期等问题。

仲裁庭认为，双方的主张和抗辩形成了若干争议点，面对双方的争议，仲裁庭应当依据相关的法律规定，根据已查明的事实及对双方提交证据的采信情况作出相应的判断。

双方提交证据情况如下：

申请人的证据是：1.《建设工程施工合同》及其《补充合同条款》；2.《空调使用说明书》；3.《L 空调调试整改函》；4. 申请人给市场商

户开出的收取场地租金的发票；5.《X市市场场地租赁合同》；6.申请人主张的由于空调冬季不制暖造成电费损失及商户退租损失的数额计算；7.申请人提交的退租后场地已经空置的照片；8.由被申请人出具的《暖通设备安装施工方案》。

被申请人的主要质证意见是：认可申请人证据1、2、8的真实性，不认可证据3、4、5、6、7的真实性及关联性。被申请人认为，申请人没有就工程存在质量问题举证，工程已经完工并验收，交付使用已有三年，被申请人从未接到过申请人提出的工程存在质量问题的通知。

庭审中，申请人向仲裁庭提交了一份鉴定申请，提出对“暖通空调是否达到冷暖验收标准”进行鉴定。

被申请人的证据是：1.《中央空调报价清单》；2.《建设工程施工合同》；3.《补充合同条款》；4.通风空调项目洽商及价格清单；5.系统运行及《验收单》；6.《付款申请》。

申请人的主要质证意见是：认可被申请人证据1、2、3、6的真实性、关联性、合法性。不认可证据4、5的真实性。申请人认为，证据4“洽商单”，及证据5“验收单”上申请人签字人“李明”的签字是否为本人所签，需要核实。但申请人认可证据4、5原件和复印件是一致的。

针对申请人的鉴定申请，被申请人认为，工程在2005年8月施工完毕，制冷已经过了验收，没有接到申请人有关“无法供热”质量问题的通知，申请人已经使用了三年，已经过了质保期，不同意进行鉴定。

列明上述举证、质证情况，有助于发现双方对关键证据的真实性是否存在异议以及争议情况等问题。仲裁庭认为，对这个问题的了解和判断，可以更清晰地反映出，仲裁庭对解决案件争议起关键作用的证据是否采信的判断情况。

首先，仲裁庭注意到，申请人向仲裁庭提交了一份证据3，《L空调调试整改函》。申请人认为，这是证明被申请人工程质量有问题的主要证据。仲裁庭认为，这份证据应当被认为是判断本案争议的关键证据，被申请人不认可这份证据的真实性，仲裁庭认为，被申请人对此份证据真实性提出的异议是不成立的。理由是：开庭时申请人出示了此份传真的原件，被申请人虽然不认可其真实性，但是并未提出充分的理由否认；从函件的内容看，是2007年5月申请人与空调厂家相关部门联系解决冬季空调供暖不理想问题时，厂家以传真方式给申请人的回函，仲裁庭没有发现可以认为此份传真是伪造的嫌疑，因此，仲裁庭对此份传真的真实性予以确认。

同时，仲裁庭还注意到，被申请人向仲裁庭提交了证据4及证据5，"洽商资料"和"系统运行及《验收单》"。被申请人认为，这是证明申请人认可工程质量没有问题的主要证据。仲裁庭认为，这两份证据应当被认为是判断争议的关键证据，申请人不认可这两份证据的真实性，仲裁庭认为，申请人对此份证据真实性提出的异议是不成立的。理由是：开庭时被申请人出示了证据的原件，申请人虽然不认可真实性，但是并未提出充分的理由否认，申请人对这两份证据上己方负责人李明的身份及签字真实性的异议均不成立。一是，申请人不否认合同中约定了：发包人派驻的工程师为：李明；职权为："设备材料检验，工程量确认"等内容；二是，从申请人自己所举证据3，厂家回函的收件人亦为"李明"；工程量变更单及多份洽商单，签字人也均为"李明"，观察八处申请人不认可真实性的"李明"的签字，与一份申请人认可真实性的被申请人证据6上"李明"的签字相比对，以一般人的注意，未发现"李明"签字书写人的同一性有可疑点；三是，申请人没有否认发生了由"李明"签字的《验收单》等文件上所记载的事实，因此，仲裁庭对这两份证据的真实性予以确认。

经审理，仲裁庭查明以下主要事实：

1. 双方均提交了一份于 2005 年 5 月 23 日签订的《建设工程施工合同》，均认可本案合同真实有效；

2. 双方均提交了一份于 2005 年 5 月 23 日签订的《补充合同条款》，均认可补充合同条款真实有效；

3. 双方均认可本案合同所涉工程于 2005 年 8 月施工完毕，并交付使用；

4. 双方在本案合同专用条款中约定的验收适用标准和规范文件名称为："《通风与空调工程施工质量验收规范》GB50243-2002"，双方认可本案合同所涉工程及设备应当具备冷、暖两种功能，上述标准包括了冷、暖两项功能的验收内容；

5. 双方在本案合同专用条款中约定"发包人向承包人提供图纸日期和套数：2005 年 2 月提供图纸一套，2005 年 5 月提供变更图纸一套"；

6. 双方在补充合同条款约定：承包方应保证原设计使用功能，不得随意增减、变更，材料、材质、设备应符合原设计要求；

7. 双方在本案合同专用条款中约定了空调系统设备为"L 空调"；

8. 双方在本案合同专用条款中确认，发包人派驻的工程师为：李明；职权为："设备材料检验，工程量确认"；双方确认，发包人委托李明同时负责工程监理，发包人委托李明的监理职权为"通风空调项目施工监理，工程量核实"；

9. 双方认可工程施工完毕交付使用时，未依约办理完整的竣工验收手续，但是，在三年的使用中，工程的制冷始终符合使用要求。

仲裁庭认为，要判明双方争议的焦点问题，应当从对本案涉及的主要争议问题进行分析判断入手，以期查明在工程验收、工程质量、工程保修期等主要争议问题上，与申请人的请求直接相关的“基本事实”能否被证实；与申请人的请求直接相关的“主要证据”是否充分，由此得出是否支持申请人主张的正确结论。因此，仲裁庭对双方争议的主要问题分析判断如下：

（一）关于工程的验收问题

对工程的验收问题双方各有说法，申请人称，2005 年 8 月施工完毕后，双方就没有完整的竣工验收，2006 年 8 月才有一个对于制冷的验收；被申请人称，2005 年 8 月工程完工后即交付给申请人使用，申请人使用的三年中没有提出有质量问题，应当视为验收合格，2006 年 8 月双方的验收也可以证明工程“质量合格”。

那么，工程是否经过了验收，是否属于视为验收合格的情形呢，从以下几点分析：

第一，从验收的法律法规适用上看：本案涉及的是《建设工程施工合同》纠纷，国家对建设工程施工管理的法律法规应当适用本案。《建筑法》第 61 条规定：“建筑工程竣工验收后，方可交付使用；未经验收或者验收不合格的，不得交付使用”；《中华人民共和国合同法》第 279 条、《建设工程质量管理条例》第 16 条亦作了基本相同的规定。因此，依据法律法规的规定，建筑工程只有经过验收合格后，方可使用，未经验收的不得交付使用。作为工程的施工方，交付合格的施工成果，是施工方应当履行的责任，发包方及时组织验收，经验收合格后，应当办理竣工验收手续，此后才有使用工程的条件。如果未经验收或者虽经验收但未办理相应验收手续，发包方使用了工程，无疑就会发生工程质量风险的转移，也可以说在没有证据证明验收的情况下就使用了工程，这种对工程的使用，违反了相关法规的规定，也是对工程可能存在的质量风险自愿承担质量责任。或者说，使用工程本身可以被视为对工程质量认可。结合本案，申请人在未办理竣工验收手续的情况下就接收和使用了本案工程，这是将工程质量的风险由被申请人转移到了申请人身上。接收被申请人交付的工程并使用了工程，应当视为工程已经验收合格，依据相关法规及最高人民法院的相关司法解释，工程的竣工日期也应当依据接收并使用工程的日期确定。

当然，仲裁庭也注意到，本案涉及的建设工程施工合同承包范围是，暖通空调设备，通风系统施工，这类工程的验收与土建等工程验收相比较，除了应当符合国家法律法规对有关验收的一般规定外，也应当符合专业规范的要求。本案工程的验收应当包括工程施工的交工验收，即工程交付时的竣工验收以及在适应季节时的测试调整。这里的问题是，不能对施工竣工交付验收和在质保期内对适应季节时的设备运行测试调整混为一谈。在 GB50243-2002《通风与空调工程施工质量验收规范》中，关于竣工验收的 12.0.1 中有如下规定，“通风与空调工程的竣工验收，是在工程施工质量得到有效监控的前提下，施工单位通过整个分部工程的无生产负荷系统联合试运转与调试和观感质量的检查，按本规范要求将质量合格的分部工程移交建设单位的验收过程。”“3.0.14 通风与空调工程施工质量的保修期限，自竣工验收合格日起计算为二个采暖期、供冷期，在保修期内发生施工质量问题的，施工企业应履行保修职责，责任方承担相应的经济责任。”“6 为保证通风与空调工程使用效果与工程质量验收的完整，本规范对工程综合效能测定与调整作出了规定。”上述表述说明：竣工交付验收和设备使用中的测试调整处在两个不同的阶段，由此我们可知：没有办理竣工验收的工程，不得使用；在设备的交付使用前可以也应当完成工程的竣工验收手续的办理；竣工验收时间是启动两个采暖季的起点时间；在进入两个采暖季的质保期内完成的是设备运行测试调整。本案中，由于申请人没有办理竣工验收就使用了工程，因此，应当视为工程已经竣工，开始使用工程的时间应当确定为工程开始进入保修期的时间。

第二，从本案证据提交情况看：仲裁庭注意到，从现有证据看，可以判断在工程没有办理相关验收手续的情况下申请人即使用了工程。首先，双方在开庭时均认可工程于2005年8月完工并交付给了申请人使用。其次，申请人在空调设备的使用中没有提出安装工程本身有什么问题；也没有提出空调的制冷有什么问题；只是提出空调的供暖不理想的问题。仲裁庭认为，申请人对上述情况的陈述，说明了其认可工程处于使用的状态。再次，申请人提交了证据4，提出从2005年11月份到2008年3月份在使用空调设备时，由于空调只能制冷而供暖不理想，因此造成申请人白白支出了三个冬季的电费，因此，电费应当由被申请人承担，这一证据也证明了设备的使用情况。从上述证据看，确定工程于2005年8月31日完工并交付给了申请人使用是有相应依据的。

第三，从双方办理的《验收单》看：如前所述，仲裁庭确认了2006年8月30日双方签字确认的《验收单》是真实的。那么，如何看待这份验收单呢，仲裁庭有如下分析判断：首先，这份验收单首先应当被看作是申请人接收使用工程后，对空调在使用中的测试调整性验收，这一点可从验收单的内容上得到证实：测试验收在2006年8月进行，正是对制冷有需求的季节，验收单“验收结果”一栏的全部内容表述如下：“本工程已于2006年2月1日施工完毕，经夏季运行及系统调试后，符合GB50243-2002的验收标准，并且全部达到甲方的使用要求。”从这部分内容上看，具有使用中测试验收的性质。其次，这份验收单还应当被看作是申请人接收使用工程后，对接收工程时未办理验收手续的弥补和追认。验收单“建设单位验收意见”一栏的全部内容表述如下：“由 B 工程总公司施工的空调系统，经 2006 年的调试，已经达到使用要求，并且符合 GB50243-2002 的验收标准。”从这部分内容看，此份验收单上所载的内容，可以看出承载了“使用中测试调整”以及“追认竣工验收”的双重表达含义。再次，仲裁庭也注意到，验收单上验收内容一栏中有“空调制冷系统的验收”的表述，那么，能不能理解为，这份验收单不涉及“制热验收”呢，仲裁庭认为，这种认识依据不足。因为，从本案双方未及时履行规范的验收手续看，此份验收单的表述也并不完全规范，仲裁庭只能从双方的文字信息上解读和判断双方的真实意思。如前所述，双方在验收单上两次表述了整个工程符合国家相关验收标准的明确意思，仲裁庭理解，写明制冷验收，是因为这份验收单的签署，源于对使用中制冷效果的测试验收；验收中，使用效果理想，符合规范，双方表述了工程验收合格的意思。由于本案空调机是“冷暖型”的，从空调设计原理上讲，制冷与制热的转换，完全可以通过正确的使用操作以及必要的系统调试实现，换言之，工程验收合格后，机械性能上能够满足制冷，就应当可以实现制热。因此，仲裁庭认为，对“制热验收问题”应当作这样的理解：没有充分依据认为上述验收单排除了对“制热验收合格”的表述；没有证据证明“制热验收”不合格；但是也没有证据表明，双方在冬季作了“制热测试调整验收”。综上，仲裁庭认为，双方没有办理验收手续，工程进入了使用状态，应当视为验收合格。验收单上有关工程验收符合规范的表达，是对竣工验收合格的追认，因此，工程的竣工日期应确定为 2005 年 8 月 31 日。

（二）关于工程的质量问题

由于本案属于建设工程中的机电工程项目，工程的质保期自竣工验收合格日起计算为“二个采暖期、供冷期”，在保修期内发生施工质量问题的，施工企业应履行保修职责，保修期内有责任对使用中的故障进行免费维修。本案中，申请人称，2006年冬天知道空调制热功能不完全具备，找了被申请人，但没有解决，直到2007年生产厂家才给了一个函。仲裁庭注意到，这里所说的“函”即为申请人提交的证据3，《L空调调试整改函》。申请人认为，此份函件可以证明由被申请人施工的本案工程存在质量问题。仲裁庭认为，申请人提出的“质量问题”没有充足的证据证实。从以下几点看：第一，从发此份函件的前提看：这份函件是H有限公司（以下简称为H）发给申请人的函，发函原由的表述是：“申请人提出说采暖效果不理想，部分机组在运行一段时间时出现压缩机过热保护。秉承顾客至上的理念，从而快速解决问题，特对贵方提出的问题作出如下整改调试验收方案。”从上述内容的表述看，提到的“问题”既不是H经过鉴定得出的结论，也不是有被申请人参与确认的问题，只是申请人“提出”的“采暖效果不理想”，因此，首先从当时所提到的问题，事实上是否存在就没有得到客观上的确认。第二，从H对问题出现原因的分析上看：H的表述为：“设备在冬天外机组运行保护，制热效果不好，原因为冬天外机运行，部分机组连接管道过长，系统过脏出现半堵，影响室外机组热交换，回气压力过高压缩机保护影响制热效果。”从上述的表述中提到的，如果存在管长或脏的问题，应当考虑设计图纸和使用中的清洁养护问题，不应当属于工程质量问题。第三，从H提出的整改方案内容看：提出了三项措施，一是全面“检查”设备，“清洗”室外机组冷凝器；二是统检管道运行压力“补足”制冷剂；三是“更换”室外机电机风扇加大外机组热交换风速，“提高制冷制热”工作量。仲裁庭认为，从上述整改内容看，提出加大风速、进行调试、养护，针对的是“提高制冷制热”工作量的目标，是要提高设备的整体性能，这表明，方案并没有反映出设备出现了不能制热的质量问题，也没有反映出设备出现了通过加大风速、调试、养护仍不能解决的问题。

仲裁庭认为，当事人就自己提出的主张负有举证证明的义务。本案中，申请人未能就设备不能供热的主张向本仲裁庭提交充足的证据；也未能就设备不能供热是由被申请人工程质量不合格造成的提交充足的证据，因此，本仲裁庭没有足够的依据支持申请人提出的工程质量不合格的主张。

（三）关于质保期问题

由国务院制定的《建筑工程质量管理条例》第39条明确规定，建设工程实行质量保修制度，第40条规定了在正常使用条件下，建设工程的最低保修期限。适用本案工程内容的规定是：“供热与供冷系统，为2个采暖期、供冷期。”如前所述，由于双方没有办理验收手续，工程进入了使用状态，应当视为验收合格。工程的竣工日期应确定为2005年8月31日。依据有关规定2005年8月31日也应当作为两个采暖期、供冷期的起算日，从2005年8月31日视为竣工起，至2007年11月15日，第三个采暖供冷季到来前，应当作为被申请人对工程履行质量保修的责任期。庭审中，申请人称，就2005年、2006年冬季空调不制热的问题，多次找过被申请人协商。被申请人辩称，工程质量没有问题，申请人在使用空调设备的三年中，从未因质量问题找过被申请人，从未听说过设备出现了质量问题，另外工程已经过了质保期。仲裁庭注意到，申请人认可关于因质量问题找过被申请人的情况，没有保留相应的证据证实，另外，申请人不认可工程进入保修期的说法，申请人认为制热工程没有办理验收，应当视为没有完工，不存在保修的问题。仲裁庭认为，被申请人所持工程没有完工的观点，是不成立的，理由如前面所述，这里不作展开论述。仲裁庭认为，无论是申请人所主张的经过三年的使用，认为工程存在不供暖的质量问题；还是质保期内发现设备出现了只能制冷而供热不理想的问题，均应当在一定的期限内向被申请人提出主张。仲裁庭注意到，自申请人认可接收使用工程至提请仲裁的2008年6月份，已经过去了近三年，申请人没有证据证实因工程质量或者设备性能问题找过被申请人。如前分析，按照现有的事实及相关证据判断，自申请人使用工程至今已经过了质量保修期，退一步讲，即便在使用中发生了应当由施工方免费履行保修责任的情形，也会因为权利人怠于履行自己的相关权利，产生自动放弃的后果。仲裁庭认为，除上述已作了分析判断的内容外，仲裁庭在没有充足的依据以双方没有单独进行制暖性能测试就可以反推制暖存在质量问题的情况下；在双方明确约定工程图纸由申请人提供的情况下；在申请人认可工程本身及制冷均没有问题的情况下，仲裁庭没有依据支持申请人的主张。

（四）关于申请人的第一项仲裁请求

申请人的第一项仲裁请求是："请求被申请人全面调试空调，在2008年11月份前达到空调制热等方面的验收标准。"被申请人认为申请人的主张没有依据，因此不同意申请人的请求。如前所述，对使用中的空调设备的调试应当在规定的"2个采暖期"内提出。鉴于申请人没有证据证实在质保期内通知过被申请人做上述调试；鉴于申请人没有证据证实此前设备出现了质量问题；鉴于申请人向仲裁庭主张的是对没有到来的、质保期以外的、第三个采暖季的保障性测试，仲裁庭不支持申请人的此项仲裁请求。

（五）关于申请人的第二项仲裁请求

申请人的第二项仲裁请求是：请求被申请人"承担不当履行造成的电费损失572151.16元，商户退租损失550397元，合计1122548.16元"。被申请人同样认为申请人的主张没有依据，因此不同意申请人的这一请求。仲裁庭注意到，申请人认为，在近三年的使用中，由于设备不能正常供热，要求被申请人承担其多支出的电费及商户因市场太冷而退租的损失。仲裁庭认为，鉴于申请人没有就被申请人施工的工程存在质量问题举证；鉴于申请人使用的工程已过了保修期；鉴于上述两项损失数额的主张与申请人自己提出的“空调调试”、“履行不当”的说法之间缺乏关联性，因此，仲裁庭不能支持申请人提出的上述“损失”请求。

（六）关于本案仲裁费

鉴于前述仲裁庭对案件分析判断情况，本案仲裁费全部由申请人承担。

三　裁决

基于以上事实和理由，仲裁庭裁决如下：

（一）驳回申请人的全部仲裁请求；

（二）本案仲裁费 39407.83 元（已由申请人预交），全部由申请人承担。

评析

本案虽然涉及工程验收、工程质量、工程保修期等争议问题，但其核心问题只有一个，即：如何认定争议工程的竣工验收时间。对此，申请人和被申请人各执一词：申请人认为，2005 年 8 月施工完毕后，双方没有完整的竣工验收，2006 年 8 月 30 日双方签字的《验收单》只是验收了争议工程的制冷系统；而被申请人则认为，争议工程在2005年8月完工后即交付申请人使用，申请人在三年使用过程中从未提出质量异议，因此，应当自申请人接收并使用争议工程之日起，视为验收合格。显然，仲裁庭接受了被申请人的观点：申请人在未办理竣工验收手续的情况下接收和使用了争议工程，应视为工程已验收合格；工程竣工日期应依申请人接收和使用工程的日期确定；申请人开始使用工程的时间应确定为工程进入保修期的时间。

实践中，建设工程未经验收，发包人提前使用或擅自动用的情况时有发生，由此造成的工程质量争议也较为普遍。本案即是此类问题的典型。本案裁决对于《建设工程施工合同》当事人尤其是发包人的警示意义在于：建设工程未经竣工验收，发包人擅自使用，将可能承担质量风险转移的法律后果。关于其法律依据、行为后果、认定标准、节点区分及责任平衡等，则应是相关法律实务工作人员需要了解和探究的主要问题。

一、建设工程须经过竣工验收方可交付使用是法律的强制性规定

工程竣工验收主要是对工程质量的检验，是指工程完工后，承包人向发包人提出竣工验收报告，由发包人组织勘察、设计、施工、监理等有关工程参与单位依照国家法律、法规及工程建设规范、标准的相关具体规定，对竣工的建设工程是否符合设计文件要求和施工合同约定的各项内容（尤其是质量标准）等进行的一系列查验工作。

《中华人民共和国合同法》（下称《合同法》）第279条规定："建设工程竣工后，发包方应当根据施工图纸及说明书、国家颁发的施工验收规范和质量检验标准及时进行验收。验收合格的，发包方应当按照约定支付价款，并接收该建设工程。建设工程竣工经验收合格后，方可交付使用；未经验收或者验收不合格的，不得交付使用。"

《中华人民共和国建筑法》（下称《建筑法》）第61条规定："交付竣工验收的建筑工程，必须符合规定的建筑工程质量标准，有完整的工程技术经济资料和经签署的工程保修书，并具备国家规定的其他竣工条件。建筑工程竣工经验收合格后，方可交付使用，未经验收或者验收不合格的，不得交付使用。"《建设工程质量管理条例》（下称《条例》）第16条规定："建设单位收到建设工程竣工报告后，应当组织设计、施工、工程监理等有关单位进行竣工验收。建设工程竣工验收应当具备下列条件：（1）完成建设工程设计和合同约定的各项内容；（2）有完整的技术档案和施工管理资料；（3）有工程使用的主要建筑材料、建筑构配件和设备的进场试验报告；（4）有勘察、设计、施工、工程监理等单位分别签署的质量合格文件；（5）有施工单位签署的工程保修书。建设工程经验收合格的，方可交付使用。"此外，国家还制定并颁布了建设工程竣工验收的相应强制性规范和标准。

可见，建设工程竣工后进行验收是发包人和承包人的强制义务，建设工程施工完成后，发包人应及时组织竣工验收，经验收合格，发包人方可自行使用或允许他人使用。

二、关于发包人使用未验收工程的法律后果

关于发包人使用未验收工程的法律后果，目前法律法规并没有直接作出规定。2005年1月1日开始实施的《最高人民法院关于审理建设工程施工合同纠纷案件适用法律问题的解释》（下称《司法解释》）第13条、第14条确定的处理原则是现阶段司法实践中适用最多的文件依据。

《司法解释》第13条规定："建设工程未经竣工验收，发包人擅自使用后，又以使用部分质量不符合约定为由主张权利的，不予支持；但是承包人应当在建设工程的合理使用寿命内对地基基础工程

和主体结构质量承担民事责任。"《司法解释》第14条规定："当事人对建设工程实际竣工日期有争议的，按照以下情形分别处理：（一）建设工程经竣工验收合格的，以竣工验收合格之日为竣工日期；（二）承包人已经提交竣工验收报告，发包人拖延验收的，以承包人提交验收报告之日为竣工日期；（三）建设工程未经竣工验收，发包人擅自使用的，以转移占有建设工程之日为竣工日期。"

遵循《司法解释》第13条、第14条意见中有关此问题的指导思路，发包人使用未验收工程，将产生如下法律后果：

（一）质量责任风险转移

未经竣工验收合格的建设工程可能会存在质量问题，有的质量问题可能影响建设工程的使用功能，有的甚至存在安全隐患并可能给他人人身、财产造成损失。建设工程须经过竣工验收方可交付使用这一法律强制性规定，既是对《建设工程施工合同》当事人权利的限制，也是对发包人、承包人最终利益的保护。交付验收合格的工程成果，是承包人的合同义务，承包人应当对其承建的工程负有物的瑕疵担保责任和安全注意义务，对于不合格工程，发包人有权拒绝接收并拒绝支付工程款。发包人使用未经验收或验收不合格的工程，应当预见到工程可能存在质量问题，其提前使用的行为足以表明愿意自行承担工程存在质量问题的后果。因此，基于发包人对未验收工程的使用，工程质量责任风险将由承包人转移至发包人，承包人质量责任排除。

（二）发包人丧失以质量不符合约定对抗工程款支付请求的权利

虽然《合同法》第281条规定："因施工人的原因致使建设工程质量不符合约定的，发包人有权要求施工人在合理期限内无偿修理或者返工、改建。经过修理或者返工、改建后，造成逾期交付的，施工人应当承担违约责任。”但在发包人以自己使用未验收工程的行为表明自愿承担工程质量责任风险后，其所享有的前述权利即告丧失，即使发包人能够举证证明工程存在质量问题，其亦无权就其已使用的部分要求承包人无偿修理或返工、改建、承担逾期交付的违约责任；相应地，其以质量不符合约定为由拒付、减付工程款的权利亦告消灭，所发现的质量问题应纳入工程质量保修救济范畴。基于发包人前述实体权利的灭失，在诉讼或仲裁实践中，发包人使用未验收工程后，又在承包人要求支付工程款时以工程质量不符合约定为由要求质量鉴定以对抗或拖延工程款支付请求的，亦应不被支持。

（三）**竣工日期确定，质保期开始计算**

竣工日期是工程质量责任风险转移的时间界点，也是承包人主张结算工程价款的时间前提。同时，根据《条例》第40条，“建设工程的保修期，自竣工验收合格之日起计算”，竣工日期亦是承包人承担保修义务的起算时点。发包人使用未验收工程后，应当视为工程已经竣工，转移占有开始使用建设工程之日为工程竣工日，承包人要求发包人支付工程款的条件成就，同时，工程开始计算保修期。

三、关于“擅自使用”未验收工程的认定标准

《司法解释》第13条、第14条引入了“擅自使用”的概念，将发包人使用未验收工程定义为“擅自使用”。关于“擅自使用”的理解和认定标准，一般从以下几个角度考量：

（一）**关于“擅自”**

《合同法》第279条和《建筑法》第61条都有建设工程“未经验收或者验收不合格的，不得交付使用”的强制性规定，这一强制性规定不因发包人和承包人的自行约定而改变。《司法解释》中的“擅自使用”针对的即是该部分内容，也就是说，针对的是发包人在

工程未经竣工验收或验收不合格的情况下，对工程进行使用的行为，其关键点在于是否竣工验收：履行了竣工验收程序，不管承包人是否同意使用，都不属于擅自使用；未通过竣工验收程序即使用，则构成发包人擅自使用，即使承包人明示同意或默许发包人使用未经竣工验收的工程，仍属于发包人擅自使用。

（二）**关于“使用”**

首先，“使用”针对的是建设工程的使用功能或用途，既包括使用功能的直接利用，也应涵盖其通常的、一般的使用功能或用途，而且应该是对建设工程本身进行的具有实际意义的使用行为，如：发包人对建筑物进场装修、利用厂房投产、在车间内安装机器设备、利用宿舍或者生产车间堆放产品、利用办公楼住人等；其次，要有一定时间、空间内的实际占用或控制，临时、短期使用建筑物的行为，不能视为发包人实际使用工程，不能构成“擅自使用”，如发包人在完工的某个房间偶尔堆放杂物等。

上述两个“使用”的要素缺一不可，如果仅具备其中一个要素则不能构成“擅自使用”。如：在承包人擅自撤场导致发包人被迫接收工程的情况下，发包人对工程的看管则不应构成“擅自使用”，因为发包人虽然符合“使用”的第二个要素，即对工程在一定时间和空间内实际控制，但并不具备第一个要素所述的实际使用行为。

（三）**部分使用是否构成“擅自使用”**

实践中，发包人部分使用未验收工程的情形也较为常见。如果发包人仅因使用了部分工程就丧失了对全部工程质量抗辩的权利，显然对发包人是非常不公平的，而且也可能导致一些承包人利用此疏漏达到减轻自身责任的目的。故，根据公平原则，发包人仅对其使用的工程构成“擅自使用”，对于其余未使用部分，发包人仍享有以质量不符合约定为由主张权利的权利。

四、关于竣工验收与后期测试调整的区别

对于一般建设工程而言，发包人组织竣工验收时，建设工程尚未实际投入使用，竣工验收仅是对静态结果的检验。而对于某些具备特殊性能的工程而言，为保证工程质量验收和使用效果的完整，该工程还需要经过一个对具体使用效果进行测试调整验收的阶段，此阶段内，若发包人发现工程使用效果不能达到合同约定或法律规定的质量标准，可要求承包人测试调整。

本案工程内容为暖通空调设备，其自身的特殊性能导致发包人在工程竣工时无法对空调的具体制冷和制热效果进行完整测试，只能试运转调试并检查观感质量，因此，即使工程经竣工验收合格，发包人仍需要对空调的实际制冷和制热效果进行应季测试。可见，对于空调类等具备特殊性能的工程而言，工程竣工验收和设备测试调整验收是两个不同阶段。当然，此类工程的测试调整期可能会与工程质量保修期重合，但是，分清竣工验收与后期测试调整的节点区别，对于合理分配发包人与承包人的责任义务，仍是具有积极意义的。

五、关于质量责任的适当平衡

（一）地基基础工程和主体结构质量问题，由承包人在合理的使用寿命内承担责任

地基基础工程和主体结构合格是建设工程的最基本要求，也是社会公共利益的最基础保障，更是承包人必须承担的法定义务。根据《民用建筑设计通则》，民用建筑主体结构的耐久年限分为四级：一级为100年以上，适用于重要的建筑和高层建筑；二级耐久年限为50—100年，适用于一般建筑；三级耐久年限为25—50年；四级耐久年限为15年以下。建设工程的“合理使用期限”一般都会在相关的设计文件中注明。如果承包人根据建筑设计标准施工，主体工

程在耐久年限或设计使用期限内理应不会出现质量问题，因此，无论工程是否经过竣工验收，是否存在发包人提前擅自使用问题，承包人对建设工程的地基基础工程和主体结构都应在规范规定的耐久年限或设计文件载明的设计使用期限等合理使用寿命内承担质量责任。

（二）非地基基础工程和主体结构的其他质量问题，依据过错原则确定责任主体

《建筑法》第58条规定："建筑施工企业对工程的施工质量负责。建筑施工企业必须按照工程设计图纸和施工技术标准施工，不得偷工减料。工程设计的修改由原设计单位负责，建筑施工企业不得擅自修改工程设计。"《条例》第26条、第28条规定：施工单位对建设工程的施工质量负责。施工单位必须按照工程设计图纸和施工技术标准施工，不得擅自修改工程设计，不得偷工减料。基于上述法律、法规体现的精神，对于未验收工程提前使用而产生的质量问题，应当区别处理：如果质量问题由承包人施工过错造成，承包人质量责任不免除；如因发包人使用不当造成，则由发包人承担责任。

（三）承包人的质量保修责任限于保修期内

对于未经验收提前使用的建设工程，发包人丧失的是以使用部分质量不符合约定主张权利的权利，如不付或少付工程款、就延期交付向承包人索赔等，但承包人的质量保修责任并不因此免除。对于未经验收即使用的建设工程而言，转移占有建设工程之日为竣工日期，从该时点计算承包人质量保修期。如果发包人发现工程存在质量问题，应在《条例》第40条规定的质量保修期内要求承包人履行保修义务。当然，发包人和承包人也可以自行约定工程保修期限，但是约定期限不得低于《条例》第40条规定的最低保修期限。发包人超过上述保修期主张质保权利的，承包人将不再承担质量保修责任。

（四）发包人质量保修权利的适当行使

本案发包人的仲裁请求被驳回，主要应归责于其质量保修权利的怠于行使，适当行使权利，是权利得以保障的重要前提。对于质量保修权利：（1）发包人应在质保期内提出保修要求，发包人提出的保修要求应该具体明确，并尽量以书面形式发出以保留证据；（2）承包人不履行保修义务时，发包人有权自行聘请第三方修复，由此产生的合理费用可要求承包人承担，但发包人未向承包人提出保修要求就径自聘请第三方修复的，承包人可能不会承担。

应该注意到，建设工程未经竣工验收提前使用，实际的原因和情况非常复杂。既可能是：（1）发包人错误理解法律，不积极组织工程验收却使用未验收工程，并以工程质量为由对抗承包人要求支付工程款的请求；（2）发包人因生产经营需要，急于使用未验收工程。也可能是：发包人、承包人对工程决算等问题未达成一致，难以组织建设工程各方参与竣工验收，并影响到发包人对工程的使用甚至可能使发包人因此向第三人承担违约责任，发包人被迫提前使用未验收工程。而未验收工程的提前使用也存在全部使用、部分使用，或者虽有使用但不构成擅自使用等多种情况。因此，还需要相关法律实务工作者在具体业务中具体问题具体分析，积极探索更加妥善解决此类问题的标准。

（评析人：郑惟）

27. 工期延误的判定

裁决要旨 工程量增加且业主接受施工成果的，工期可相应增加。当事人对工期顺延作出约定后，承包方在新约定的截止日前完工不构成违约。

关键词 签证 现场代表 工期延误

申 请 人：A 有限公司

被申请人：B 建设有限公司

一 案情

（一）双方当事人的主张

申请人称：申请人和被申请人在 2008 年 1 月 15 日签订了《建设工程施工合同》，该合同约定施工日期为 53 天（2008 年 1 月 15 日—2008 年 3 月 8 日）。实际上被申请人在 2008 年 4 月 18 日才完工，并且工程质量严重有问题，导致申请人因为延期完工和工程质量造成损失。为依法维护申请人自身的合法权益，特申请仲裁。申请人的仲裁请求如下：

1. 依法裁决被申请人向申请人支付因工程质量不合格需要整改造成申请人损失 204752 元（指人民币，下同）；

2. 延期完工的责任：依法裁决被申请人向申请人支付罚款 75440 元；

3. 延期完工造成的损失，依法裁决被申请人向申请人支付租赁费用损失 119808 元、造成申请人开业损失 100000 元；

4. 本案的仲裁受理费和处理费由被申请人承担。

申请人在第一次庭审中，将第二项仲裁请求依法裁决被申请人向申请人支付罚款 75440 元，变更为要求依法裁决被申请人向申请人支付罚款 63140 元。

针对申请人的仲裁请求，被申请人答辩称，工程质量部分不合格是由申请人负责，由申请人造成，与被申请人无关；部分不合格属被申请人责任，已由被申请人整改完毕，因此应驳回申请人整改损失的仲裁请求；因申请人的实际工程量比合同约定的大、多，且部分改变施工方法；双方重新协商约定了竣工日期，被申请人在协商的竣工时间前如期按时竣工，清理出场，因此应驳回申请人所主张的延期完工罚款和延期完工损失。

被申请人同时提出反请求：要求依法裁决申请人支付被申请人剩余工程款 370108.79 元，并要求本案所有仲裁费用由申请人承担。2009 年 3 月 20 日，被申请人称计算错误，申请人应支付被申请人的剩余工程款为 373108.79 元。2009 年 6 月 9 日，被申请人增加了仲裁反请求，要求申请人支付质保金 38500 元。被申请人称《建设工程施工合同》约定的合同内工程造价为 770000 元，在合同预算外，申请人又增加了部分工程量，其中一部分双方签订了二份洽商，工程款共计 182386.69 元；另外一部分双方未签订洽商，但双方签署了《L 店合同外增加的工程量》，该部分工程价款共计 190722.10 元。申请人已经支付 731500 元，合同内价款尚有 38500 元作为质保金未付，合同外价款均未支付。2008 年 5 月 8 日申请人的员工赵虎签字验收整改完毕，故2009年5月8日，本案工程的质量保证期限结束，依照双方于2009年1月15日所签订的《补充协议》第4条第2项的约定，本案工程的质保金38500元申请人应当支付。综上，被申请人的反请求为：

1. 申请人支付被申请人剩余工程款373108.79元；

2. 申请人支付到期质保金38500元；

3. 申请人承担本案所有仲裁费用。

申请人认为被申请人反请求所要求的工程款的数额是错误的，被申请人没有做这么多活儿，对反请求的事实不认可。在质保期内被申请人施工的工程发生了严重的质量问题。申请人聘请C装饰工程有限公司就质保期间被申请人所负责施工的工程出现的一些细小质量问题提出了《工程预算表》，表明维修这些发生质量问题的项目共需要91000元左右，这还不包括本请求中的维修和整改费用，故不同意退还38500元的质保金。

（二）双方当事人提交的证据及对对方提交证据的质证意见

1. 申请人向仲裁庭提交的证据及被申请人的质证意见

证据1：双方签订于2008年1月15日的《建设工程施工合同》。申请人用以证明双方存在合同关系，工期是53天，工程竣工日期是2008年3月8日，合同约定了延期完工千分之二的罚款标准，约定工程造价是77万元。

被申请人对该证据的真实性及关联性均无异议。

证据2：标明甲方D有限公司、乙方B建设公司，由李明和王刚于2008年4月15日签署的《L店施工进度协议》。申请人用以证明最后完工时间为2008年4月18日，称因被申请人之前到公司闹事，双方敲定最后工期是2008年4月18日，这是延期完工的截止日期。

双方当事人在庭审中均认可该证据是双方当事人签署的，公司名称不准确是笔误。被申请人对该证据的真实性、关联性、合法性均无异议，但认为该份证据证明了因为工程量增加，原定的工期变更，双方再次约定了竣工日期是2008年4月18日，这是双方关于工期的特别约定。

证据3：Y有限公司于2008年5月5日出具的《验收报告》。申请人用以证明该工程不符合国家质量验收规范的要求，工程质量有问题，需要施工单位进行整改。

被申请人对该证据的真实性、合法性无异议，但认为其中的部分工程与申请人没有关系。被申请人施工部分已经进行了整改，并于2008年5月8日双方再次验收合格，申请人的工程监理赵虎签字认可，之后工程再无有关质量问题的出现。

证据4：照片。申请人用以证明被申请人所承包的工程质量有问题。

被申请人称照片的拍照时间不清楚，第一张图片内的工程是申请人做的，但是是在施工期间拍照的，并非完工现场，其他照片内的工程与被申请人没有关系，不是被申请人施工内容。

证据5：由F有限公司与申请人于2007年11月8日签署的《房屋租赁合同》。申请人用以证明延期完工对申请人造成的损失。

被申请人对该证据的真实性、合法性无异议，但认为与本案没有关系，被申请人是按期完工的，并未延期。

证据6：申请人2008年6月2日出具的《开业损失证明》。申请人用以证明延期完工对申请人造成的损失，比照同等规模店面的经营损失是10万元。

被申请人对该证据的内容有异议，并称了解到这个店是2008年5月18日、19日开始试营业的，被申请人完工时间并不影响申请人开业。且即使存在营业损失，也应该是同业同地段同时期来计算，不能按照申请人单方的估算。且依据法律的规定，只赔偿直接原因引起的损失，这不是直接损失。

证据 7：2008 年 4 月 13 日王刚签署的《保证书》。申请人用以证明被申请人拖延工期，且组织农民工闹事威胁申请人。

被申请人对该证据的真实性、合法性无异议，但认为不能证明被申请人存在闹事的问题，也不能证明申请人所说的延期的事实。

证据 8：Y 有限公司的营业执照、组织机构代码证、资质证书。申请人用以证明《验收报告》是合格主体作出的。

被申请人对该证据无异议。

证据 9：双方当事人于 2008 年 1 月 15 日签署的《补充协议》。申请人用以证明工程的竣工验收办法及洽商部分怎样计算造价，对价款的调整等。

被申请人对该证据的真实性无异议，但认为该证据不完整，《补充协议》共有四页，申请人只提交了两页。

证据 10：赵虎签署于 2008 年 4 月 11 日的收条。申请人用以证明赵虎作为申请人的工作人员，接受被申请人的好处费而在《工程量清单》《计算办法》《L 店合同外增加的工程量》上签字确认，实际上这些工程量和造价是不存在的；赵虎 2008 年 4 月 18 日和 2008 年 5 月 8 日所写的两份《证明》均是因为收取了好处费而写的。

被申请人否认该证据的真实性，称其上的签字是真实的，但内容是虚假的，前面的文字都不是赵虎写的，申请对该证据进行鉴定。

证据 11：重庆 H 公司签署于 2009 年 3 月 26 日的《证明》。申请人用以证明赵虎不知道 L 店的具体施工的工程量和工程造价，因为赵虎在这段期间（2008 年 2 月 27 日—3 月 28 日）在申请人重庆一个项目中作为现场代表，从而证明被申请人所提供的《工程量清单》《计算办法》《L 店合同外增加的工程量》、2008 年 5 月 8 日的《证明》、2008 年 4 月 18 日的《证明》中有关赵虎的签字确认都是假的，都是有人后来补上去的。

被申请人称赵虎认可其在 2008 年 2 月 27 日—3 月 28 日在申请人重庆一个项目中作为现场代表的事实，但当时赵虎是两边跑，该事实不能说明赵虎的签字是虚假的。

证据 12：《工程预算表》，2009 年 6 月 17 日 C 装饰工程有限公司出具，工程名称为 D 四元桥站维修。申请人用以证明被申请人施工和安装的工程项目出现质量问题，以及维修所需要的费用。

证据 13：申请人于 2009 年 6 月 17 日出具的《关于店内修复报价工程文件》。申请人用以证明申请人同意按照专业工程公司所提供的维修方案和报价。

被申请人认为证据 12 和证据 13 这两份文件被申请人没有收到过，也过了质保期限，与本案无关，不能证明质量保证期间存在问题。

2. 被申请人向仲裁庭提交的证据及申请人的质证意见

证据 1：双方签订于 2008 年 1 月 15 日的《建设工程施工合同》。被申请人用以证明工程是部分包工包料，合同中有一页明细表，与被申请人提供的证据 2 合同预算表内容一致。

申请人称该合同中后附的明细单和进度表申请人方没有，其他的与申请人提供的一致，但认为部分包工包料指的是部分材料由申请人提供，部分材料由被申请人提供。

证据 2：L 店合同预算表。

证据 3：装饰结算书。

被申请人在第三次庭审中表示撤回这两份证据。

证据 4：Y 有限公司于 2008 年 5 月 5 日出具的《验收报告》。被申请人用以证明工程中有关洁具和电器配电箱的质量问题与被申请人无关，PVC、PPR 合格；其中第 1.1 条所述土建装修部分的问题在通知后已经整改完毕，5 月 6、7、8 三日整改的；第 1.4 条所述施工工艺是根据申请人的意见做的，改变了原来的施工工艺，现在问题已经解决了。

申请人称该报告中提到的问题没有解决完，申请人要求被申请人整改，被申请人就要工程款，双方一直僵持，后来被申请人又闹事，就申请仲裁了。

证据 5：2008 年 4 月 16 日李立的认证。被申请人用以证明改变木地板施工工艺是经申请人认可的，出现问题与被申请人无关。

申请人称李立签字时仅看到“请见证”前面的内容，后面“出问题甲方承担”这七个字签字当时并不存在。地板出现质量问题被申请人还应当承担责任。

证据 6：赵虎签署于 2008 年 5 月 8 日的《证明》。被申请人用以证明工程整改完毕后申请人的监理进行了签字确认。

申请人认为赵虎是因为收取了好处费而写的该份《证明》。

证据 7：工程取费表。

证据 8：工程预算表。

被申请人在第三次庭审中表示撤回这两份证据。

证据 9：标明甲方 D 商贸有限公司、乙方 B 建设公司，由李明和王刚于 2008 年 4 月 15 日签署的《L 店施工进度协议》。被申请人用以证明双方协商确定 2008 年 4 月 18 日竣工，被申请人按期完工。

申请人认为 2008 年 4 月 18 日是拖延工期的截止时间，不是顺延工期。

证据 10：赵虎签署于 2008 年 4 月 18 日的《证明》。被申请人用以证明被申请人按期竣工撤场。

申请人认为赵虎是因为收取了好处费而写的该份《证明》；赵虎的签字是证人证言，应当出庭作证；赵虎在 5 月初已经离开公司了，与公司存在利害关系，证言有瑕疵；落款时间存在倒签的可能性，证明的内容模糊不清。申请人认可被申请人4月18日撤场，但不认可竣工验收。

证据11：日期标为2008年4月5日的工程洽商记录表C2-4（编号001）。

证据12：日期标为2008年3月20日的工程洽商记录表C2-4（编号002）。

证据13：日期标为2008年3月20日的工程洽商记录表C2-4（编号003）。

被申请人用此三份证据证明超出合同的部分工程内容双方当事人签署了洽商记录，有部分超出合同的工程内容没有签署洽商记录，签署的这三份洽商记录工程款分别为49280.59元、81666.10元、51440元。

申请人对洽商记录签字的真实性不予认可，提出监理无权确定工程价款，应当由核算人员确定；证据12中的工程量清单与证据13中的计算方法没有签字不认可；证据12的第一页不是原件，不予认可；高文与杨鹏已经被申请人开除，与申请人之间存在利害关系，故对其签字确认的工程量及洽商内容不应认可。

证据14：工程洽商对比表。

被申请人在第三次庭审中表示撤回此份证据。

证据15：2008年7月1日对赵虎的调查笔录。被申请人用以证明工程于4月18日按期完工，验收报告出来后被申请人及时进行了整改，赵虎作为监理签字验收合格，赵虎表明这不叫整改，叫修补。

申请人认为赵虎已经离开公司，与公司有利害关系，这个笔录有倾向性，证明力有瑕疵。并认为律师的调查取证为证人证言，赵虎应当出庭作证。

证据 16：签署于 2008 年 5 月 28 日的补充协议。被申请人用以证明申请人除了 106500 元尾款未付及质保金未返还外，已经支付了工程款 731500 元。

申请人在质证时称该协议上没有其公章，不认可，自己已经支付的工程款为 750000 元，但没有证据。申请人在第一次庭审中及 2009 年 4 月 16 日的书面意见中认可 770000 元中的 5% 质保金未返还。

证据 17：L 店合同外增加的工程量四页。被申请人用以证明合同外增加的工程量的价款。

证据 18：计算方法。被申请人用以证明日期标为 2008 年 3 月 20 日的工程洽商记录表 C2-4（编号 002）中增加的工程量的价款。

证据 19：工程量清单。被申请人用以证明日期标为 2008 年 3 月 20 日的工程洽商记录表 C2-4（编号 003）中增加的工程量的价款。

申请人对证据 17 至证据 19 的真实性予以否认，认为赵虎是收了被申请人的好处费才签署的这些文件，并且赵虎没有时间作为该项目的现场代表，赵虎也无权对工程造价进行确认，其确认也是错误的。

证据 20：双方当事人于 2008 年 1 月 15 日签署的《补充协议》（四页）。被申请人用以证明工程承包方式和结算依据。

申请人对该证据的真实性没有异议。

证据 21：高文第三次庭审中出庭作证的证言。被申请人用以证明高文在被申请人提交的本案证据材料上签字的真实性。

申请人认为高文被公司开除，与公司有利害关系，其证言不应被采信。

证据 22：赵虎第四次庭审中出庭作证的证言。被申请人用以证明赵虎在被申请人提交的本案证据材料上签字的真实性，及 2008 年

4 月 11 日《收条》内容的虚假。

申请人认为赵虎被被申请人收买，其证言不应被采信。

（三）鉴定报告及双方当事人的质证意见

本案共有两份鉴定报告。

1. 公物证鉴字〔2009〕551 号物证鉴定书，鉴定结论为日期标为 2008 年 3 月 20 日的工程洽商记录表 C2–4（编号 002）、日期标为 2008 年 3 月 20 日的工程洽商记录表 C2–4（编号 003）的两份洽商记录中“高文”可疑字迹与高文样本字迹是同一人所写；工程洽商记录表 C2–4（编号 003）的洽商记录中“杨鹏”可疑字迹与杨鹏样本字迹是同一人所写。

在庭审中，被申请人对鉴定结论表示无异议，申请人则称鉴定结论不准确，但未提出任何理由。

2. 公物证鉴字〔2009〕2148 号物证鉴定书，鉴定结论为：“今收到 L 店室外配电箱钥匙一把，小号 2 把”与“及 L 店 B 公司施工工程量及造价签字合格好处费伍万元整（￥50000）”字迹成分不同。

申请人对鉴定结论本身无异议，但认为不能证明被申请人的证明目的，因为：第一，检验结果不能否定赵虎收钱的事实，收条是赵虎亲笔签名，并且在赵虎出庭时也承认这是他的签名，也承认收条除了他签名外都是空白的，因此，检验报告中提到的字迹成分不同不能否定赵虎收钱的事实。从检验结果本身分析，我们认为也不能否定赵虎收钱的事实，因为，字迹成分不同有三种情况可能导致，第一种，两句话是同一个人用不同的笔所写，与本案无直接关系；第二种，不同人使用不同笔所写，因为已经有赵虎亲笔签字确定，不能否定赵虎收钱的事实，没有法律规定收条的文字必须由收件人亲笔所写，也没有不能由其他人代写的规定，只要经过赵虎最终亲笔签字的，就应当承认收条表述是客观事实；第三种情况，不同人用不同笔所写，最终也是由赵虎签名确认的，结果一样。因此，无论从哪个角度说，鉴定结果与被申请人的证明目的，两者之间没有任何法律关系，不能证明赵虎没有收到5万元钱。

被申请人对鉴定结论无异议。称因为两句话书写的间隔时间很短，所以两句话的时间技术上无法作出结论，时间较长就有可能作出结论。被申请人认为“收条”不能作为本案证据使用：检验报告说明这是用两种笔书写的，不是一次形成的，且本身内容就相互矛盾。总之该“收条”证据存在瑕疵，不能作为本案证据使用。关于申请人提出的三种可能性，被申请人认为证据不存在任何可能性，几种可能性本身就是自我否定。

（四）双方当事人的争议焦点

1. 高文、杨鹏签字的效力

本案中，日期标为2008年3月20日的工程洽商记录表C2—4（编号002）第一页洽商内容上有杨鹏的签字，第二页和第三页附件工程量上有高文的签字；日期标为2008年3月20日的工程洽商记录表C2—4（编号003）第一页洽商内容上有杨鹏的签字，第二页工程量清单上有高文的签字；L店合同外增加的工程量四页上均有高文的签字。

对于前述高文、杨鹏的签字，申请人称日期标为2008年3月20日的工程洽商记录表C2—4（编号002）第一页洽商内容上杨鹏的签字不是原件，不予认可；高文、杨鹏已经被申请人开除，双方之间存在利害关系，对其签字确认的洽商记录、工程量和工程造价均不予认可。

被申请人认为高文、杨鹏是申请人工程部的员工，其签字效力应予以认可。

2. 赵虎签字的效力

本案中，日期标为2008年4月5日的工程洽商记录表C2—4（编号001）第一页洽商内容上有赵虎的签字，第二页工程量清单上有赵虎的签字；日期标为2008年3月20日的工程洽商记录表C2—4（编号002）第四页工程量清单上有赵虎的签字；日期标为2008年3月20日的工程洽商记录表C2—4（编号003）第三页计算方法上有赵虎的签字；L店合同外增加的工程量四页上均有赵虎的签字；2008年4月18日和2008年5月8日的《证明》为赵虎签署；2008年7月1日对赵虎的调查笔录由赵虎签字确认。

对于前述赵虎的签字，申请人认为赵虎因被被申请人收买而签署了虚假的文件。即使证据是真实的，赵虎也无权对工程造价进行确认，并且确认也是错误的。

被申请人认为赵虎签署于2008年4月11日的收条内容本身是虚假的。申请人指责其职员赵虎收取好处费为他人牟利，该问题在没有任何司法机关认定的前提下不能确定为真，申请人的抗辩不能成立。赵虎是申请人工程部的员工，其签字效力应予以认可。且赵虎签字的行为不是孤立的，与部门负责人杨鹏、职员高文的签字能够相互印证，双方确认的其他证据也可以佐证。

3. 本案工程是否存在质量问题

申请人以Y有限公司于2008年5月5日出具的《验收报告》证明本案工程不符合国家质量验收规范的要求，工程质量有问题，需要施工单位进行整改。申请人提出被申请人所施工的工程质量问题主要体现在配电箱、地板和工程资料方面。被申请人应当承担维修、改造、赔偿损失、支付整改及维修费等责任。

被申请人认为《验收报告》中的部分工程与被申请人没有关系，被申请人施工部分已经进行了整改，并于2008年5月8日双方再次验收合格，申请人的工程监理赵虎签字认可，之后工程再无有关质量问题的出现。

申请人认为赵虎是被被申请人收买，签署了虚假的文件。

4. 本案工程是否存在延期完工问题

申请人认为双方约定的完工时间是2008年3月8日，双方没有签订任何延长工期的规定；实际工程量与合同预算的工程量相差不大，退一步讲，即使实际工程量远远大于合同预算的工程量，如果双方没有约定延长工期的话，被申请人也应当在约定的时间内完工；《L店施工进度协议》约定的2008年4月18日属于延期完工的最后期限而非被申请人所讲的顺延工期。

被申请人认为在施工过程中，双方又增加了部分工程量，如洽商、合同外工程等，双方对原合同进行了修改，2008年4月15日，双方签订《L店施工进度协议》，确定工期结束日为2008年4月18日，被申请人依约在2008年4月18日撤离工地，由被申请人工程监理赵虎签字认可，故不存在延期完工的问题。

二　仲裁庭意见

（一）关于《建设工程施工合同》

关于申请人与被申请人签订的《建设工程施工合同》，双方当事人未对其效力提出异议；经仲裁庭审查，未发现《建设工程施工合同》内容中有违反法律、法规的强制性规定的条款，也未发现合同双方当事人有不具备相应的民事行为能力的情形，故仲裁庭认为，《建设工程施工合同》是合法有效的。

根据《中华人民共和国合同法》第8条、第107条之规定，依法成立的合同，受法律保护，对各方当事人均有法律约束力，当事人应当按照约定履行自己的义务。

（二）关于鉴定结论

关于鉴定机构向仲裁庭提交的公物证鉴字〔2009〕551号物证鉴定书，申请人提出其鉴定结论不准确，但未提出具体理由。仲裁庭认为，申请人提出的异议没有任何理由，不能成立，仲裁庭决定采信鉴定机构作出的该份鉴定结论。

关于鉴定机构向仲裁庭提交的〔2009〕2148号物证鉴定书，双方当事人对鉴定结论本身均无异议，仲裁庭予以采信。

（三）关于高文、杨鹏签字的效力

双方当事人在庭审中确认高文、杨鹏为申请人工程部工作人员，负责本案工程，此点也为高文、赵虎在庭审中的证言所证实。申请人称高文、杨鹏因工作方面出现问题被公司开除，故其与公司有利害关系，对其签字确认的工程量及工程价款不予认可。

仲裁庭认为，公物证鉴字〔2009〕551号物证鉴定书确认了日期标为2008年3月20日的工程洽商记录表C2-4（编号002）、日期标为2008年3月20日的工程洽商记录表C2-4（编号003）的两份洽商记录中“高文”签字的真实性，日期标为2008年3月20日的工程洽商记录表C2-4（编号003）的洽商记录中“杨鹏”签字的真实性；日期标为2008年3月20日的工程洽商记录表C2-4（编号002）虽不是原件，但能够与其后面所附的由高文签字的工程量及赵虎签字的工程量清单相互印证；高文也出庭认可其在本案被申请人提交的证据材料中签字的真实性；故对在本案被申请人提交的三份洽商记录及《L店合同外增加的工程量》中高文、杨鹏签字的真实性仲裁庭予以认可。申请人未提供证据证明高文和杨鹏的签字是其在与申请人解除劳动关系后所签，仅以现在与高文和杨鹏解除了劳动关系而认为两人与申请人存在利害关系进而否认其签字的效力，仲裁庭认为该主张不能成立。仲裁庭认定高文和杨鹏是在为申请人工作期间，对申请人委派其负责的工程签署相应的文件，其行为是职务行为，申请人应承担其行为后果。

（四）关于赵虎签字的效力

申请人以赵虎于2008年4月11日签署的收条证明赵虎收取了被申请人的好处费，故其所有签字均为被收买后签署，是虚假的；以重庆H公司签署于2009年3月26日的《证明》证明赵虎在这段期间（2008年2月27日—3月28日）在申请人重庆一个项目中作为现场代表，不知道L店的具体施工的工程量和工程造价；并称即使证据是真实的，赵虎也无权对工程造价进行确认，并且确认也是错误的。

申请人称收条是在赵虎的办公桌里找到的。

赵虎在出庭作证时称虽然该收条上的签名是自己签的，但除签名外的其他内容都不是自己写的，这是一份假的文件。该文件中所称的“室外配电箱”不是被申请人做的，与被申请人无关，不可能向被申请人打此收条。至于为什么会有其签名的收条，赵虎解释因为在公司领东西、支出东西很多都要其签字，故其会签署一些空白文件放在公司。

申请人庭后核实“室外配电箱”是不是被申请人的施工内容后确认，L店室外配电箱不是被申请人负责安装的，是由其他公司负责安装的，但在安装完毕后，申请人就将该配电箱的钥匙交给被申请人以方便被申请人在施工中使用。

被申请人否认曾给赵虎好处费，质疑如果赵虎收取了被申请人的好处费，收条也应该是在被申请人手里，如此重要的文件怎么可能放在办公桌里。且“室外配电箱”不是被申请人做的，不可能将好处费打在这个收条里。

公物证鉴字〔2009〕2148号物证鉴定书的鉴定结论为:“今收到L店室外配电箱钥匙一把,小号2把”与“及L店B公司施工工程量及造价签字合格好处费伍万元整(¥50000)”字迹成分不同。

仲裁庭认为,赵虎如收取了被申请人的好处费,其行为即涉嫌犯罪,应由公安机关、检察院和法院作为刑事案件进行处理,仲裁庭无权对此进行审理。仲裁庭建议双方当事人和赵虎到公安机关报案,中止本案的审理。但双方当事人截至本裁决作出前,均未报案。双方当事人均要求仲裁庭就双方当事人的民事纠纷进行审理和裁决。

仲裁庭认为,在赵虎未经刑事审判程序确认其收取了被申请人的好处费前,根据目前证据,仲裁庭无法判断赵虎是否收取了被申请人的好处费。也就是说,申请人提供的证据不能证明赵虎因被被申请人收买而签署了被申请人提交的由赵虎签字的文件。

赵虎为申请人工程部的员工,负责本案工程的监理工作,此为高文、赵虎在庭审中的证言所证实,双方当事人在庭审中也对此进行了确认。申请人后以重庆H公司签署于2009年3月26日的《证明》证明赵虎在2008年2月27日—3月28日这段时间在申请人重庆一个项目中作为现场代表,不知道L店的具体施工的工程量和工程造价。仲裁庭注意到,赵虎的签字均不是在2008年2月27日—3月28日期间所签署,仲裁庭认为,申请人内部的工作流程及工作人员如何才可以签字,不影响申请人工作人员签字的效力。

仲裁庭注意到,在本案工程施工过程中,申请人并未向被申请人出具书面文件对其负责现场的员工的具体职责进行划分。仲裁庭认为,在此情形下,被申请人有理由相信申请人的员工具有相应的职权签署相应的文件。故仲裁庭对于申请人称赵虎为监理人员,无权确认工程造价的主张不予支持。

综上，仲裁庭认为，赵虎在为申请人工作期间，对申请人委派其负责的工程签署相应的文件，其行为为职务行为，申请人应承担其行为后果。

（五）关于本案工程的质量问题

依据双方认可的《L店施工进度协议》，2008年4月18日为被申请人施工的最后工期。2008年4月18日赵虎签署的《证明》表明被申请人于2008年4月18日18：30撤离现场。Y有限公司于2008年5月5日出具的《验收报告》说明该工程于2008年5月5日前已经施工完成。在庭审中，申请人称本案工程于2008年4月26日投入使用。2008年5月8日赵虎签署的《证明》表明被申请人在Y有限公司验收后，根据申请人的质量要求和整改方案，进行了整改，申请人再次验收合格。

双方当事人在本案中未提交双方当事人按照《建设工程施工合同》第6.2条及2008年1月15日《补充协议》第5条约定的竣工验收程序进行竣工验收的相关证据。前述证据证明在装修工程完工后，被申请人撤离工程，申请人先对工程投入使用后组织验收，验收发现被申请人施工的工程部分有质量问题，被申请人根据申请人的要求对工程质量问题进行了整改，整改后申请人再次验收合格。

《最高人民法院关于审理建设工程施工合同纠纷案件适用法律问题的解释》第13条规定：建设工程未经竣工验收，发包人擅自使用后，又以使用部分质量不符合约定为由主张权利的，不予支持。仲裁庭认为，按照法律规定，工程应于验收合格后投入使用，申请人未经验收合格即投入使用，现以使用部分质量不合格为由主张权利，仲裁庭无法支持；即使忽略申请人提前投入使用的事实，在被申请人整改且申请人再次验收合格后，竣工验收工作已经完成，工程进入保修期。此后如工程出现质量问题，应该通过保修程序进行保修。

（六）关于本案工程是否按期完工问题

双方当事人在此点的争议关键在对《L店施工进度协议》的解释。

该协议第1条约定：被申请人必须在2008年4月18日前完成下列施工内容：1. L店内一层地板394㎡铺装施工及现场清理工作；2. L店内一、二层所有灯具及80套路轨灯安装、调试合格工作。第2条约定：被申请人须按申请人要求按时完成合同协议中约定的施工工程量及进度。18日前清理完现场。并将所有施工机具、材料人员等撤离现场完毕。第3条约定：2008年4月18日为被申请人施工的最后工期要约日期。以上工期被申请人必须按此协议给予保证，如有拖延工期，申请人有权按每日八万元处罚被申请人，以此类推，用以补偿申请人的损失。

仲裁庭认为，对《L店施工进度协议》的解释应综合整个工程的情况，从公平合理的角度进行解释。仲裁庭注意到，本案工程合同内工程总价为770000元，双方当事人签署有三份洽商及《L店合同外增加的工程量》，在合同之外增加了373108.79元的工程量；依据本案现有证据，双方当事人均未按照《建设工程施工合同》第7.1条的约定对设计变更及合同价款调整履行相应的程序，但被申请人按照申请人的要求进行了合同外增加的工程量的施工，申请人也接受了施工成果，双方签认了关于工程量和工程价款的相关文件。仲裁庭认为，在工程量增加的情况下，根据公平合理原则，应相应增加工期。《L店施工进度协议》是在三份洽商之后签署的，在此协议中，约定2008年4月18日为被申请人施工的最后工期，此后被申请人应承担每日八万元的罚金，但对此前被申请人是否延误工期没有任何说明。根据前述事实，仲裁庭认为，此协议中2008年4月18日这个日期即为双方当事人对增加工程量后被申请人施工工期的约定，即2008年4月18日是双方重新约定的竣工日期，申请人主张的 2008 年 4 月 18 日属于延期完工的最后期限而非被申请人所讲的顺延工期，仲裁庭认为不能成立。

根据 2008 年 4 月 18 日赵虎签署的《证明》，被申请人于 2008 年 4 月 18 日 18：30 撤离现场。故仲裁庭认定，被申请人已经按照《L 店施工进度协议》的约定在 2008 年 4 月 18 日按时完工并撤离施工现场。

（七）关于申请人的仲裁请求

申请人的第一项仲裁请求为要求依法裁决被申请人向申请人支付因工程质量不合格需要整改造成申请人损失 204752 元。依据前述仲裁庭意见，本案工程已经竣工验收合格，此后工程进入保修期，出现质量问题，申请人应要求被申请人进行保修。本案中，申请人未提供任何证据证明其曾就出现的工程质量问题要求被申请人保修而被申请人不予保修，且申请人要求的损失 204752 元没有证据支持，故对于申请人的此项仲裁请求，仲裁庭不予支持。

申请人的第二项仲裁请求为要求依法裁决被申请人向申请人支付延期完工的罚款 63140 元；申请人的第三项仲裁请求为要求依法裁决被申请人向申请人支付延期完工造成的损失，包括租赁费用损失 119808 元，开业损失 100000 元。依据前述仲裁庭意见，被申请人按期完工并撤离施工现场，不存在延期完工问题，故对申请人此两项仲裁请求仲裁庭不予支持。

（八）关于被申请人的反请求

被申请人的反请求为要求依法裁决申请人支付被申请人剩余工程款 373108.79 元，申请人支付质保金 38500 元。在庭审中被申请人说明反请求要求的工程价款为合同外的工程价款。

申请人提出《L 店合同外增加的工程量》中有部分工程是合同内的工程项目，而对于合同内工程，除质保金外，申请人已经支付了全部的工程款项。被申请人则认为不存在重复的项目。双方当事人对此均未提供充分的证据进行证明。仲裁庭认为，在被申请人工程部员工高文、赵虎均签字认可了L店合同外增加的工程量的情况下，申请人未能提供充分的证据推翻此文件，应对此承担举证不能的责任，仲裁庭对申请人的此一主张不予支持。

根据前述仲裁庭意见，高文、杨鹏、赵虎签署的三份洽商及《L店合同外增加的工程量》是真实的，合法有效。三份洽商及《L店合同外增加的工程量》涉及的合同外工程价款共计373108.79元。

仲裁庭注意到，双方当事人2008年1月15日签署的《补充协议》约定：在本合同签订后，合同价款的任何一方不得擅自改变，只有发生下列情况之一且单项工程增减金额在1000元及1000元以上的方可调整：甲方（指本案申请人）同意的设计变更及工程量的增减；双方约定的其他增减或调整。在三份洽商及《L店合同外增加的工程量》涉及的合同外工程价款共计373108.79元中，其中有八个单项工程增加金额在1000元以下，价款共计2759.66元，根据2008年1月15日的《补充协议》，不应调整工程价款。故本案工程合同外工程价款的调增金额应为370349.13元。

双方当事人认可申请人对合同内的工程款已经支付731500元，只有38500元质保金未退。

被申请人称反请求要求的剩余工程款为合同外的工程价款，仲裁庭认定本案工程合同外工程价款的调增金额为370349.13元，故申请人应向被申请人支付剩余工程款370349.13元（不包括38500元的质保金）。

双方当事人2008年1月15日签署的《补充协议》约定：申请人留有工程总价的5%，即38500元作为一年的质保金，待期限满后，申请人一次性向被申请人支付完。根据前述仲裁庭的认定，即使忽略申请人提前投入使用的事实，在被申请人整改且申请人于2008年

5月8日再次验收合格后，竣工验收工作也已经完成，工程应进入保修期。2009年5月8日，工程保修期届满，如无质量问题，申请人应向被申请人返还此38500元质保金。

仲裁庭认为，在工程保修期内如工程出现质量问题，应该通过保修程序进行保修，即申请人通知保修义务人被申请人进行维修，只有在被申请人不履行保修义务的情况下，申请人方可自行维修（包括另行委托第三方进行维修）并行使索赔权。本案中，申请人未提供证据证明在2008年5月8日再次验收合格后至保修期届满前工程曾出现质量问题，也未提供证据证明保修期内曾经通知过被申请人进行维修，但被申请人不履行保修义务，故现在以保修期届满后自行委托第三方出具的《工程预算表》来拒绝返还38500元质保金的抗辩，不能成立，仲裁庭不予支持；在庭审中被申请人表示在保修期内如有质量问题，愿意进行维修；申请人认为返修会造成损失，表示庭后考虑，但在仲裁期间均未要求被申请人进行维修。综上，仲裁庭支持被申请人要求申请人返还38500元质保金的仲裁反请求。

（九）关于本案鉴定费用和仲裁费用

根据本案情况，仲裁庭认为，本案两次鉴定费用均应由申请人承担。关于本案的仲裁费用承担问题，鉴于申请人仲裁请求没有得到仲裁庭支持，被申请人的反请求没有全部得到仲裁庭支持，故本请求仲裁费用应全部由申请人承担；反请求仲裁费用由申请人承担99%，被申请人承担1%。

三　裁决

基于上述案情与理由，仲裁庭依法裁决如下：

（一）申请人向被申请人支付剩余工程款 370349.13 元；

（二）申请人向被申请人返还 38500 元的质保金；

（三）驳回申请人的仲裁请求；

（四）本案两次鉴定费共计 8800 元（申请人已付 3000 元，被申请人已付 5800 元），由申请人承担，鉴于被申请人预付了第二次的鉴定费用 5800 元，故申请人应直接向被申请人支付代其垫付的鉴定费 5800 元；

（五）本案本请求仲裁费 24550 元（已由申请人全部预交），由申请人自行承担；本案反请求仲裁费 21014 元（已全部由被申请人预付），由申请人承担 20804 元，由被申请人承担 210 元；申请人应直接向被申请人支付代其垫付的仲裁费 20804 元。

上述申请人应向被申请人支付的款项共计 435453.13 元，申请人应自本裁决书送达之日起 10 日内全部付清。逾期依照《中华人民共和国民事诉讼法》第 229 条之规定，加倍支付迟延履行期间的债务利息。

评析

本案是一个关于工程欠款纠纷的案例，双方对工程价款、质量、工期均存在争议，主要涉及以下几个方面的法律问题：

一、关于现场签证的效力认定

根据《建设工程工程量清单计价规范》（GB50500-2013）的定义，现场签证是指发包人现场代表（或其授权的监理人、工程造价咨询人）与承包人现场代表就施工过程中涉及的责任事件所作的签认证明。现场签证一般主要为承、发包双方就工程量或合同价款增减、各种费用支付、工期调整等事项达成一致的证明性文件。现场签证的表现形式很多，如工程联系单、工程洽商记录、备忘录等。

实践中对现场签证的争议主要集中在其有效性上，具体来说，主要是对签证主体是否有权签认有关文件存在争议。我们认为，可以从以下几个方面对现场签证的效力进行分析。

首先，要看合同约定和有关授权。在建设工程施工合同中，承、发包双方通常会在合同专用条款中约定发包人代表和项目经理的具体人选。当事人也可以在合同专用条款中对发包人代表和项目经理的权限进行约定，但多数情况下发包人代表和项目经理的具体权限并不明确。一般来说，在建设工程施工合同履行过程中，工程量、工程价款及工期等很难都固定不变，按照惯例发包人应当指派专人在现场对此种事项负责，以利于工程项目的顺利进行。从这个意义上讲，在无其他专门人员对签证事项负责的情形下，应当认为现场代表是具有此项权力的。即使在发包人未实际授予该种权限的情形下，承包人也有理由相信其有此种权力。因此，经发包人代表确认的工程签证一般会被认定有效。

其次，要看签证主体。发包人在签证文件上加盖了公章的，对其效力当然应予认定。而大多数情况下，发包人在签证文件上加盖的往往是工程部、项目部印章，一般来说，除非合同有相反约定，对其签证效力也应予认定。当事人对于项目部印章的真实性提出异议并申请鉴定的，要看相应项目部印章是否在有关部门备案或留存，否则会因无对比检材而无法鉴定。当然，如果结合签字人员和其他证据，能够证明签证事实或构成表见代理的，则无须鉴定印章真伪即可作出认定。

对于合同中未约定的发包人其他人员的签证，要结合签证人身份的特点和行为的连续性予以认定。对于发包人的高级管理人员或项目主要负责人员，如副总经理、项目经理等，即使无发包人授权，也易构成表见代理。而对于现场一般人员，则要结合签证内容和其工作岗位进行认定。比如，一般情况下，现场技术人员对于工程量变化、现场条件影响等的签认应予认定，但对于其关于价款调整或工期变化的签证，则不宜直接认定，还要结合案情和其他证据来综合判断。不过，在发包人未对其现场管理人员的职责作明确划分并通知承包人的情况下，其现场管理人员的行为容易被认定构成表见代理。

实践中，有的签证人在签认有关文件时态度并不明确，如注明“情况属实，具体根据合同约定进行结算”等。此时，可对签证的事实予以认定，但该签证事实是否一定会导致工程造价的变化，则要根据合同具体约定进行认定。

本案中，经物证鉴定确认了高文、杨鹏在工程洽商记录表中签字的真实性。因当事人在庭审中确认高文、杨鹏均为申请人（发包人）工程部工作人员，负责本案工程，且双方当事人在本案合同中未就有权进行签证的人员进行特殊约定，申请人亦未对高文、杨鹏的工作权限作明确规定或限制，被申请人（承包人）有理由相信其具有相应的权力，故应认定上述人员所签认的工程洽商记录的效力，申请人仅以其现在与高文和杨鹏解除了劳动关系而认为两人与申请人存在利害关系，进而否认其签字的效力，不能得到仲裁庭的支持。

关于赵虎对工程价款和工程量签认的效力。第一，经物证鉴定，申请人用以抗辩的赵虎收好处费的《收条》上“今收到L店室外配电箱钥匙一把，小号2把”与“及L店B公司施工工程量及造价签字合格好处费伍万元整（￥50000）”字迹成分不同。而且，好处费《收条》未在被申请人处而在赵虎的办公室，在逻辑上难以解释。第二，实际上，即使认定赵虎收了好处费，也不能证明其所签认的价款和工程量是虚假的。况且，该事实并未经法院判决得到认定。第三，重庆H公司的《证明》所述赵虎不在本案工程现场的时间与签证时间并无重合。而且，在通信极为发达的今天，即使二者存在重合亦难以直接否认签证的效力。因此，申请人关于赵虎的签证内容虚假的抗辩无法得到支持，应认定赵虎所签认的文件有效。

我们还可以进一步讨论以下两个问题：

1. 在工程合同履行过程中，发包人因故与其现场代表解除了劳动关系，但并未及时通知承包人。在此期间，该现场代表所签认的工程签证是否有效？

我们认为，由于现场代表与发包人解除了劳动关系，其行为不再为职务行为，应构成无权代理。但其先前所拥有的签证权和签证行为构成了代理权的表象，承包人在不知情的情况下是善意无过失的，该无权代理行为构成表见代理，故依法有效。若发包人告知了承包人，则承包人不符合善意无过失的构成要件，现场代表的行为不能构成表见代理，签证对发包人不发生效力。

2. 承包人承担的工程完工后，发包人现场代表所签认的文件是否有效？

我们认为，承包人承担的工程完工后，若现场代表仍负责该工程的后续工作，则其签认行为为职务行为，应认定其有效；若其已调至本单位其他岗位，则原则上应认为其无对工程价款、费用进行签认的权力，但其对工程量变化及所发生事件等事实的认可可以作为证据使用。由于该证据并非在施工过程中形成，不属于书证，而属证人证言；若其已经离职，则其关于价款、费用的签认不对发包人发生效力，但其对工程量变化及所发生事件等事实的认可可以作为证人证言，并应结合其他证据确定其证明力。

二、建设工程质量责任的认定

在建设工程施工合同争议中，发包人常以工程存在质量瑕疵为由，拒绝履行付款义务。《合同法》第279条规定："建设工程竣工后，发包人应当根据施工图纸及说明书、国家颁发的施工验收规范和质量检验标准及时进行验收。验收合格的，发包人应当按照约定支付价款，并接收该建设工程。"可见，竣工验收合格后发包人应当支付价款，除当事人另有约定外，发包人不能以工程存在一般质量瑕疵为由拒绝支付工程款。一般来说，工程竣工验收合格后出现质量瑕疵的，承包人应首先承担的是保修责任，其应当按照合同约定和法律规定承担保修义务。

当然，如果有证据证明因承包人原因造成明显的质量问题系在施工过程中形成的，则应认定工程质量不合格，承包人应当对此承担违约责任。江苏省高级人民法院在"江苏南通二建集团有限公司与吴江恒森房地产开发有限公司建设工程施工合同纠纷案"中认为，屋面广泛性渗漏属客观存在并已经法院确认的事实，竣工验收合格证明及其他任何书面证明均不能对该客观事实形成有效对抗，故承包人根据验收合格抗辩屋面广泛性渗漏，其理由不能成立。本案屋面渗漏主要系因承包人在施工过程中偷工减料而形成，其交付的屋面本身不符合合同约定，且已对发包人形成仅保修无法救济的损害，故承包人认为其只应承担保修责任而不应重作的主张不能成立。①

对于因承包人原因导致地基基础、主体结构质量不合格的，应按工程不合格处理。此时，发包人有权要求承包人进行修复，承包人拒绝修复或修复后仍不合格的，发包人可以拒绝支付全部工程价款。

《最高人民法院关于审理建设工程施工合同纠纷案件适用法律问题的解释》第13条规定，对于建设工程未经竣工验收合格而发包人

① 见《最高人民法院公报》2014年第8期（总第214期）。

擅自使用的，其以使用部分质量不符合约定为由主张权利的，不予支持。但在该情况下，承包人仍应当承担保修义务。同时，承包人应当在建设工程的合理使用寿命内对地基基础工程和主体结构质量承担民事责任。

本案中，尽管双方当事人未提交按照本案合同及《补充协议》约定的竣工验收程序进行竣工验收的相关证据，但申请人工程部人员签署的《证明》确认工程整改完毕。而且，申请人认可其已于2008年4月26日使用涉案工程。本案仲裁庭参照《最高人民法院关于审理建设工程施工合同纠纷案件适用法律问题的解释》第13条的规定，对申请人关于支付因工程质量不合格造成的损失的请求予以驳回是适宜的。

三、承包人的保修义务

我国《建筑法》第62条规定了建筑工程的质量保修制度。《房屋建筑工程质量保修办法》第3条规定，房屋建筑工程质量保修是指对房屋建筑工程竣工验收后在保修期限内出现的质量缺陷，予以修复。《建设工程质量管理条例》第40条规定："在正常使用条件下，建设工程的最低保修期限为：（1）基础设施工程、房屋建筑的地基基础工程和主体结构工程，为设计文件规定的该工程的合理使用年限；（2）屋面防水工程、有防水要求的卫生间、房间和外墙面的防渗漏，为5年；（3）供热与供冷系统，为2个采暖期、供冷期；（4）电气管线、给排水管道、设备安装和装修工程，为2年。其他项目的保修期限由发包方与承包方约定。建设工程的保修期，自竣工验收合格之日起计算。"该条例第41条规定："建设工程在保修范围和保修期限内发生质量问题的，施工单位应当履行保修义务，并对造成的损失承担赔偿责任。"可见，工程质量保修是承包人的法定义务。《建设工程质量管理条例》规定的保修期限为最低保修期限，当事人约定的建设工程保修期限低于该条例规定的，约定无效。承包人承担保修义务的前提有两个：一是其建设工程经验收合格或根据有关法律的规定被视为验收合格；二是质量缺陷出现在保修期限内。

承包人与发包人签订施工合同时，发包人会要求承包人预留一部分款项作为质量保证金，用以对缺陷责任期内出现的质量问题进行维修，待工程竣工验收合格后的一定期限内再退还给承包人。《建设工程质量保证金管理暂行办法》（建质〔2005〕7号）第2条对质量保证金作了规定："建设工程质量保证金（保修金）是指发包人与承包人在建设工程承包合同中约定，从应付的工程款中预留，用以保证承包人在缺陷责任期内对建设工程出现的缺陷进行维修的资金。缺陷责任期一般为六个月、十二个月或二十四个月，具体可由发、承包双方在合同中约定。"

关于工程在保修期限内出现质量缺陷后的保修程序，《房屋建筑工程质量保修办法》第9条规定："房屋建筑工程在保修期限内出现质量缺陷，建设单位或者房屋建筑所有人应当向施工单位发出保修通知。"我们也可以从《合同法》第60条的规定找到相应依据。我国《合同法》第60条第2款规定："当事人应当遵循诚实信用原则，根据合同的性质、目的和交易习惯履行通知、协助、保密等义务。"该项义务在学理上称为附随义务。《建设工程施工合同示范文本》（GF-2013-0201）第15.4.3款也对此作了规定："在保修期内，发包人在使用过程中，发现已接收的工程存在缺陷或损坏的，应书面通知承包人予以修复。"发包人对承包人的保修通知义务具有以下几个方面的意义：

1. 便于承包人及时履行保修义务。一般来说，工程保修期限内的质量缺陷应当由承包人完成，这既是承包人的法定义务，又有利于减少其自身的损失。而对发包人来说，由于承包人熟悉工程情况，有利于最大限度地缩短保修时间，保证维修效果，减少发包人的损失。同时，在出现新的质量缺陷时也便于分清责任。

2. 便于查清造成质量缺陷的原因。在保修期限内出现工程质量缺陷时，查清原因是十分必要的，因为质量问题既可能是工程的内在缺陷造成的，也可能有发包人使用不当的因素。只有查清原因，才能在维修后按照责任大小分担维修费用。《建设工程施工合同示范文本》（GF–2013–0201）第 15.4.2 款规定，保修期内，因承包人原因造成工程的缺陷、损坏，承包人应负责修复，并承担修复的费用以及因工程的缺陷、损坏造成的人身伤害和财产损失；因发包人使用不当及其他原因造成工程的缺陷、损坏，可以委托承包人修复，但发包人应承担修复的费用，并支付承包人合理利润。

3. 发包人的保修通知可以作为其要求承包人承担相应责任的证据。承包人收到保修通知拒绝或未按约定维修的，应当承担赔偿责任。发包人未尽通知义务，即使发生了保修事项，在无充分证据证明的情况下，发包人要求承包人承担维修费用的请求也难以得到支持。

本案中，双方当事人 2008 年 1 月 15 日签署的《补充协议》约定：申请人留有工程总价的 5%，即 38500 元作为一年的质保金，待期限满后，申请人一次性向被申请人支付完。申请人未提供证据证明在 2008 年 5 月 8 日再次验收合格后至保修期届满前工程曾出现质量问题，也未提供证据证明其在保修期内曾经通知过被申请人进行维修，但被申请人不履行保修义务。故本案的仲裁庭认为，申请人以保修期届满后自行委托第三方出具的《工程预算表》来拒绝返还 38500 元质保金的抗辩，不能成立。因此，仲裁庭裁决申请人向被申请人返还 38500 元质保金。

四、关于合同用语的解释

关于合同的解释，我国《合同法》第 125 条规定："当事人对合同条款的理解有争议的，应当按照合同所使用的词句、合同的有关条款、合同的目的、交易习惯以及诚实信用原则，确定该条款的真实意思。"该规定确立了合同解释的词句解释、目的解释、整体解释、习惯解释的规则，并要求在对合同进行解释时应当遵守诚实信用原则。其中，词句解释应当按照通常的理解进行解释。

本案中，关于最后工期 2008 年 4 月 18 日为延期完工的截止日期还是最终的竣工日期，双方存在争议。首先，我们注意到，双方签订的《L 店施工进度协议》第 3 条约定：2008 年 4 月 18 日为被申请人施工的最后工期要约日期。以上工期被申请人必须按此协议给予保证，如有拖延工期，申请人有权按每日八万元处罚被申请人，以此类推，用以补偿申请人损失。该约定表明，双方同意以 4 月 18 日为最后工期。按照通常理解，即使如申请人所言，该日期为顺延完工的截止日期，也说明申请人对该顺延工期已经认可。被申请人在该日完工并不构成违约。其次，本案工程在合同之外增加了 373108.79 元的工程量，被申请人按照申请人的要求完成了增加的工程量，申请人亦未为此额外支付赶工费。根据公平原则，为被申请人顺延一定的工期也是合理的。

因此，本案仲裁庭对于申请人支付延期完工损失的请求作出了不予支持的裁决。

（评析人：高印立）

28. 总包服务费的支付与工期索赔问题

裁决要旨 总包方为分包方提供了相应的施工条件和组织管理服务后，可要求分包方支付服务费；工期延误若为混合责任，双方应各自承担相应的责任。当发包方严重违约、未能支付工程预付款或工程进度款时，应承担工期延误的主要责任。

关键词 总包服务费 混合责任 工期索赔

申 请 人：A 工程有限公司

被申请人：B 建设工程股份有限公司

一 案情

就 G 办公楼翻建幕墙工程，被申请人为承包人，申请人为分包人，双方签订本案合同，约定分包工程范围为指定范围内的外墙装饰工程，包括但不限于石材幕墙、玻璃幕墙、外门窗、雨棚、外立面不锈钢栏杆、室外台阶、坡道等。合同价款采用固定价格加风险调整的方式，暂定为 22391831.76 元（指人民币，下同）。合同工期为：开工日期 2004 年 11 月 30 日，竣工日期 2005 年 6 月 23 日，合同工期为 145 日历天。合同约定的付款方式为：承包人在收到业主预付款 15 日内，分包人向承包人提供与本预付款等值的保函后，承包人向分包人支付合同总价的30%预付款；每月23日前分包人向承包人报送已完工工程量，经业主及承包人审核，承包人收到业主工程款后，支付当月工程款；当工程款（含预付款）累计拨付至合同总价的95%时停止付款；剩余5%尾款为工程保修金，整体工程保修期满（保修期两年），业主返还该笔保修金给承包人后一次付清。本案合同还约定：因分包人原因不能按照本合同协议书约定的竣工工期或承包人同意顺延的工期竣工的，分包人应向承包人支付误期违约金，从约定竣工日期起至实际竣工日期止，每日支付1万元的违约金，最高不超过合同总金额的3%；若分包人延误工期达三个月，承包人有权单方解除合同，并要求分包人赔偿承包人因此受到的一切损失。

申请人称，2004年10月本案合同签订后，申请人根据被申请人要求积极保质保量完成施工任务，工程经过验收后，确定工程款总价为18397000元，被申请人已支付16624246元，还欠付申请人1772753.35元，被申请人一直以各种理由拖延支付相应的工程款给申请人。申请人认为，在申请人如约完成工程后，被申请人应支付相应的工程款，但被申请人拒不支付，严重侵害了申请人的合法权益，因此，申请人依据本案合同约定，向本会提出如下仲裁请求：

1. 被申请人立即支付申请人工程款1772753.35元；

2. 本案的全部仲裁费用由被申请人承担。

针对申请人的仲裁请求，被申请人抗辩称：第一，2005年4月13日，双方当事人签订补充协议，就申请人应在工程最终结算价款的基础上向被申请人交纳总包服务费作出约定，该补充协议为双方真实的意思表达，已盖章生效。按照该补充协议的约定，根据北京市建设委员会《关于北京市建设工程造价计价办法的通知》（京建经〔2002〕117号），以结算总价的2%为标准，申请人应向被申请人上交总包服务费367940元。第二，根据双方2004年10月签订的本案合同，被申请人应于2004年11月30日至2005年6月23日完成工程施工，但在实际施工过程中，由于申请人自身管理缺陷、劳动力投入不足、材料采购滞后等原因，施工进度缓慢。为此，被申请人曾多次致函申请人，要求其改正，但申请人仍然施工进展缓慢，致使工程延误至2006年1月17日才最终竣工，违反合同约定工期半年多，给被申请人造成极大损失，为此，按照本案合同约定，申请人应向被申请人承担工期违约责任，承担工期违约金671754.95元。第三，按照税法及相关法律、法规的规定，被申请人应当扣除为申请人代扣代缴的税金和规费622472.5元。综上所述，被申请人认为，业主审核的最终金额为18397000元，被申请人已支付申请人16624246元，再扣除总包服务费367940元、工期延误违约金671754.95元、代扣代缴的税金和规费622472.5元，被申请人目前尚欠申请人的工程款为110586.55元。并且，被申请人提出如下反请求：

申请人向被申请人承担工期违约金671754.95元。

就被申请人的反请求，申请人抗辩称，第一，本案合同项下工程竣工验收后，双方进行了工程的结算，结算数目包含了施工过程中的工程量、扣减项目及违约责任，整个工程的结算已经完成，不存在结算之后承担延期责任问题；第二，根据工程的客观事实，虽然合同约定了工期，但整个工程是总包和各分包单位协同施工，申请人只是在外立面进行幕墙施工，各分包单位协同管理上有问题，被申请人没有证据证明给申请人提供了施工条件，整个工程的进展影响申请人的施工进度；第三，根据本案合同约定，工期索赔有严格的程序，申请人没有收到过索赔的文件；第四，被申请人未按合同约定支付工程款；第五，施工过程中工程量增加。因此，申请人认为，工期延误责任不在申请人，而在被申请人。

为支持其本请求和对反请求的抗辩，申请人提交了如下证据材料：1. 本案合同；2. 北京市建设委员会竣工备案信息；3. 工作联系单；4. 会议纪要。

为支持其对本请求的抗辩和反请求，被申请人提交了如下证据材料：1. 本案合同；2. 本案合同补充协议；3. 幕墙分部（子分部）工程质量验收记录表；4. 会议纪要、工作联系单（2004 年 7 月—2006 年 1 月 18 日）；5. 2005 年 2 月 28 日编制的进度计划表及相关工作联系单；6. 2005 年 7 月 6 日编制的进度计划表；7. G 办公楼翻建工程（主体外装部分）结算金额审核表；8. 北京市建设委员会关于北京市建设工程造价计价办法的通知。

二 仲裁庭意见

仲裁庭基于申请人仲裁请求及其针对该等请求所提出的主张，被申请人针对申请人主张提出的主要抗辩理由和反请求，以及申请人对被申请人反请求的抗辩理由，坚持符合法律规定、公平合理的判断标准，阐述仲裁庭意见如下：

（一）关于本案合同和补充协议的效力及本会的管辖权

仲裁庭审理了解到，双方当事人对本案合同及补充协议的效力均无异议，对本会对本案的仲裁管辖权亦无异议。仲裁庭认为，双方当事人于 2005 年 4 月 12 日签订的补充协议是对本案合同约定的价格调整、总包服务费、价款支付等进行的变更和重新约定，未变更的条款还适用本案合同。为此，仲裁庭认为，本案合同及补充协议是双方当事人在平等自愿基础上签订的，是双方当事人真实意思的表示，其内容不违反我国法律、行政法规的强制性规定，不损害国家、社会公众、集体或第三方的利益，本案合同及补充协议合法有效，对双方当事人具有法律约束力，本会有权依据本案合同中的仲裁条款对本案合同和补充协议项下发生的争议行使仲裁管辖权。

（二）关于工程竣工和结算情况

被申请人提供幕墙分部（子分部）工程质量验收记录表证明，本案合同项下工程于2006年1月17日竣工验收，申请人对此无异议；被申请人还提供了其与业主就本案合同项下工程的结算审核表，结算金额为18397000元，申请人对此结算金额表示认可。因此，仲裁庭认定，申请人已履行完成工程施工义务，工程竣工时间为2006年1月17日，工程结算金额为18397000元。

（三）关于总包服务费

被申请人抗辩称，根据双方于2005年4月12日签订的补充协议，按照北京市建委的相关文件，应从给付申请人工程款中扣除总包服务费367940元。对于被申请人的此项抗辩，申请人称，工程最终结算金额为18397000元，没有达到合同价22391831.76元的97%，按照补充协议的约定，总包服务费的交纳需要另行商议，双方实际上并没有达成一致，因此，在双方没有明确的约定标准情况下，被申请人扣除总包服务费没有依据。仲裁庭注意到，补充协议第2条约定："经承包人、分包人双方共同协商，分包人同意给承包人上交一定比例的总包服务费。"表明申请人应向被申请人上交总包服务费双方是协商一致的，意思表达是明确的。仲裁庭审理还了解到，作为总包方的被申请人要为作为分包方的申请人提供水、电、道路、场地、脚手架、垂直运输等施工条件，以及各分包单位、各工序的协调组织管理，才能保证申请人工程施工的顺利进行。申请人在工期问题上，也多次表述了被申请人作为总包方应承担整个工程的组织管理责任，为分包方的施工条件提供保证。因此，申请人向被申请人给付一定的总包服务费是具有事实依据的。并且，按照建筑行业惯例，分包单位一般要向总包单位支付总包服务费，行业主管部门的规范性文件也有相关的规定。因此，仲裁庭认为，被申请人要求申请人支付总包服务费具有合同依据和事实依据，也符合行业惯例，仲裁庭予以支持。鉴于本案合同及其补充协议并没有对总包服务费的标准作出明确约定，仲裁庭认为，根据《中华人民共和国合同法》第 61 条、第 62 条的规定，申请人应给付被申请人的总包服务费的标准可参照京建经〔2002〕117 号文件，按结算价的 2% 计取。

综合上述意见，仲裁庭支持被申请人关于申请人给付总包服务费的抗辩，按照结算价 2% 的比例，应从被申请人欠付申请人剩余工程款中扣除总包服务费 367940 元。

（四）关于工期延误责任承担

本案合同约定：工程开工时间为 2004 年 11 月 30 日，竣工日期为 2005 年 6 月 23 日，合同工期为 145 天。工程的实际竣工时间为 2006 年 1 月 17 日。可见，本案合同项下工程确实发生了工期延误，工期延误的时间为 208 天。被申请人主张，工期延误是由于申请人自身管理缺陷、劳动力投入不足、材料采购滞后等原因所致，责任应由申请人承担。为此，按照本案合同关于工期延误责任的约定，被申请人要求申请人承担工期延误违约金 671754.95 元。申请人认为，工期延误是由于被申请人没有及时提供施工条件、未及时支付工程款、工程量增加等造成的，责任应由被申请人承担。被申请人提交了会议纪要和工作联系单（证据 4）共 47 页证据材料支持其主张。申请人对被申请人证据 4 的真实性均无异议，但不同意其证明目的。申请人提交了工作联系单（证据 3）、会议纪要（证据 4）共 23 页证据材料支持其对反请求的抗辩。除编号为 GZLX038 的第 3 页外，被

主张，仲裁庭综合分析案情认为：第一，被申请人作为工程总包方，其有责任协调处理好各分包方的施工进度安排，并加强组织管理，同时要保证现场施工环境，为各分包工程创造施工条件，在这方面，被申请人是存在瑕疵的，由此对本案合同项下工程工期的影响，被申请人应承担相应责任。第二，申请人确实存在劳动力配备不足、材料进场滞后、工程施工进度缓慢的问题，其原因可分为两个方面，一方面是申请人自身管理造成的，申请人应承担相应责任；另一方面是由于被申请人没有按照本案合同约定及时支付工程预付款和进度款，没有对工程量增加的调价及时进行确认、兑现，造成申请人资金紧张，影响施工力量投入和施工组织，根据本案合同的相关约定，其责任主要应由被申请人承担。

4. 关于结算价款中是否包含工期违约金扣除问题

申请人抗辩称，本案合同项下工程款结算时已经考虑了工期延误违约金的问题。仲裁庭审理了解到，双方当事人均认可的工程最终结算价款是被申请人与业主之间的结算，被申请人提供的结算审核表（证据 7）并没有提及扣除工期违约金问题，双方当事人均没有其他证据证明最终的结算价款中已扣除工期违约金。对申请人的此项抗辩，仲裁庭不能支持。

综合上述仲裁庭意见，仲裁庭认为，本案合同项下工程工期延误的主要原因是被申请人支付工程预付款和进度款滞后、工程量增加，双方当事人施工组织管理不善也是影响工期的因素。按照本案合同约定，综合本案实际情况，坚持符合法律规定、公平合理的原则，仲裁庭认定，本案合同项下工程工期延误由被申请人承担主要责任，申请人也应承担其自身管理不善影响工期的责任。但是，根据现有证据材料和双方当事人的主张和抗辩，仲裁庭难以具体认定申请人应承担责任的比例，为此，在大体符合客观事实的情况下，公平作出裁量，仲裁庭认为，申请人承担工期延误违约金 100000 元，是合理的。申请人应向被申请人支付工程延误违约金 100000 元。

（五）关于代扣代缴税金和规费

就申请人的本请求，被申请人还抗辩称，按照税法及相关法律的规定，被申请人应当扣除为申请人代扣代缴的税金和规费 622472.5 元，包括：营业税、城市维护建设税和教育费附加 607101 元；印花税 5519.1 元；代为申请人交纳的招投标交易服务费 9852.4 元。申请人对此表示异议称，其在收到被申请人给付的工程款时就开具了发票，并已经纳税，被申请人并没有为申请人代扣代缴税金。被申请人表示，业主已将本案合同项下的工程款全部支付被申请人。就被申请人关于代扣代缴税金和规费的抗辩，仲裁庭认为，第一，我国营业税暂行条例和配套的法规、规章和规范性文件对营业税的缴纳和代扣代缴问题有明确的规定，在业主已经全额支付被申请人本案合同项下工程款的情况下，被申请人没有提供完税证明，仲裁庭难以认定被申请人确实已为申请人代缴了本案合同项下工程的营业税费；第二，按照我国印花税的相关法规，签订合同双方当事人均应依法缴纳印花税，被申请人所述其为申请人代扣代缴印花税没有法律依据，也没有证据证明其事实存在；第三，招投标交易服务费不是本案合同约定范围内的费用项，仲裁庭不予审理。因此，仲裁庭不能支持被申请人关于从工程款中扣除为申请人代扣代缴税金和规费 622472.5 元的抗辩，本案合同项下工程款税费缴纳问题，双方当事人应按照我国相关法律法规的规定办理。

（六）关于工程款支付

双方当事人均认可本案合同项下工程结算价款为 18397000 元，被申请人已给付申请人的工程款为 16624246 元，余额 1772754 元尚未支付。申请人主张被申请人尚欠工程款为 1772753.35 元，仲裁庭予以认可。本案合同项下工程竣工验收时间为 2006 年 1 月 17 日，包括工程质量保修金在内的所有工程款支付的条件已具备，因此，综合前述意见，扣除申请人上交被申请人的总包服务费 367940 元后，被申请人尚应给付申请人工程款 1404813.35 元。

（七）关于仲裁费

按照上述仲裁庭意见，遵循仲裁费用依败诉比例承担的原则，本案本请求的仲裁费用由申请人承担 25%，被申请人承担 75%；反请求的仲裁费用由申请人承担 15%，被申请人承担 85%。

三　裁决

仲裁庭依据所认定的争议事实，以及本案合同和补充协议的约定及相关法律规定，裁决如下：

（一）被申请人向申请人支付工程款 1404813.35 元；

（二）申请人向被申请人支付工期延误违约金 100000 元；

（三）本案本请求仲裁费用 39959.27 元（已由申请人全部预交），由申请人承担 25%，即 9989.82 元，由被申请人承担 75%，即 29969.45 元，被申请人向申请人支付申请人代其垫付的仲裁费 29969.45 元；

（四）本案反请求仲裁费用 26267.54 元（已由被申请人全部预交），由申请人承担 15%，即 3940.13 元，由被申请人承担 85%，即 22327.41 元，申请人向被申请人支付被申请人代其垫付的仲裁费 3940.13 元。

上述第（一）（二）（三）（四）项折抵后，被申请人应向申请人支付的款项共计 1330842.67 元，被申请人应于本裁决书送达之日起

10日内支付完毕。逾期支付，按照《中华人民共和国民事诉讼法》第229条的规定办理。

评析

本案集中了拖欠建设工程款类纠纷案件通常会涉及的一些典型争议。本案中，双方当事人的争议聚焦于两个方面：一是关于总包服务费的计取问题，即在合同中未明确约定总包服务费计取比例和金额时，总包服务费是否以及应如何计取；二是关于工期拖期违约责任的承担问题，其核心是在双方当事人负有交互责任的情况下，如何认定各方应承担的工期违约责任，以及在工程竣工结算书签订后如何判定是否仍应承担工期违约责任。事实上，上述两个焦点问题，尤其是关于工期违约的争议，是大多数涉及追索建设工程款的案件中，负有付款责任的一方常提出的抗辩理由，也是参与工程建设的各方主体应注意重点加强管理的事项，包括合同条款的恰当约定、合同义务的妥善履行以及对履约过程中权利行使、义务履行方面证据资料的及时制作保存等。

一、关于总包服务费

我国《建筑法》等相关法律法规规定对建筑工程实行总承包。对于总承包工程计价模式基本分为以预算定额为主的计价模式和工程量清单计价模式。两种计价模式下，均有总包服务费（或称总承包服务费、总包协调配合费等）计取的相关规定

在采用工程量清单的计价模式下，2003、2008和2013版《建设工程工程量清单计价规范》中均有关于总承包服务费的规定。该规范中规定的总承包服务费是指在工程建设施工阶段实行施工总承包时，为解决招标人（下称业主方）在法律、法规允许的条件下进

行专业工程发包，以及自行供应材料、设备并需要总承包方对发包的专业工程提供协调和配合服务（如分包方使用总包方的脚手架、水电接驳回等）、对供应的材料和设备提供收、发和保管服务以及进行施工现场管理时发生的，应向总承包方支付的费用。关于计取标准，则根据需总承包方提供的服务内容有所不同，当仅需对分包的专业工程进行总承包管理和协调时，按分包专业工程估算造价的1.5%计取；当对分包的专业工程不仅进行总承包管理和协调，同时还需提供配合服务时，根据配合服务内容和提出的要求，按分包专业工程估算造价的3%—5%计取；业主方自行供应材料的，按供应材料价值的1%计取。至于具体合同采用的计算标准，应依据双方在合同中约定的金额、比例计算，如发生调整的，以发、承包双方确认调整的金额计算。实践中，对于此类总承包服务费，可能约定由业主方直接支付总承包方，也可能在总承包合同及业主指定分包分供合同中约定由指定分包单位支付给总承包方，但不论由谁支付，一般均需发生。

在采用以预算定额为主的计价模式下，如执行《北京建筑工程预算定额（2001）》，《关于北京市建设工程造价计价办法的通知》（京建经〔2002〕117号）中规定，凡执行预算定额的工程实行“定额量、市场价、指导费”的计价原则。凡分包方在施工现场需使用总承包方提供的水电、道路、脚手架、垂直运输机械等，按有偿服务的原则，总包向分包收取服务费，其标准可按分包总造价（不含设备费）的2%，由总分包双方协商议定。如果建设单位把装饰工程、安装工程自行分包给其他分包单位，总承包单位也应向其他分包单位收取总包服务费。其他地方关于工程造价的文件中也有类似的规定。

在采取施工总承包的工程项目管理模式下，总承包方要承担对整个工程项目工期、质量、安全等方面的管理责任，负有对不同工序间施工进度、现场使用等方面的协调安排责任，并根据约定向各类分包单位提供施工所需的水电、道路、脚手架、垂直运输机械等方面的配合服务。从上述两种计价模式的规定中可以看出，虽然两种计价模式下的相关规定各有侧重，但总包服务费主要是基于平等互利、等价有偿、权利义务相对等及公平原则确定并支付。同时，根据建筑施工行业多年来的惯例，不论是业主指定分包还是总承包单位自行选定的分包，除非当事人在合同中有相反约定，如明确约定总承包方提供的管理、协调及配合服务属于无偿提供范围或在分包合同价款中已经作了相应扣减等，否则分包方均应向总承包方支付总包服务费作为享有相关利益的对价。在合同未明确约定费用计取标准的情况下，应根据总承包方具体提供的管理、协调和配合服务的内容、要求以及时间等因素，结合工程施工所在地有关造价管理的规定及其他适用的相关规定综合确定。

本案中，工程实施地在北京市，工程施工期间为2004年至2006年，双方在补充协议中明确约定了分包方应向总包方支付总包服务费，仲裁庭并经查明总包方事实上为分包方提供了相应施工条件和现场的协调组织管理服务，故在双方未明确约定总包服务费计取标准的情况下，参照工程施工地关于工程造价计价的相关规定（京建经〔2002〕117号），裁定分包方按结算价的2%向总包方支付总包服务费，合同依据及法律依据充分。

从管理角度，建议工程建设各参与方，包括业主方、总承包方及分包方在签订相关总承包或分包合同时，应注意对与总承包方提供服务相关的内容予以明确约定，包括清晰界定总承包方应提供的具体服务类别、内容、要求、提供时间，是否需要支付总包服务费及计取依据、标准、支付方式和时间等，避免约定不清产生不必要的争议，从而影响建设工程进展和工程结算的顺利进行。

二、关于工期违约责任

本案中，被申请人主张工期延误是由于申请人应负责的自身管理缺陷、劳动力投入不足、材料采购滞后等原因所致，申请人则认为工期延误是由于被申请人应负责的没有及时提供施工条件、未及时支付工程款、工程量增加等情形导致的后果。事实上，在工程施工过程中出现工期延误，往往多存在工程款项支付迟延、材料定价和供货迟延、第三方工程进度滞后、施工方劳动力投入不足、工程量增加等交互影响因素，各参与方存在混合责任，本案即集中了相关典型问题。同时，本案亦涉及工程竣工结算书签订后工期违约责任的承担这一典型问题。

（一）关于工期延误的混合责任

在大多数的建设工程项目中，都会不同程度地存在工程款项延迟支付的情况。实行包工包料的建筑工程，通常规定由建设单位在开工前拨给施工企业一定数额的工程预付款，并按月或按工程进度定期支付 85% 左右的工程进度款。工程预付款形成施工企业为承包工程储备和准备主要材料、结构件及其他施工前期准备费用所需的流动资金，按时支付的工程进度款则是施工企业及时补充各项已发生的费用开支、保证工程顺利持续进行的保障。可见，如存在发包人拖延支付预付款或工程进度款，势必对承包人按计划推进实施工程产生多方面的影响，包括不能及时购买原材料、不能安排充足的劳动力等，形成工期延期的先决性主因。根据《合同法》第 283 条规定，发包人未按照约定时间和要求提供原材料、设备、场地、资金、技术资料的，承包人可以顺延工程日期，并有权要求赔偿停工、窝工等损失。第 120 条规定，当事人双方均违反合同的，应当各自承担相应责任。当发包人严重违约、未能支付工程预付款或工程进度款时，即便同时存在材料定价和供货迟延、第三方工程进度滞后、施工方劳动力投入不足、工程量增加等交互责任的工期延期因素，根据《合同法》的规定，在合同无相反约定、无其他充分反证的情况下，需由发包人承担工程延期的主要责任。

另一方面，对于拖延支付工程款项的原因，本案中，被申请人提出抗辩意见，主张合同中约定的付款前提条件之一是“承包人收到业主工程款后”，但业主未向被申请人支付工程款，故被申请人向申请人付款的前提条件未成就。实践中，这样的付款前提条件在总承包单位与分包单位或材料供应商之间的合同中多有出现，尤其是在业主指定分包或材料供应单位的情况下。那么对于这样的条款应如何认定其效力呢？根据意思自治原则，并考虑此类条款通常也是总承包单位选定分包单位的前提条件之一的客观情况，笔者认为，如果当事人在合同中明确约定了此类付款前提条件，应认定该条款的效力，即在付款前提条件成就后，付款义务方的付款义务方始届至。但与此同时，按照公平原则及分包方对总承包方是否已从业主方取得款项较难知悉的事实情形，宜根据合同约定和履行的具体情况酌定一个合理的此类前提条件适用的期限，以促进负有付款责任的总承包方努力向业主方行使要求付款的权利，如超过了合理的适用期限，则总承包方应向分包方支付款项并承担延期支付的责任。避免总承包方以此类条款为由长期不作为，久拖分包方款项，导致债权债务不能及时清结，既不符合权利义务对等的原则，又易形成不稳定隐患。

从管理角度，建议建设工程各参与单位应在合同中对付款前提条件作出限制性约定，使之合理且宜掌握和操作；同时在履约过程中，尊重合同的严肃性，做好合同交底，严格按照合同约定及时、妥善地行使权利、履行义务，并注意制作、保存好过程证据资料，防患于未然，最大限度地维护好自身合法权益、降低纠纷发生的可能性。

（二）工程竣工结算书签订后的工期违约责任承担

就性质而言，工程竣工结算是以合同约定的计价原则为依据，在确定施工过程中现场签证、设计变更增加或减少项目和金额的基础上，合同当事人对承包范围内的工程造价进行的确认。工程竣工结算一经完成，即应视为双方对建设工程本身的造价再无争议，但严格地说，违约索赔款并不必然属于工程造价的组成部分，对于当事人之间就各方违约产生的应付索赔款不要求必须包含在竣工结算书中。根据意思自治原则，违约索赔款既可以包含在工程竣工结算书中，也可在工程竣工结算书之外由当事人另行商定。违约索赔权是守约方拥有的法定或约定权利，权利的放弃须经明示意思表达，在工程竣工结算书中未明确列示存在违约扣款或因违约应增加支付款项的情况下，不宜认定竣工结算书中包含了相应内容。《最高人民法院关于审理买卖合同纠纷案件适用法律问题的解释》中规定“买卖合同约定逾期付款违约金，但对账单、还款协议等未涉及逾期付款责任，出卖人根据对账单、还款协议等主张欠款时请求买受人依约支付逾期付款违约金的，人民法院应予支持，但对账单、还款协议等明确载有本金及逾期付款利息数额或者已经变更买卖合同中关于本金、利息等约定内容的除外”，该司法解释的规定即体现了对涉及违约索赔权如何处理的精神要旨，在未经权利人明确表示权利已经行使或处置的情况下，不应视为相应权利已被放弃。本案裁决书中对此作出了适宜的认定，妥善地维护了当事人的权利。

但同时也应注意到，北京市高级人民法院《关于审理建设工程施工合同纠纷案件若干疑难问题的解答》（下称解答）中规定：“结算协议生效后，承包人依据协议要求支付工程款，发包人以因承包人原因导致工程存在质量问题或逾期竣工为由，要求拒付、减付工程款或赔偿损失的，不予支持，但结算协议另有约定的除外。当事人签订结算协议不影响承包人依据约定或法律、行政法规规定承担质量保修责任。结算协议生效后，承包人以因发包人原因导致工程延期为由，要求赔偿停工、窝工等损失的，不予支持，但结算协议另有约定的除外。”2013 年 1 月 6 日发布的 2013 版《建设工程工程量清单计价规范》中也增加了相关内容，规定对于因承包人原因导致工程延期的，发包人索赔的误期赔偿费应列入竣工结算文件中，并应在结算款中扣除。同时明确，发承包双方在按合同约定办理了竣工结算后，应被认为承包人已无权再提出竣工结算前所发生的任何索赔。北京市高院的解答是地方法院裁判的依据；《建设工程工程量清单计价规范》是国家强制性标准，虽然其中与结算相关的内容不属于强制性条文，但有参考性，且一经当事人约定适用即具有了强制约束力。这两份文件均作出了与前述分析相反的规定，即规定在工程竣工结算书中没有相反约定、说明的情况下，自然视为当事人放弃了相应索赔权利，体现了新的导向。所以，从管理角度，建议建设工程各参与单位充分重视工程竣工结算工作的有序开展，在与合同相对方签署竣工结算书时，宜在工程造价结算的基础上，对因工程建设实施应享有的各项索赔权利一揽子予以解决。如不能一并解决的，应在竣工结算书中对竣工结算价中包含的内容和对其他违约索赔事项的解决方式等予以明确，避免约定不明导致自身本应享有的合法权益受到损害。

（评析人：辛松梅）

29. 工期延误与质量保修责任的认定

裁决要旨 发包方既无法证明具体的开工日期，又无法证明施工的顺序和进程，请求承包方赔偿工期延误损失的，缺乏依据，不予支持；当事人不能约定低于法律期限的质量保修期限；缺陷责任期届满后，发包方应当返还保证金。

关键词 工期延误 质量保修期 质量保修责任

申 请 人：A 有限公司

被申请人：B 有限公司

一 案情

2006 年 4 月 18 日，申请人与被申请人签订了本案合同。合同约定：申请人承建被申请人作为发包方的 S 局仓库安全改造工程，工程内容和承包范围包括 1 号、2 号、3 号仓库钢结构构件的制作安装、地脚螺栓的制作、屋面板墙面板制作安装、彩板保温推拉门供货及施工、塑钢窗供货及施工、钢板天沟的制作安装及雨水管安装、雨棚等；第一部分协议书约定合同工期为 2006 年 4 月 28 日（暂定）至 2006 年 7 月 21 日，共 85 天，第三部分专用条款又约定 85 天为单个库房的施工工期；遇不可抗力或因发包人（被申请人，下同——

仲裁庭注）未提供开工条件、未按约支付工程款、未按合同发出指示或批准、工程变更等原因造成工期延误，在14日内经发包人工程师书面确认，可顺延工期;若因承包方（申请人，下同——仲裁庭注）原因造成工程逾期竣工，则每逾期一天，承包方按工程总造价的万分之五赔偿损失，但赔偿额最高不超过合同总价的3%；工程质量标准为合格；工程承包方式采用固定价格合同，合同总价为6480000元（指人民币，下同），为包死的综合价格，若设计不变更，不因实际工程量、市场价格的变动而调整，风险范围以外的合同价款调整方法：调整价款＝约定单价 × 增减工程量。合同价款支付方式为：合同签订7日内，按合同总价的20%支付工程预付款；第一批钢结构开始进场后3日内支付合同总价的30%；钢结构安装施工完毕第一批围护材料进场后3日内支付合同总价的30%；工程竣工验收合格后一个月内支付至合同总价款的95%；合同决算后支付增加部分合同款项；5%的保修金满一年后10个工作日内付清。

申请人在仲裁申请书中称：本案合同签署后，申请人积极履行了全部约定义务，该工程于2006年12月8日竣工验收合格。但是，被申请人至今仍拖欠工程款377500元。申请人多次催要，被申请人拒不支付，给申请人造成了极大的损失。为此，申请人依约向本会提出仲裁申请，请求仲裁庭：

1. 依法裁决被申请人立即给付拖欠申请人的工程款377500元，违约金42584元，以上两项共计420084元；

2. 依法裁决被申请人承担本案仲裁费用。

针对申请人的仲裁请求，被申请人答辩称，就位于X市P区M镇Q庄的S局仓库安全改造工程，其确与申请人签订了本案合同，本案合同项下工程已完工，并通过竣工验收，但是，双方当事人对本案合同项下工程价款没有进行最后结算，无法计算被申请人实际拖欠的工程款数额；并且，本案合同约定保修金应该是保修期满后支付，根据国家有关规定，防水工程的保修期是5年，申请人无权请求保修金，因此，应该驳回申请人的仲裁请求。

同时，被申请人称，本案合同约定的工程竣工日期为2006年7月21日，而实际竣工日期为2006年12月8日，延误工期140天，按照本案合同约定，申请人逾期竣工，每日按合同总造价的万分之五赔偿被申请人的损失，赔偿总额最高不超过合同总价的3%。为此，被申请人提出如下反请求（为便于叙述，对反请求中当事双方的称谓，申请人仍指A有限公司，被申请人仍指B有限公司）：

1. 裁定申请人支付工期延误赔偿金194400元；

2. 裁定申请人承担反请求仲裁费用。

就被申请人的反请求，申请人答辩称，第一，被申请人迟延支付工程款，工期应顺延，包括：工程预付款迟延支付14天，合同约定第二笔付款迟延支付19天，合同约定第三笔付款迟延支付62天，合同约定第四笔付款，即验收合格后一个月内支付至合同总价款的95%，至今（2008年8月12日）没有付清，延迟支付582天，合计延迟付款677天，则合同工期应相应顺延677天；第二，施工过程中发生的工程量增减变化、各种扣款、违约金、罚款等应在工程结算时一并进行汇总计算，而被申请人2007年6月5日给申请人发的《回执函》表明，被申请人确认的本案合同项下工程结算数额为6480000元，与合同约定价款完全一致，可以充分证明被申请人是将申请人工期延误等各种因素全面考虑后所作的确认，即使申请人存在延误工期的情况，被申请人也已经完全放弃了主张索赔的权利；第三，按照本案合同专用条款第10.2条的约定，本合同工期只确定单个库房的施工工期为85天，为不连续相对确定期间，则申请人施工的1号、2号、3号仓库施工工期应该总计为85×3＝255天，申请人不存在工期延误。因此，被申请人所主张的申请人延误工期 140 天是不成立的，仲裁庭应依法驳回其全部反请求。

为支持其本请求和对反请求的抗辩，申请人提交了本案合同、单位（子单位）工程质量竣工验收记录、工程结算回执函、维修完工确认函、工程结算确认函、付款凭证、工程物资进场报验表（两份）等证据材料。

为支持其对本请求的抗辩和反请求，被申请人提交了本案合同，单位（子单位）工程质量竣工验收记录，直属储备处安改工程联系单，S 局致被申请人的维修通知单及函件，关于 1 号、2 号、3 号库房现有问题的汇总等证据材料。

二　仲裁庭意见

仲裁庭基于申请人仲裁请求及其针对该等请求所述主张、被申请人针对申请人主张提出的主要抗辩理由和反请求，以及申请人对被申请人反请求的抗辩理由，坚持符合法律规定、公平合理的判断标准，阐述仲裁庭意见如下：

（一）关于本案合同的效力

仲裁庭审理了解到，在签署本案合同时，被申请人企业工商登记注册的名称为“C 公司”，2007 年 12 月 6 日经 X 市工商行政管理局核准变更为现名。申请人提供了企业工商注册登记名称变更的相关证据材料和被申请人的原企业法人营业执照，证明被申请人企业工商注册名称变更的事实存在。被申请人对其法人名称变更情况无异议。因此，仲裁庭确认，本案双方当事人是适格的主体。双方当事人均认可本案合同的效力。根据《中华人民共和国合同法》的相关规定，仲裁庭认为，本案合同系双方当事人真实意思表示，且不损害国家、社会公众、集体或第三方的利益，不违反法律、行政法规的强制性规定，故本案合同合法有效，对双方当事人均有约束力。

（二）关于工程结算

申请人主张，本案合同项下工程已通过竣工验收，并完成工程结算，结算价格为6480000元。申请人提供了2007年6月5日被申请人项目部出具的回执函（以下简称回执函）和2007年6月7日申请人出具的对工程结算价格的确认函支持其主张。被申请人对证据材料的真实性无异议，对证明目的有异议。被申请人辩称，申请人在第一次庭审时出示的回执函上有申请人人员李强签注的“具体由公司造价部审议”字样，说明双方对最终工程结算价在协商，而被申请人没有收到申请人的审核反馈意见，没有收到过前述申请人的确认函，最终的工程结算书应有双方当事人的签字盖章。为此，被申请人认为本案合同项下工程并没有进行结算。仲裁庭认为，第一，回执函中清楚载明“贵部（申请人——仲裁庭注）上报的工程结算单我部经审核后确认工程价款为￥6480000”，说明该回执函是在申请人上报的工程结算单的基础上做出的，被申请人已经确认本案合同工程结算价格为6480000元，即使申请人没有对被申请人的回执函反馈意见，仲裁庭可以认为申请人已默认该结算价格；第二，本案合同约定价款为6480000元，双方当事人均表示在工程施工过程中没有发生工程变更，无须进行增减账调整，就应该按照合同价进行结算。因此，仲裁庭支持申请人的主张，认定双方当事人已就本案合同项下工程结算事宜达成一致，结算价格为6480000元。

（三）关于质量保修责任和保修金支付

被申请人提供了业主单位给监理单位中咨询项目部的工作联系单（证据二）、业主单位给被申请人的维修通知单和函件（证据三），以及本案合同项下工程现有问题汇总（证据四），表示本案合同项下工程发生了很多需要维修的质量问题，而申请人未及时进行维修，并且，按照国家相关规定，防水工程的保修期应为5年，钢结构工程的保修期应为10年，保修期尚未届满，故不应该返还申请人的保修金。申请人对被申请人提供的证据二不认可，对证据三部分认可，对证据四认可，但同时表示，按照本案合同约定，工程的保修期为一年，证据二、证据三出具的时间已经超过保修期，申请人不应该再承担保修责任，被申请人应返还保修金。针对双方当事人对本案合同项下工程质量保修责任承担和保修金支付的主张和抗辩，仲裁庭分述意见如下：

第一，双方当事人均认可本案合同项下工程已经验收合格交付使用，被申请人所抗辩提出的质量维修问题都属于竣工后的工程保修范畴。被申请人的证据二工作联系单基本都是在本案合同项下工程竣工验收后一年内做出的，但都不是发给申请人的，也没有申请人的签收；被申请人没有证据证明其已将这些材料有效送达给了申请人，也没有证据证明业主单位或被申请人曾委托案外人进行维修或发生了维修费用，仲裁庭无法认定在此期间申请人没有履行本案合同项下工程的保修义务。

第二，根据双方当事人对被申请人提供的证据三和证据四的意见，仲裁庭经过认真审核这些证据材料的内容和构成，决定予以采信。由这些证据材料看到，本案合同项下工程确实发生了需要维修的事项，需要维修的内容主要是屋面或墙体漏雨。如前所述，对本案合同项下的质量保修期限和保修金支付时间双方存在争议，仲裁庭认为，一方面，对建设工程的质量保修期限我国的法规政策是有明确规定的，按照国务院2000年发布的《建设工程质量管理条例》的规定，屋面防水工程和外墙面的防渗漏最低保修期限为5年，并没有明确是什么结构型式的建筑。仲裁庭认为，本案合同项下工程的屋面和墙体漏雨的保修责任应适用该条例，其保修期为 5 年，而不是申请人依据本案合同约定所主张的 1 年。另一方面，不能将质量保修期限与保修金的支付时间混同为一个概念，保修金返还后并不等于工程承包方就不再承担质量保修责任了。再者，本案合同专用条款第 26 条约定“……；验收合格后一个月内支付至合同总额的 95%；合同决算后支付增加部分合同款项；5% 的保修金满一年后十个工作日内付清”，此条款对各笔款项支付的约定均用的是“；”号，按照汉语行文规则属于排比句，前后应该是连续的，其中“后一个月”对应是“验收合格”，则“满一年后”指向的也应该是“验收合格”，仲裁庭认为，“5% 的保修金满一年后十个工作日内付清”是指在竣工验收合格满一年后的十个工作日内付清 5% 的保修金。

第三，仲裁庭注意到，从本案合同项下工程竣工验收的 2006 年 12 月 8 日计算，被申请人证据三、四载明的时间均超过了一年。申请人提供的 2008 年 5 月 30 日业主单位出具的完工确认单表明，申请人也在进行维修。如前述意见，仲裁庭认为，被申请人不能据此对抗其按照本案合同约定履行返还保修金的义务。

综上，本案合同项下工程竣工验收已超过一年，被申请人也没有充分的证据使仲裁庭认定申请人在此期间没有履行工程质量保修的义务，仲裁庭认为，本案合同约定的保修金结清的条件已满足，被申请人应立即支付。同时，仲裁庭认为，被申请人完全可以按照我国相关法规和政策的规定向申请人主张质量保修义务。

（四）关于工期

针对被申请人关于工期延误的反请求及其所述主张，以及申请人主要抗辩理由，仲裁庭注意到，本案合同第一部分协议书约定合同工期为2006年4月28日（暂定）至2006年7月21日，总日历天数85天，第三部分专用条款10.2中又约定："a.本合同工期只确定单个库房的施工工期为85天，为不连续相对确定时间。其中制作及施工准备期为30天，从承包方收到发包方施工图设计会审通过的通知之日的第2天起，至承包方构件制作已具备发运安装条件，向发包方发出进场安装通知日止；安装工期为55天，从承包方接到发包方书面进场施工通知、对基础复测合格交接后的第2天起至工程完工，发包方接到承包方完工报告日止。……d.发包方根据工程实际情况通知承包方同时进行一个或多个库房的安装工作，但每个库房的安装工期均为55天。"仲裁庭认为，合同协议书约定的开工日期仅为暂定日期，而合同专用条款明确约定工期分为构件制作及施工准备工期30天和安装工期55天，且工期从申请人收到被申请人相应通知之日的次日起算，被申请人主张实际开工日期为2006年4月28日即合同协议书约定的暂定开工日期，申请人不予认可，被申请人未向仲裁庭提交证据证明其在何时通知申请人开工，仲裁庭无法确认本案工程确切的开工日期，故也无法支持被申请人关于实际开工日期的主张；仲裁庭还认为，尽管合同协议书约定合同工期是85天，但合同专用条款说明合同工期只是单个库房施工工期85天，仲裁庭必须查明，本案所涉三个库房是否同时施工，被申请人主张三个库房是同时同步施工的，申请人则称三个库房是按顺序依次施工完成，根据合同约定，申请人是依据被申请人的指示通知进行施工，被申请人未能举证证明当时是要求申请人同时对三个库进行施工，仲裁庭无法认定三个库房是同时施工。基于上述，仲裁庭认为，既无法证明具体的开工日期，又无法证明施工的顺序和进程，被申请人主张申请人延误工期缺乏依据，因此，仲裁庭对被申请人要求申请人支付工期延误赔偿金的请求不予支持。

（五）关于被申请人应支付工程款

申请人反请求答辩证据一显示，被申请人已分七笔共支付申请人本案合同项下工程款6102500元。被申请人对申请人主张的已支付工程款的笔次、时间和金额无异议，但同时称，按照本案合同约定，被申请人为申请人代扣代缴税金53460元，并提供了X市Y区地方税务局所出具的《建筑业总承包及分转包单位结算工程款完税证明》（以下简称完税证明）。申请人表示其没有收到过此完税证明，并以超过举证期限为由拒绝进行质证。仲裁庭认为，对本案的本请求和反请求的审理仲裁庭均没有规定举证期限，仲裁庭接受被申请人的该份证据不违反《中华人民共和国民事诉讼法》《中华人民共和国仲裁法》和仲裁规则的规定，仲裁庭经过认真核对该证据材料，决定予以采信。该完税证明所载的项目名称、总包单位、分包单位等显示其确为本案合同项下工程，并且，该完税证明符合本案合同协议书第5条b款中"工程造价中的162万元为建筑业劳务价款(安装费)，承包方税金由发包方代扣代缴"的约定。据此，仲裁庭认定，被申请人按照本案合同约定为申请人代扣代缴税金53460元，应从工程结算总价款中扣除。仲裁庭认为，本案合同项下剩余未支付工程款为6480000-6102500-53460 = 324040元。通过计算可知，剩余未支付工程款为本案合同约定的保修金，如前述仲裁庭意见（三），保修金的条件已成就。因此，仲裁庭认定，被申请人应立即支付申请人剩余的工程款324040元。

（六）关于违约金

申请人以保修金为本金，按照每日万分之五的比例，要求被申请人给付自2007年1月9日至2008年6月12日的拖欠工程款的违约金42584元。仲裁庭认为，依照《中华人民共和国合同法》第107条的规定和本案合同约定，被申请人逾期支付工程款，应承担因此给申请人造成的经济损失，仲裁庭支持申请人此等仲裁请求。但本案合同并没有对违约金的计付标准作出明确约定，根据《最高人民法院关于审理建设工程施工合同纠纷案件适用法律问题的解释》第 17 条的规定，应按照中国人民银行的同期贷款利率计算利息。根据本案实际情况，仲裁庭认为，申请人主张的违约金以保修金为本金计算利息损失是适宜的，计算的起点应从保修金支付条件满足的次日即 2007 年 12 月 21 日起算，由此，仲裁庭计算的利息为：324040×7.47%×175（2007 年 12 月 21 日至 2008 年 6 月 12 日）÷365 ≈ 11606 元。

（七）关于仲裁费用

根据本案实际情况，本案本请求仲裁费用由申请人承担 20%，被申请人承担 80%；反请求的仲裁费用全部由被申请人承担。

三　裁决

仲裁庭依据所认定的争议事实，以及本案合同相关约定及相应法律规定，裁决如下：

（一）被申请人向申请人支付工程款 324040 元；

（二）被申请人向申请人支付违约金 11606 元；

（三）驳回被申请人的全部反请求；

（四）本案本请求的仲裁费用 21353 元（已由申请人全部预交），由申请人承担 20%，即 4270.6 元，由被申请人承担 80%，即 17082.4 元，被申请人应向申请人支付申请人代其垫付的仲裁费 17082.4 元；

（五）本案反请求仲裁费用 12382 元（已由被申请人全部预交），全部由被申请人承担。

以上（一）（二）（四）项被申请人应向申请人支付的款项共计352728.4元，被申请人应于本裁决送达之日起10日内支付完毕。逾期支付，按照《中华人民共和国民事诉讼法》第229条的规定办理。

本裁决为终局裁决，自作出之日起生效。

评析

本案为比较典型的建设工程纠纷案件，尽管标的不大，但是涉及本请求和反请求，施工单位（承包人）作为申请人一方主张支付拖欠工程款，发包人作为被申请人认为工期存在延误，反请求主张申请人支付工期延误赔偿。本案中，与申请人和被申请人仲裁请求相关问题涉及工程结算、质量缺陷、工期延误责任、保修责任、违约责任等方面，争议焦点集中在以下三个方面：

（1）申请人与被申请人是否就本案工程结算达成一致的问题；

（2）质量保证金（原文称“保修金”）的返还与保证金扣减问题；

（3）本案工程的工期延误与责任认定问题。

裁决书中针对上述焦点问题逐一作出了分析与认定，撰写风格简洁明了，易于理解和接受。下面笔者选择结算确认、质量缺陷责任、保修期限和工期等焦点问题予以分析：

一、关于本案工程结算是否达成一致问题

工程结算是工程建设项目合同履行与经济评价的重要指标，该活动对承包人和发包人均具有重要意义，也是实现当事人工程承包合同目的的必经之路，因此合同结算以及结算效力问题的纷争是目前工程纠纷中最为常见的问题。

何谓结算，根据国标规范GB50500《建设工程工程量清单计价规范》，其中关于结算的定义是：[2.0.44 工程结算] 发承包双方根

据合同约定，对合同工程在实施中、终止时、已完工后进行的合同价款计算、调整和确认，包括期中结算、终止结算、竣工结算。同时，财政部和建设部《建设工程价款结算暂行办法》（财建〔2004〕369号）第3条也对工程价款结算进行了定义，即："本办法所称建设工程价款结算（以下简称"工程价款结算"），是指对建设工程的发承包合同价款进行约定和依据合同约定进行工程预付款、工程进度款、工程竣工价款结算的活动。"由此可以看出，竣工结算争议也属于工程结算争议，本案即是如此。

关于竣工结算，《建设工程价款结算暂行办法》第14条规定："工程完工后，双方应按照约定的合同价款及合同价款调整内容以及索赔事项，进行工程竣工结算。"同时《最高人民法院关于审理建设工程施工合同纠纷案件适用法律问题的解释》第16条规定："当事人对建设工程的计价标准或者计价方法有约定的，按照约定结算工程价款。"前述规定说明竣工结算应尊重合同当事人的约定，充分体现了合同法中的意思自治原则。

本案中，关于工程结算，申请人与被申请人争议的焦点在于是否就本案工程结算达成一致。申请人主张2007年6月5日被申请人项目部出具的回执函中载明"贵部（申请人）上报的工程结算单我部经审核后确认工程价款为￥6480000"，双方已经对工程结算达成一致。被申请人则主张申请人出示的回执函上有申请人人员李强签注的"具体由公司造价部审议"字样，说明双方对最终工程结算价在协商，而被申请人没有收到申请人的审核反馈意见，因此，被申请人认为本案合同项下工程并没有完成结算。仲裁庭在裁决书中认为，第一，申请人没有对被申请人的回执函反馈意见，仲裁庭据此认为申请人已经默认该结算价格；第二，合同价格为6480000元，双方当事人均表示在工程施工过程中没有发生工程变更，无须进行增减账调整，因此应按照合同价进行结算，同时被申请人未提出合理有效的抗辩理由，故被申请人对申请人结算申报文件的回复视为双方当事人已就本案合同项下工程结算事宜达成一致。

结合本案裁决理由，笔者认为，该结算往来函件的过程，其实质为要约承诺的过程，即双方达成合意的过程。申请人向被申请人上报工程结算单为要约，被申请人出具回执函载明“贵部（申请人）上报的工程结算单我部经审核后确认工程价款为￥6480000”为承诺，只不过双方达成的工程结算价格正好为合同订立时的合同价格。根据《合同法》第 14 条的规定，要约的意思表示是经受要约人承诺，要约人即受该意思表示约束，因此在被申请人不能提交充分证据否定其在结算单上签字的情况下，其结算回复函件应当具有合同约束力，故仲裁庭以申请人之默认认定双方已就工程结算达成一致亦符合合同法原理。

需要注意的是，竣工结算为施工合同的重大履约事项，且与合同当事人权益紧密相关，为争议高发事件，故工程结算活动中应高度关注合同当事人对工程结算文件的确认、确认时间和确认文件的保管，同时在施工合同履行中，双方应加强施工过程中的工程量增减以及洽商变更文件的管理保存，以确保实现合法权益。

二、关于质量保证金返还与扣减问题

实践中，质量保证金返还时间的确定以及扣减问题是另一个较为常见的工程争议问题。本案中，争议焦点主要体现在以下两点，第一，质量保证金返还的时间是否可以按照合同约定的一年时间认定；第二，存在质量缺陷时，质量保证金是否应予以扣减。在此结合裁决对该等问题分析如下：

（一）关于质量保证金返还时间

关于质量保证金返还时间，目前法律和行政法规对此无明确规定。但是《建设工程质量保证金管理暂行办法》（建质〔2005〕7号）第9条规定："缺陷责任期内，承包人认真履行合同约定的责任，到期后，承包人向发包人申请返还保证金。"同时住建部2013版《建设工程施工合同（示范文本）》对质量保证金返还时间亦有规定，即："[15.3.3 质量保证金的退还] 发包人应按14.4款［最终结清］的约定退还质量保证金。"①前述规定表明，缺陷责任期满后，发包人应返还质量保证金。

本案中，关于返还质量保证金问题，被申请人主张本案合同项下工程发生了较多需要维修的质量缺陷事项，而申请人并未及时进行维修，并且，按照国家相关规定，防水工程的保修期应为五年，保修期尚未届满，故不应该返还申请人的质量保证金（原文为"保修金"）。申请人则认为按照本案合同约定，工程的保修期为一年，

---

① 14.4 最终结清

14.4.1 最终结清申请单

（1）除专用合同条款另有约定外，承包人应在缺陷责任期终止证书颁发后7天内，按专用合同条款约定的份数向发包人提交最终结清申请单，并提供相关证明材料。

除专用合同条款另有约定外，最终结清申请单应列明质量保证金、应扣除的质量保证金、缺陷责任期内发生的增减费用。

（2）发包人对最终结清申请单内容有异议的，有权要求承包人进行修正和提供补充资料，承包人应向发包人提交修正后的最终结清申请单。

14.4.2 最终结清证书和支付

（1）除专用合同条款另有约定外，发包人应在收到承包人提交的最终结清申请单后14天内完成审批并向承包人颁发最终结清证书。发包人逾期未完成审批，又未提出修改意见的，视为发包人同意承包人提交的最终结清申请单，且自发包人收到承包人提交的最终结清申请单后15天起视为已颁发最终结清证书。

（2）除专用合同条款另有约定外，发包人应在颁发最终结清证书后7天内完成支付。发包人逾期支付的，按照中国人民银行发布的同期同类贷款基准利率支付违约金；逾期支付超过56天的，按照中国人民银行发布的同期同类贷款基准利率的两倍支付违约金。

保修期已过，申请人不应该再承担保修责任，被申请人应返还质量保证金。仲裁庭经审理认为：（1）被申请人也没有充分的证据令仲裁庭认定申请人在此期间没有履行工程质量保修的义务；（2）本案合同项下工程的屋面和墙体漏雨的保修责任应适用《建设工程质量管理条例》，其保修期为五年，而不是申请人依据本案合同约定所主张的一年，不能将质量保修期限与保修金的支付时间混同为一个概念；（3）结合合同条款前后文表述，认定合同约定的"5%的保修金满一年后十个工作日内付清"是指在竣工验收合格满一年后的十个工作日内付清5%的保修金；（4）本案合同项下工程竣工验收已超过一年，本案合同约定的保修金结清的条件已满足。综上，仲裁庭最终认为被申请人应立即支付。

结合仲裁庭裁判，笔者认为：

首先，质量保证金的返还属于合同债权范畴，因此，按照合同法平等自愿原则，其返还时间和程序应以当事人约定为准。本案中，双方在合同中对质量保证金返还时间是约定为"……；验收合格后一个月内支付至合同总额的95%；合同决算后支付增加部分合同款项；5%的保修金满一年后十个工作日内付清"，但是该约定存在约定不明，仲裁庭认定该问题时，采取合同解释原则，结合根据前后文约定以及汉语行文规则最终进行了认定，并认为关于"满一年后"的理解，以"竣工验收合格满一年后"较为符合原意，即质量保证金返还时间为工程验收合格满一年后十个工作日内；同时双方当事人均认可本案合同项下工程已经于2006年12月8日验收合格并交付使用，时间已超过了一年，故，本案合同约定质量保证金返还的条件已满足，被申请人应支付质量保证金，仲裁庭对该问题的认定是适当的。

其次，质量保证金返还不宜以质量保修期届满为前提。工程实践中，经常存在将保修年限与质量保证金返还时间直接联系挂钩的情况，即发包人将质量保证金返还时间约定为“保修期满后返还”，但是根据《建设工程质量管理条例》规定，建设工程的保修范围包括地基基础工程、主体结构工程、屋面防水工程和其他土建工程，以及电气管线、上下水管线的安装工程，供热、供冷系统工程等项目，其中每部分的法定最低保修期限是不同的，如屋面防水工程的最低保修期限为五年，地基基础工程、主体结构工程部分的保修期限为设计的合理使用年限，住宅工程则长达五十年。如严格遵循法定最低保修年限的规定，则可以得出主体结构的质量保证金通常需要等到五十年后返还的结论，当然是以住宅工程为例。显然该种推定的结论不符合基本的公平原则和市场规则，最终成为拖欠工程款的理由。笔者认为，质量保证金的实质为担保，在当事人约定不明时，认定采用质量保证金作为整个质量保修期履行保修义务的担保也是不合理的。因此，在认定保修金返还时间问题时，可以结合《合同法》第62条第（四）项①、《建设工程质量保证金管理暂行办法》第9条②，以及《建设工程施工合同（示范文本）》③的相关规定并参考行业惯例，酌定以缺陷责任期最长二十四个月为期限届满时间，要求

---

①《合同法》第62条［合同约定不明时的履行］当事人就有关合同内容约定不明确，依照本法第61条的规定仍不能确定的，适用下列规定：……（四）履行期限不明确的，债务人可以随时履行，债权人也可以随时要求履行，但应当给对方必要的准备时间。

②《建设工程质量保证金管理暂行办法》第9条　缺陷责任期内，承包人认真履行合同约定的责任，到期后，承包人向发包人申请返还保证金。

③《建设工程施工合同（示范文本）》［14.4.1 最终结清申请单］（1）除专用合同条款另有约定外，承包人应在缺陷责任期终止证书颁发后7天内，按专用合同条款约定的份数向发包人提交最终结清申请单，并提供相关证明材料。除专用合同条款另有约定外，最终结清申请单应列明质量保证金、应扣除的质量保证金、缺陷责任期内发生的增减费用。

当事人返还保修金。

最后，保修义务应从法定和约定，并非以质量保证金作为担保来保证缺陷修复义务的履行。保修期限内，承包人对建设工程的保修义务属于法定义务，不能通过合同约定予以排除，但法律对于质量保修期的期限未作约定的，合同当事人可以协商确定。保修期限内，发生归因于承包人原因造成质量缺陷的，承包人应当履行保修义务，并对造成的损失承担赔偿责任。而质量保证金返还后并非表明工程承包方不再承担质量保修责任，是否承担保修义务的判断标准应在于质量缺陷是否在保修期限内发现，以及该缺陷是否因施工单位引发。本案仲裁庭对被申请人以“保修期尚未届满，故不应该返还申请人的保修金”的抗辩理由不予支持亦是适当的。

（二）关于质量保证金扣减

实践中承包人主张退还质量保证金，发包人主张扣减质量保证金的纠纷也属常见，是否应予支持，笔者认为应从以下方面予以考虑：

首先，是否有证据证明质量缺陷事件发生。

其次，发包人是否通知承包人履行缺陷修复义务，如虽发生质量缺陷，但是发包人并未通知承包人维修，而自行修复，或委托第三人修复，则发包人需要举证证明缺陷产生于承包人，且该发包人自行修复有可能令原始缺陷不复存在，而失去可证明机会。

第三，发包人经催告后，承包人仍然不履行修复义务的，发包人委托第三方修复造成的款项应当予以扣减，但扣减金额是否可以直接采用第三方修复造价，需要进行审查判断，原则上可以通过鉴定的方式解决价款的合理性问题。

本案裁决中，仲裁庭以被申请人没有充分的证据证明申请人没有履行工程质量保修的义务，因此对被申请人主张扣减质量保修金的抗辩不予支持是恰当的。

综上，关于质量保证金问题，笔者认为最终影响保修期限内施工单位履行保修义务的机制在于诚信和法治，而不能仅靠担保措施，此亦为众多发包人忧虑事项。无论如何，商事交易活动不能皆以担保为前提而进行。

三、关于工期延误问题

工期延误问题也是目前工程建设中的常见问题，因工期延误引起的赔偿问题极易成为发包人与承包人纠纷的常见请求。

通常引起工期延误的因素按照主体不同可分为因发包人原因造成的工期延误和因承包人原因造成的工期延误，按照产生的条件不同可分为因违约行为引起的工期延误、因不利物质条件或异常恶劣的气候条件引起的工期延误、因不可抗力引起的工期延误、因变更引起的工期延误等。

工期延误争议案件证据庞多，与工期延误的因果关系错综复杂，其核心及难点在于证据的收集和组织。一般来说，关于工期延误举证责任分配，承包人需要举证证明涉案工程不存在工期延误，或工期延误非承包人原因，如工期延误事件（非承包人原因）的存在、工期延误事件是否处于关键线路上和工期延误事件对总工期的影响天数等。而发包人的举证责任则相对较轻，因为发包人只需出示施工合同及竣工验收文件，并二者进行对照证明实际工期天数、开工日期或竣工日期与施工合同对比存在延期即可。

需要注意的是，工期延误及与工期有关的索赔是工程建设项目常见的疑难管理问题，涉及的范围包括工程建设各项生产要素的管理、现场的管理、进度的管理，以及相关费用损失的管理，索赔管理活动极大地考验着施工合同履行双方的项目管理技术水平和能力，同时也是我国建设工程施工管理最为薄弱的方面，因此极易引起工期延误的时间争议和损失争议。本案工期请求因合同约定的工期不明，被申请人举证不能承担了不利后果。在此提示发包人在施工合同履行过程中，应对工期相关事项进行明确约定，及时按合同约定进行相关指示并注意保留证据；对承包人而言，则应及时梳理施工过程中的工期延误事件，并及时整理相关文件向发包人主张延长工期，减少由于工期延误产生的损失，尤其不能超过28天的索赔时限。

（评析人：谭敬慧）

评析人名录

冯志祥 高级工程师

高印立 北京采安律师事务所高级顾问、教授级高级工程师

官以德 中国银行授信评审委员会专职委员

李显冬 中国地质大学（北京）特聘教授、中国政法大学国土资源法律研究中心主任

彭立松 上海市锦天城（北京）律师事务所高级合伙人

谭敬慧 国家发改委和财政部PPP专家、住建部市场监管司法律顾问

檀中文 中航勘察设计研究院有限公司总法律顾问

尚晓民 北京市五泰律师事务所执行主任

王洪亮 清华大学法学院教授

辛松梅 中建方程投资发展集团有限公司总法律顾问

张建华 仲裁研究学者

张友良 北京中昌工程咨询有限公司总经济师

郑　惟 北京佳成宁远投资管理有限公司执行董事

朱茂元 北京市中伦律师事务所高级合伙人